JN098624

憲法II

人 権

第3版

毛利 透・小泉良幸
淺野博宣・松本哲治

YUHIKAKU

第3版　はしがき

　第2版刊行から約5年の間隔で，Legal Quest 憲法Ⅰ，Ⅱの第3版を刊行できることとなった。多くの読者に支えられて版を改めることができ，共著者一同，大変感謝している。

　第2版刊行から今日までの間には，新型コロナウイルス感染症という激震が世界を襲った。「ソーシャル・ディスタンス」やら「リモートワーク」やら，5年前にはほとんどの人が耳にしたことのなかった言葉が，今日ふつうに話されている。そして，憲法を学ぶ多くの者にとっても教科書で出会うだけの概念であった「緊急事態」が，世界の多くの国に加えて，日本でも全国を対象に実際に宣言されるという，まったく予想外の事態が発生した。緊急事態においては，人々がこれまで当然のように享受してきた各種の自由が，非常に強く制約される。このような制約の合憲性は，各国で重大な憲法問題を提起している。

　改版にあたり，もちろん我々も，コロナ禍によって提起された憲法問題を取り入れようとした。ただし，日本では，多くの活動制約が自粛要請というかたちで，つまり法的強制としてではなく，なされているために，正面からその合憲性を争う訴訟がごく少ないという特徴がある。これは，コロナに関する自由制約に対してすでに全く数えられないほどの訴訟が提起され，多くの判決が出されている他の立憲主義諸国の状況とは，まことに対照的である。それゆえ，実際にコロナに関して加えられた叙述は，分量的に多くはない。それでも，Ⅰ第1章「憲法総論」に新設した「緊急事態」についてのコラムや，Ⅱ第8章「経済活動の自由」の加筆箇所には，コロナ禍の憲法問題にいち早く対応する説明が，類書に先駆けて含まれていると自負している。

　もちろん，本書はコロナ関係以外の新たな立法・判例への対応も丹念に行っており，最新の憲法状況に即した叙述となっている。とくに，Ⅱ第1章「人権総論」での，外国人の人権享有主体性についての新たなコラムは，もはや憲法の教科書が，不法滞在（とされる）外国人の長期の身柄拘束など，外国人をめぐり現に発生している重大な人権問題を素通りすることはできないだろうという意識で加えられたものであることを記しておきたい。

　執筆の方針については，初版以来のやり方を踏襲している。共著者一同，さらに充実した内容の書籍を読者に届けられることをうれしく思う。もちろん，今後も読者の声などを参考に改善の余地を探っていきたい。

　今回は，共著者の打ち合わせもリモート会議で行った。その設営をはじめ，コロナ禍でも迅速に編集作業を進めてくださった有斐閣の一村大輔氏，小林久恵氏に，深く感謝する。次回の改訂の折に直接お会いできることを期待しつつ。

　　2022 年 1 月

毛 利　　透

小 泉 良 幸

淺 野 博 宣

松 本 哲 治

初版　はしがき

　本書は，Legal Quest シリーズ憲法の後半部にあたり，人権論を扱っている。憲法総論と統治機構を扱った『憲法Ⅰ　統治』の刊行から3年弱かかっており，この間，読者の方々から続編の刊行を望む声が寄せられていた。共著者一同，プレッシャーを感じつつも，前書のときと同様に，各自の執筆部分を持ち寄って何度も会合を開き，議論を深めて，少しでも充実した内容となるよう努力を重ねた。ようやく刊行にこぎつけることができ，ほっとしているところである。ただ，国家公務員の政治活動禁止や非嫡出子相続分不平等の合憲性に関する最新の最高裁判所判決を本書に取り入れることができたのは，それらが近年注目されていた重要案件であるだけに，「遅れの功名」ともいえ，幸運であった。

　本書の基本方針は『憲法Ⅰ』と同様であり，人権論の各分野について従来の判例・学説を詳しく説明することを主眼としているが，それらの整理や評価において著者の立場を示すことをいとわず，また，著者自身の見解も積極的に披露している。『憲法Ⅰ』のはしがきを引用すれば，「知的関心を有する読者には，そこかしこに個性的叙述があらわれる著作の方が読んでいて面白いであろうし，逆にそのような叙述をふまえて考えることで，いわゆる通説・多数説の意義もより深く学べるはずである」。本書も，読者が楽しめる内容に仕上がっているよう願っている。なお，この執筆の自由を確保するため，前書と同様本書でも，叙述内容についての最終的な責任は，各分担執筆者が負っている。また，概説書としての性質上，他の学説の出典は，特にそれを挙げることに意味があると考えられる非常に限定的な場合にしか明示していない。この点については，あらかじめご寛恕を請うものである。

　人権論の概説書を執筆するうえでの大きな悩みは，理論的叙述の中に判例の説明をどのように取り入れるかである。今日の人権論は，判例の紹介とその解説抜きでは全く成り立たない。しかし，理論的説明と判例の解説が単に併存していては，内容の統一性が損なわれてしまう危険がある。本書はこの点では，むしろ判例を重視し，現実に妥当している人権法理を紹介するとともに，これに対して評価を加えるという叙述法を多くの箇所でとっている。『憲法Ⅰ』と同様，重要な判例を本文とは切り離して長く引用する方式をとっているのも，そのためである。

　これは，共著者の多くが法科大学院で判例をめぐる議論を中心とする授業を行っていることの影響といえるかもしれない。短く抜粋された判決文だけを読んでいたのでは，

その判例の真の意味を理解することはできない。人権論の学習で重要なのは，判例を自分の目で読み，自分の頭で批判的評価をくだしつつ，学説の議論状況についても知見を深めることである。本書で〈 判 例 〉として取り上げているのは，人権判例の中でも特に重要なものばかりなので，読者の方々には，引用されている判決文も飛ばさず読んでくださるようお願いしたい。また，本書で長く紹介できなかった判例についても，判例集などにあたって学習を深めてもらえればと思う。

『憲法Ⅰ』と同様，各所にコラムを設け，本文では書けないような（？）話題を展開しているので，一息つく場として気軽に読んでいただきたい。また，各章末の練習問題は，ほとんどの法律問題と同様，はっきりした正解があるわけではなく，むしろ執筆者が読者に尋ねたい問題である。本書の内容を学習したうえで，友人との議論の種にするなどして活用していただきたい。

われわれ4人の共著者は，本書もかなり中身の濃いものとして世に出すことができると自負しており，法学部生や法科大学院生などの人権論の学習に広く活用していただくことを願っている。ただ，われわれは本書に改善の余地があることも十分承知しており，読者の方々からの指摘を得て，本書をよりよいものにする機会がもてることを望んでいる。

最後に，会合のお世話をはじめ，本書の企画から出版に至るまで，前書のときと同じく万般のご配慮をいただいた，有斐閣の一村大輔氏に深く感謝したい。

2013 年 11 月

毛 利　　透
小 泉 良 幸
淺 野 博 宣
松 本 哲 治

第2版　はしがき

このたび，Legal Quest 憲法Ⅰ，Ⅱの第2版を刊行できることを，共著者一同とてもうれしく思っている。初版では両巻の刊行に数年のタイムラグが生じたため，叙述の基準時がずれてしまい，巻をまたぐクロスレファレンスも不十分なものにとどまらざるを得なかった。また，我々にとって本格的な概説書の執筆は初めての経験だったので，後から読み返すとまだ改善の余地があると思わざるを得ない箇所もあった。

はしがき

　このたびの改版にあたっては，初版刊行時以降の判例・学説の進展を織り込むことは
もちろん，読者の方々からの声も参考にしつつ，憲法の現在の姿をより的確に伝える
ことができる内容となるよう，共著者一同で努力した。初版執筆時と同様に，各々の原稿
を持ち寄り，忌憚のない意見交換を行って叙述の改善に努めた。このような過程を経て，
本書はさらに充実した内容をもつものとなったと，確信をもっていうことができる。

　もっとも，執筆の基本方針は初版と変わらない。判例・実務や学界の通説・多数説に
ついて十分な知識を伝えるとともに，重要な論点については学界での議論状況について
も詳しく説明している。その際，著者各々の見解も遠慮せず示すことにしている。その
方が，読者に学界での議論の意義について，より身近に読み取ってもらえるだろうとの
考えからである。この方針の反映として，第2版においても，叙述内容についての最終
的な責任は，各分担執筆者が負う。また，他の学説の出典を限定的にしか記していない
ことも初版と同様であり，この点には引き続きご寛恕を願う。

　特に重要な判例を十分なスペースをとって引用するという方針も，踏襲した。類書と
比較して，本文中でも判例を比較的長く引用している。これも，初版同様，読者にでき
るだけ判例の原文に触れ，自分の頭で考える素材にしてもらいたいとの考えによる。学
部レベルの学修なら，判例集を別に準備しなくてもよい程度の引用はしているつもりで
あるが，さらに知見を広めたい方のために，判例索引には『憲法判例百選（第6版）』
の番号を付記している。

　共著者一同，この第2版は，質量ともに，憲法を本格的に学ぼうとする方々の期待を
裏切らない内容になっていると自負している。むろん，何事にも完全無欠ということは
ない。今後とも読者の方々からのご指摘を得て，内容の改善に努めていきたいと思って
いる。

　最後に，改訂作業にあたっても万事に行き届いたお計らいをいただいた，有斐閣京都
支店の一村大輔氏に深く感謝する。

　2017年2月

毛 利 　 透
小 泉 良 幸
淺 野 博 宣
松 本 哲 治

執筆者紹介

毛 利　 透（もうり・とおる）

　京都大学大学院法学研究科教授

　《第 2 章，第 6 章，第 7 章，第 11 章，第 12 章執筆》

小 泉 良 幸（こいずみ・よしゆき）

　関西大学法学部教授

　《第 4 章，第 5 章，第 10 章執筆》

淺 野 博 宣（あさの・ひろのぶ）

　神戸大学大学院法学研究科教授

　《第 3 章，第 9 章執筆》

松 本 哲 治（まつもと・てつじ）

　同志社大学大学院司法研究科教授

　《第 1 章，第 8 章執筆》

凡　例

1　法律等

医　師	医師法
会計士	公認会計士法
学　教	学校教育法
感染症	感染症の予防及び感染症の患者に対する医療に関する法律
旧　民	旧民法（明治民法）
教　基	教育基本法
教公特	教育公務員特例法
行　訴	行政事件訴訟法
均　　等	雇用の分野における男女の均等な機会及び待遇の確保等に関する法律（男女雇用機会均等法）
刑	刑法
刑事収容	刑事収容施設及び被収容者等の処遇に関する法律
刑　訴	刑事訴訟法
憲	日本国憲法　＊特に表記がない場合，本書では日本国憲法を指す。
公　選	公職選挙法
国　籍	国籍法
国　賠	国家賠償法
国民保護	武力攻撃事態等における国民の保護のための措置に関する法律
個人情報	個人情報の保護に関する法律
国　会	国会法
国　公	国家公務員法
雇　保	雇用保険法
裁	裁判所法
災害基	災害対策基本法
自　治	地方自治法
児童買春	児童買春，児童ポルノに係る行為等の規制及び処罰並びに児童の保護等に関する法律
宗　法	宗教法人法
酒　税	酒税法
障害基	障害者基本法
障害差別解消	障害を理由とする差別の解消の推進に関する法律
職　安	職業安定法
生活保護	生活保護法

請　願	請願法
政　資	政治資金規正法
男女参画基	男女共同参画社会基本法
地　公	地方公務員法
著　作	著作権法
通信傍受	犯罪捜査のための通信傍受に関する法律
典	皇室典範
電通事	電気通信事業法
電　波	電波法
ドイツ基本法	ドイツ連邦共和国基本法（Grundgesetz für die Bundesrepublik Deutschland）
特定秘密保護	特定秘密の保護に関する法律
特定電通賠責	特定電気通信役務提供者の損害賠償責任の制限及び発信者情報の開示に関する法律（プロバイダ責任制限法）
難民条約	難民の地位に関する条約
入　管	出入国管理及び難民認定法
破	破産法
破　防	破壊活動防止法
弁　護	弁護士法
放　送	放送法
母体保護	母体保護法
民	民法
民　執	民事執行法
明　憲	大日本帝国憲法（明治憲法）
労　基	労働基準法
労　組	労働組合法
郵　便	郵便法

　上記の他については原則として，有斐閣六法の法令名略語を用いることとした。

2　判　　決

大判	大審院判決
最大判（決）	最高裁判所大法廷判決（決定）
最判（決）	最高裁判所判決（決定）
高判（決）	高等裁判所判決（決定）
地判（決）	地方裁判所判決（決定）

3　判決登載誌

U.S.	United States Supreme Court Reports
刑　録	大審院刑事判決録
民（刑）集	最高裁判所民事（刑事）判例集
集　民	最高裁判所裁判集民事
裁　時	裁判所時報
高民（刑）集	高等裁判所民事（刑事）判例集
行　集	行政事件裁判例集
労　民	労働関係民事裁判例集
訟　月	訟務月報
刑　月	刑事裁判月報
判　自	判例地方自治
判　時	判例時報
判　タ	判例タイムズ

　上記文献および裁判所ウェブサイトに掲載のない判例について，LEX/DB および Westlaw Japan の文献番号を補った。

4　文　　献

芦　部	芦部信喜著（高橋和之補訂）『憲法〔第 7 版〕』（岩波書店，2019 年）
芦部・憲法Ⅲ	芦部信喜編『憲法Ⅲ　人権(2)』（有斐閣，1981 年）
芦部・憲法学Ⅱ・Ⅲ	芦部信喜『憲法学Ⅱ　人権総論』『憲法学Ⅲ　人権各論(1)〔増補版〕』（有斐閣，1994 年，2000 年）
芦部古稀（上）	芦部信喜先生古稀祝賀『現代立憲主義の展開(上)』（有斐閣，1993 年）
クエスト憲法Ⅰ	毛利透＝小泉良幸＝淺野博宣＝松本哲治『憲法Ⅰ　統治〔第 3 版〕（LEGAL QUEST シリーズ）』（有斐閣，2022 年）
佐　藤	佐藤幸治『日本国憲法論〔第 2 版〕』（成文堂，2020 年）
佐藤（青林）	佐藤幸治『憲法〔第 3 版〕』（青林書院，1995 年）
高　橋	高橋和之『立憲主義と日本国憲法〔第 5 版〕』（有斐閣，2020 年）
長谷部	長谷部恭男『憲法〔第 8 版〕』（新世社，2022 年）
樋口ほか	樋口陽一＝佐藤幸治＝中村睦男＝浦部法穂『注解法律学全集　憲法Ⅰ』（青林書院，1994 年）
宮沢・憲法Ⅱ	宮沢俊義『憲法Ⅱ〔新版〕』（有斐閣，1971 年）

第 *1* 章

基本的人権総論

　本章では基本的人権の総論について取り扱う。

　第 1 節と第 2 節では，基本的人権についての思想・歴史を取り扱う。日本国憲法の保障する基本的人権は，西欧近代を母胎とする天賦人権思想の正統な流れに属するものであって，その理解は，憲法解釈の前提として重要な意味をもつ。

　第 3 節からは，より具体的な解釈論に入る。まず，基本的人権の限界について説明する。基本的人権の限界については，結局のところ各論的に考察するしかないことになるので，本章ではごく概括的な見取り図を示す。

　第 4 節の類型論も，見取り図としては有用であろう。しかし，それに解釈論が引きずられては本末転倒になることにも留意されたい。

　第 5 節（享有主体）と第 6 節（妥当範囲）の問題は，本書の体系性の観点から，本章で論じるが，結論的には，享有主体性についても，妥当範囲についても，そこで論じられる外国人・法人（団体）による享有や，特別な法律関係や私人間での妥当も（少なくとも全面的には）否定しないというのが支配的見解である。したがって，実際には，各論的な学習を終えた段階で，再度確認することが適切であろう。

　国民の義務についても，便宜上，本章で扱う（第 7 節）。

第1節　近代人権思想とその現代的展開

1 人権宣言の成立とその思想的背景

(1) 日本国憲法と基本的人権

日本国憲法は,「国民は, すべての基本的人権の享有を妨げられない。この憲法が国民に保障する基本的人権は, 侵すことのできない永久の権利として, 現在及び将来の国民に与へられる」(11条),「すべて国民は, 個人として尊重される。生命, 自由及び幸福追求に対する国民の権利については, 公共の福祉に反しない限り, 立法その他の国政の上で, 最大の尊重を必要とする」(13条)と規定し, 個人主義の思想をその基盤とし, 基本的人権の尊重をその最も基礎的な原理とすることを宣明している。そして,「この憲法が日本国民に保障する基本的人権は, 人類の多年にわたる自由獲得の努力の成果であつて, これらの権利は, 過去幾多の試錬に堪へ, 現在及び将来の国民に対し, 侵すことのできない永久の権利として信託されたものである」(97条)と述べることによって, 自らが, 人類史における立憲主義の流れの中で, 正統な流れに属するとの自己規定を行っている。したがって,「人類の多年にわたる自由獲得の努力」と「過去幾多の試錬」を振り返ることが, 日本国憲法の基本的人権規定の解釈の前提作業として必要となる。

なお, 人権, 基本的人権, 基本権という言葉は, 本書の中でも互換的に用いられる場合があるが, 日本国憲法自体の用語としては, 基本的人権という語が用いられている (11条・97条)。この語はポツダム宣言 (10項) に由来する。基本権という語は, 文字通り基本的な権利という意味でありうるが, 現行ドイツ憲法が, ドイツ連邦共和国基本法という法典であり基本権を保障することからドイツ的な議論の影響を示唆するニュアンスを伴う。人権という表現は, 以上に比べると, 世界人権宣言というものもあるものの (そしてまた, 現代では, 人権○○法というような法案が存在することもあるが), 元来, 非実定法的・哲学的ニュアンスを伴う。その哲学とは, 人権を, 神意に根拠づけるのではないとすれば, 人権を認めるとは, 人間がただ人間であるということに基づいて, 当然に

権利を有することを認めるというものである。

⑵　近代人権宣言の前史

　そのような人権を認めようという営みは，最も古くはイギリスの 1215 年の大憲章（マグナ・カルタ）にまで遡ることができるとされる。今日，イギリスの憲法の教科書を繙けば，マグナ・カルタから現在に至るまでの，紆余曲折はあるものの途絶えることのない，元祖・本家の人権の歴史を読むことができる。もっとも，マグナ・カルタ自体は，国王に対して，貴族達が要求し，署名をさせた文書であって，人間としての権利を確認させたものではない。しかし，それは，コモン・ローに吸収され，17 世紀における国王と議会の抗争の中で，権利請願（1628 年），人身保護法（1679 年），権利章典（1689 年）が成立する土壌となっていく。これら 17 世紀の文書は，国民一般の権利・自由を確認するものとなっていた。もっとも，それらもイングランド古来の法を確認するという体のものであって，天賦人権思想に拠ったわけではなかったところが，イギリス法の展開のイギリスらしいところであった。

⑶　人権宣言の成立

　天賦人権思想を実定法化したものとしては，「すべて人は生来ひとしく自由かつ独立しており，一定の生来の権利を有する」と宣言した，1776 年 6 月のヴァージニア権利章典がはじめてのものであり，さらに同年 7 月 4 日の独立宣言は，生命，自由および幸福追求が天賦の権利であると宣言した。アメリカでは，他の邦（合衆国憲法発効後に州となった政治共同体のこと）の憲法でも人権宣言が掲げられ，合衆国憲法（1788 年発効）の最初の 10 箇条の修正条項として，いわゆる権利章典が付け加えられた（1791 年発効）。アメリカでの人権宣言は，イギリス的な伝統の上に，宗教的自由獲得の熱情と近代自然法思想の影響の下に成立したものと評価される。

　これらのアメリカの人権宣言の影響の下に，フランス革命のいわゆる人権宣言（「人及び市民の権利宣言」〔1789 年〕）が登場する。そこでは，法を一般意思の表明とする点や，法律に対する信頼が示されている点に，ルソーの思想的影響を認めることができる。

3

⑷　人権宣言の外見化

　フランス憲法からは，革命後の経緯の中で，人権宣言が失われもしたが，その影響はドイツやベルギーに及び，さらには日本の明治憲法にも及ぶことになった。ただ，それらの過程で，法実証主義的な国法学の影響の下，天賦人権的な発想が薄れ，国法によって与えられた権利・自由との理解がされるようになった。いずれにせよ，この時期まで権利・自由の内実は，国家による干渉・恣意の排除という意味での消極的自由・平等を中心とし，そこに参政権を加えたものであった。

２　人権思想の現代的展開

⑴　社会的緊張への対応としての社会国家と社会主義

　19世紀末から20世紀にかけて，資本主義経済の発展とともに，貧富の差が拡大し社会的緊張が高まった。これに対する各国の対応は，2つに分かれた。

　その1つは，純粋な夜警国家・消極国家をあきらめ，国家による市場の修正を一定の限度で認める立場である。修正資本主義体制ということになる。人権宣言，ということでいえば，このことは財産権を典型とする経済活動の自由に対する制約を広く認めるとともに，社会保障についての国家の責任を認め，やがては，社会国家的基本権を憲法に取り込むという方向に至る。現代的立憲主義とか社会国家・福祉国家というスローガンは，この系譜に属する。

　もう1つは，市場を否定し，生産手段の私有を排し，計画経済を導入した社会主義憲法であった。1918年の「勤労し搾取されている人民の権利の宣言」，1936年のスターリン憲法などがこの系譜に属する。

⑵　第二次世界大戦から冷戦の終結まで

　第二次世界大戦後には，自然権思想の復活が顕著にみられる。1949年のドイツ連邦共和国基本法そして日本国憲法（1947〔昭和22〕年施行）がその典型である。そこには全体主義の悲惨を経験した歴史が投影されている。

　他方，社会主義陣営と修正資本主義・自由主義陣営との間では冷戦が長く続いたが，社会主義体制は，計画経済の非効率さと，経済的自由を否定したところに政治的自由は存立不可能であることを，数々の非人間性とともに明らかに

4

し，今日では，文字通り，前世紀の遺物となった。

(3)　現代立憲主義と人権

　社会主義は滅んだものの，福祉国家を自称する修正資本主義体制にも非効率的なところがあるのではないか，国家による福祉と自由は本当に両立可能か，官僚主義・管理国家化の進展とりわけ情報技術の飛躍的な発展はかつての全体主義よりも徹底した統制をもたらすのではないか等々現代立憲主義にとっても問題は尽きない。

　1970 年前後から，英米の法哲学などにおいて，正義の二原理，とりわけ格差原理によって福祉国家を正当化しようとする J・ロールズ，自由を至上のものと考えるリバタリアニズムの視点からこれを批判する R・ノージック，合衆国の憲法判例とのリアルタイムな対話を続けつつ，法理論として「平等な配慮と尊重への権利」を説く R・ドゥオーキン，最近では J・ラズや M・サンデルなど，いわゆる現代正義論が隆盛を極めるとともに，わが国の憲法学においても参照されることが多いのは，そのような問題状況の反映であろう。これらの正義論のうち，ドゥオーキンがその一例であるような権利基底的な正義論は，功利主義に対抗することを念頭におきながら，全体の利益にもかかわらず主張できる「切り札」としての権利という観念によっており，日本国憲法の基本的人権という発想と通底するところがあろう。ただし，もちろん，基本的人権の解釈論がすべて哲学に還元されるわけではない。

(4)　人権の国際化

　第二次世界大戦後の人権に関する顕著な潮流の１つは，人権を国際的に保障することを志向するものである。1948 年の世界人権宣言は，あくまでも宣言にすぎなかったが，1976 年に国際人権規約が発効した。

　このうち，A 規約（「経済的，社会的及び文化的権利に関する国際規約」）は社会権的性格の権利を保障するもので，漸進的な達成が求められる（2 条 1 項）。B 規約（「市民的及び政治的権利に関する国際規約」）は自由権的性格の権利を保障する。両規約とも国家報告制度が実施措置として定められているが，B 規約については，個人資格で選ばれた専門家からなるいわゆる規約人権委員会が設けら

れている。わが国は両規約を 1979（昭和 54）年に批准した。ただし，B 規約の国家通報制度（締約国が他の締約国の違反を通報するもの。41 条・42 条）の前提となる受諾宣言は行っておらず，また，個人通報制度を認める B 規約の選択議定書も批准していない。

　その他，人権に関する重要な国際条約として，「女子に対するあらゆる形態の差別の撤廃に関する条約」（〔女子差別撤廃条約〕1981 年発効，日本は 1985 年に締結），児童の権利に関する条約（1990 年発効，1994 年批准），「あらゆる形態の人種差別の撤廃に関する国際条約」（〔人種差別撤廃条約〕1969 年発効，1995 年加入），「拷問及び他の残虐な，非人道的な又は品位を傷つける取扱い又は刑罰に関する条約」（〔拷問等禁止条約〕1987 年発効，1999 年加入），「強制失踪からのすべての者の保護に関する国際条約」（〔強制失踪条約〕2007 年に署名，2010 年発効），障害者の権利に関する条約（〔障害者権利条約〕2007 年に署名，2014 年発効）などがある。

　これらの条約は，他の条約と同様に，憲法には劣位するものの，法律に優位する効力をもつものと解され，わが国における人権保障にとって重要な意味を有する。国際社会で広く受容されている人権条約については，確立された国際法規として，さらに高い形式的効力をもつと考えるべきだとする見解もある。このような見解にはもっともなところもあるが，国際人権として議論されるものの中には，1986 年の国連総会決議にみられる「発展権」のように「第三世代の人権」とされ，個人というよりは集団の権利というべき，その意味で日本国憲法の権利の発想とは根本的に相いれないものがあることには注意が必要である。また，上にみた人権条約中の権利制限事由の中には，特に表現の自由を中心とする精神的活動の自由に関し，日本国憲法に違反すると考えられうるものが含まれており，例えば，人種差別撤廃条約 4 条(a)(b)（ Column 7-2 参照）については 1995（平成 7）年 12 月 20 日外務省告示第 674 号で留保が行われている（もっとも日本政府は B 規約 20 条については留保していない）。国際人権とされるものと，日本国憲法の基本的人権保障との関係はこのように複雑であり，日本国憲法の視点に立って考える限り，国際社会で広く受容されている人権条約についても，当然に「確立された国際法規」と考えることには，なお，慎重な検討が必要で，戦争や講和に関する国際法については「確立した国際法規」

と解したとしても，直ちにこれらと同断というわけにはいかない。

第2節　わが国における人権思想の展開

　幕末から明治初年にかけて，天賦人権思想はわが国にも大きな影響を与えたといえるが，明治憲法は，上にみた意味での外見化された人権宣言の系譜に属するものであったことは否定できない。それは「臣民の権利」を「法律の留保」の下で保障するにすぎないものであった。ただ，現代，つまり，日本国憲法の視点からそのようにいうことができるとしても，19世紀末において，法律の範囲内で権利を保障することには，法律によらなければ権利を制限できないという積極的な意義を伴ったことには留意しておきたい。もっとも，それにも独立命令（明憲9条），緊急勅令（明憲8条），非常大権（明憲31条）といった例外はあった。

　大正期には，いわゆる大正デモクラシーの下で，自由主義的な憲法論が一定の力をもつに至った時期もあるが，昭和に入り，危機的な状況の下で，全体主義・軍国主義が台頭し，わが国における人権保障は，「明治典憲体制」（大日本帝国憲法と旧皇室典範が最高法規をなす体制であったため，日本国憲法に先行する体制をこのように呼ぶことがある）ともろともに，いったん，ほぼ全面的な崩壊を経験することとなった。

　わが国における人権保障は，「基本的人権ノ尊重」を占領解除の条件とするポツダム宣言（10項参照）をわが国が受諾し，天賦人権思想によるマッカーサー草案を基本とする日本国憲法が成立することによって再生する。

第3節　基本的人権の憲法的保障とその保障の限界

1 基本的人権の憲法的保障とその限界

(1) 基本的考え方

　上にみたように，基本的人権が，人間がただ人間であるということに基づいて認められる権利であり，また，功利主義的な全体の利益に対抗する「切り

7

札」としての性格をもつことを突き詰めれば，ある人の基本的人権を否定することは，その人が人であることの否定となり，基本的人権の制約はおよそ許されないということになりかねない。しかし，一般にはそうは考えられていない。ある人に基本的人権を保障するということは，他の人にも同様の基本的人権を保障するということであり，また，そのような基本的人権の保障を可能とするような秩序を維持するということであるはずだからである。従来，「自由とは他人を害しないすべてをなしうることに存する」（フランス人権宣言4条）とか「文明社会の成員に対し，彼の意志に反し，正当に権力を行使しうる唯一の目的は，他人に対する危害の防止である」（J・S・ミル。「他者加害原理」と呼ばれる）といったことを引き合いに出しつつ，形式的公平の原理として「基本的人権相互の矛盾・衝突を公平に調整するという消極目的のための最小限の秩序」（佐藤153頁）が説かれてきたのはそのような意味においてであろう。

　しかし，ここでいくつかの問題が生じる。

　第1は，経済的活動の自由について大幅な制約を容認することによってしか保障しえない社会国家的基本権を保障するという人権宣言の現代的な展開について，上記の形式的公平の原理だけでは説明がつかないということである。外在的，政策的制約あるいは社会国家的公共の福祉について「実体的な多数者ないし全体の利益を意味するものではな」いとしつつも，「『他者加害原理』を，人間の経済活動の領域で考えた場合，それ特有の考慮要素はないであろうか。日本国憲法は生存権等の社会権を保障しているが，そこには実質的公平性の確保といった観念が含まれてはいないか」（佐藤153頁），と説かれてきたことはこのことに対応する。

　第2に，秩序の問題が権利の問題に解消し尽くせるかにも微妙な問題がある。権利と権利の相互調整の問題としてだけで，権利の制約の問題を語り尽くせるかどうかということである。しかし，いかなる意味でも権利の問題に解消し尽くせない秩序を認めること，つまり，国家なり全体なりという秩序にそれ固有の価値を認めることは，「すべて国民は，個人として尊重される」（13条前段）として，究極的な価値として個人しか認めない個人主義的な前提と衝突するおそれがある。

　第3の問題は，上に引用の部分につづけて，ミルが，「彼自身の幸福は，物

質的なものであれ道徳的なものであれ，十分な正当化となるものではない」と
説いていることにかかわる。もし，このミルの議論に例外がありうるとすると，
上にみた形式的公平と実質的公平の問題以外に，人権の制約を考える必要が出
てくる可能性がある（p. 10 の(c)のパターナリスティックな制約に関する議論を参照）。

　最後に，一定の目的のための制約を許されるものと考えるということであれ
ば，その目的に反するものや当てはまらないものは，カテゴリカルに許されな
いということになろうが，「最小限の秩序」をいうのであれば，許される目的
のために具体的にとられている手段に関しては，程度問題というところが生じ
てくる。そうすると，すべての人権の制約は程度問題ということになるのか。
目的以外にもカテゴリカルに許されない場合があるのではないか。判断手法に
ついて何らかの類型化，事前の予測可能性の確保ということが必要ではないか。

　以上の問題を念頭におきつつ，(2)以下では従来の学説上の議論や判例の展開
を簡単に位置づけてみよう。

(2)　公共の福祉の解釈論

(a)　初期の学説　　基本的人権の制約を考える上では，憲法典の文言上は，
12 条と 13 条で登場する「公共の福祉」を，そしてそれが 22 条と 29 条で再言
されていることを，どう位置づけるかが問われてきた。

　これについて，当初，公共の福祉を，人権の外にあってそれを制約する一般
的原理であるとする理解が示された。この立場では，結局，法律によりさえす
れば，日本国憲法の下でも，比較的簡単に，公共の福祉による人権制約が認め
られるということになりえ，また実際，初期の判例はそのようなものが多かっ
た。

　これに対し，12 条と 13 条の公共の福祉を訓示規定と解し，「公共の福祉」
による制約は 22 条と 29 条の場合にしか認められない，あるいはそれに加えて
後国家的な権利についてしか認められないとする立場も主張された。この立場
でも，各権利について，内在的な制約は可能であるとされた（内在・外在二元的
制約説などと呼ばれる。法学協会編『註解日本国憲法　上巻』〔有斐閣，1953 年〕295
頁。この場合の内在的とは，上にみた形式的公平の原理ということであろう）。しかし，
この立場については，特に 22 条について，移転の自由についても内在的では

ない「公共の福祉」による制約を認めてよいのかという問題があるほか，今日では13条を幸福追求権との関係で訓示的と理解する立場はとられておらず，13条を訓示的と理解すること自体に重大な難点がある。

　(b)　現在の理解　　そこで，今日の支配的な理解としては，次のように説かれる。①公共の福祉とは，人権相互の矛盾・衝突を調整するための実質的公平の原理である。②この意味での公共の福祉は，憲法規定にかかわらずすべての人権に論理必然的に内在している。③この原理は，自由権を各人に公平に保障するための制約を根拠づける場合には，必要最小限度の規制のみを認め（自由国家的公共の福祉），社会権を実質的に保障するために自由権の規制を根拠づける場合には，必要な限度の規制を認めるもの（社会国家的公共の福祉）としてはたらく（宮沢・憲法Ⅱ218頁。一元的内在制約説〔芦部・憲法学Ⅱ195頁～200頁〕などと呼ばれる）。この説明が，「人権相互の矛盾・衝突」に公共の福祉を還元していることについては，今日，「国益は人権を制約する」ことを正面から認めるべきだという批判もある。これは上でみた第2の問題であるが，たしかに，「国益」という語で考えるかどうかはともかく，例えば屋外広告物規制やわいせつ規制の例を考えれば，「ある基本的人権の規制に導く対抗利益が厳密には基本的人権といえない場合も含めて観念する必要がある」（佐藤153頁）ことは否定しがたいであろう。

　ともかく，13条の公共の福祉は基本的人権の一般的制約根拠となるものであるが，正当化事由は基本的人権の性質に応じて具体的に引き出されなければならない。ただ，抽象的にいえば，公共の福祉には，形式的公平の原理＝内在的制約＝自由国家的公共の福祉と，実質的公平の原理＝政策的制約＝社会国家的公共の福祉が含まれており，経済的活動の自由については，後者が妥当することが多いことから，特に再言されているということであろう。判例も，「個人の経済活動の自由に関する限り，個人の精神的自由等に関する場合と異なって，右社会経済政策の実施の一手段として，これに一定の合理的規制措置を講ずることは，もともと，憲法が予定し，かつ，許容するところ」と述べている（小売市場事件・最大判昭和47・11・22刑集26巻9号586頁 〈 **判例 8-1** 〉）。

　(c)　パターナリスティックな制約　　なお，自己決定権についての議論が進展するともに，上の第3の問題（形式的公平と実質的公平以外の観点からの人権の

制約の問題）が存在することが，憲法解釈論レベルでも意識されるようになった。すなわち，権利主体本人の利益を理由とする権利制約の問題である。この制約は，パターナリスティックな制約と呼ばれる。パターナル（paternal）とは，「父の」という意味である。未成年の子は，判断能力が未成熟であるゆえに，その判断は父が代わって行うという発想から出た語である。このような制約を公共の福祉の一内容というべきなのかどうかは考え方が分かれうるであろうが，限定的な範囲では承認される可能性があろう。

　(d)　「切り札」としての人権と公共の福祉に基づく権利　　以上のような議論に対する代案として近年有力に主張されている立場として，国家権力の正当性の限界と個人の人権の限界を独立に検討すべきことを主張するものがある（長谷部108頁。部分的に上の第2の問題である）。

　この立場によれば，国家が権威を有するのは，国家が一般人よりも特に優れた知識を有している場合か，調整問題をよりよく解決できる場合か，ただ乗り問題を解決して公共財の提供を行う場合であって，それぞれについて，国家が正当に私的領域に介入しうる限度が内在的に決まってくることになる。この立場の興味深いところは，この公共財の中に憲法上の権利の一部を含め，「『公共の福祉』を根拠とする権利」の存在を承認することである。他方，公共の福祉の観点からの判断を覆す「切り札」としての性格をもつ権利について，この立場は，特定の理由に基づいて政府が行動すること自体を禁止するものとして理解する。「他人の権利や利益を侵害しているからという『結果』に着目した理由ではなく，自分の選択した生き方や考え方が根本的に誤っているからという理由に基づいて否定され，干渉されるとき，そうした権利が侵害されていると言いうる」（長谷部115頁）とするのである。

　このような理解は，リベラリズム（その根底にあるのは，公正な社会のあり方を規律する正義の観念と，人々がそれぞれの人生において追求する善の観念とを区別するところにある）的正義論とも整合するかたちで，日本国憲法の解釈論を提示するものとして魅力的なものであるが，従来の権利理解（その保障の対象について，○○の権利というカテゴリーをつくって理解する権利理解）との乖離があり，また，公共の福祉のための権利という権利理解に対しては違和感や警戒感が伝統的な立場から示されており，支配的な見解となるには至っていない。

(3)　審査基準論

(a)　ルールと原理　　上にみたような意味での人権の制約を考えるとして，具体的な憲法規定の解釈としては，それがルールとして作用する場合と原理として作用する場合とがあるとみることができる。この場合，ルールとはいわば結論として示された規範であって，例えば検閲の絶対的禁止（⇒ p. 216 の**3**）のように，何が検閲の定義かということについて争いは残りうるとしても，検閲に該当するとなれば，それが憲法上許される余地はないということになる。これに対して，原理としての規範は，広い意味での衡量に対して開かれている。表現の自由が保障されるといってみても，名誉権が憲法で保障されるといってみても，名誉権の侵害を理由とする表現の自由の制約が憲法上可能な範囲についての結論は，そこから直ちに一義的には示すことができない。

　だからといって，毎回個別的衡量を行うのでは，恣意的になるし，結論の適切さも保障されない。その都度，諸般の事情を考慮して，許される目的と，そのための手段の目的への必要とされる関連性の程度や，論証責任の負担を考えるというのであっても（これは一種のスライディング・スケール論でアメリカでもこういう考え方が存在する）同様である。そこで，制約される権利の性質や，制約のための目的ごとに，これらの点について，あらかじめ一定の類型化を行っておくことによって，恣意を排し，適切な結論を得ようとする試みが，審査基準論と呼ばれるものである。

(b)　理念型　　審査基準を考える際に，アメリカでの判例の展開を念頭においた理念型として，一方の極には，目的をやむにやまれざる政府利益に厳格に限定し，手段についてもこれと必要不可欠といった緊密な関連性を有するものであること要求し，以上についての論証責任を合憲性を主張する側に課すものがありうる（厳格審査）。他方の極には，むしろ議会の判断を尊重することが民主制の下では原則であることを考えればこちらが本則というべきなのかもしれないが，目的は正当なものであればよく，これに対する手段の関連性も，合理的な関連性があれば足り，以上が満たされないことについて違憲性を主張する側が論証責任を負うとするものがありうる（合理性審査）。さらにこの中間に，目的が重要で，手段が実質的関連性を有するものを要求するものも考えられる（中間審査）。

　以上のような理念型を背景におきつつ，実際にわが国の判例がどのように展開し，学説がこれに対してどのような議論を説いているのかをみるのは，まさしく，本書全体を通じて果たされるべき課題であり，ここではある程度の見通しと，若干の留意点を示すにとどめざるをえない。

　(c)　二重の基準論　　上にみた厳格審査の適用が主張されるのは，何よりも表現の自由についてである。このことは，表現の自由が，それ自体自己実現のためにもっている価値と，立憲民主制の維持運用にとって不可欠ものであることゆえに，優越的な地位にあることによって説明される（このどちらに比重をおくか，あるいは一方のみを根拠とするべきかについて学説は分かれているが，併用するのが標準的な立場とみてよい）。これを，合理性審査が原則と考えられる他の場合，典型的には経済活動の自由の規制のような場合と対比して，二重の基準（⇒ p. 207 の(1)）という。このような考え方は，アメリカの判例の影響の下に学説上主張されてきたものであるが，今日では，その基本的な発想は，わが国の判例も受け入れるに至っているといってよい。「個人の経済活動の自由に関する限り，個人の精神的自由等に関する場合と異なって，右社会経済政策の実施の一手段として，これに一定の合理的規制措置を講ずることは，もともと，憲法が予定し，かつ，許容するところ」とする小売市場事件（最大判昭和47・11・22 刑集26巻9号586頁　**判例 8-1**），「主権が国民に属する民主制国家は，その構成員である国民がおよそ一切の主義主張等を表明するとともにこれらの情報を相互に受領することができ，その中から自由な意思をもって自己が正当と信ずるものを採用することにより多数意見が形成され，かかる過程を通じて国政が決定されることをその存立の基礎としているのであるから，表現の自由，とりわけ，公共的事項に関する表現の自由は，特に重要な憲法上の権利として尊重されなければならないものであり，憲法21条1項の規定は，その核心においてかかる趣旨を含む」とする北方ジャーナル事件（最大判昭和61・6・11民集40巻4号872頁　**判例 7-1**），「集会の自由の制約は，基本的人権のうち精神的自由を制約するものであるから，経済的自由の制約における以上に厳格な基準の下にされなければならない」とする泉佐野市民会館事件（最判平成7・3・7民集49巻3号687頁　**判例 7-4**）などをその例として挙げることができる。ただし，論証責任的な発想がどこまで受容されているのかは留保が必要かもしれない。

　また，優越的な地位の根拠が，立憲民主制の維持運用に不可欠であることにあると考える場合，選挙権の保障については，本来，最も厳格な審査が行われるべきであるところ，従来のわが国の定数是正訴訟の判例は，アメリカの場合と異なり，かなりの格差を許容してきた（しかし，近時，変化も感じられる。p. 120 の(b)参照）が，在外日本国民選挙権訴訟（最大判平成 17・9・14 民集 59 巻 7 号 2087 頁 ◆判例 11-1 ，クエスト憲法Ⅰ ◆判例 8-3 ）は，選挙権の行使を制限するには「やむを得ないと認められる事由」があることを要求し，しかもそれは，「そのような制限をすることなしには選挙の公正を確保しつつ選挙権の行使を認めることが事実上不能ないし著しく困難であると認められる場合でない限り，上記のやむを得ない事由があるとはいえ」ないとの極めて厳格な基準を定立するに至っており，注目される（⇒第 11 章第 2 節）。

　(d) 表現の自由についての類型論の必要性　上のように二重の基準論で考えるとしても，そのことは，表現の自由について一律に同様の厳格さで考えるべきであることを当然には帰結しない。争いのあるところであるが，営利的表現の規制や，表現の時・場所・方法の規制のような内容中立的な規制の場合には，最も厳格に考える必要はないという考え方もあるところである。この緩和を全面否定することは，表現の自由の保障の中核のレベルを引き下げるおそれがあることにも留意するべきである。少なくとも，名誉毀損について，刑法 230 条の 2 所定の場合とそれ以外とを分けて考えることを，完全に否定する立場は存在しないといってもよいのではないか（「夕刊和歌山時事」事件参照。p. 236 の(3)）。

　なお，例えば，この名誉毀損に関するいわゆる相当性の理論のように，目的－手段枠組みそのものではない基準や法理が表現の自由について判例上（例えば事前抑制の原則的禁止の例外についての，前掲北方ジャーナル事件参照）あるいは学説上（例えば明白かつ現在の危険，ブランデンバーグ基準など。p. 229 の(1)参照）説かれる場合がある。これらの基準は，それ自体として，厳格審査・中間審査・合理性審査と並立する別の基準というよりも，厳格審査なら厳格審査を，類型化された事案の文脈に応じて具体化したものと考えるべきであろう。

　(e) その他の類型論の必要性　上の類型論については，同様のことが，経済活動の自由についてもいいうる。特にわが国の判例は，職業選択の自由につ

いて，規制目的が消極的か積極的かに応じて，異なる審査基準を示していると
いわれることがある。この話が，職業選択の自由に限られるのか，また，目的
が決定的な識別要素なのかについてはよく考える必要がある（⇒第8章第3節）
が，ともかく，前掲小売市場判決のように極めて緩やかな審査がなされる場合
と，薬事法判決（最大判昭和50・4・30民集29巻4号572頁〈 判例 8-2 〉）のよう
に，厳格審査そのものではないとしてもそれなりに厳格な審査がなされる場合
があることには注意が必要である。

Column 1-1　審査基準論と比例原則・三段階審査論

　なお，本文でみたように，目的の認定が，審査基準の決定に重要な意味をも
つ場合があるが，目的−手段審査のうち，目的を認定する部分についての分析
は必ずしも進んでいない。他方，手段審査については，実際上は目的審査を行
っているのと同じ機能を果たしている場合があるということがしばしば指摘さ
れる。

　目的−手段審査で厳格度を変化させるアプローチは，学説上，平等の分野で
も，特に14条1項後段列挙事由の理解との関連で展開されている。判例は，
この議論には直接対応してきていないが（尊属殺人事件〈 判例 3-2 〉，寡婦〔夫〕
控除事件・最判平成7・12・15税務訴訟資料214号765頁，堀木訴訟〈 判例 10-1 〉
参照），しかし，非嫡出子相続分合憲決定の反対意見（⇒p. 103の(c)），国籍法
違憲判決の補足意見（〈 判例 3-3 〉参照）の中には，学説の議論に対応する見
解が現れてきており，さらに国籍法違憲判決の多数意見にも，読みようによっ
ては，この種の議論に歩み寄りを見せているものとみられる側面もある。非嫡
出子相続分違憲決定（⇒p. 103の(c)）も枠組みは変わらないとしているが，言
葉遣いは従然さながらではない。今後の展開が注目される。

　さて，最近，論者によって，審査基準論に対する鮮烈に攻撃的なレトリック
を伴いながら，比例原則・三段階審査について論じられる場合がある。三段階
というのは，権利の保障範囲の特定，介入ないしは侵害の有無の判断，その正
当化の可否という三段階であり，正当化の部分について，比例原則が問題とな
り，そこでは，手段の合理性，必要性，狭義の比例性が問題となるとされる。
二段階目までの問題は，審査基準論か比例原則かという問題ではなく，従来の
議論でも必要な際は分析がなされており，実際上不要な際はわざわざ項目立て
されていなかったにすぎない。また，代表的な審査基準論者の判例分析に粗雑
なところがあったとすれば，それはより正確な分析が必要であるということに
すぎない。正当化の部分について，スライディング・スケール的な思考方法を

とることを，比例原則が志向する場合，たしかに，類型化を志向する審査基準
論との差異が現れてくるのであろう。論証責任を意識していないところは，判
例の立場と比例原則論者とに近いところがあるのかもしれない。しかし，もし，
比例原則論者も類型化の必要を説くのであれば，結局は，狭義の比例性につい
て裁判官の判断を信頼できないからその恣意を統制する必要があるとの審査基
準論者の発想が基本的に正当だということにならないか。また，比例原則論者
の趣旨が，審査基準論が学説の努力にもかかわらずに判例に受け入れられない
から別論を考えようという点にあるのであれば，その判例評価の適切さと，実
務による学説の受容をどういうタイムスケールで考えているのかという点が，
問われなければならないように思われる。

2　法律の留保

　以上にみた基本的人権の制約は，法律によらなければならない。しかし，日
本国憲法の基本的人権保障は，法律の範囲内で行われるにすぎないものではな
く，国会が合憲と考えて制定した法律も，司法審査の対象となる。

3　制度的保障

　「議会は，憲法の想定する制度を創設・維持すべき義務を課され，その制度
の本質的内容を侵害することが禁止される」（佐藤 145 頁）というのが制度的保
障の理論が説くところである。日本国憲法の下で，この理論が当てはまるもの
として，学問の自由との関連で大学の自治の制度（ポポロ事件。第 6 章第 3 節参
照），財産権との関係で私有財産制度（森林法判決 **判例 8-3** 参照），信教の自
由との関連で政教分離原則（津地鎮祭事件 **判例 5-2** 参照），地方の政治制度
（クエスト憲法 I 第 9 章参照），天皇制（クエスト憲法 I 第 3 章第 4 節参照）などが論
じられる。

　この理論は，元来，法律の範囲内で権利保障を行う憲法下で，憲法に先立っ
て存在する権利に還元しきれない何かが憲法的保障に取り込まれた場合に説か
れた理論であり，したがって，地方自治や天皇制についてこの理論が妥当する
ことはありうるが，日本国憲法の基本的人権との関係では，無限定に妥当する
と考えるべきものではない。特に，判例とは異なる立場となるが，政教分離原
則については，日本国憲法では国教制度が明確に忌避されているのであって

（もし国教制度を創設維持する憲法のために制度的保障の理論が説かれるのであれば別論であるが）制度的保障の理論によることは適切ではない。制度的保障については詳細な学説史の分析が存在する（石川健治『自由と特権の距離〔増補版〕』〔日本評論社，2007 年〕）。

第 4 節　基本的人権の諸類型

1 基本的人権の諸類型

　基本的人権の類型として，本書の章立てでは，幸福追求権，平等，精神的自由，経済的自由，人身の自由，社会権，参政権，国務請求権という区分を行っている。

　この区分は，もともと，イエリネックの国民の地位の類型論に由来している。イエリネックは，国家に従属するという受動的地位，国家権力から自由であるという消極的地位，国家の活動を自己のために請求するという積極的地位，国家活動を担当するという能動的地位を区別し，これに義務・自由権・受益権・参政権を対応させた。

　わが国では，この地位の類型論が，国法によって義務づけられる関係＝受動的な関係，国法に対する無関係な関係＝自由，国法に対する消極的な受益関係＝自由権，国法に対する積極的な受益関係＝社会権，国法に対する能動的な関係（さらに積極的な関係＝受益権・国務請求権と狭義の能動的な関係＝参政権に分かれる）として継受された（宮沢・憲法 II 90 頁）。

　本書の章立てのうち，精神的自由・経済的自由・人身の自由が上の消極的な地位ないし自由権に，参政権が能動的な地位ないし関係に属することは，特に説明を要しないと思われるが，その他については若干のコメントが必要であろう。

　まず，社会権については，イエリネックの地位論にはその位置を見いだせないが，イエリネックは，日本国憲法どころか，ワイマール憲法も知らないのであって，これは歴史的な制約である。

　次に，国務請求権と社会権については，国家の積極的な作為を要求するとい

う点でむしろ積極的な地位・関係として一括りにする立場もありうるところであるが，ここでは宮沢の立場を参考にしている。

幸福追求権については，後にみるように，包括的な基本権であり，上のすべてを含むともいいうるものであって，従来の枠組みにはおさまらない。

平等については，他の権利・自由とは異なり，相対的な性格をもつために，これも端的な位置づけが難しい。包括的な基本権に，人格の平等という観点から包摂されることもあるが，ここでは単独で別の位置づけを与えている。

宮沢のいう自由については，基本的人権の中には含まれない。ただし，法律によらなければ国民の自由を制限できない，というときの自由にはこの自由が含まれている。

最後に，以上にみた諸権利・自由が，実体的なものであるとした場合，手続的な権利については，別途考える必要がある。教科書的には人身の自由の箇所で取り扱われるが，理論的には包括的基本権の問題でもありうるし，判例がしばしば示唆するように，各実体的基本権の問題であるという可能性もある。

2 類型論の意義

類型論の第1の意義は，まさしく，本書のような書物をどのように編成することが，理論的に，また，教育的に適切かということを考える点にあろう。

その際に，最も重要であるのは，自由権が，基本的人権の中で最も基本的かつ重要なものであり，それ以外の参政権，国務請求権，社会権といったものはその保障を全うするための手段として必要だと考えられたものであるという点である。これらの手段は極めて重要であるが，同時に，自由権を破壊する契機をもっている。国家に対する不作為請求という自由権の意義は，決してあいまいにされてはならない。

と，同時に，これらの類型論は，あくまでも以上のような趣旨で意義を有するにすぎないものであって，類型論から解釈論上の帰結を導き出すことには慎重でなければならない。

第5節　基本的人権の享有主体

1 国　　民

(1) 国　　民

(a) **総　説**　(2)以下に取り上げる各種の主体と異なって，国民が基本的人権の享有主体であることには争いの余地がない。国民は，憲法の権利保障の明示的な名宛人である（11条・12条・13条・97条。第3章の表題）。

(b) **国民の範囲と国籍の取得**　ここにいう国民は，日本国籍の保有者のことである（なお，後に天皇・皇族について議論していることからいえば，本項(1)での議論のさしあたりの対象からは，天皇・皇族は除かれている。しかしそれは，天皇・皇族も日本国家の人的構成員としての日本国民でないという意味ではない。天皇・皇族も日本国籍の保有者である）。

「日本国民たる要件は，法律でこれを定める」（10条）。したがって，国民たる要件は，法律事項である。「国籍の得喪に関する要件を定めるに当たってはそれぞれの国の歴史的事情，伝統，政治的，社会的及び経済的環境等，種々の要因を考慮する必要があることから，これをどのように定めるかについて，立法府の裁量判断にゆだねる趣旨のものである」（国籍法違憲判決・最大判平成20・6・4民集62巻6号1367頁〈 **判例 3-3** 〉）が，制限は当然ある（平等の観点からの制約に関しては，p. 99 の(b)参照）。

国籍の問題は，基本的人権の享有主体性の問題に尽きるものではないが，便宜上その取得についてここで説明する（国籍の喪失については，p. 281 の(2)参照）。

国籍の取得は，①出生による場合，②認知による場合，③意思に基づく場合（帰化）がある。

①について，血統主義と出生地主義があり，前者はヨーロッパ諸国が採用し，後者はアメリカ合衆国やラテンアメリカ諸国でとられている原則であるところ，日本法は，原則的に血統主義をとり，例外的に出生地主義をとる。すなわち，国籍法2条によれば，「子は，次の場合には，日本国民とする。一　出生の時に父又は母が日本国民であるとき。二　出生前に死亡した父が死亡の時に日本

国民であつたとき。三　日本で生まれた場合において，父母がともに知れない
とき，又は国籍を有しないとき」。これは父母両系主義である。従前は父系主
義であった。

　②認知による取得は，両系主義への改正に伴い準正による取得が導入された
ところ，これが父母の婚姻を要求している点で上の大法廷判決により違憲とさ
れたため，さらに改正されたものである（その後，年齢も改正された）。「父又は
母が認知した子で 18 歳未満のもの（日本国民であつた者を除く。）は，認知を
した父又は母が子の出生の時に日本国民であつた場合において，その父又は母
が現に日本国民であるとき，又はその死亡の時に日本国民であつたときは，法
務大臣に届け出ることによつて，日本の国籍を取得することができる」（国籍 3
条 1 項）。この場合，「届出の時に日本の国籍を取得する」（同条 2 項）。

　③の帰化については，法務大臣の許可が必要である（国籍 4 条 2 項）。現行法
上，帰化した国民について，その他の国民と異なる制約を設ける例はない。た
だし，特定秘密の保護に関する法律 12 条 2 項 1 号は，適性評価に関し，「過去
に有していた国籍」について規定した。

　なお，重国籍が発生した場合，国籍法は，国籍留保の制度（国籍 12 条）およ
び国籍選択の制度（国籍 14 条 1 項。15 条も参照）を設けている（p. 281 の(2)参照）。
ただし，これらによる国籍喪失が決定的となると，適当を欠く場合があること
を考慮して，国籍再取得の制度（国籍 17 条）が設けられている。

⑵　未成年者等

　未成年者も当然国民である。しかし，未成年者は，成年者と異なり，成熟し
た判断能力をもたない。そうすると，選択を内実とする基本的人権に関しては，
未成年者について，享有主体性は肯定されるとしても，成年者の場合とは異な
った制約が可能となるのではないかという問題がある。民法上の成年が 18 歳
になった後も残存している 20 歳未満に対する制限をどう理解するかの問題も
ある。

　実際，日本国憲法では，「公務員の選挙については，成年者による普通選挙
を保障する」（15 条 3 項）とされており，憲法は成年制度の存在を前提とし，
少なくとも参政権の一部につき，未成年者に権利の享有主体性を認めない，あ

るいは，全面的な制約を認めるという立場を明らかにしている。

　したがって，未成年者等一定年齢以下の者については，これ以外の場合についても，その判断能力の未成熟さに応じて，権利の制約が認められる場合がありうることは否定できない。ただし，これはあくまでも未成熟さに応じた制約であって，未成年者等について一律の制約を認めることが妥当とは考えられないこと，および，未成年者等の判断能力の成熟のためには，失敗する可能性も含めて選択の自由が与えられる必要があることが留意されなければならない（⇒p.10の(c)）。過剰制約も過保護も未成年者等にとって，憲法上正しい取扱いではないのである。

　このような観点からみた場合，麹町中学事件（最判昭和63・7・15判時1287号65頁）については，そのプライバシー理解の適切さが問題であるとともに（⇒第2章第2節），中学生の政治活動の自由についての理解の適切さが問題とされなければならない。また，岐阜県青少年保護育成条例事件（⇒p.235の(d)），とりわけその伊藤正己裁判官の補足意見に明示・敷衍されているような，未成年の権利制約についての緩やかな審査手法についても，再検討の必要があるであろう。

　なお，20歳未満の者に飲酒や喫煙を禁ずる法，その他公営ギャンブルにかかわる20歳未満の者の権利制約については，そもそもそこで憲法上の権利が問題になっているか否かが問題であるとともに，成年についての権利制約となっていることが説明される必要がある。また，これらの法律の刑罰規定は，20歳未満の者に向けられていない。この観点からは，公職選挙法137条の2第1項が，18歳未満の者の選挙運動を禁止し，18歳未満の者に刑罰を科している（公選239条1項）ことには重大な憲法上の疑念がある。

(3)　享有主体性の始期と終期

(a)　始　期　　民法では，「私権の享有は，出生に始まる」（民3条）とされ，胎児についての特則があり（民721条など），刑法では，殺人罪（刑199条）と堕胎罪（刑212条）が規定され，殺人罪についてはいわゆる一部露出説（大判大正8・12・13刑録25輯1367頁）がとられ，胎児傷害については不可罰とされる。基本的人権の享有主体性も，出生に始まるのであろうが，一部露出か全部露出

かといった問題に，憲法から一義的回答が引き出せるかどうかは，疑問であろう。以上のように考えれば，胎児は基本的人権の享有主体性をもたないが，そのことは，胎児の利益を理由とする基本的人権の制約を不可能とする結論には直結しない（⇒p. 69 の(1)）。なお，この始期の問題と次の終期の問題は，外国人も含めて，自然人に共通する問題である。

(b)　終　期　　終期について，問題となるのは，脳死の扱いである。臓器移植法（「臓器の移植に関する法律」）の制定・改正により，現在では一定の場合に脳死が人の死として扱われる。異論がないわけではないが，脳死をもって基本的人権享有主体性の終期として扱うこと自体が，立法府の裁量を超えているということはないと考えられる。

(4)　高齢者など

高齢者が国民であり，基本的人権の享有主体であることは疑いの余地がない。また，高齢者については，未成年者についての成年制度のように，憲法上，権利の享有が否定されているカテゴリーがあるわけでもない。したがって，ここで，総論の課題として取り上げること自体が不適切ともいえよう（同種の問題として先住民族の問題もある。p. 81 の**3**参照）。ただ，今日，例えば，高齢者の自動車運転免許について制限を設けるか否かが議論されたり，成年後見制度の適用に伴う選挙権の制限に問題が提起されたり（すでに廃止。p. 402 の(a)参照），逆に，成年後見制度がはたして適切にサービスとして行き渡っているのかが問題にされる。未成年者について上にみたような議論があることが，未成年者については判断能力が未成熟である場合があることによる場合，高齢者（加齢以外が理由となる場合もあろう）が，未成年とは異なる理由で判断能力が不十分である場合についても，憲法上の権利保障について，その制約と，十全の保障について，検討するべき必要のある問題が存在するということであろう。

2　天皇および皇族

天皇および皇族も，日本国民に含まれる（⇒p. 19 の(b)）。明治憲法の臣民に天皇および皇族が含まれなかったのとは異なる。しかし，憲法が世襲制に基づく象徴天皇制を定めていることに伴い，一般の国民とは異なる特別の扱いを受

けている（クエスト憲法 I 第 3 章第 4 節）。そのため，天皇および皇族が，基本的人権の享有主体としての国民に含まれるかが議論となる。学説は，天皇も皇族も基本的人権の享有主体であるとする説，皇族は享有主体性があるとする説，天皇も皇族も享有主体ではないとする説に分かれる。現行皇室典範上（改正の動きはあるが），天皇と皇太子は，全く職業選択の自由をもたない（典 4 条・11条参照。天皇が職業かどうかは一応問題となりうるが，少なくとも他の職業を選びえないことは明らかであろう）。これを違憲とするのであれば別論であるが（「象徴としてのお務めについての天皇陛下のおことば」〔2016（平成 28）年 8 月 8 日〕には，この点で制度のありようにかかわる天皇個人の強い希望が示されているが，よもや違憲論に基づくものではありえようはずもない），そうでない限り，これを享有されている権利の制約として制約することは詭弁である。したがって，天皇および皇族については基本的人権の享有主体性は否定するのが正当である。女性天皇を認めないことが憲法 14 条に違反するとの議論があるが，以上の観点からは前提からして失当である（クエスト憲法 I p. 108 の(ii)）。女系の天皇を認めるべきかどうかが問題になるが，これも，14 条の問題にはなりえない問題で，仮に憲法問題になるとすれば，それは，制度的保障としての天皇制の本質的内容の問題としてであろう（なお，政府は女系は憲法上可能との立場をとっている。例として，2021（令和 3）年 6 月 2 日衆議院内閣委員会における加藤官房長官の答弁）。

3 外 国 人

(1)　人権の享有主体性

(a)　**否定説と肯定説**　憲法第 3 章が保障するのが「国民の権利及び義務」であること，国民に対する権力の発動を授権・制限するのが元来の憲法の眼目であろうことにかんがみれば，外国人（以下，日本国籍を保有していない者という趣旨で用いる）は憲法の定める基本的人権の享有主体ではないという否定説も十分成り立つ。否定説によるとき，日本国との関係での外国人の権利保障の問題は，法令レベルの問題と，国際法上の問題に解消されることになる。

　しかし，否定説を支持するものは少ない。判例も，多くの事件で，そもそも外国人であることを問題とせずに，憲法上の権利主張について実体判断を行ってきている（例えばレペタ訴訟。p. 257 の **3**，クエスト憲法 I 〔判例 7-5〕参照）。基

23

本的人権の本質が，人が人であるゆえに認められる権利であり，人を「個人と
して尊重」（13条前段）することの帰結であることからすれば，憲法が国際協
和主義に立っているとされることともあわせて，このように考えることが正当
とされることは理解できる。

(b) **入国・在留・出国・再入国**　　しかし，ここに1つの問題がある。それ
は，外国人の憲法上の基本的人権という時の外国人とは誰かという問題である。
これは，異説はあるが，一般には，わが国にすでに入国している外国人のこと
であるとされている。

したがって，まず，外国人の入国の自由は憲法問題になりえない。「国際慣
習法上……国家の自由裁量により決定し得るもの」（最大判昭和32・6・19刑集
11巻6号1663頁）である。

それゆえ，入国の継続とみられる滞在も，権利としては保障されない。

> ◁**判例 1-1**▷ **最大判昭和53・10・4民集32巻7号1223頁　〈マクリーン事件〉**
> **【事実】**アメリカ合衆国国籍を有するXは，在留期間を1年とする上陸許可の
> 証印を受けて本邦に上陸し，その後，1年間の在留期間の更新を申請したところ，120日間の出国準備のための更新だけが認められ，最終的には更新が不許
> 可となった。在留期間の更新を適当と認めるに足りる相当な理由があるものと
> はいえないとされたのは，Xの在留期間中の無届転職（ベルリッツ語学学校に
> 英語教師として雇用されるため在留資格を認められたのに，入国後わずか17日間
> で同校を退職し，財団法人英語教育協議会に英語教師として就職し，入国を認めら
> れた学校における英語教育に従事しなかった）と政治活動（日米安保やベトナム戦
> 争等に反対するもの。ただし，Xが参加した集会，集団示威行進等は，いずれも，
> 平和的かつ合法的行動の域を出ず，Xの参加の態様は，指導的または積極的なもの
> ではなかった）のためであった。
> **【判旨】**「憲法上，外国人は，わが国に入国する自由を保障されているものでな
> いことはもちろん，所論のように在留の権利ないし引き続き在留することを要
> 求しうる権利を保障されているものでもないと解すべきである。」
> 「法務大臣は，在留期間の更新の許否を決するにあたっては，外国人に対す
> る出入国の管理及び在留の規制の目的である国内の治安と善良の風俗の維持，
> 保健・衛生の確保，労働市場の安定などの国益の保持の見地に立って，申請者
> の申請事由の当否のみならず，当該外国人の在留中の一切の行状，国内の政
> 治・経済・社会等の諸事情，国際情勢，外交関係，国際礼譲など諸般の事情を

しんしゃくし，時宜に応じた的確な判断をしなければならないのであるが，このような判断は，事柄の性質上，出入国管理行政の責任を負う法務大臣の裁量に任せるのでなければとうてい適切な結果を期待することができないものと考えられる。このような点にかんがみると，出入国管理令〔現在の出入国管理及び難民認定法〕21 条 3 項所定の『在留期間の更新を適当と認めるに足りる相当の理由』があるかどうかの判断における法務大臣の裁量権の範囲が広汎なものとされているのは当然のことであって，所論のように上陸拒否事由又は退去強制事由に準ずる事由に該当しない限り更新申請を不許可にすることは許されないと解すべきものではない。」

「出入国管理令 21 条 3 項に基づく法務大臣の『在留期間の更新を適当と認めるに足りる相当の理由』があるかどうかの判断の場合についてみれば，右判断に関する前述の法務大臣の裁量権の性質にかんがみ，その判断が全く事実の基礎を欠き又は社会通念上著しく妥当性を欠くことが明らかである場合に限り，裁量権の範囲をこえ又はその濫用があったものとして違法となるものというべきである。したがって，裁判所は，法務大臣の右判断についてそれが違法となるかどうかを審理，判断するにあたっては，右判断が法務大臣の裁量権の行使としてされたものであることを前提として，その判断の基礎とされた重要な事実に誤認があること等により右判断が全く事実の基礎を欠くかどうか，又は事実に対する評価が明白に合理性を欠くこと等により右判断が社会通念に照らし著しく妥当性を欠くことが明らかであるかどうかについて審理し，それが認められる場合に限り，右判断が裁量権の範囲をこえ又はその濫用があったものとして違法であるとすることができるものと解するのが，相当である。」

「憲法第 3 章の諸規定による基本的人権の保障は，権利の性質上日本国民のみをその対象としていると解されるものを除き，わが国に在留する外国人に対しても等しく及ぶものと解すべきであり，政治活動の自由についても，わが国の政治的意思決定又はその実施に影響を及ぼす活動等外国人の地位にかんがみこれを認めることが相当でないと解されるものを除き，その保障が及ぶものと解するのが，相当である。しかしながら，……，外国人に対する憲法の基本的人権の保障は，右のような外国人在留制度のわく内で与えられているにすぎないものと解するのが相当であって，在留の許否を決する国の裁量を拘束するまでの保障，すなわち，在留期間中の憲法の基本的人権の保障を受ける行為を在留期間の更新の際に消極的な事情としてしんしゃくされないことまでの保障が与えられているものと解することはできない。在留中の外国人の行為が合憲合法な場合でも，法務大臣がその行為を当不当の面から日本国にとって好ましいものとはいえないと評価し，また，右行為から将来当該外国人が日本国の利益

を害する行為を行うおそれがある者であると推認することは，右行為が上記のような意味において憲法の保障を受けるものであるからといってなんら妨げられるものではない。」

　出国の自由についても同様であると考えられる（なお，世界人権宣言13条2項，B規約12条2項参照）。判例の中には，「移住の自由は，その権利の性質上外国人に限って保障しないという理由はない」と述べたもの（最大判昭和32・12・25刑集11巻14号3377頁）があるが，この判断は，再入国を念頭においてのものではないと考えられる。再入国をも権利だというのであれば，そもそも入国を権利だと考えないと一貫しない。森川キャサリーン事件（最判平成4・11・16集民166号575頁）は，「我が国に在留する外国人は，憲法上，外国へ一時旅行する自由を保障されているものでないことは，当裁判所大法廷判決（最大判昭和32・6・19刑集11巻6号1663頁，最大判昭和53・10・4民集32巻7号1223頁）の趣旨に徴して明らかである」としているところである。ただし，再入国問題については，在留外国人に様々のタイプのものがありうることに留意が必要であろう（なお，B規約12条2項・4項，難民条約28条参照）。最判平成10・4・10民集52巻3号776頁は，協定永住資格を有していた韓国人に対して指紋押捺拒否を理由としてした再入国不許可処分が違法であるとはいえないとしている。

　なお，外国人登録法による指紋押捺制度は，永住者および特別永住者については1992（平成4）年の改正によって廃止され，1999（平成11）年の改正によって全面的に廃止された。しかし，国際的な安全保障環境の変化に伴い，出入国管理及び難民認定法の2006（平成18）年の改正により，本邦に上陸しようとする外国人は，申請の際に，「個人識別情報」すなわち「指紋，写真その他の個人を識別することができる情報として法務省令で定めるもの」を提出しなくてはならなくなった（入管6条3項柱書）。ただし，特別永住者はこの義務を免除されている（同項1号）。

　また，2009（平成21）年の同じ改正で，「みなし再入国許可」の制度が設けられ，特別永住者を含む中長期の在留者等については，入国審査官に対し再び入国する意図を表明して出国するときは，原則として再入国の許可を受けたものとみなされることとなった（入管26条の2第1項）。

　亡命権・庇護権について，憲法で保障する例があるが，日本国憲法では立法的な課題であろう（なお，入管18条の2参照）。なお，「いわゆる政治犯罪人不引渡の原則は未だ確立した一般的な国際慣習法であると認められない」とした判例がある（尹秀吉事件・最判昭和51・1・26訟月22巻2号578頁）。

　(c)　**主権国家と外国人の人権という難問**　　さて，以上のとおり，外国人の憲法上の基本的人権という時の外国人とは，わが国にすでに入国している外国人のことであると考えると，マクリーン事件判決〈判例 1-1〉のいうように，「在留期間中の憲法の基本的人権の保障を受ける行為を在留期間の更新の際に消極的な事情としてしんしゃくされないことまでの保障が与えられているものと解することはできない」ということになる。そう解釈しなければ，逆に，入国も憲法上の権利だと考えなければならなくなるが，これは実際上ありえない解釈である（安念潤司「『外国人の人権』再考」芦部古稀（上）177頁〜180頁）。そうだとすると，実は，憲法論としては，日本国民の人権享有と外国人のそれとの間には重大な差異があるという意味で，享有主体性の否定説にも相当の意義があることに気づかざるをえない。この点に留意した上で，以下は，支配的な見解に従い，保障の範囲と程度について論じることにする。

> **Column 1-2**　**外国人の基本的人権享有主体性とマクリーン事件**
>
> 　2019（令和元）年6月，長崎県大村の入国管理センターに収容中のナイジェリア人の男性が，ハンストの結果餓死した。本来，強制的なものも含めて，適切な治療が可能だったはずである。センターでは，本人が難民認定や在留許可を求めて訴訟を起こしたり，当該国が受け入れを拒んだりしていることが原因で，超過滞在などで在留資格を失い，国外退去命令を受けた外国人の収容が長期化しているケースが多いとされる。
>
> 　その後，2021（令和3）年3月にも，名古屋出入国在留管理局で収容中のスリランカ人女性が，適切な医療を受けられずに死亡した。同庁自身の報告書が，医療体制や情報共有などに問題があったことを認めている。
>
> 　マクリーン事件を踏まえた，本文に述べたような支配的見解に対しては学説の中には批判も強い。ただ，そのような支配的見解を維持するとしても，「基本的人権の保障を受ける行為を在留期間の更新の際に消極的な事情としてしんしゃくされない」訳ではないからといって，①条約や法律による公権力に対する規律がある場合にこれを蔑ろにしていいということになる訳がなく，②そのような限定を付したところで，その範囲内では，憲法上の基本的人権も，性質

27

上可能なかぎり外国人にも保障されているのであって，その中に生命に対する権利や裁判を受ける権利が含まれていることはあまりにも当然である。上述のような事態が許されてはならないことは論をまたない（難民認定を拒否し，しかしその告知を意図的に遅らせ，訴訟を提起する暇を与えずに強制送還した事案について，裁判を受ける権利の侵害を認めたものとして，東京高判令和3・9・22裁判所ウェブサイトがある）。

　外国人の事実上無期限の収容については，アメリカ軍がグアンタナモ基地で行っているテロリストに対するものであっても，合衆国最高裁の厳しい目が向けられているが，わが国で問題になっているのはせいぜい通常の犯罪者であるか，単なる超過滞在である。

　人口減少社会を迎える中，街中では外国人を見かけることが極めて多くなったが，（コロナ禍で停滞しているとはいえ）多数の外国人の長期に渡る入国の基盤となる技能実習生制度については，その関連団体の不正も含めて，内外から幅広く批判の声が上がりつつある。

　本書は，国籍についての異なる取扱いと人種差別とを端的に同視する立場を採らないが，しかし，外国人が民主的な政治過程で適切に代表されるとは考えがたい。究極的なところで，憲法解釈としてはマクリーン判決に正当なものが含まれていると考えるとしても，対応が必要な問題は山積している（第9章練習問題3も参照）。

(2)　享有する人権の範囲と程度

(a)　総　説　　肯定説を前提に，外国人の基本的人権享有の範囲と程度を論じる際には，文言説と性質説の対立がある。文言説は，憲法の規定中に「何人も」とあるか「国民の」などとあるかを区別の基準としようとするものである。しかし，憲法制定過程でそのような意識が働いていたかどうか疑問であるし，外国人にも国籍離脱の自由がある（22条2項）ことになってしまうため，一般に性質説がとられており，判例もそうである（マクリーン事件〈 **判例 1-1** 〉参照）。

(b)　範　囲

(i)　総　説　　参政権や社会権は，保障の範囲に入らないといわれてきたが，それ以外については一般に保障の範囲に入ること自体は当然視されてきたといってよかろう。

(ii)　参政権　　参政権については，公職選挙法も選挙権，被選挙権を国民に

限定している（9条・10条）。国民主権の帰結である。判例も，「国会議員の選挙権を有する者を日本国民に限っている公職選挙法9条1項の規定が憲法15条，14条の規定に違反」しないことは，マクリーン事件判決の趣旨に徴し明らかであるとしている（ヒッグス・アラン事件・最判平成5・2・26判時1452号37頁）。もっとも，地方自治レベルについては，考え方が分かれうる。外国人の地方選挙権の保障について，法律で保障しても違憲だとする禁止説，許容説，保障しないことが違憲だとする要請説の3説がありうるところ，最高裁判所は，傍論ながら，「我が国に在留する外国人のうちでも永住者等であってその居住する区域の地方公共団体と特段に緊密な関係を持つに至ったと認められるものについて，その意思を日常生活に密接な関連を有する地方公共団体の公共的事務の処理に反映させるべく，法律をもって，地方公共団体の長，その議会の議員等に対する選挙権を付与する措置を講ずることは，憲法上禁止されているものではないと解するのが相当である」と述べて，許容説の立場に立つことを明らかにした（在日韓国人地方参政権訴訟・最判平成7・2・28民集49巻2号639頁）。これについては少なくとも，道州制についての議論とも関連させて理解する必要があろう（⇒クエスト憲法I p.379の**2**）。

　また，公務就任権には，参政権的な意義が含まれると考えられるが，教育的・調査的・非管理的職務についてまで外国人を排除するのは行きすぎである。「公立の大学における外国人教員の任用等に関する特別措置法」（昭和57年法律第89号。制定当初は，「国立又は公立の……」という法律名）は外国人教授任用を可能にした。

〈 **判例 1-2** 〉 **最大判平成17・1・26民集59巻1号128頁**
〈東京都管理職試験受験拒否訴訟〉

【事実】 Xは東京都に保健婦（当時）として採用されたが，日本国籍をもたないことを理由に管理職試験を受けられなかったため，損害賠償を請求した。

【判旨】「(1)地方公務員法は，一般職の地方公務員（以下「職員」という。）に本邦に在留する外国人（以下「在留外国人」という。）を任命することができるかどうかについて明文の規定を置いていないが（同法19条1項参照），普通地方公共団体が，法による制限の下で，条例，人事委員会規則等の定めるところにより職員に在留外国人を任命することを禁止するものではない。普通地方公共団体は，職員に採用した在留外国人について，国籍を理由として，給与，

29

勤務時間その他の勤務条件につき差別的取扱いをしてはならないものとされており（労働基準法3条，112条，地方公務員法58条3項），地方公務員法24条6項〔平成26年法律第34号による改正前のもの。現在は5項〕に基づく給与に関する条例で定められる昇格（給料表の上位の職務の級への変更）等も上記の勤務条件に含まれるものというべきである。しかし，上記の定めは，普通地方公共団体が職員に採用した在留外国人の処遇につき合理的な理由に基づいて日本国民と異なる取扱いをすることまで許されないとするものではない。また，そのような取扱いは，合理的な理由に基づくものである限り，憲法14条1項に違反するものでもない。」

「管理職への昇任は，昇格等を伴うのが通例であるから，在留外国人を職員に採用するに当たって管理職への昇任を前提としない条件の下でのみ就任を認めることとする場合には，そのように取り扱うことにつき合理的な理由が存在することが必要である。」

「(2)地方公務員のうち，住民の権利義務を直接形成し，その範囲を確定するなどの公権力の行使に当たる行為を行い，若しくは普通地方公共団体の重要な施策に関する決定を行い，又はこれらに参画することを職務とするもの（以下「公権力行使等地方公務員」という。）については，次のように解するのが相当である。すなわち，公権力行使等地方公務員の職務の遂行は，住民の権利義務や法的地位の内容を定め，あるいはこれらに事実上大きな影響を及ぼすなど，住民の生活に直接間接に重大なかかわりを有するものである。それゆえ，国民主権の原理に基づき，国及び普通地方公共団体による統治の在り方については日本国の統治者としての国民が最終的な責任を負うべきものであること（憲法1条，15条1項参照）に照らし，原則として日本の国籍を有する者が公権力行使等地方公務員に就任することが想定されているとみるべきであり，我が国以外の国家に帰属し，その国家との間でその国民としての権利義務を有する外国人が公権力行使等地方公務員に就任することは，本来我が国の法体系の想定するところではないものというべきである。」

「そして，普通地方公共団体が，公務員制度を構築するに当たって，公権力行使等地方公務員の職とこれに昇任するのに必要な職務経験を積むために経るべき職とを包含する一体的な管理職の任用制度を構築して人事の適正な運用を図ることも，その判断により行うことができるものというべきである。そうすると，普通地方公共団体が上記のような管理職の任用制度を構築した上で，日本国民である職員に限って管理職に昇任することができることとする措置を執ることは，合理的な理由に基づいて日本国民である職員と在留外国人である職員とを区別するものであり，上記の措置は，労働基準法3条にも，憲法14条

> 1項にも違反するものではないと解するのが相当である。そして，この理は，前記の特別永住者についても異なるものではない。」

この判決が，「外国人が公権力行使等地方公務員に就任することは，本来我が国の法体系の想定するところではない」と述べている点については，憲法的な禁止までが読み取れるとする理解と，たまたま現行法律では想定されていないだけで法律で改めることは可能であるとする理解とがありうるところであるが，いずれにせよ，事案は，すでに公務員になっている外国人の昇任をめぐるものであって，そもそも外国人が公務員になれるかということが問題になっているものではないことに留意が必要である。

(iii) 社会権　社会権についても，一般に否定するのが支配的な立場であったといってよい。

ただ，緊急の医療扶助のようなケースについて，はたして本当に否定できるのかは，詰められていないところがある。実際，厚生省の局長通知に基づいて，生活保護については国民に準じた取扱いがなされてきた（生活保護法が外国人を保護の対象としていないことから，生活保護の申請を却下した処分を適法としたものとして最判平成26・7・18訟月61巻2号356頁）。

租税を財源とする社会福祉としての性格を有する障害福祉年金の国籍要件に関する塩見訴訟（最判平成元・3・2訟月35巻9号1754頁）は，在留外国人の除外を立法府の裁量の範囲内としている。

社会保険的性格の社会保障については，そもそも国籍要件を課すことに合理性があるとも思えないところであるが，現在では，社会保障関係法令中の国籍要件は，原則として撤廃されるに至っている（A規約2条2項，難民条約第4章参照）。ただし，塩見訴訟で問題になった国民年金法の国籍要件規定が廃止されたものの，廃止前に遡及させられなかったことについて，最判平成13・3・13訟月48巻8号1961頁は，14条・25条違反はないと判示している。

なお，不法入国者について，傍論ながら，「原判決は不法入国者は国家的基本的人権の保護を要求する権利を有しないと判示しているが……いやしくも人たることにより当然享有する人権は不法入国者と雖もこれを有するものと認むべきである」と述べたものがある（最判昭和25・12・28民集4巻12号683頁）と

ころ，相当特殊な事案であるが，最判平成 16・1・15 民集 58 巻 1 号 226 頁は，不法在留外国人の国民健康保険被保険者資格を認めている。

(c)　**程　度**　外国人に憲法の基本的人権の保障が及ぶとしても，日本国民の場合とは異なる制約が承認されることはありうる。

一般に精神的活動の自由については，日本国民と同様の保障が及ぶとされるが，政治活動の自由が参政権的な機能をもつ場合が問題となる。これについては，マクリーン事件判決 ▶判例 1-1 ◀ 参照。「わが国の政治的意思決定又はその実施に影響を及ぼす活動等外国人の地位にかんがみこれを認めることが相当でない」かどうかという基準があいまいであるともいいうるが，先にみた在留制度との関係がある。もっとも，請願権は無条件に外国人にも保障されると解される。

プライバシーの権利に属すると考えることのできる，みだりに指紋押捺を強制されない自由について，外国人にも保障が及ぶとされつつ，外国人登録法による制限について，合憲とされている（指紋押捺拒否事件・最判平成 7・12・15 刑集 49 巻 10 号 842 頁。p. 60 の(2)参照）。この押捺の義務づけは段階的に廃止されたが，同時多発テロ後の安全保障環境の変化に伴い，2006（平成 18）年の出入国管理及び難民認定法改正で特別永住者等を除いて，入国時に生体情報を取得する制度が導入されていることはすでに述べた。

経済的自由権については，日本国民とは異なる制約がなされることが多い（公証 12 条 1 項，特許 25 条，鉱業 17 条，外国人土地法 1 条・4 条など。経済的自由権のみの問題と考えてよいかという問題はあるが，重要施設周辺及び国境離島等における土地等の利用状況の調査及び利用の規制等に関する法律（令和 3 年法律第 84 号）もここに挙げることができよう）。

4　法人（団体）

(1)　人権の享有主体性

法人ないしは団体が，基本的人権の享有主体性を有するか。この点については，否定説も有力である。基本的人権とは，元来，自然人についてのものであることは明らかであるし，中間団体は，自然人である個人の人権にとって敵にもなりうるものでもあるし，団体や法人の権利は，結局自然人である個人の権

利に還元し尽くしうるともいいうるというのである。基本権を，性質上可能な限り内国法人にも適用するドイツ基本法19条3項のような例もあるが，否定説からは，まさにこのような規定が，日本国憲法に欠けていることが理由となる。

　しかしながら，今日の支配的見解は，法人ないしは団体の基本的人権享有主体性を肯定する。リーディング・ケースとされるのは，次の八幡製鉄政治献金事件〈 判例 1-3 〉であるが，それに先立って，博多駅事件（⇒p.259の **5**）はなんら問題とすることなく放送会社の報道の自由の主張について判断し，さらにサンケイ新聞事件（⇒p.241の(d)）は，表現の自由に対する名誉の保護について，「被害者が個人である場合と法人ないし権利能力のない社団，財団である場合とによって特に差異を設けるべきものではない」としている。

〈 判例 1-3 〉 最大判昭和45・6・24民集24巻6号625頁

〈八幡製鉄政治献金事件〉

【事実】 八幡製鉄株式会社は，その定款において，「鉄鋼の製造および販売ならびにこれに附帯する事業」を目的として定める会社であるが，同社の代表取締役が会社を代表して，自由民主党に政治資金350万円を寄附した。株主Xは，寄附が同社の定款に定められた目的の範囲外の行為であり，同社は，そのような寄附をする権利能力を有しない，として寄附金相当額の金員の返還を会社に対して行うように役員に求めて出訴。

【判旨】「憲法上の選挙権その他のいわゆる参政権が自然人たる国民にのみ認められたものであることは，所論のとおりである。しかし，会社が，納税の義務を有し自然人たる国民とひとしく国税等の負担に任ずるものである以上，納税者たる立場において，国や地方公共団体の施策に対し，意見の表明その他の行動に出たとしても，これを禁圧すべき理由はない。のみならず，憲法第3章に定める国民の権利および義務の各条項は，性質上可能なかぎり，内国の法人にも適用されるものと解すべきであるから，会社は，自然人たる国民と同様，国や政党の特定の政策を支持，推進または反対するなどの政治的行為をなす自由を有するのである。政治資金の寄附もまさにその自由の一環であり，会社によってそれがなされた場合，政治の動向に影響を与えることがあったとしても，これを自然人たる国民による寄附と別異に扱うべき憲法上の要請があるものではない。論旨は，会社が政党に寄附をすることは国民の参政権の侵犯であるとするのであるが，政党への寄附は，事の性質上，国民個々の選挙権その他の参政権の行使そのものに直接影響を及ぼすものではないばかりでなく，政党の資

金の一部が選挙人の買収にあてられることがあるにしても，それはたまたま生ずる病理的現象に過ぎず，しかも，かかる非違行為を抑制するための制度は厳として存在するのであって，いずれにしても政治資金の寄附が，選挙権の自由なる行使を直接に侵害するものとはなしがたい。会社が政治資金寄附の自由を有することは既に説示したとおりであり，それが国民の政治意思の形成に作用することがあっても，あながち異とするには足りないのである。所論は大企業による巨額の寄附は金権政治の弊を産むべく，また，もし有力株主が外国人であるときは外国による政治干渉となる危険もあり，さらに豊富潤沢な政治資金は政治の腐敗を醸成するというのであるが，その指摘するような弊害に対処する方途は，さしあたり，立法政策にまつべきことであって，憲法上は公共の福祉に反しないかぎり，会社といえども政治資金の寄附の自由を有するといわざるを得ず，これをもって国民の参政権を侵害するとなす論旨は採用のかぎりでない。」

　高度に組織された現代社会において，集団的行為を個別的行為に還元・分解することが非現実的であること，日本国憲法が結社の自由を保障する立場をとっていることにかんがみれば，法人にも性質上可能な限り基本的人権を認めることは正当であろう。

(2)　享有する人権の範囲と程度

　(a)　**範　囲**　　しかし，問題は，どの範囲・程度で認めるかである。まず，範囲の問題として，自然人に固有のものは，除かれることになる。除かれることについて，争いがないのは，人身の自由に関する規定の一部（18条・33条・34条・36条）と生存権である。選挙権や被選挙権についてもほぼ争いはない。

　包括的基本権については，そこに何が含まれると解されるかによる。

　精神的活動の自由については，争いはあるが，宗教法人や団体が信教の自由を，学校法人が学問の自由を主張することを否定することはできないと考えられている。表現の自由についても広く保障が及ぶと解すべきであろう。ただし，判例はこだわらないようにみえるが（ネスレ日本株式会社事件。p.159の(2)）19条の権利を，法人の性格を問わずに一律に認めることができるかどうか，疑問である。

　(b)　**程　度**　　法人ないしは団体の権利を憲法上認める場合，その外にある

自然人の権利およびその構成員である自然人の権利との関係が問題となる。

　上の八幡製鉄政治献金事件〈判例 1-3〉は，会社の外にある自然人との関係でも，会社の巨大な資金力による政治過程のひずみという観点から問題を含んでいる事案であるが，その観点からは，法人の権利を強く認めすぎているのではないかとの疑問がある。

　また，八幡製鉄政治献金事件に限らず，弁護士会，司法書士会，税理士会などの強制加入団体や労働組合のような事実上それに近い性質をもつ団体の対外的対内的活動が，内部の構成員の思想・良心の自由などとの関係で問題となる事例が多数あるところであるが，各論のそれぞれの箇所に譲る（⇒ p. 155 の(2)，p. 270 の **4**，p. 386 の(ii)）。

第6節　基本的人権の妥当範囲

1 特別の法律関係における人権

(1)　特別権力関係論と特別の法律関係における人権

(a)　特別権力関係論　伝統的な公法理論である特別権力関係論によれば，国家と国民との関係は，一般統治関係による場合と，特別の法律上の原因に基づく特殊な関係とがあり，後者の場合には，特別権力関係が成立し，法治主義も，一般国民としての権利自由の保障も排除され，司法審査は原則として及ばないとされた。公務員の勤務関係，国公立学校の在学関係，在監者（刑事収容施設の被収容者），伝染病の強制入院患者などの関係がその典型であるとされた。

(b)　特別の法律関係における人権　上にみた意味での特別権力関係論が，そのままのかたちで日本国憲法の下で妥当するとは到底考えられない。全面的な否定説も有力である。しかし，例えば教育を例に考えてみたときに，およそ一般権力関係と同じ議論が全面的に妥当すると考えることにも無理があろう。現在の支配的見解は，特別権力関係の語を避けつつ，上にみたような特別な関係についても基本的人権の保障が妥当することを原則としつつ，特別な関係の設定の目的を達成するために必要かつ合理的な範囲で制限が認められると考えている。そのため，特別権力関係論の語の歴史的な残映を嫌って，特別の法律

関係における人権，あるいは特殊的統治関係といった語が用いられる。

(2) 刑事収容施設における被収容関係

特別権力関係論の典型の1つとされたのは「在監関係」であるが，監獄法の改正に伴い，監獄の語が用いられなくなったので，刑事収容施設における被収容関係とでもいうべきものである。最高裁判所は，未決拘禁者の喫煙の自由の制約について，それが憲法上の権利の問題になるか否かを明らかにせずに簡単に合憲と認めているが，監獄法に喫煙規制に関する規定がなくても問題にしておらず，少なくともその種の権利については，法治主義の要請を重くは捉えていない（在監者喫煙事件・最大判昭和45・9・16民集24巻10号1410頁）。

これに対して，よど号記事抹消事件（最大判昭和58・6・22民集37巻5号793頁）で問題になった未決拘禁者の閲読の自由に関しては，規則は法律の委任を一応受けたものであった。判決は，「未決勾留は，前記刑事司法上の目的のために必要やむをえない措置として一定の範囲で個人の自由を拘束するものであり，他方，これにより拘禁される者は，当該拘禁関係に伴う制約の範囲外においては，原則として一般市民としての自由を保障されるべき者であるから，監獄内の規律及び秩序の維持のためにこれら被拘禁者の新聞紙，図書等の閲読の自由を制限する場合においても，それは，右の目的を達するために真に必要と認められる限度にとどめられるべきものである」とした上で，「制限が許されるためには，当該閲読を許すことにより右の規律及び秩序が害される一般的，抽象的なおそれがあるというだけでは足りず，被拘禁者の性向，行状，監獄内の管理，保安の状況，当該新聞紙，図書等の内容その他の具体的事情のもとにおいて，その閲読を許すことにより監獄内の規律及び秩序の維持上放置することのできない程度の障害が生ずる相当の蓋然性があると認められることが必要であり，かつ，その場合においても，右の制限の程度は，右の障害発生の防止のために必要かつ合理的な範囲にとどまるべき」と判示した。

監獄法との関係では，監獄法施行規則事件（最判平成3・7・9民集45巻6号1049頁）が，14歳未満の者との接見制限に関して監獄法施行規則（平成19年廃止）を違法とした。さらにその後，死刑確定者信書発出拒否事件（最判平成11・2・26訟月45巻10号1926頁）は，「死刑確定者の信書の発送の許否は，死刑確

定者の心情の安定にも十分配慮して，死刑の執行に至るまでの間，社会から厳重に隔離してその身柄を確保するとともに，拘置所内の規律及び秩序が放置することができない程度に害されることがないようにするために，これを制限することが必要かつ合理的であるか否かを判断して決定すべきもの」として，裁量違反の主張を認めなかったが，新聞社宛信書発出拒否事件（最判平成18・3・23訟月54巻4号823頁）は，前掲よど号記事抹消事件を先例としつつ，刑務所長が受刑者の新聞社あて信書の発信を不許可としたことが，刑務所長の裁量権の範囲を逸脱し，または裁量権を濫用したものとして違法であるとし，国家賠償請求を認容している。

　接見時間を30分以内と定めた監獄法施行規則121条本文および接見には監獄職員の立会いを要する旨を定めた同規則127条1項本文の規定は，憲法13条および32条に違反しない（最判平成12・9・7訟月47巻2号327頁）とされている。しかし，死刑確定者またはその再審請求のために選任された弁護人が再審請求に向けた打合せをするために刑事施設の職員の立会いのない面会の申出をした場合にこれを許さない刑事施設の長の措置が国家賠償法1条1項の適用上違法となる場合がある（最判平成25・12・10民集67巻9号1761頁）。

⑶　在 学 関 係

　大学の在学関係については部分社会論参照（クエスト憲法Ⅰp.274の(ii)）。

⑷　公務員と人権

⒜　**猿払事件**　　公務員の勤務関係も，伝統理論の典型の1つであった。日本国憲法15条1項・同条2項・73条4号の下で，伝統理論の妥当する余地はないが，「憲法が，公務員関係という特殊な法律関係の存在を前提とし，その自律性の保全を措定していると解される限り，その関係の存立と自律性の確保を図るため，合理的にして必要最小限度の範囲内で公務員の基本的人権を制限すること」（佐藤180頁）は許される。公務員の政治活動の自由の制限については，猿払事件〈判例 1-4〉が先例となる。

> **判例 1-4**　最大判昭和 49・11・6 刑集 28 巻 9 号 393 頁　　　　〈猿払事件〉

【事実】 X は，北海道宗谷郡猿払村の鬼志別郵便局に勤務する郵政事務官で，猿払地区労働組合協議会事務局長を勤めていたものであるが，昭和 42 年 1 月 8 日告示の第 31 回衆議院議員選挙に際し，同協議会の決定に従い，日本社会党を支持する目的をもって，同日同党公認候補者の選挙用ポスター 6 枚を自ら公営掲示場に掲示したほか，その頃 4 回にわたり，同ポスター合計約 184 枚の掲示方を他に依頼して配布した。

　国家公務員法 102 条 1 項は，一般職の国家公務員に関し，「職員は，政党又は政治的目的のために，寄附金その他の利益を求め，若しくは受領し，又は何らの方法を以てするを問わず，これらの行為に関与し，あるいは選挙権の行使を除く外，人事院規則で定める政治的行為をしてはならない」と規定し，この委任に基づき人事院規則 14-7（政治的行為）は，同条項の禁止する「政治的行為」の具体的内容を定めており，同禁止に違反した者に対しては，当時の国家公務員法 110 条 1 項 19 号（2021〔令和 3〕年の改正で削除）が 3 年以下の懲役または 10 万円以下の罰金を科する旨を規定している（なお，同改正後は，111 条の 2 第 1 号により「3 年以下の禁錮又は 100 万円以下の罰金」。この改正は，強制労働の廃止に関する条約に対応したものでもある）。X の前記行為は，同人事院規則 5 項 3 号・6 項 13 号の特定の政党を支持することを目的とする文書すなわち政治的目的を有する文書の掲示または配布という政治的行為にあたるものであるから，国家公務員法 110 条 1 項 19 号の罰則が適用されるべきであるとして，起訴された。第一審は適用違憲判決。第二審も検察官の控訴を棄却。

【判旨】（1）「国公法 102 条 1 項及び規則による政治的行為の禁止は，もとより国民一般に対して向けられているものではなく，公務員のみに対して向けられているものである。ところで，国民の信託による国政が国民全体への奉仕を旨として行われなければならないことは当然の理であるが，『すべて公務員は，全体の奉仕者であつて，一部の奉仕者ではない。』とする憲法 15 条 2 項の規定からもまた，公務が国民の一部に対する奉仕としてではなく，その全体に対する奉仕として運営されるべきものであることを理解することができる。公務のうちでも行政の分野におけるそれは，憲法の定める統治組織の構造に照らし，議会制民主主義に基づく政治過程を経て決定された政策の忠実な遂行を期し，もっぱら国民全体に対する奉仕を旨とし，政治的偏向を排して運営されなければならないものと解されるのであって，そのためには，個々の公務員が，政治的に，一党一派に偏することなく，厳に中立の立場を堅持して，その職務の遂行にあたることが必要となるのである。すなわち，行政の中立的運営が確保され，これに対する国民の信頼が維持されることは，憲法の要請にかなうもので

あり，公務員の政治的中立性が維持されることは，国民全体の重要な利益にほかならないというべきである。したがって，公務員の政治的中立性を損うおそれのある公務員の政治的行為を禁止することは，それが合理的で必要やむをえない限度にとどまるものである限り，憲法の許容するところであるといわなければならない。」

(2)「国公法102条1項及び規則による公務員に対する政治的行為の禁止が右の合理的で必要やむをえない限度にとどまるものか否かを判断するにあたっては，禁止の目的，この目的と禁止される政治的行為との関連性，政治的行為を禁止することにより得られる利益と禁止することにより失われる利益との均衡の三点から検討することが必要である。」

「そこで，まず，禁止の目的及びこの目的と禁止される行為との関連性について考えると，もし公務員の政治的行為のすべてが自由に放任されるときは，おのずから公務員の政治的中立性が損われ，ためにその職務の遂行ひいてはその属する行政機関の公務の運営に党派的偏向を招くおそれがあり，行政の中立的運営に対する国民の信頼が損われることを免れない。また，公務員の右のような党派的偏向は，逆に政治的党派の行政への不当な介入を容易にし，行政の中立的運営が歪められる可能性が一層増大するばかりでなく，そのような傾向が拡大すれば，本来政治的中立を保ちつつ一体となって国民全体に奉仕すべき責務を負う行政組織の内部に深刻な政治的対立を醸成し，そのため行政の能率的で安定した運営は阻害され，ひいては議会制民主主義の政治過程を経て決定された国の政策の忠実な遂行にも重大な支障をきたすおそれがあり，このようなおそれは行政組織の規模の大きさに比例して拡大すべく，かくては，もはや組織の内部規律のみによってはその弊害を防止することができない事態に立ち至るのである。したがって，このような弊害の発生を防止し，行政の中立的運営とこれに対する国民の信頼を確保するため，公務員の政治的中立性を損うおそれのある政治的行為を禁止することは，まさしく憲法の要請に応え，公務員を含む国民全体の共同利益を擁護するための措置にほかならないのであって，その目的は正当なものというべきである。また，右のような弊害の発生を防止するため，公務員の政治的中立性を損うおそれがあると認められる政治的行為を禁止することは，禁止目的との間に合理的な関連性があるものと認められるのであって，たとえその禁止が，公務員の職種・職務権限，勤務時間の内外，国の施設の利用の有無等を区別することなく，あるいは行政の中立的運営を直接，具体的に損う行為のみに限定されていないとしても，右の合理的な関連性が失われるものではない。」

「次に，利益の均衡の点について考えてみると，民主主義国家においては，

　できる限り多数の国民の参加によって政治が行われることが国民全体にとって重要な利益であることはいうまでもないのであるから，公務員が全体の奉仕者であることの一面のみを強調するあまり，ひとしく国民の一員である公務員の政治的行為を禁止することによって右の利益が失われることとなる消極面を軽視することがあってはならない。しかしながら，公務員の政治的中立性を損うおそれのある行動類型に属する政治的行為を，これに内包される意見表明そのものの制約をねらいとしてではなく，その行動のもたらす弊害の防止をねらいとして禁止するときは，同時にそれにより意見表明の自由が制約されることにはなるが，それは，単に行動の禁止に伴う限度での間接的，付随的な制約に過ぎず，かつ，国公法102条1項及び規則の定める行動類型以外の行為により意見を表明する自由までをも制約するものではなく，他面，禁止により得られる利益は，公務員の政治的中立性を維持し，行政の中立的運営とこれに対する国民の信頼を確保するという国民全体の共同利益なのであるから，得られる利益は，失われる利益に比してさらに重要なものというべきであり，その禁止は利益の均衡を失するものではない。」

　この判決の目的・関連性・均衡の3つの点からする分析枠組みは，判例法上の影響力の大きなものである。しかし，まず，「政治的行為を，これに内包される意見表明そのものの制約をねらいとしてではなく，その行動のもたらす弊害の防止をねらいとして禁止するときは，同時にそれにより意見表明の自由が制約されることにはなるが，それは，単に行動の禁止に伴う限度での間接的，付随的な制約に過ぎ」ないとする間接的・付随的制約論については，判決の結論を支えている論理であるが，本件での制約については，反対意見のいうとおり，意見表明そのものの制約と解さざるをえない（⇒ p. 227 の(3)）。もっとも，その点を別にすれば，公務員の権利の制約が，政治的中立性確保のためにおよそ許されないともいいえないのではあるが，「公務員の職種・職務権限，勤務時間の内外，国の施設の利用の有無等を区別することなく，あるいは行政の中立的運営を直接，具体的に損う行為のみに限定されていないとしても，右の合理的な関連性」があるという判断はいかにも無理がある。これでどうして「必要性」を判断していることになるのか。また，問題となった職務がすでに今日民間開放・（完全ではないが）民営化されていることにも留意すべきである。少なくとも適用違憲が適切であったであろう。なおその後，懲戒処分に関するプ

ラカード事件（最判昭和 55・12・23 民集 34 巻 7 号 959 頁）も同じ枠組みで判断されている。

(b) 堀 越 事 件

（i）判　　決　　猿払事件判決 ◁ 判例 1-4 ▷ は，これを引用する最高裁判例は多く，また，これを変更した大法廷判決がないという意味では，確立した先例でありつづけているが，近時，この点での評価を揺るがしかねない注目すべき小法廷判決が登場した。

堀越事件上告審判決（最判平成 24・12・7 刑集 66 巻 12 号 1337 頁）は，社会保険庁職員が行った政党ビラの戸別配布に対し，国家公務員法 110 条を適用することは，憲法 21 条 1 項・31 条に違反するとする適用違憲判決（堀越事件控訴審判決・東京高判平成 22・3・29 判タ 1340 号 105 頁）に対する上告審判決である。判決はまず，①表現の自由の重要性に言及し，「公務員に対する政治的行為の禁止は，国民としての政治活動の自由に対する必要やむを得ない限度」でなければならないとして，「『政治的行為』とは，公務員の職務の遂行の政治的中立性を損なうおそれが，観念的なものにとどまらず，現実的に起こり得るものとして実質的に認められるものを指」すとし，「〔人事院〕規則も，このような同項の委任の範囲内において，公務員の職務の遂行の政治的中立性を損なうおそれが実質的に認められる行為の類型を規定したもの」とする。

その上で，判決は，②よど号記事抹消事件（最大判昭和 58・6・22 民集 37 巻 5 号 793 頁）を引用しつつ，ⓐ「本件罰則規定による政治的行為に対する規制が必要かつ合理的なものとして是認されるかどうか……は，本件罰則規定の目的のために規制が必要とされる程度と，規制される自由の内容及び性質，具体的な規制の態様及び程度等を較量して決せられるべきものである」とする。そして，ⓑ「本件罰則規定の目的は，前記のとおり，公務員の職務の遂行の政治的中立性を保持することによって行政の中立的運営を確保し，これに対する国民の信頼を維持することにあるところ，これは，議会制民主主義に基づく統治機構の仕組みを定める憲法の要請にかなう国民全体の重要な利益というべきであり，公務員の職務の遂行の政治的中立性を損なうおそれが実質的に認められる政治的行為を禁止することは，国民全体の上記利益の保護のためであって，その規制の目的は合理的であり正当なものといえる」とし，他方，ⓒ「本件罰則

規定により禁止されるのは，民主主義社会において重要な意義を有する表現の自由としての政治活動の自由ではあるものの……禁止の対象とされるものは，公務員の職務の遂行の政治的中立性を損なうおそれが実質的に認められる政治的行為に限られ，このようなおそれが認められない政治的行為や本規則が規定する行為類型以外の政治的行為が禁止されるものではないから，その制限は必要やむを得ない限度にとどまり，前記の目的を達成するために必要かつ合理的な範囲のものというべきである」として，本件罰則規定を合憲とする。

　以上を前提に，判決は，③「被告人は，社会保険事務所に年金審査官として勤務する事務官であり，管理職的地位にはなく，その職務の内容や権限も，来庁した利用者からの年金の受給の可否や年金の請求，年金の見込額等に関する相談を受け，これに対し，コンピューターに保管されている当該利用者の年金に関する記録を調査した上，その情報に基づいて回答し，必要な手続をとるよう促すという，裁量の余地のないものであった」こと，「本件配布行為は，勤務時間外である休日に，国ないし職場の施設を利用せずに，公務員としての地位を利用することなく行われたものである上，公務員により組織される団体の活動としての性格もなく，公務員であることを明らかにすることなく，無言で郵便受けに文書を配布したにとどまるものであって，公務員による行為と認識し得る態様でもなかった」ことから，「本件配布行為は，管理職的地位になく，その職務の内容や権限に裁量の余地のない公務員によって，職務と全く無関係に，公務員により組織される団体の活動としての性格もなく行われたものであり，公務員による行為と認識し得る態様で行われたものでもないから，公務員の職務の遂行の政治的中立性を損なうおそれが実質的に認められるものとはいえない」として，「本件配布行為は本件罰則規定の構成要件に該当しない」と判断した。

　最後に，判決は，猿払事件判決に違反しているとの判例違反の上告趣意に対し，④猿払事件の「事案は，特定の地区の労働組合協議会事務局長である郵便局職員が，同労働組合協議会の決定に従って選挙用ポスターの掲示や配布をしたというものであるところ，これは，上記労働組合協議会の構成員である職員団体の活動の一環として行われ，公務員により組織される団体の活動としての性格を有するものであり，勤務時間外の行為であっても，その行為の態様から

みて当該地区において公務員が特定の政党の候補者を国政選挙において積極的に支援する行為であることが一般人に容易に認識され得るようなものであった」とし，「これらの事情によれば，当該公務員が管理職的地位になく，その職務の内容や権限に裁量の余地がなく，当該行為が勤務時間外に，国ないし職場の施設を利用せず，公務員の地位を利用することなく行われたことなどの事情を考慮しても，公務員の職務の遂行の政治的中立性を損なうおそれが実質的に認められるものであった」として，猿払事件判決は，「このような文書の掲示又は配布の事案についてのものであり，判例違反の主張は，事案を異にする判例を引用するものであって，本件に適切ではなく，所論は刑訴法405条の上告理由に当たらない」と判断している。

　なお，同日同小法廷の世田谷事件（最判平成24・12・7刑集66巻12号1722頁）では，厚生労働省の課長補佐について，「政治的中立性を損なうおそれが実質的に認められ」るとして有罪判決が下されている。この判決には，多数意見と同様の法令解釈によりつつ，構成要件該当性を否定する須藤正彦裁判官の反対意見が付されている。

　(ii)　判決の評価——実体的判断基準の相違　　堀越事件判決は，直接の先例たるべき猿払事件判決〈　判例1-4　〉ではなく，前掲よど号記事抹消事件を直接に基準として依拠する先例として選択している。しかも，実際の判断内容をみると，上記②ⓒにおいて，猿払事件判決の間接的・付随的制約論ではなく，規制対象が政治的中立性を損なうおそれが実質的に認められる政治的行為に限定されていることに，合憲の根拠が求められている。シンプルに考えれば，これは合憲限定解釈で，判例変更ではないかと思われるが，法廷意見や千葉裁判官の補足意見，そして，この判決自身猿払事件とは異なって小法廷の判決であることに鑑みると事態はそう単純でもなさそうで，様々な議論を呼んでいる。いずれにせよ，学説上ほとんど支持を見いだしえない猿払事件判決について，そこからの離脱の方向性が示されていることは歓迎したい（⇒第7章第2節）。

　なお，公務員の政治活動の制限の特殊事例として，寺西判事補事件（最大決平成10・12・1民集52巻9号1761頁）もあるが，これは司法権の箇所（クエスト憲法Ⅰp.315の(ii)）に譲る。

　公務員については，その労働基本権の制限をめぐって激しい議論と判例の変

遷があるが，これも該当の箇所に譲る（⇒p. 388の**3**）。

2 私人相互間における人権

(1) 基本的視角

(a) 私人間効力論　伝統的には，憲法が保障する基本的人権は，対国家のものとして理解されてきた。それが，対私人でも保障されるのではないか，というのがここでの問題である。ドイツ流では私人間効力論，第三者効力論と呼ばれる。アメリカ風にいえば，ステイト・アクション（私人の行為を州の行為と見なして憲法を適用する）論ということになる。この種の議論の背景にある要因の1つは，いわゆる社会的権力の登場である。

(b) 自由権的基本権　議論の詳細に入る前に，舞台を限定しておきたい。この問題は，判例のいう「自由権的基本権の保障の規定」について主として問題となる。明文で，あるいは解釈上，私人間効力論を論じるまでもなく，対国家に限定されるもの，逆に当然に対私人にも及ぶと考えられるものは，議論の対象とならない。議論の余地が残るものを含むかもしれないが，前者の例として，17条・25条・26条・27条・31条ないし40条が，逆に後者の例として15条4項・16条・18条・24条・27条3項・28条が考えられる。

(c) 学説の対立　私人間効力論をめぐっては，従来3説が対立してきたとされる。伝統的な対国家効力に限定する無効力説，私人間でも効力を肯定する直接効力説，無効力説から出発しつつ私法の一般条項を通じた適用を肯定する間接効力説である。無効力説では実際上問題があると考えられ，かつ，直接効力説では権利が義務に転じ，結果として私を否定した全体主義に通じると恐怖されたため，現時点では間接効力説が通説・判例（⇒(2)）となっている。判例は，憲法の私人間での「適用ないしは類推適用」を否定しつつ，私法上の「私的自治に対する一般的制限規定」によって，「社会的許容性の限度を超える侵害に対し基本的な自由や平等の利益を保護」するとの立場をとっている。

(2) 判　　例

〈判例 1-5〉　最大判昭和 48・12・12 民集 27 巻 11 号 1536 頁　〈三菱樹脂事件〉
【事実】 X は，大学在学中昭和 37 年 Y の実施した大学卒業者の社員採用試験

に合格し，翌年大学卒業と同時に Y に 3 か月の試用期間を設けて採用されたが，同試用期間の満了直前に，採用試験の際に提出を求められた身上書に学生運動等に関する虚偽の記載をするなどしたとして，Y から同期間の満了とともに本採用を拒否する旨の告知を受けた。X が労働契約関係存在確認を請求。

【判旨】(1)「憲法の右各規定〔19 条，14 条〕は，同法第 3 章のその他の自由権的基本権の保障規定と同じく，国または公共団体の統治行動に対して個人の基本的な自由と平等を保障する目的に出たもので，もっぱら国または公共団体と個人との関係を規律するものであり，私人相互の関係を直接規律することを予定するものではない。このことは，基本的人権なる観念の成立および発展の歴史的沿革に徴し，かつ，憲法における基本権規定の形式，内容にかんがみても明らかである。のみならず，これらの規定の定める個人の自由や平等は，国や公共団体の統治行動に対する関係においてこそ，侵されることのない権利として保障されるべき性質のものであるけれども，私人間の関係においては，各人の有する自由と平等の権利自体が具体的場合に相互に矛盾，対立する可能性があり，このような場合におけるその対立の調整は，近代自由社会においては，原則として私的自治に委ねられ，ただ，一方の他方に対する侵害の態様，程度が社会的に許容しうる一定の限界を超える場合にのみ，法がこれに介入しその間の調整をはかるという建前がとられているのであって，この点において国または公共団体と個人との関係の場合とはおのずから別個の観点からの考慮を必要とし，後者についての憲法上の基本権保障規定をそのまま私人相互間の関係についても適用ないしは類推適用すべきものとすることは，決して当をえた解釈ということはできないのである。」

(2)「もっとも，私人間の関係においても，相互の社会的力関係の相違から，一方が他方に優越し，事実上後者が前者の意思に服従せざるをえない場合があり，このような場合に私的自治の名の下に優位者の支配力を無制限に認めるときは，劣位者の自由や平等を著しく侵害または制限することとなるおそれがあることは否み難いが，そのためにこのような場合に限り憲法の基本権保障規定の適用ないしは類推適用を認めるべきであるとする見解もまた，採用することはできない。何となれば，右のような事実上の支配関係なるものは，その支配力の態様，程度，規模等においてさまざまであり，どのような場合にこれを国または公共団体の支配と同視すべきかの判定が困難であるばかりでなく，一方が権力の法的独占の上に立って行なわれるものであるのに対し，他方はこのような裏付けないしは基礎を欠く単なる社会的事実としての力の優劣の関係にすぎず，その間に画然たる性質上の区別が存するからである。すなわち，私的支配関係においては，個人の基本的な自由や平等に対する具体的な侵害またはそ

のおそれがあり，その態様，程度が社会的に許容しうる限度を超えるときは，これに対する立法措置によってその是正を図ることが可能であるし，また，場合によっては，私的自治に対する一般的制限規定である民法1条，90条や不法行為に関する諸規定等の適切な運用によって，一面で私的自治の原則を尊重しながら，他面で社会的許容性の限度を超える侵害に対し基本的な自由や平等の利益を保護し，その間の適切な調整を図る方途も存するのである。そしてこの場合，個人の基本的な自由や平等を極めて重要な法益として尊重すべきことは当然であるが，これを絶対視することも許されず，統治行動の場合と同一の基準や観念によってこれを律することができないことは，論をまたないところである。」

　判例は，その後も，三菱樹脂事件 〈 **判例 1-5** 〉 の立場を基本的に維持している。昭和女子大学事件（最判昭和49・7・19民集28巻5号790頁）では私立大学における学生の政治活動を理由とした退学処分問題になったが，「私立学校である被上告人大学の学則の細則としての性質をもつ前記生活要録の規定について直接憲法の右基本権保障規定に違反するかどうかを論ずる余地はない」とされた。判例はその前提として，「大学は，国公立であると私立であるとを問わず，学生の教育と学術の研究を目的とする公共的な施設であり，法律に格別の規定がない場合でも，その設置目的を達成するために必要な事項を学則等により一方的に制定し，これによって在学する学生を規律する包括的権能を有するものと解すべきである。特に私立学校においては，建学の精神に基づく独自の伝統ないし校風と教育方針とによって社会的存在意義が認められ，学生もそのような伝統ないし校風と教育方針のもとで教育を受けることを希望して当該大学に入学するものと考えられるのであるから，右の伝統ないし校風と教育方針を学則等において具体化し，これを実践することが当然認められるべきであり，学生としてもまた，当該大学において教育を受けるかぎり，かかる規律に服することを義務づけられるものといわなければならない」と述べている。もちろん，「学校当局の有する右の包括的権能は無制限なものではありえず，在学関係設定の目的と関連し，かつ，その内容が社会通念に照らして合理的と認められる範囲においてのみ是認されるものであるが，具体的に学生のいかなる行動についていかなる程度，方法の規制を加えることが適切であるとするかは，そ

れが教育上の措置に関するものであるだけに，必ずしも画一的に決することはできず，各学校の伝統ないし校風や教育方針によってもおのずから異なる」との留保が付されているが，「事件の発端以来退学処分に至るまでの間に被上告人大学のとった措置が教育的見地から批判の対象とな」りうることが示唆されており，その大学当局の対応が，大学の自治の名に値するものであったかどうかについては，強い疑問を示しておきたい。

　日産自動車事件（最判昭和56・3・24民集35巻2号300頁）においては，男女で5歳の年齢差を設けた就業規則について，「専ら女子であることのみを理由として差別したことに帰着するものであり，性別のみによる不合理な差別を定めたものとして民法90条の規定により無効であると解するのが相当である（憲法14条1項，民法1条ノ2〔現2条〕参照）」とされた。括弧内とはいえ，憲法の条文が直接引かれている。この領域の問題は，今日では男女雇用機会均等法の広く規律するところとなっている。判例は，男女差別の問題を公序良俗違反とすることには比較的積極的で，入会権者資格差別事件（最判平成18・3・17民集60巻3号773頁）では，入会部落の慣習に基づく入会集団の会則のうち，入会権者の資格を原則として男子孫に限定し，同入会部落の部落民以外の男性と婚姻した女子孫は離婚して旧姓に復しない限り入会権者の資格を認めないとする部分は，「遅くとも……平成4年以降においては，性別のみによる不合理な差別として民法90条の規定により無効であると解するのが相当である」とされた。

⑶　学説の新たな理論的展開

　以上のように，判例は確立しているのであるが，近時，私人間効力論をめぐっては学説の対立が華々しい。もともとは，間接効力説の意味をより厳密に解明しようというところから始まった（棟居快行『人権論の新構成』〔信山社出版，1992年〕）のであるが，これについて，ドイツ流の保護義務論（国家は，基本的人権を侵害してはならないだけではなく，それを保護する義務を負っているとするもの）で説明しようとする立場が現れた（小山剛『基本権保護の法理』〔成文堂，1998年〕，山本敬三『公序良俗論の再構成』〔有斐閣，2000年〕）。しかし，伝統説は保護義務論に強度に拒絶的である（芦部信喜「人権論50年を回想して」公法研究59号

〔1997年〕13頁～16頁）。そして，保護義務論を退ける立場も，実質的には直接効力説に傾斜するもの（佐藤188～189頁，藤井樹也『「権利」の発想転換』〔成文堂，1998年〕），むしろ無効力説への回帰をみせるもの（高橋118～119頁），最高法規性によって説明しようとするもの（君塚正臣『憲法の私人間効力論』〔悠々社，2008年〕）とまさに百花繚乱である。論理的にはいずれの方法でも説明が付く（中山茂樹「私人間効力について」西南学院大学法学論集33巻4号〔2001年〕95頁）ことは確かであるので，象徴的にも保護義務という表現を避けるべきであるのかどうか，保護義務という説明の仕方をするかどうかはともかく日本国憲法が私法法規の内容を客観法的に規律している部分がどの程度あるのか，確立した判例を覆してまで異なる説明をとるべきであるのか等を考えつつ，検討がなされるべきであろう。

第7節　国民の憲法上の義務

1 総　　説

　国民が国家の支配に服すべき義務を負うことは，その国家の憲法典にとっては，明示的な規定の有無にかかわらず，前提とされていることである。また，日本国憲法の下では，この限度を超えて，国民に義務を課すには「立法」が必要である。国民の義務の種類・内容について，基本的人権規定を含む他の憲法規範に違反しない限り，憲法で特に定めなければその義務を課すことができないというわけではない。

2 一般的義務

　「この憲法が国民に保障する自由及び権利は，国民の不断の努力によつて，これを保持しなければならない。又，国民は，これを濫用してはならないのであつて，常に公共の福祉のためにこれを利用する責任を負ふ」(12条)。この責務は，精神史的な意味合いのもので，一般に，これのみを根拠に具体的な法的義務を帰結することはできないと解されている。

3 個別的義務

(1)　子女に教育を受けさせる義務

「すべて国民は，法律の定めるところにより，その保護する子女に普通教育を受けさせる義務を負ふ」(26条2項)。この義務は，形式的には国家に対してのものであるが，実質的にはいうまでもなく，保護する子女に対するものである。判例も，「憲法がかように保護者に子女を就学せしむべき義務を課しているのは，単に普通教育が民主国家の存立，繁栄のため必要であるという国家的要請だけによるものではなくして，それがまた子女の人格の完成に必要欠くべからざるものであるということから，親の本来有している子女を教育すべき責務を完うせしめんとする趣旨に出たものでもある」(教科書代金負担請求訴訟・最大判昭和39・2・26民集18巻2号343頁) としている。ただし，したがって，「義務教育に要する一切の費用は，当然に国がこれを負担しなければならないものとはいえない」という文脈においてではある (⇒第10章第2節)。

(2)　勤労の義務

「すべて国民は，勤労の……義務を負ふ」(27条1項)。本条により強制労働制が可能になるはずもなく，その限りで12条の規定と通底する性質の規定であるにとどまる。ただし，一般に，勤労能力を有しながら勤労の意思のないものに対しては社会国家的給付も与えられないという趣旨を伴うものとされている。「保護は，生活に困窮する者が，その利用し得る資産，能力その他あらゆるものを，その最低限度の生活の維持のために活用することを要件として行われる」(生活保護4条1項)，「受給資格者……が，公共職業安定所の紹介する職業に就くこと又は公共職業安定所長の指示した公共職業訓練等を受けることを拒んだときは，その拒んだ日から起算して一箇月間は，基本手当を支給しない」(雇保32条1項)，「受給資格者が，正当な理由がなく，厚生労働大臣の定める基準に従つて公共職業安定所が行うその者の再就職を促進するために必要な職業指導を受けることを拒んだときは，その拒んだ日から起算して一箇月を超えない範囲内において公共職業安定所長の定める期間は，基本手当を支給しない」(同条2項) (⇒p.381の(4))。

(3)　納税の義務

「国民は，法律の定めるところにより，納税の義務を負ふ」(30条)。本条は当然の義務を定めたものである。財政議会主義の説明とあわせて，クエスト憲法Ⅰ p. 183 の(1)参照。

練 習 問 題

1(1)　政治資金規正法21条の「会社等の寄附の制限」および21条の3の「寄附の総額の制限」は憲法上どのように評価されるべきものか。

(2)①　「何人も，外国人，外国法人又はその主たる構成員が外国人若しくは外国法人である団体その他の組織（……外国人又は外国法人が発行済株式の総数の過半数に当たる株式を保有していたもの）から，政治活動に関する寄附を受けてはならない。ただし，日本法人であつて，その発行する株式が金融商品取引所において5年以上継続して上場されているもの……がする寄附については，この限りでない」(政資22条の5第1項)。この規制は，憲法上どのように評価されるべきものか。

②　A党では，「その基本理念と政策に賛同する18歳以上の方なら，どなたでも」党員・サポーターになれ，「(在日外国人の方でもOK です。)」とされている。党費は年間6,000円，サポーター会費は年間2,000円である。党員・サポーターは，代表選挙で投票することができる。この党員・サポーター制は，憲法上どう評価されるべきか。①の政治資金規正法の規定との関係ではどう評価されるか（政資4条3項参照）。このような外国人に対して開かれた政党の制度を，法律で禁止した場合，憲法上どのように評価されることになるか。(⇒第7章第7節。特に p. 268 の**3**も参照)

2　刑事収容施設及び被収容者等の処遇に関する法律は，死刑確定者の信書の発受について，次のように定めている。

第139条　刑事施設の長は，死刑確定者（未決拘禁者としての地位を有するものを除く。以下この目において同じ。）に対し，この目，第148条第3項又は次節の規定により禁止される場合を除き，次に掲げる信書を発受することを許すものとする。

一　死刑確定者の親族との間で発受する信書

二　婚姻関係の調整，訴訟の遂行，事業の維持その他の死刑確定者の身分上，法律上又は業務上の重大な利害に係る用務の処理のため発受する信書

三　発受により死刑確定者の心情の安定に資すると認められる信書

2　刑事施設の長は，死刑確定者に対し，前項各号に掲げる信書以外の信書の

発受について，その発受の相手方との交友関係の維持その他その発受を必要
　　とする事情があり，かつ，その発受により刑事施設の規律及び秩序を害する
　　おそれがないと認めるときは，これを許すことができる。

　この規定によれば，死刑確定者が，新聞に掲載された死刑賛成論者の投書に反論
しようと投書する発信はどのように規制されるだろうか。また，国会議員に対して
なした処遇改善についての請願についての取材を新聞社に求める信書の発信につい
てはどのように規制されるだろうか。それらは合憲であろうか。前者は本文中の死
刑確定者信書発出拒否事件（最判平成 11・2・26 訟月 45 巻 10 号 1926 頁）の事案で
あり，後者は，同じく，新聞社宛信書発出拒否事件（最判平成 18・3・23 訟月 54 巻
4 号 823 頁）の事案である。「他人に対して自己の意思や意見，感情を表明し，伝達
することは，人として最も基本的な欲求の 1 つであって，その手段としての発信の
自由は，憲法の保障する基本的人権に含まれ，少なくともこれに近接して由来する
権利である。死刑確定者といえども，刑の執行を受けるまでは，人としての存在を
否定されるものではないから，基本的にはこの権利を有するものとしなければなら
ない。もとより，この権利も絶対のものではなく，制限される場合もあり得るが，
それは一定の必要性・合理性が存する場合に限られるべきである」（前掲死刑確定
者信書発出拒否事件中の河合伸一裁判官の反対意見）だろうか。もしこれらの信書の
発信が禁止される場合，その必要性・合理性はどのように考えれば肯定することが
できるであろうか。

第2章

幸福追求権

　第2章では，明文規定のない権利に憲法上の保障根拠を与える条文として機能している13条を扱う。同条は，「生命，自由及び幸福追求に対する国民の権利」への最大の尊重を求めており，この権利を包括的に「幸福追求権」と呼ぶことが多い。まず第1節では，この規定を具体的権利の保障として解釈することの妥当性という，同条解釈における根本的論点を扱い，次に13条が保障する権利の内実についての学説上の争いを検討する。

　第2節以降では，13条が保障する権利について具体的に扱うが，その叙述は，判例で定着している権利をまず説明し，その後主に学説で主張されている権利を検討するという順序で行う。

　第2節では，プライバシー権（判例上の用語では「私生活上の自由」）について扱う。プライバシー権の概念や，判例の「私生活上の自由」理解の特徴，近年の個人情報保護法制などを検討する。

　次に第3節では，近年の夫婦同氏制についての判決をふまえて人格権の憲法上の位置づけについて扱う。

　第4節では学説上の議論の多い自己決定権を取り上げる。自己決定権については，どのような場合にそれを憲法上の権利として認めるべきかが特に問題となる。さらに，第5節では環境権の主張を扱っておく。

　なお，13条は権力行使の際の手続面においても個人が国家から尊重して扱われるべきことを要請していると解する学説もある。この学説は，同条が適正手続を受ける権利一般を保障していると解し，31条以下の刑事手続に関する規定は，それを具体化するものだと位置づける。この学説については，p. 345の **1** で扱う。

第 1 節　憲法 13 条の法的性格

1 具体的権利性の有無

　13 条は，前段で，すべての国民が個人として尊重される旨を謳った上で，後段で「生命，自由及び幸福追求に対する国民の権利」への，公共の福祉に反しない限りでの最大の尊重を求めている。前段は，憲法が立脚する個人主義の理念を明確に示す条文として重要である。しかし，13 条が全体として，裁判所が合憲性判断の根拠にできる独自の権利という意味での具体的権利を規定した条文だといえるのかどうかについては，かつては意見が分かれていた。個人の尊重や生命・自由・幸福追求というのは裁判所が解釈・適用するには抽象的な文言にすぎ，13 条はむしろ 11 条・12 条とともに，14 条以下の具体的人権規定を背後で支える理念を示すものと理解することには，一定の説得力があったからである。

　しかし今日では，判例・学説ともに，13 条を，14 条以下で定められていない権利を憲法上保障する根拠条文となると解している。この立場が有力化した理由は，社会の変化につれて，個人が自律的に生きるために重要であるが憲法上明文の規定のない権利が生じてくるのは必然的であり，そのような権利の受け皿となる規定が憲法上必要だという考えが広まったからだといえよう。この立場は，憲法は個人の尊厳という基本原理に立脚しており，個別の権利保障規定は，制定時においてその原理の実現のために特に重要と考えられていた権利を列挙したもので，決してそれ以外の権利についての憲法上の保護を否定する趣旨ではないと理解する。そして，13 条の一般的文言での「権利」保障を，むしろ明文なき権利の受け皿とするのにふさわしい規定であると解する。

　しかし，このような解釈に対しては当然，明文のない権利を憲法上の具体的権利と位置づけることは，裁判所が憲法条文に基づかずに立法者の判断を覆すことにつながる以上認められない，あるいは少なくとも慎重に考えるべきだ，という批判がなされうる。日本では，裁判所の違憲審査権行使が全体として消極的なのでこの問題点は重視されていないが，将来的に 13 条の適用がもし活

性化すれば，違憲審査制の正当性をめぐる深刻な議論を発生させうることは意識しておく必要がある。

② 13 条が保障する権利の内実──学説における議論

⑴　一般的自由説と人格的利益説

　13 条が保障する権利を包括的に「幸福追求権」と呼ぶことがある。同条は生命・自由への権利も保障しているが，これらも含めて幸福追求権と呼ぶことが多い。ただし，その内容をどのように具体化すべきかについては，大きくは一般的自由説と人格的利益説の対立が存在するといわれる。一般的自由説は，個人が生活上あらゆる行為を行うことが，13 条によって一応保障されていると考える説である。この説は，憲法上保護されるかどうかを権利の重要性で区別すべきではないと考える。どのような権利を重要だと思うか自体が個人の判断に委ねられるべきだからであり，当事者にとって大事な権利が，裁判官によって「憲法上の権利ではない」として切り捨てられるのを許すべきではないからである。ただし，「殺人の自由」も一応憲法上の権利であって，公共の福祉の観点から制約されているのであり，刑法 199 条の合憲性という問題も一応生じる，というような解釈に対しては，憲法上の権利の理解として適切とはいえないとの批判がなされている。そこで，他者の権利を侵害する行為はもともとの保障範囲から除くという説も提唱されている（戸波江二「幸福追求権の構造」公法研究 58 号〔1996 年〕1 頁，14 頁〜18 頁，阪本昌成『憲法理論Ⅱ』〔成文堂，1993 年〕235 頁〜242 頁等参照）。

　人格的利益説は，13 条は個人の人格的生存に不可欠な権利を包括的に保障していると理解する。同説は，憲法は単なる恣意を保障するものではなく，憲法が保障する権利は，個人の尊重原理との関係で，列挙されている諸権利と同様の価値をもつと認められるものである必要があるとする。この説に対しては，「人格的利益」の内実が不明確であって，当事者にとって重要な権利が憲法上の保護を受けられなくなるとの批判が存在する。これに対しては，権利の内実は歴史的経験の中で検証確定されていく，との反論がなされている（樋口ほか258 頁〜266 頁［佐藤幸治］等参照）。もともと 13 条が新しい権利の包括的根拠条文として求められたのは，社会の変化に伴って，明文で規定された権利だけで

は個人の尊厳という憲法の基本理念を実現できないことになりうるからである。だとすれば，やはり13条の保護に値する権利の内実は，この基本理念との関係で限定的に解されるべきであろう。国家による自由制約が常に憲法問題を提起し，裁判所が常に憲法を持ち出して法律を破る可能性を留保するというのは，憲法と法律の適切な関係とは考えがたい。当事者にとっての重要性は，その権利を裁判所が保護する必要性の高さを直接導くわけではない。

(2)　権利内容確定における2つのアプローチ

　ただし，人格的利益説については，具体的にどのような権利が13条で保護されているのか，学説として答えるのが困難だという難点は否定できない。これに対し，13条の規範内容を，保障される権利の内容から特定するのではなく，権利制約の理由の方から特定しようとする学説も存在する。この説は，13条後段は一般的な行動の自由を保障しているとしつつ，そのような自由は必然的に，公共の福祉を理由とする立法者による調整に服するとする。ただし，13条はこれだけでなく，前段で個人の自律を保障する「切り札」としての権利を保障したという。「切り札」としての権利とは，これを出せば必ず勝てるというように，留保ぬきで保障される権利のことである。その権利内容は，自己の選択した生き方や考え方が根本的に誤っているという理由によって，個人の行動が制約されないことにある。そのような制約は，その者の人生についての自律的判断権を否定することになるからである（長谷部恭男『憲法の理性〔増補新装版〕』〔東京大学出版会，2016年〕77頁～88頁）。違憲審査権の行使にあたり実際上の意味をもつのは，この前段の「切り札」としての権利保障の部分だということになろう。

　この説は，憲法が個人の人格的自律を特に保護しているという立場において人格的利益説と共通しているが，何が人格的自律にとって不可欠かを問うのではなく，何がそれを侵害するかという観点からアプローチしていることになる。この説によれば権利特定を行う必要はなくなるが，その代わり，具体的な事件においてどのように政府の「真の」制約理由を特定できるのか，という疑問が投げかけられることになる。しかしいずれにせよ，両者は問題関心において共通性を有しており，排他的ではない。この説は13条前段と後段は別々の権利

を定めていると解するところにも独自性を有するが，13 条が「幸福追求権」を保障しているという一般的な解釈をする場合でも，その具体化にあたっては同説の趣旨も考慮に入れることが適切であるといえよう。

③ 13 条が保障する権利の内実──判例の立場

　以上は学説の状況である。そして学説上は，13 条に包含しうる権利として様々なものが提唱されている。では，判例は 13 条の法的性質をどのように理解しているのか。最高裁はこれまでいくつかの判決で，13 条から「私生活上の自由」の保障が導かれること，つまり，同条が裁判所による合憲性審査の根拠となるという意味での法的権利を保障しており，その内容が「私生活上の自由」であることを認めてきた。

　最高裁のいう「私生活上の自由」の内容は，以下での検討が示すとおり，学説がプライバシー権として考えてきた権利と重なり合う。

　さらに最高裁は，夫婦同氏制の合憲性についての判決（最大判平成 27・12・16民集 69 巻 8 号 2586 頁〈 判例 3-4 〉）で，一定の人格権が 13 条によって保障されているという立場を示したと理解できる。

第 2 節　プライバシー権

① プライバシー権の内容

　プライバシー権は，アメリカで，印刷メディアの発展によって情報流通が拡大したのに対して，私生活上の事実を勝手に公表されない権利が法的保護に値するとの考えが広まったことにより，法的権利として確立した。したがって，もともとは私法上の権利であったが，情報技術の進展によって公権力が国民各人について大量の情報を有するようになると，その適正な管理が個人の自律にとって非常に重要な問題だとの意識が高まってきた。個人の自律的生存にとって，自分についての情報の管理を自分で行うということが重要な意味をもつようになり，特にこのことは公権力に対して当てはまる。また，公権力が必要以上の個人情報を入手し使用することは，その者の行動を不当に監視することを

可能にし，その自由を制約する危険を有するし，また勝手にその情報が開示されることによる権利侵害のリスクも高まる。こうして，今日では，プライバシー権を自己に関する情報をコントロールする権利（自己情報コントロール権）として理解する説が有力に説かれている。

　もっとも，人格的利益説の立場からは，個人に関するあらゆる情報のコントロールについて憲法上の権利保障が及ぶと考える必要があるのかについては，疑問を呈することができる。ただ，情報技術の飛躍的発展に伴い，それ自体としては秘密性の強くない性質の情報であっても，特定人について大量のデータをつき合わせることにより公権力がその者の生活全般を把握することが可能となっていることの危険性を考慮するなら，一応すべての個人情報の管理につき，憲法上の権利保障が及ぶと考えておく理由は存在する。いずれにせよ，「人の精神過程とか内部的な身体状況等にかかわる高度にコンフィデンシャルな性質の情報」（樋口ほか285頁［佐藤幸治］。「センシティブ情報」とも呼ばれる）は，公権力による一方的な取得・利用から特に強く保護されるべきだと考えるべきであろう。

2 判例による「私生活上の自由」保障

(1) 京都府学連事件

(a) 「私生活上の自由」の登場　　これに対し，判例は特に詳しい理由を示さないまま，いくつかの自由・権利を「私生活上の自由」として13条の保障範囲に含めている。最高裁が最初に，13条から具体的な権利保障が導けることを認めたのは，警察によるデモ隊の撮影が問題となった京都府学連事件 〈判例 2-1〉である。

> 〈判例 2-1〉 最大判昭和44・12・24刑集23巻12号1625頁
> 〈京都府学連事件〉
> 【事実】被告人Yが京都市内のデモ行進において道路を先頭で行進していたところ，デモ行進の幅や車道上の位置がデモ行進許可に付された条件に外形的に違反していると現認した巡査Aは，違法行為の事実を確認するため，デモの先頭部分を歩道から写真撮影した。これにYが抗議したところ，Aが答えようとしなかったため，Yは憤慨してAに傷害を負わせた。Yは傷害罪と公務

執行妨害罪で起訴されたが，Ｙは A の写真撮影は違法な職務行為であり，公務執行妨害罪は成立しないなどと主張した。第一審，第二審とも有罪判決，Ｙ上告。

【判旨】「憲法 13 条は，……と規定しているのであって，これは，国民の私生活上の自由が，警察権等の国家権力の行使に対しても保護されるべきことを規定しているものということができる。そして，個人の私生活上の自由の 1 つとして，何人も，その承諾なしに，みだりにその容ぼう・姿態（以下「容ぼう等」という。）を撮影されない自由を有するものというべきである。これを肖像権と称するかどうかは別として，少なくとも，警察官が，正当な理由もないのに，個人の容ぼう等を撮影することは，憲法 13 条の趣旨に反し，許されないものといわなければならない。しかしながら，個人の有する右自由も，国家権力の行使から無制限に保護されるわけでなく，公共の福祉のため必要のある場合には相当の制限を受けることは同条の規定に照らして明らかである。そして，犯罪を捜査することは，公共の福祉のため警察に与えられた国家作用の 1 つであり，警察にはこれを遂行すべき責務があるのであるから（警察法 2 条 1 項参照），警察官が犯罪捜査の必要上写真を撮影する際，その対象の中に犯人のみならず第三者である個人の容ぼう等が含まれても，これが許容される場合がありうるものといわなければならない。

　そこで，その許容される限度について考察すると，身体の拘束を受けている被疑者の写真撮影を規定した刑訴法 218 条 2 項〔当時。現在の 3 項〕のような場合のほか，次のような場合には，撮影される本人の同意がなく，また裁判官の令状がなくても，警察官による個人の容ぼう等の撮影が許容されるものと解すべきである。すなわち，現に犯罪が行なわれもしくは行なわれたのち間がないと認められる場合であって，しかも証拠保全の必要性および緊急性があり，かつその撮影が一般的に許容される限度をこえない相当な方法をもって行なわれるときである。このような場合に行なわれる警察官による写真撮影は，その対象の中に，犯人の容ぼう等のほか，犯人の身辺または被写体とされた物件の近くにいたためこれを除外できない状況にある第三者である個人の容ぼう等を含むことになっても，憲法 13 条，35 条に違反しないものと解すべきである。」

　上記のような事実からすれば，「A 巡査の右写真撮影は，現に犯罪が行なわれていると認められる場合になされたものであって，しかも多数の者が参加し刻々と状況が変化する集団行動の性質からいって，証拠保全の必要性および緊急性が認められ，その方法も一般的に許容される限度をこえない相当なものであったと認められるから，たとえそれが被告人ら集団行進者の同意もなく，その意思に反して行なわれたとしても，適法な職務執行行為であったといわなけ

れればならない。」

　本判決が，13 条からなぜ「私生活上の自由」が導けると考えたのかは，明らかではない。また，公権力からみだりに容ぼう等を撮影されない自由がなぜ「私生活上の自由」の 1 つとして認められるのかについても，説明はない。特に，本事件では公開の場で行われているデモ行進の撮影が問題となっていたのであり，「私生活」を盗み見るような行為ではないだけに，これが「私生活上の自由」として保護される理由については一言あってよかったのではないかと思われる。ただ，逆にいえば，判例は「私生活上の自由」という文言にもかかわらず，13 条の保護を純粋に私生活にかかわる事項に限定する立場はとっていないということになろう。むしろ，公権力が容ぼう等といった個人の情報を必要性なく収集すること全般が禁じられているということになる。したがって，同判決は，学説のプライバシー権理解と類似した立場をとっているといえよう。

　(b)　**具体的事案における合憲性審査の評価**　　具体的に犯罪捜査のための写真撮影が許される場合として，判決はかなり厳しい条件を挙げている。これは，いわゆる肖像権を憲法上の権利として認めることの実際的意義を高めるから，大きな意味がある。しかし，捜査上の写真撮影を，現行犯またはそれに準じる場合であって証拠保全の必要性や緊急性のある場合に限るというような条件が，現実の捜査で守られているとは思えない。実際，最高裁はその後の判決で，本判決は警察官による撮影が現行犯またはそれに準ずる場合にしか許されないという趣旨ではないとの理解を示している（最決平成 20・4・15 刑集 62 巻 5 号 1398 頁）。そうだとすると，本判決でこのような厳しい条件が示されたのは，政治活動としてのデモ行進の撮影という事案の特徴に配慮したものだという理解が可能であろう。つまり，特に守られるべき政治活動の自由が関係していたからこそ，公権力によるその情報収集にはより慎重さが求められるという立場がとられたのではないか。最高裁は，「私生活上の自由」という文言にもかかわらず，公権力との関係で当該個人情報がもつ性質自体から保護すべき程度を判断しているように思われる。

(2)　その他の判例

(a)　指紋押捺拒否事件

その後，最高裁は，外国人登録法により外国人登録の際に強制されていた指紋押捺の合憲性が争われた事件で，憲法13条の保障する「個人の私生活上の自由の1つとして，何人もみだりに指紋の押なつを強制されない自由を有する」と判示した。ただし，外国人登録法の定める指紋押捺制度について具体的には，外国人の公正な管理という立法目的の合理性・必要性は肯定でき，押捺義務の具体的内容も相当なものにとどまっていると述べ，その合憲性を認めている（最判平成7・12・15刑集49巻10号842頁）。本判決は，指紋押捺強制からの自由が私生活上の自由に含まれる理由を，指紋自体は「個人の内心に関する情報となるものではないが，性質上万人不同性，終生不変性をもつので，採取された指紋の利用方法次第では個人の私生活あるいはプライバシーが侵害される危険性がある」と指摘している。ここでも，判決の関心は，指紋採取の純粋な「私生活」への影響というより，個人に関する情報が勝手に公権力によって活用されることの問題性に向いているようである。ただし，指紋採取自体が直接個人にとって重要な情報とはいえないので，審査は緩やかなものになったということであろう。

(b)　住基ネット訴訟

さらに最高裁は，住民基本台帳法の改正で導入された住民基本台帳ネットワーク（住基ネット。住民票の情報の一部を通信回線でつなぎ，すべての地方公共団体や国で共通に利用する仕組み）の合憲性が問題となった事件において，やはり憲法13条が保障する「私生活上の自由」の1つとして，「何人も，個人に関する情報をみだりに第三者に開示又は公表されない自由を有する」と判示した。住基ネットは，一定の情報を本人の同意のないままにネットワークで流通させ，多くの機関が法律の範囲内で利用できるようにするものであるから，この自由との整合性が問題となる。判決は，住基ネットで管理，利用される情報は氏名，生年月日，性別，住所，住民票コードなど限定的であって，その「いずれも，個人の内面に関わるような秘匿性の高い情報とはいえない」とし，さらに住基ネットによる個人情報の活用は「正当な行政目的の範囲内」であり，違法または不当な開示がなされる「具体的な危険が生じているということもできない」などとして，合憲との結論を導いている（住基ネット訴訟・最判平成20・3・6民集62巻3号665頁）。

　この判決では，問題となる権利が，自己情報をみだりに第三者に開示されない自由というようにかなり一般的なかたちで定式化されている。判例の 13 条解釈が学説のプライバシー権理解と類似していることが，改めて示されたといえるだろう。また，同判決は，自己情報の中でも「個人の内面に関わる」情報には特に手厚い保護を与える必要性があることを示唆しており，この点でも自己情報コントロール権の考え方に近い。住民票には，各種の社会保障制度上の地位や選挙人名簿への登録といった情報も記載されている（住民台帳 7 条）。これらの情報は「個人の内面に関わる」とはいえないとしても，社会生活上の評価を伴いうるものであるから，法律を改正してそれらをネットワークで流通させるとしたら，その合憲性は本事案とは別に，慎重に考える必要があろう。

　なお，2013（平成 25）年に，社会保障や税に関する諸手続で個人を識別するための共通番号（いわゆる「マイナンバー」）制度を導入するための法律（行政手続における特定の個人を識別するための番号の利用等に関する法律）が制定された。本法施行により，さらに多くの個人情報がネットワークを通じて伝達されることになった。本法の違憲を訴える訴訟もいくつか起きているが，下級審はいずれも合憲との判断を示している（仙台高判令和 3・5・27 裁判所ウェブサイトなど）。

③ 13 条に言及しない判例

　その他のプライバシーが問題となった事案においては，判例は 13 条に言及していない。その多くは私人間の紛争であり，その場合憲法に言及しないのは理解できるが，公権力の行為が争われた事件として，前科照会事件（弁護士会が弁護士法 23 条の 2 に基づいて，ある者の前科や犯罪経歴について区役所に照会し，区役所がこれに回答したところ，その照会対象となった者が，この回答により自らのプライバシーが侵害されたとして損害賠償などの訴訟を提起した事案）がある。最高裁は，前科や犯罪経歴は「人の名誉，信用に直接にかかわる事項であり，前科等のある者もこれをみだりに公開されないという法律上の保護に値する利益を有する」とした上で，前科等について回答するには「格別の慎重さ」が求められるのに，本件での区役所の対応にはそれが欠けていたとして，損害賠償を認めた原審判決を維持した（前科照会事件・最判昭和 56・4・14 民集 35 巻 3 号 620 頁）。判決は国家賠償法上の違法性の問題に言及を限っている。しかし，法律の規定

に基づく照会に対して回答することを違法と評価することの理由づけとしては，憲法論を示すべきであったように思われる。

4　個人情報保護法制

(1)　公権力の個人情報保有に対する保護

(a)　行政機関における個人情報保護
公権力による個人情報の収集・管理についての法的規律を一般的に定める個人情報保護法制は，地方公共団体で整備が先行していたが，国レベルでは 2003（平成 15）年に，主に民間事業者を対象とする「個人情報の保護に関する法律」（個人情報保護法）とは別の法律として，国の行政機関を対象とする「行政機関の保有する個人情報の保護に関する法律」（行政機関個人情報保護法）が制定された。それ以来，個人情報保護については各地方公共団体と国で別々の法による規律が併存してきた。内容的にも，条例の中にはセンシティブ情報の原則取得禁止など，行政機関個人情報保護法にない規定も多くみられ，地方の取組は日本の個人情報保護の進展に大きな役割を果たしてきた。だが，国と各地方公共団体で別々の法が妥当し，個人情報の取扱いに必然的に差異が生じていることは，情報化・デジタル化の進展とともに，情報利用にとって大きなコストだともみなされるようになった。

　2021（令和 3）年に，個人情報保護の法制度には大きな改正が行われ，行政機関個人情報保護法が廃止されて，行政機関を対象とする規律も個人情報保護法にまとめられるとともに，地方公共団体も国の行政機関と同等の規律対象となる「行政機関等」に含められた（個人情報 2 条 11 項 2 号）。これにより，地方公共団体が有する個人情報に対する規律も国の法律で行われることになった。同改正はそのほか，独立して職権を行使する個人情報保護委員会の権限の及ぶ範囲を，行政機関等の個人情報取扱い全般に拡大している（個人情報 156 条以下）。ただし，命令権はなく勧告権にとどまる（個人情報 158 条）。

　2021 年改正は，国の行政機関に対する規律内容については，基本的に手を加えていない。行政機関の個人情報保有は特定の目的のために必要な限度でなされるべきだという原則（個人情報 61 条）や情報の正確性を確保すべき努力義務（個人情報 65 条），目的外利用や第三者への提供の制限（個人情報 69 条）などを規定するとともに（従来，不正手段による取得の禁止が明示されていないことには

批判があったが，本改正で民間事業者〔個人情報 20 条 1 項〕に合わせて明示された〔個人情報 64 条〕），自己情報の開示，訂正，利用停止といった請求権をその情報の本人に認めている（個人情報 76 条以下）。個人情報は本人から直接取得すべきであるという原則や，センシティブ情報の原則取得禁止といった内容は含まれていない。個人情報保護法には「要配慮個人情報」の定めがあるが（個人情報 2 条 3 項），行政機関に対してはその保有に特別の要件を課してはおらず（個人情報ファイルのファイル簿にその旨を記載する等の要請。個人情報 74 条 1 項 6 号・75 条 1 項参照。），後述する民間事業者への規律よりも緩い程度にとどまっている。

　なお，同法 69 条 1 項は目的外利用や第三者への提供を「法令に基づく場合を除き」禁ずる原則を示すが，前掲前科照会事件の判旨からして，法令上何らかの定めがあれば常に個人情報の提供が許されると解することはできない。弁護士法 23 条の 2 はもちろん，民事訴訟法 186 条に基づく嘱託や刑事訴訟法 197 条 2 項に基づく任意捜査としての照会に対しても，情報提供がプライバシー侵害として違法となる場合がありうると解するべきである。

　(b)　公権力による個人情報収集をめぐる事件　　大阪市が全職員に対して，政治活動や労働組合活動についての記名式アンケートへの回答を職務命令により義務づけたことについて，大阪地裁・高裁は，特定の政治家を応援する活動への参加の有無についての質問などは，職務と関連しない私生活上の事実についての回答を求めており，憲法 13 条に基づくプライバシー権を侵害するものとして違法だと判断した（大阪地判平成 27・1・21 判時 2299 号 71 頁，大阪高判平成 27・12・16 判時 2299 号 54 頁。思想・良心の自由との関連で，p. 148 の(b)を参照）。

　警視庁が都内の大勢のイスラム教徒の，宗教活動を含む個人情報を収集し，その情報がネット上に流出したことに対して，イスラム教徒らから起こされた国家賠償請求につき，東京地裁は，国際テロ防止のための必要性を理由として，その情報収集が憲法 13 条や東京都個人情報保護条例などに違反しないとしている。ただし，情報管理には過失があったとして，その限りで賠償責任を認めた（東京地判平成 26・1・15 判時 2215 号 30 頁）。しかし，国際テロ防止という抽象的な理由で，個別の容疑もないイスラム教徒すべてのセンシティブ情報を収集してよいとするのは，プライバシー権をあまりにも軽視するものであろう。

　また，自衛隊が，そのイラク派遣に対する反対運動を行っていた者らの個人情報を収集していたことに対する訴訟で，仙台高裁は，自衛隊が施設や隊員等の保全のために同運動について情報を収集する必要があると判断したことを是認しつつ，その収集には一定の限度が必要だとして，政治家や政治団体の役員ではない一部の原告についてプライバシー侵害を認めている（仙台高判平成28・2・2判時2293号18頁）。

(2)　民間事業者の保有する個人情報への規律

(a)　個人情報保護法　　なお，個人情報については，大量にそれを有する民間事業者への規律も問題となるところであり，上述のとおり，2003（平成15）年に民間事業者を主な規律対象とする「個人情報の保護に関する法律」（個人情報保護法）が制定された。さらに2015（平成27）年には，「要配慮個人情報」の取得には原則として本人の同意を必要とする（個人情報20条2項）などの改正がなされた。

　同法制定過程では，個人情報を多く扱う報道機関が規律対象となることへの強い懸念が示され，報道機関は宗教団体や政治団体等とともに，具体的な義務づけの対象から除外されている（個人情報57条）。これらの組織が個人情報をいい加減に扱ってよいということにはもちろんならないが，それらの扱う情報には国家に知られたくない情報が多いと考えられること，そして本法は当初，違反事業者に対して大臣による勧告や命令を認めており，規律の対象となると政治的考慮に基づく公権力行使の危険を考えざるをえなくなることからすれば，適用除外にすることは適切であったといえよう。ただし，2015年の改正で，勧告や命令の権限は，独立して職権を行使する個人情報保護委員会に移されている（個人情報148条）。

(b)　江沢民講演会事件　　個人情報開示をめぐる私人間の紛争として，ある私立大学が学内で中国の江沢民国家主席の講演会を開催し，学生の参加希望者は事前に学籍番号，氏名，住所，電話番号を名簿に記入して申し込むことにしていたところ，警備にあたる警察からこの名簿の提出を求められ，参加学生に無断で提出したという事例がある。一部の参加者が，この名簿提出によりプライバシーが侵害されたとして大学に対し損害賠償を求めた。最高裁は，これら

の情報は秘匿すべき必要性は必ずしも高くはないが，それでも他者にみだりに開示されないことへの期待は法的に保護されるべきであるとし，警察に開示することについて大学が本人の承諾を求めることは容易であったのにそれを行わなかったのは，プライバシー侵害の不法行為にあたると判示した（最判平成15・9・12民集57巻8号973頁）。これは個人情報保護法施行前の事案であったが，判決が個人情報の使用については本人の同意を得るのが大原則だという姿勢を示した点は，同法の基本原則に沿うものである。ただし，問題となった個人情報は単なる学籍番号や住所などではなく，外国首脳の講演に参加した者のそれだという内容を含んでおり，保護の必要性が高くないとはいえないのではないか。特に，警察に対して簡単に渡してよい情報であったとはいえない。本人の同意があったかという外形的要件よりも，情報の性質や開示先を違法性判断において重視する立場も成り立ちうるように思われる。

> **Column 2-1**　監視カメラの憲法問題
>
> 　情報技術の発展が身近に感じられる例の1つが，街中に監視カメラが増殖しつづけていることであろう。今日では，駅などの交通の要所や繁華街には必ずといってよいほど監視カメラが設置されている。設置者は警察だけでなく，民間事業者であることも多いが，その場合でも警察の要望が背景にあることが多い。主たる設置目的は，犯罪の予防と捜査における証拠の収集である。カメラに写っていると意識させることは，犯罪行為の抑止につながるし，また監視カメラの画像がしばしば犯人の検挙につながっているのは周知のところであろう。しかし，このように監視カメラが多く設置されると，非常に多くの人々の社会における行動が多面にわたって撮影され，多くの場合さらに記録されることになる。今日では，映像を解析して特定人物を検索する技術が発達しているといわれ，記録画像をつき合わせれば，個人の行動が逐一把握される危険がある。警察自身が多くの監視カメラを設置しているし，また民間の設置にかかるカメラであっても，警察の要望があれば記録画像を提供するのが一般的である。このように，監視カメラを使って公権力が人々の行動について詳細な情報を集積することが，プライバシー権保障の観点からして看過できない問題であることはいうまでもない。
>
> 　現状では，警察による監視カメラ設置も特に法律の根拠なく行われている。しかし，京都府学連事件判決 ◀ **判例 2-1** ▶ がデモ隊にも警察からみだりに撮影されない権利を認めたように，街頭に存在する人々がすべてプライバシー権を放棄し，外見上の情報をどのように収集されてもよいと考えている，という

ことはできない。また，監視カメラ設置を明示している場所では，そこを通行する人は撮影されることを承諾しているとも考えうるが，現在のように数が増えてくると，カメラに写らないように日常生活をおくることは不可能なのであるから，このような理由づけも妥当ではない。公権力によって設置される監視カメラは，プライバシー権，判例のいう「私生活上の自由」を制約するものであり，法的根拠を必要とすると考えるべきだと思われる。その場合，警察法 2 条 1 項の警察の責務規定が根拠として考えられるであろう。ただし，この条文を警察の具体的権限を認める趣旨だと解釈することには，反対論も根強く存在する。

　プライバシー権保障の観点からの実質的な要請として，監視カメラは犯罪予防や捜査のための証拠保全の必要性が認められるような区域でのみ設置されるべきことが求められる。かなりの面積のある繁華街全体を撮影区域にするような多数のカメラの設置は，プライバシー権の過度な侵害というべきであろう。また，特定の思想・信条をもつ者を狙い撃ちにするような設置が許されないのはもちろんである。大阪地判平成 6・4・27 判時 1515 号 116 頁は，犯罪の多発する道路への監視カメラ設置を合法としつつ，大衆闘争や労働運動の拠点となっている会館への出入りを監視できる位置への設置は違法と判断している。

　最高裁は，道路上に設置され，速度違反車両の自動撮影を行う監視装置につき，京都府学連事件判決を引いて合憲と判断している（最判昭和 61・2・14 刑集 40 巻 1 号 48 頁）。なお，同じく道路上に設置されるが，通行車両すべての前方部を撮影し，自動車登録番号のみを記録する，いわゆる N システムについては，東京高判平成 21・1・29 訟月 55 巻 12 号 3411 頁がその合法性を認めている（最判平成 21・11・27 判例集未登載で上告が棄却され確定）。

第 3 節　人　格　権

1　13 条と人格権保障

　人格権とは，個人が社会の中で自律して生きるために必要な人格的利益を目的とする権利として，私法，特に不法行為法上，財産権と対比されるかたちで認められてきたものである。人格権は身体の自由など広範な権利内容を含みうる概念であり，第 2 節で詳述したプライバシー権もその一部ということもできる。

　だが，およそ人格的利益を含む権利がすべて憲法上保護されるというわけで

はないのは当然である。従来の判例では，北方ジャーナル事件判決（最大判昭和61・6・11民集40巻4号872頁 **判例 7-1** ）が，表現行為差止請求の許容性判断において「人格権としての個人の名誉の保護（憲法13条）と表現の自由の保障（同21条）」の調整が必要となる，と判示しており，名誉権が13条に根拠を有する権利であることを認めているようである。ただし，この事案では差止めによる表現の自由制約の合憲性が争われたのであって，国による名誉権制約の合憲性が正面から争われたわけではない。13条が具体的権利としての名誉権を保障していると明確にされたとはいえない事例であった。

② 夫婦同氏制と人格権

　これに対し，2015（平成27）年に最高裁は，民法750条が定める夫婦同氏制，つまり夫婦別姓が認められていないことの合憲性が問題となった判決で，氏名は「人格権の一内容を構成する」としつつ，「婚姻の際に『氏の変更を強制されない自由』が憲法上の権利として保障される人格権の一内容であるとはいえない」とし，その憲法13条違反を認めなかった（最大判平成27・12・16民集69巻8号2586頁 **判例 3-4** ）。判決は，「氏は，婚姻及び家族に関する法制度の一部として法律がその具体的な内容を規律している」とした上で，法律が氏に「社会の構成要素である家族の呼称としての意義」を認めている以上，家族に1つの氏を定めることにも合理性があるとする。したがって，婚姻を含む身分関係の変動に伴って氏が改められることがありうることは，その「性質上予定されている」として，婚姻に際し氏の変更を強制されない自由は憲法上保障される人格権とはいえない，と結論したのである。

　本判決は，一定の人格権が憲法13条で保障されているとの理解を前提にしていると思われる。ただし，どのような権利が憲法上保護される人格権といえるのか，その判断基準は示されなかった。問題となった権利が法律による内容形成に依存するものだとされたため，憲法上の権利性は簡単に否定されてしまったのである。しかし，氏名についての実定法上の定めはすべて法律以下のレベルでなされているのだから，法律が氏を家族の呼称として定めているから夫婦別姓は憲法上保障された権利ではないというのでは，およそ氏名について憲法上の人格権が成立する余地があるのかどうか，あやしい。判決も立法の合理

性を確認しているところであるが，この合理性判断の基準として，個人が自分
の氏名への何らかの権利を法律以前的に有しているといえるかどうかが問題と
なろう。

　本判決は一方で，氏の変更によりアイデンティティの喪失感などの不利益が
生じることは認め，氏に伴う信用などを維持する利益は，憲法上の権利とはい
えないまでも，憲法 24 条との関係で立法裁量を限定しうる人格的利益にはな
ると位置づけている（⇒ p. 104 の(2)）。

　今後，13 条で保護される人格権の内容について，次に述べる自己決定権と
も関連させつつ，議論が展開されていくことになると思われる。

第 4 節　自己決定権

1　憲法上の権利としての自己決定権

　学説では，13 条は，個人が自己の生き方にかかわる重要な事項について，
公権力から干渉されることなく決定できる権利という意味での，自己決定権を
も保障しているとの理解が一般的である。ただし，自己決定権を憲法上の権利
として明示的に認めた判例はない。

　ここでも，どのような決定の自由が自己決定権として憲法上保障されるべき
かが問題となる。13 条解釈について一般的自由説をとらないならば，何が個
人の人格形成において重要な事項かについて，一定の客観的基準に基づく限定
をなさざるをえない。この点で参考になるのは，アメリカの判例・学説が憲法
上明文のない権利の保障を認めてきたことである。アメリカの判例では，（ア
メリカではこれらもプライバシー権と呼ばれているが）実質的に自己決定権といえ
る内容として，避妊や妊娠中絶，同性愛など性的な人間関係にかかわる事項や，
結婚・離婚や子どもに対する養育権など家族関係にかかわる事項について，そ
の決定の自由が憲法上の権利として認められている。また，尊厳死や自殺とい
った自己の生命の処分をめぐる事項にも憲法上の保護を及ぼすべきかどうかが
議論されている。

　たしかに，一定の親密な人間関係を誰と築くか，共同生活をどのように行う

かが，個人の人格形成にとって重要な問題だということは，かなりの一般性を
もって承認することができるだろう。また，この領域では，国家による介入が
「善き生き方」についての特定の見解を強制するために行われる危険も大きい
といえよう。これに対し，どのように人生を終えるかも本人にとって重要な問
題であることは確かだが，個人の尊重という基本原理が生命をも個人の自由に
委ねる趣旨を含んでいるのかどうかは，にわかに判断できない難しい問題であ
る。

② 自己決定権が問題となった具体的事例

(1)　妊娠中絶

　アメリカで最大級の憲法・政治問題となっている妊娠中絶についていえば，
日本では刑法上堕胎罪が存在するが（刑212条），一方で母体保護法14条が人
工妊娠中絶を一定の要件の下で認めている。その中の「経済的理由」による母
体の健康への害悪という要件が緩やかに解されることにより，実際には法的紛
争を起こすことなく中絶が広く行われている状況にある。日本では，中絶が妊
娠した女性にとって憲法上の権利であるかどうかについて突っ込んだ議論は行
われていないが，その最大の理由は議論する現実の必要性が低いことにある。
ただし，母体保護法は人工妊娠中絶に配偶者の同意も求めており（母体保護14
条1項，同条2項に例外規定あり），この点は，中絶をあくまでも妊娠した女性の
権利だと考え，このようなパートナーの同意要件を違憲と解しているアメリカ
の判例よりも厳しい立場であるといえよう。もっとも，この配偶者の同意要件
も緩やかな運用がなされており，その者が本当に胎児の父親かどうかを検査す
るわけではない。

(2)　自己の生命をめぐる決定

　自己の生命の処分に関係する事案として，信仰による輸血拒否の意思の評価
をめぐる事案がある。宗教上の信念として輸血を絶対に拒否する患者に対し，
患者の輸血拒否の意思をできるだけ尊重するが，輸血以外に救命手段がない事
態に至った場合には同意がなくても輸血するという方針をとっていた病院が，
この方針について十分な説明なく手術を行い，その際必要となった輸血を行っ

たところ，その患者が損害賠償を求めたという事件である。第二審の東京高裁は，「自己の人生のあり方（ライフスタイル）は自らが決定することができるという自己決定権」からして手術には患者の同意が必要であるとし，十分な説明を怠った病院側に損害賠償を命じた（エホバの証人輸血拒否事件・東京高判平成10・2・9 高民集 51 巻 1 号 1 頁）。最高裁はこの判決を維持したが，理由づけとして自己決定権一般を持ち出すのではなく，宗教上の信念からの輸血拒否という意思決定は人格権の一内容として尊重されるべきと述べている（最判平成 12・2・29 民集 54 巻 2 号 582 頁）。最高裁は，むしろ本事案を信教の自由の行使に近いものとして評価しているように思われる。自己の生命に危険が及ぶような選択が法的保護に値するのは，それが個人の確固たる信念・信条に基づく場合のみであると考えるとすれば，高裁よりも最高裁の判示の方が適切であるということができよう。もっとも，いずれにせよ，両判決ともそれら権利の不法行為法上の評価を行ったものであり，それらを憲法上の権利と位置づけているわけではない。

　また，安楽死を望む患者本人または家族の意思により，積極的に患者を死に至らしめる行為の可罰性がいくつかの事件で争われているが，裁判所はそのような行為を免責することには非常に慎重である。喘息の発作から意識の回復が困難となった患者について，家族の要望に応じて気管内チューブを抜くなどして死に至らしめた医師が殺人罪に問われた事件で，最高裁は，患者の検査が不十分であったと認定し，そうである以上家族の同意も適切な情報を得た上でのものとはいえず，患者本人の同意を推定することもできないとして，殺人罪の成立を認めている（最決平成 21・12・7 刑集 63 巻 11 号 1899 頁）。

(3)　その他の事例

　その他，自己決定権は，学校の校則による髪型規制やバイク禁止に対して主張されることがあったが，最高裁は憲法との関連を特に論じていない（私立高等学校の生徒へのバイク禁止について，最判平成 3・9・3 判時 1401 号 56 頁）。これらについては，憲法上の権利の問題とする必要はなく，学校側の規制権限の範囲内かどうかを論じればよいという学説が有力である。ただし，服装については，それが表現行為あるいは象徴的言論の一環としてなされている場合には，別の

考慮が必要であろう。

　性同一性障害者の性別の取扱いの特例に関する法律が，性同一性障害者が家庭裁判所の審判によって性別を変更するための要件の一つとして，「生殖腺がないこと又は生殖腺の機能を永続的に欠く状態にあること」（同法3条1項4号）を求めていることの合憲性につき，最高裁は，同規定は性別変更を望む者に生殖腺除去手術を求めることで，「その意思に反して身体への侵襲を受けない自由」を制約する面があることを認めつつ，変更前の性に基づいて子が生まれることによる社会の混乱の可能性や，男女の区別についての「急激な形での変化を避ける」といった配慮を理由として，「現時点では」憲法13条，14条1項に違反しないとした（最決平成31・1・23判時2421号4頁）。

　本決定は，「意思に反して身体への侵襲を受けない自由」が憲法13条で保障されることを前提にしていると思われるが（鬼丸かおる・三浦守共同補足意見はこの点を明示的に認めている），自己決定権に分類できる権利に憲法13条の保障を認めた，注目できる事例といえる。多数意見がこの点について特に説明を行っていないのは，「身体への侵襲」という重大な不利益からして，それについての自己決定が強く保障されるべきなのは当然だと考えているからであろうか。

第5節　環 境 権

　戦後の高度成長期に公害問題が深刻化すると，良好な環境の下で暮らす権利が個人の生存にとって不可欠であり，この「環境権」が「新しい人権」として憲法で保障されると考えるべきだという主張がなされるようになった。根拠条文としては，13条のほか，「健康で文化的な最低限度の生活を営む権利」の一環だとして，25条が挙げられることも多い。ただし，この権利が良好な自然環境のみを求めるものなのか，それ以上に社会的・文化的な環境への権利も含むと考えるべきかについては，意見が一致していない。

　この問題が大きく注目されたのは，大阪空港訴訟で，騒音などに悩む空港の周辺住民が，環境権侵害を1つの根拠として損害賠償や夜間空港使用の差止めを求めたことによる。最高裁は生活への様々な妨害に対する損害賠償を認めたが，それを環境権侵害というかたちで定式化はしていない（最大判昭和56・12・

16 民集 35 巻 10 号 1369 頁）。判例上，環境権という権利は，私法上の権利として
も憲法上の権利としても認められてはいない。

　環境は，様々の自然的・人工的要因が複雑に絡み合って成立するものである
から，環境権を裁判所による実現が可能であるような具体的権利として観念す
ることは困難だといわざるをえない。また，今日における環境悪化の直接の原
因は民間企業にあることが大半であるので，良好な環境の中で生活する権利を
国家に対する具体的権利として認めることはなおさら難しいだろう。もちろん，
国家の行為が住民の生活を受忍限度を超えるほどに妨害する場合には，不法行
為は成立するといえる。

練習問題

1　「臓器の移植に関する法律」（臓器移植法）は，「死亡した者が生存中に有してい
　た自己の臓器の移植術に使用されるための提供に関する意思は，尊重されなければ
　ならない」と定めている（2 条 1 項）。しかし，自分の生き方を自分で決める「自己
　決定権」は，死亡した後のその者の臓器の処分にも及ぶものであろうか。
2　イスラム過激派のテロが世界で頻発する中，テロとの戦いに協力している日本も
　イスラム過激派勢力によるテロの標的となりうると懸念されている。警察は，反イ
　スラム勢力との聖戦を主張していると噂されるイマーム（説教師）がいるモスクに
　ついて，その訪問者の動向を探るため，入り口付近を撮影できるカメラを秘密裏に
　取り付け，数か月にわたって録画した上でその映像を分析した。そして，当該イマ
　ームと行動を共にすることの多い数人について，尾行や聞き込みなどの手段を用い
　てその氏名，住所や職業などを特定し，要注意人物としてリストアップした。
　　このような警察の行為の合憲性について論じなさい。

第**3**章

平　　等

　日本国憲法は，平等について丁寧にかつ繰り返し規定している。まず，14条1項が，平等を一般的に宣言している。そして，14条2項・3項が，貴族制度を廃止し，その復活阻止のために栄典の授与に特権が伴うこと・栄典が相続されることを禁止している。さらに，14条1項の一般的保障に重ねて，24条が婚姻など家族生活に関して，26条1項が教育を受ける権利に関して，44条が議員資格および選挙人資格に関して，個別に平等を保障している。

　平等は，身分制社会を克服し，近代社会を構築するための梃子となった観念であり，日本国憲法もそれを中核に位置づけているといえよう。

　第1節では，憲法が保障する平等とは何かについて検討する。ただ，平等の意義について一般的な答えを提示しようとすることは決して容易ではない。最高裁は，平等を相対的平等と解釈してきたが，これは平等とは何かという問いを，合理性とは何かという別のより大きな問いへと開くものであり，この別の問いに対して，最高裁は現在のところ一般的な答えを与えていない。

　そこで，第2節〜第4節では，日本国憲法の下で，平等の問題として具体的に何が論じられてきたかという観点から主要な問題をみておこう。現在の最高裁判例を理解するために必要であろうという観点から，女性差別，家族と平等，投票価値平等の問題について検討する。

第 1 節　平等の意義

1　絶対的平等と相対的平等

　憲法 14 条が保障する平等とは，どのような意味であろうか。

　最大判昭和 39・5・27 民集 18 巻 4 号 676 頁は，「〔憲法 14 条，地方公務員法 13 条は，〕国民に対し絶対的な平等を保障したものではなく，差別すべき合理的な理由なくして差別することを禁止している趣旨と解すべきであるから，事柄の性質に即応して合理的と認められる差別的取扱をすることは，なんら右各法条の否定するところではない」，と述べている。

　「合理的な理由」のない区別の禁止という意味で理解された平等のことを，相対的平等という。これに対して，絶対的平等とは，合理的な理由の有無を問わず，区別を禁止することをいう。相対的平等は，言い換えれば，区別とその理由となる事実上の差異とが比例していることを求めることであるから，比例的平等とも呼ばれる。

　最高裁は，14 条の意義を，絶対的平等ではなく，相対的平等であると理解している。学説の多数も同様である。

(1)　絶対的平等

　では，なぜ 14 条を相対的平等の意味に理解するべきなのだろうか。絶対的平等と理解すべきでない理由はどこにあるのだろうか。

　もし「すべて国民は，法の下に平等であつて」（14 条 1 項）を絶対的平等の意味で理解するなら，憲法は国民の間での区別を禁止しているということとなるだろう。アメリカ独立宣言（「すべて人は平等に作られ」）やフランス人権宣言（「人は，自由かつ権利において平等なものとして出生し，かつ生存する」）が人の平等を説いていたように，人を区別してはならないという思想は，身分制社会の克服に大きな力を発揮した。しかし，判例だけでなく学説の多数も，14 条が人の区別を絶対的に禁止していると解釈することを否定する。その理由は，現実の人間は多様であり，それを無視した取扱いは実質的にみて多くの場合妥当で

はないからである。また，一定の要件を満たした者に一定の効果を与える場合のように，そもそも法というものは何らかの区別を行うことが不可避だからである。

　ただ，14条を絶対的平等の趣旨に解することが絶対に成り立たないというわけではない。たしかに，14条が絶対的平等を一般的に要求しているというような解釈は実現不可能であろう。しかし，絶対的平等が要求される場面を限定する解釈であればどうであろうか。その場合，もし適用場面の限定を区別の合理性の存否を理由として行おうとするならば，結局は相対的平等論に帰着することになるだろう。いかなる区別も合理的でない場合では絶対的平等が要求されるというだけだからである。そこで，限定の手掛かりは区別の合理性に関係のない理由に求めなければならない。そのような解釈の代表例が，法適用平等説である。法適用平等説は，限定の手掛かりを14条1項の文言に求めた。すなわち，前段（「すべて国民は，法の下に平等であつて」）は「法の下に」とあるのだから法適用の平等の保障であって法内容の平等の保障ではないが，後段（「人種，信条，性別，社会的身分又は門地により，政治的，経済的又は社会的関係において，差別されない」）は単に「差別されない」と規定されているだけだから法内容も含めた平等の保障であると解釈して平等の要求場面を限定した上で，そのような平等は絶対的平等の保障だと説いた。

　法適用平等説は，このように非常に巧みな解釈であったが，しかし，学説の多数の支持を得ることはできなかった。その理由は，法内容が後段列挙事由以外で区別している場合であっても実質的にみて14条の問題とすべき場合はあると考えられたからであり，また，列挙事由による区別であっても実質的にみて許容すべき場合はあると考えられたからである。例えば，「性別」についていかなる理由であれ区別が禁止されるという解釈はやはり妥当ではないだろう。

(2)　相対的平等

　判例・多数説は，14条を法内容・法適用を通じての相対的平等の保障であると理解している。しかし，絶対的平等説に難点があるとしても，相対的平等説にも難点はないのか。

　相対的平等説によれば，平等に反するかどうかは当該区別に合理的な理由が

75

あるかどうかによって判断されることになるが，容易に想像されるように，この考え方の難点は，合理的というだけでは判断基準が明確ではないというところにある。裁判所が明確でない基準によって違憲審査を行うということになれば，恣意的な判断になるか，あるいは，恣意性を避けるあまり過度に謙抑的な判断になる可能性があるだろう。14条を絶対的平等の保障として理解する学説は，相対的平等説に対してこの点を批判していた。したがって，14条を相対的平等として理解するのであれば，合理性の意義を明確化することが求められる。

② 相対的平等論における合理性

⑴　実体的アプローチと手続的アプローチ

区別が合理的であるかどうかをどのように判断するか。代表的な考え方として，合理性の内容を明らかにしようとする実体的アプローチと，合理性存否の判断過程を統制しようとする手続的アプローチがある（クエスト憲法 I 第8章 p. 360 の(b)における「実体的判断基準」と「審査の程度」の区別を参照）。

実体的アプローチの有力な学説は，合理性を，民主主義ないし個人主義の理念に照らして判断しなければならないと説く。例えば，先天的事由を理由とする区別は，個人の責めに帰すことのできない理由による差別であり，個人主義の理念に照らして不合理であると考えられる。また，宗教的信仰や世界観・人生観を理由に区別することも，民主主義が宗教や思想に関する相対主義的世界観を基礎としていると考えれば，その理念に照らして不合理であると考えられる。

手続的アプローチの有力な学説は，一般に法令には合憲性の推定が働くという前提の下で，しかし，憲法が14条1項後段に列挙する事由に基づく差別に関しては，逆に，合理的理由を欠くことが推定され，合憲であると主張する側が合理的な理由があることを論証する責任を負う，と説く。また，区別が重要な利益の配分についてなされている場合についても，同様の論証責任の転換を説くものもある。

実体的アプローチと手続的アプローチとは，相互補完的でありうる。手続的アプローチから14条1項後段列挙事由による区別が違憲であると推定されると説く場合も，その理由を問われれば，憲法が列挙しているという形式的な根拠

に加えて，列挙された区別が民主主義ないし個人主義の理念に照らして原則として合理的ではないからと答えることもできる。また，実体的にみて民主主義の理念に反すると考えられる区別について，手続的に合憲性の推定が排除され区別をする側が合理的であることを論証する責任を負うと説くことも可能である。

　最高裁はこれまでのところ区別の合理性をどのように判断するかに関する一般的な判断基準を明示してはいない。14 条 1 項後段列挙事由についても，「例示的なもの」であるとして，そこから特別な法的帰結を導いていない（最大判昭和 39・5・27 民集 18 巻 4 号 676 頁。ただし，「例示的」であるという解釈は，列挙事由のみが 14 条の問題になりうるという立場との関係でなされていることに注意）。

　ただ，最高裁判例には，一般的な判断基準を明示するわけではないが，何らかの枠組みを前提しているように読めるものがある。

　まず，いくつかの個別の分野について，裁判所による合理性審査の密度が低下するという手続的なアプローチをとったように読める裁判例がある。

　障害福祉年金と児童扶養手当との併給禁止の合憲性が争われた堀木訴訟（最大判昭和 57・7・7 民集 36 巻 7 号 1235 頁 判例 10-1 ）は，「憲法 25 条の規定の要請にこたえて制定された法令において，受給者の範囲，支給要件，支給金額等につきなんら合理的理由のない不当な差別的取扱をしたり，あるいは個人の尊厳を毀損するような内容の定めを設けているときは，別に所論指摘の憲法 14 条及び 13 条違反の問題を生じうることは否定しえないところである」と述べた。14 条が問題になりうるとはしているが，しかし，「なんら合理的理由のない不当な差別的取扱をした」（傍点著者）ときがそれにあたるというのは，25 条に基づく社会福祉立法については裁判所が非常に限定した審査しか行わない趣旨のようにも読める。実際，同判決の 14 条判断の実質は，同判決において同併給調整条項が憲法 25 条に反しないと結論した審査（非常に緩やかな審査として知られている⇒p.365 の(c)参照）にほとんど付け加えるところがない。

　また，サラリーマン税金訴訟（最大判昭和 60・3・27 民集 39 巻 2 号 247 頁）は，「租税は，今日では，国家の財政需要を充足するという本来の機能に加え，所得の再分配，資源の適正配分，景気の調整等の諸機能をも有しており，国民の租税負担を定めるについて，財政・経済・社会政策等の国政全般からの総合的な政策判断を必要とするばかりでなく，課税要件等を定めるについて，極めて

専門技術的な判断を必要とすることも明らかである。したがつて，租税法の定立については，国家財政，社会経済，国民所得，国民生活等の実態についての正確な資料を基礎とする立法府の政策的，技術的な判断にゆだねるほかはなく，裁判所は，基本的にはその裁量的判断を尊重せざるを得ないものというべきである。そうであるとすれば，租税法の分野における所得の性質の違い等を理由とする取扱いの区別は，その立法目的が正当なものであり，かつ，当該立法において具体的に採用された区別の態様が右目的との関連で著しく不合理であることが明らかでない限り，その合理性を否定することができず，これを憲法14条1項の規定に違反するものということはできないものと解するのが相当である」と述べた。「著しく不合理であることが明らかでない限り」というのは，「租税法の分野における所得の性質の違い等を理由とする取扱いの区別」については，裁判所の審査密度を引き下げるという趣旨であろう。

　さらに，個別の分野を超えて，より一般的に裁判所による合理性審査のあり方を示したと読むことのできる裁判例もある。

　国籍法違憲判決（最大判平成20・6・4民集62巻6号1367頁〈判例 3-3〉）は，「日本国籍は，我が国の構成員としての資格であるとともに，我が国において基本的人権の保障，公的資格の付与，公的給付等を受ける上で意味を持つ重要な法的地位でもある。一方，父母の婚姻により嫡出子たる身分を取得するか否かということは，子にとっては自らの意思や努力によっては変えることのできない父母の身分行為に係る事柄である。したがって，このような事柄をもって日本国籍取得の要件に関して区別を生じさせることに合理的な理由があるか否かについては，慎重に検討することが必要である」と述べた。ここからは，上記の実体的アプローチと手続的アプローチとの双方への接近を読み取ることもできよう。すなわち，「重要」な利益について区別することは合理的でないという原則や，「自らの意思や努力によっては変えることのできない」ことを基準として区別することは合理的でないという原則を採用した，そして，そのような原則に反する区別の場合には裁判所は「慎重」に検討しなければならないという考え方を採用した，と読むことも可能かもしれない。

　ただ，国籍法12条（国籍留保制度）の合憲性が争われた最判平成27・3・10民集69巻2号265頁は，上記国籍法3条違憲判決（〈判例 3-3〉）と同様に，

国籍取得に関する事案であり，かつ，父母等により国籍留保の意思表示が届出によりなされたかどうかという「自らの意思や努力によっては変えることのできない」事柄にかかる事案にあたると思われるにもかかわらず，国籍法違憲判決の上記引用部分には言及せずに合憲判断を下している。国籍法違憲判決の一般論が先例としてどの程度の重みをもつのかは明らかではないといわざるをえない。

(2)　14条後段列挙事由の意義

14条1項後段列挙事由について特別な意味を認める場合には，それぞれの事由の意義をどのように理解するかが重要になる。ここで，それぞれの意義を簡単に確認しておこう。

「人種」に基づく差別とは，皮膚の色等を理由として人類を生物学的に分類できるという考え方の下になされた差別がその典型であるが，科学的根拠を欠く偏見にすぎなかったといわざるをえない。また，人種差別撤廃条約（「あらゆる形態の人種差別の撤廃に関する国際条約」。1969〔昭和44〕年発効。日本は1995〔平成7〕年に加入）は，人種差別を「人種，皮膚の色，世系又は民族的若しくは種族的出身に基づくあらゆる区別，排除，制限又は優先」（1条1項）と定義しているが，憲法14条の解釈としても，皮膚の色などの生物学的特徴に基づく差別だけでなく文化的特徴に基づく民族差別も含めて理解すべきであろう。日本では，アイヌの人々に対する差別がその悪しき典型例である（1997〔平成9〕年になって，「北海道旧土人保護法」は廃止され，「アイヌ文化の振興並びにアイヌの伝統等に関する知識の普及及び啓発に関する法律」が制定された。2019〔平成31〕年には「アイヌの人々の誇りが尊重される社会を実現するための施策の推進に関する法律」が代わって制定され，アイヌの人々が先住民族であることを確認している）。

なお，在日韓国・朝鮮人に対する差別のような外国人差別は，国籍に基づく差別であって人種差別とは区別されるが，国籍に基づく差別がどこまで許されるかは別途問題になるということとともに，その実質が人種差別・民族差別ではないかということにも注意する必要があるだろう。

「信条」に基づく差別とは，信仰に基づく差別が典型であるが，それに限らず，思想・世界観に基づく差別を含む。このような差別は，憲法19条によ

っても，思想・良心を理由とする不利益取扱いとして，禁止されているところである（⇒p.145の **1**）。

「性別」に基づく差別とは，男女差別をいう。裁判例も多く，後で詳しく扱う（⇒本章第2節）。

「社会的身分」の意義については，解釈が大きく分かれている。次の「門地」は家柄を意味すると解されているが，「社会的身分」を解釈する場合は，「社会的身分」を「門地」からどのように区別するかも難しい点である。

「社会的身分」という言葉は，日常用語のレベルでは，広い内容を含みうるものである。もし「あなたの社会的なご身分は？」と尋ねられたら，「学生です」とか「会社員です」とかと答えるのではないだろうか。最高裁も「人が社会において占める継続的な地位」をいうとしたことがある（最大判昭和39・5・27民集18巻4号676頁。ただし，「高令であるということ」は社会的身分にあたらないと判断した）。ただ，この広い解釈は，最高裁が列挙事由は例示であるという立場をとった上で行ったものであり，定義に特別の意味をもたせた上で行った解釈ではないことに注意する必要がある。

列挙事由に特別な意味を認める立場に立った場合は，なぜ列挙事由が特別な意味をもつのかという観点から「社会的身分」の意義を検討する必要がある。有力な学説は，民主主義の理念に照らして特に不合理な差別であるから列挙されているという観点から，「社会的身分」を出生によって決定される社会的な地位または身分と解している。この解釈は，「社会的身分」と「門地」との関係について，両者は一致するが，ただニュアンスとして門地は特権的な身分を指す場合が多く，社会的身分は不利益に扱われている身分を含むと説明している。この定義に従えば，部落差別や，嫡出性に基づく差別，帰化した者あるいはその子孫であることを理由とする差別は，「社会的身分」に基づく差別に該当することになるだろう。

また，「社会的身分」の別の解釈として，「社会的身分」は「門地」とは独立した意味をもつはずだという観点から，「門地」とは，生まれによって決定される社会的地位であり，「社会的身分」とは，後天的ではあるが，本人の意思ではどうにもならないような固定的な社会的差別感を伴っているものをいうと解する説もある。

3 形式的平等と実質的平等

　14条の解釈においては，形式的平等と実質的平等という対比も重要である。この対比の意味内容は論者により異なるので注意が必要であるが，とりあえずは，形式的平等とは，法の文言上の区別を典型とするような，法的・制度的に為されている区別を問題とする場合，実質的平等とは，事実上存在している差異を問題とする場合と考えておこう。

　かつては，形式的平等と実質的平等という対比は，機会の平等と結果の平等という対比とあまり区別せずに用いられることが多かった。法的・制度的な区別がなければ，自由な競争が可能になり平等に機会が与えられているということができ，その結果として生じる差異は平等の問題ではないと考えるのが，形式的平等＝機会の平等という理解である。これに対して，競争の結果として個人の実質に貧富の差などが存在していればそれを不平等と捉えるのが，実質的平等＝結果の平等という考え方である。このような用法の下で，14条の解釈としては，形式的平等＝機会の平等の保障であると解するのが一般的であった。その理由は，14条を実質的平等＝結果の平等の保障と解釈すると，14条を根拠に現実の経済的不平等の是正を国に請求する権利が認められることになるが，それは適切ではないと考えられたからである。日本国憲法の下での実質的平等の保障は，社会権の保障にかかわる問題であると説かれた。

　これに対して，近時は，形式的平等と機会の平等を区別し，また，実質的平等と結果の平等とを同一視しないようになっている。すなわち，国家が個人を法的・制度的に区別しないだけでは，個人の境遇など競争以前の事実上の差異が影響するから，機会の平等は実現されない。競争以前の差異を解消するための国家による積極的施策が機会の平等のためにも必要なこともある。また，結果の平等が自由と緊張関係に立ちうることが強く意識されるようになっている。

　形式的平等と実質的平等という対比を，機会の平等と結果の平等という対比から区別する場合，14条の解釈としては形式的平等と実質的平等のいずれであると理解すべきであろうか。機会の平等を実現するための形式的不平等（例えば，歴史的に差別されてきた集団の子弟の大学進学率が低いという状況において，その集団に属する者のために大学入試に特別な入学枠を設定するという場合）について

も，14 条の観点から合理性が審査される必要があると考えるなら，14 条は形式的平等を保障していると解すべきであろう。他方で，14 条は形式的平等のみを保障していると解すべきであろうか。例えば，夫婦同氏制（民 750 条）のように，法・制度として性別に基づいて区別しているわけではないので形式的には平等であっても，実際は，婚姻時に氏を変更するのがほとんど女性であるというような場合は，14 条の問題として検討すべきではないだろうか。そのように考えるなら，14 条は，形式的平等とともに，一定程度の実質的平等も保障していると解釈すべき，ということになるだろう。

　この点，夫婦別氏事件（最大判平成 27・12・16 民集 69 巻 8 号 2586 頁 〈 **判例 3-4** 〉）は，民法 750 条が「その文言上性別に基づく法的な差別的取扱いを定めているわけではなく，本件規定の定める夫婦同氏制それ自体に男女間の形式的な不平等が存在するわけではない。我が国において，夫婦となろうとする者の間の個々の協議の結果として夫の氏を選択する夫婦が圧倒的多数を占めることが認められるとしても，それが，本件規定の在り方自体から生じた結果であるということはできない」ことを理由として，憲法 14 条 1 項に違反するものではないとした。憲法 14 条の保障を形式的平等に限定したようにも読めるが，「文言上」の差別的取扱いだけでなく「本件規定の在り方自体から生じた結果」については 14 条の問題に含める趣旨のようである。また，上記につづけて，「もっとも，氏の選択に関し，これまでは夫の氏を選択する夫婦が圧倒的多数を占めている状況にあることに鑑みると，この現状が，夫婦となろうとする者双方の真に自由な選択の結果によるものかについて留意が求められるところであり，仮に，社会に存する差別的な意識や慣習による影響があるのであれば，その影響を排除して夫婦間に実質的な平等が保たれるように図ることは，憲法 14 条 1 項の趣旨に沿うものであるといえる」と述べているので，実質的平等を 14 条とは全く無関係であると解しているのではないようである。そして，憲法 24 条 2 項に関しては，家族に関する事項についての「具体的な制度の構築を第一次的には国会の合理的な立法裁量に委ねる」ものであるとした上でではあるが，「単に，……両性の形式的な平等が保たれた内容の法律が制定されればそれで足りるというものではな」く，「両性の実質的な平等が保たれるように図ること」についても十分に配慮した法律の制定を求めるものであると解釈し

ている。

　なお，人種的マイノリティのような被差別者に対してその境遇を改善するために与えられる優遇措置をポジティブ・アクションという（アファーマティブ・アクション，積極的差別是正措置ともいう）。ポジティブ・アクションは，形式的平等と実質的平等とが衝突する例である。結果の平等を実現するための場合もあれば，機会の平等を実現するための場合もある。

第2節　性差別の禁止

　憲法は平等について丁寧に規定しているが，特に性的平等に関しては，「性別……により，政治的，経済的又は社会的関係において，差別されない」こと（14条1項後段），夫婦間の「同等の権利」（24条1項），家族に関する事項を定める法律が「両性の本質的平等」に立脚して制定されなければならないこと（24条2項），両議院の議員およびその選挙人の資格は「性別……によつて差別してはならない」こと（44条）と繰り返し規定しており，性差別の禁止をその大きな課題の1つとして位置づけていることが示されている。

　ただ，女性差別は，歴史的にも世界的にも根深いものであり，その克服は容易なことでない。そのために，国家はどのような役割を果たすべきであろうか，その中で憲法はどのような意味をもつと解釈すべきであろうか。

　まず，国家が法的・制度的に性別に基づいて区別することは，合理的な理由がない限り，憲法が禁止している。このような差別は，敗戦まではむしろ普通のことであった。女性は選挙権が認められていなかっただけでなく，政治活動・職業選択・教育など様々な面で制約が課されており，また，家庭生活においても夫や戸主の支配の下におかれていた。戦後，これらの形式的差別は，衆議院議員選挙法が新憲法に先立って改正される（1945〔昭和20〕年12月17日）など，そのほとんどが廃止された。現在でも残る形式上の区別については，憲法上許容されるか，合理的なものであるかが検討されなければならない（⇒p. 84の**1**）。

　次に，私人が性別に基づいて区別することについても，国家はその解消を進めてきたのであり，憲法はそのための1つの手掛かりを提供している。最高裁

が14条を参照しつつ私企業の女子若年定年制を無効としたり（日産自動車事件・最判昭和56・3・24民集35巻2号300頁），また，国会が「法の下の平等を保障する日本国憲法の理念にのつとり」（均等1条）男女雇用機会均等法を制定（1985〔昭和60〕年）したりしているのが，その例である（⇒p.90の**2**）。

さらに，国家や私人が性別に基づいて区別することが解消されつつあるとしても，それでも，現実は男女間の差異が残っている場面がある。このような事実上の差異に国家がどのように対処すべきか，憲法はどのような意味をもつべきかは，難問である（憲法が保障する平等が形式的平等か実質的平等かについて，p. 81の**3**）。

この点では，1999（平成11）年に制定された男女共同参画社会基本法が，「積極的改善措置」を「〔社会のあらゆる分野における活動に参画する〕機会に係る男女間の格差を改善するため必要な範囲内において，男女のいずれか一方に対し，当該機会を積極的に提供すること」（2条2号）と定義した上で，国に対して積極的改善措置を含む政策を総合的に策定しおよび実施する責務を課すなどしていることが注目される。

1 国家による性的区別

国家が性別に基づいて区別することは許されないのが原則である。女性のみに認められる産前産後休暇（労基65条）のように明らかに合理的なものもあるが，性別に基づく区別の合理性については厳しく検討されなければならない。なお，婚姻適齢（民731条）は，男18歳・女16歳と区別されていたが，2022（令和4）年4月から女子についても18歳に引き上げられ区別がなくなる。ここでは，裁判で争われたいくつかの例を取り上げる。

(1) 再婚禁止期間
民法733条1項（平成28年法律第71号による改正前のもの）は，女性についてだけ，前婚の解消または取消しの日から6か月間の再婚禁止期間を定めていた。6か月の再婚禁止期間は，1890（明治23）年民法（いわゆる旧民法）に遡る。それが1898（明治31）年制定の民法767条に引き継がれ，戦後の1947（昭和22）年家族法全面改正においても変更されなかったものである。

　最高裁は，最判平成 7・12・5 判時 1563 号 81 頁では，改正を行わないという立法不作為が憲法に反しているとして提起された国家賠償請求を退けていたが，最大判平成 27・12・16 民集 69 巻 8 号 2427 頁 〈 判例 3-1 〉 では，同様の国家賠償請求の事案において，民法 733 条 1 項のうち 100 日超過部分について，遅くとも当該事案の前婚が解消された日から 100 日を経過した時点までには，憲法 14 条 1 項・24 条 2 項に違反するに至っていたと判断した。

　最判平成 7・12・5 は，「民法 733 条の元来の立法趣旨が，父性の推定の重複を回避し，父子関係をめぐる紛争の発生を未然に防ぐことにあると解される」とした上で，国会が民法 733 条を改廃しないことが「立法の内容が憲法の一義的な文言に違反しているにもかかわらず国会があえて当該立法を行うというように，容易に想定し難いような例外的な場合」に該当しないことは明らかであるとして，国家賠償法 1 条適用上の違法性を否定し，請求を棄却していた。

　民法 733 条の立法趣旨が「父性の推定の重複を回避し，父子関係をめぐる紛争の発生を未然に防ぐことにある」というのは，民法 772 条が，1 項で「妻が婚姻中に懐胎した子」に夫の子という推定を与え，2 項で「婚姻の成立の日から 200 日を経過した後又は婚姻の解消若しくは取消しの日から 300 日以内に生まれた子」を婚姻中に懐胎したものと推定していることを指している。すなわち，婚姻解消または取消しの日から 100 日以内に女性の再婚を許すと，その再婚の日から 200 日を経過した後かつ前婚の解消または取消しの日から 300 日以内にその女性に子どもが生まれた場合には，前婚の夫の子という推定と後婚の夫の子という推定とが重複して及ぶことになり，父子関係をめぐる紛争が生じ子の福祉が害されるおそれがある。

　しかし，最判平成 7・12・5 には強い批判があった。

　まず，「父性の推定の重複を回避し，父子関係をめぐる紛争の発生を未然に防ぐこと」という立法趣旨理解を認めるとしても，推定の重複を回避するために再婚禁止期間を設けるのであれば，6 か月ではなくて 100 日で足りるはずである。また，たとえ推定が重複しても，後婚の推定を優先させるなど重複を調整する何らかの規定をおく方法もあるし（なお，2022〔令和 4〕年 2 月に法制審議会は，後婚優先を前提に民法 733 条削除を提案している），後婚時に妊娠していないことの証明を条件として課すという方法も考えられる。さらに，上記の立法趣

旨がそもそも合理的であるかという問題もある。前提である民法 772 条 2 項について、いわゆる離婚後 300 日問題が指摘され、その合理性を疑問視する意見も強い（実際、離婚後 300 日の嫡出推定を及ぼさない例外的取扱いも認められるようになっている）。そもそも民法 733 条の目的は「二夫に見えず」というような女性差別的道徳にあるのではないか、という疑問も提起されている。

　また、最判平成 7・12・5 が合憲性の審査範囲を「立法の内容が憲法の一義的な文言に違反しているにもかかわらず国会があえて当該立法を行うというように、容易に想定し難いような例外的な場合」にあたるかどうかに限定したのは、立法不作為の違憲性を争う国家賠償訴訟に関する先例（在宅投票制度廃止違憲訴訟〔最判昭和 60・11・21 民集 39 巻 7 号 1512 頁〕）に従ったからであったが、しかし、再婚禁止期間に関しては、6 か月が経過すれば結婚できるようになることから婚姻届不受理それ自体を争うことが訴えの利益の観点から難しく、国家賠償訴訟以外の訴訟形式が通常は成立しにくいという特別な事情がある。このような場合には、裁判所は、国家賠償訴訟の中であっても、より踏み込んだ合憲性審査をするべきではないかという指摘がなされていた。また、在宅投票制度廃止違憲訴訟の国家賠償法 1 条の解釈も、その後、在外日本国民選挙権訴訟（最大判平成 17・9・14 民集 59 巻 7 号 2087 頁 判例 11-1 、クエスト憲法 I 判例 8-3 ）によって実質的には変更されたと解されていた（クエスト憲法 I p. 335 の(d)(e)参照）。

　なお、最判平成 7・12・5 の後の 1996（平成 8）年に、政府の法制審議会総会が「民法の一部を改正する法律案要綱」を決定し、再婚禁止期間を 100 日に短縮する方向を示し注目された。ただ、この要綱は選択的夫婦別氏制や非嫡出子相続分平等化なども含んでいたが、法律案にして提出されるには至らなかった。

　このような状況において、最大判平成 27・12・16 判例 3-1 が、民法 733 条 1 項のうち 100 日超過部分については、遅くとも当該事案において前婚が解消された日から 100 日を経過した時点までには、婚姻および家族に関する事項について国会に認められる合理的な立法裁量の範囲を超えるものとして、その立法目的との関連において合理性を欠くものになっていたと判断した。

　この判決を受けて、2016（平成 28）年 6 月に、民法 733 条が改正され、再婚禁止期間が 100 日に短縮された。

⟨ **判例 3-1** ⟩ 最大判平成 27・12・16 民集 69 巻 8 号 2427 頁

〈再婚禁止期間事件〉

【事実】X は A と離婚したのち B と再婚したが，民法 733 条 1 項のために望んだ時期に婚姻することができなかった。そこで，X は，民法 733 条 1 項が憲法 14 条 1 項・24 条 2 項に違反しているにもかかわらず国会議員がその改正を怠ったために精神的苦痛を被ったとして，精神的損害等の賠償を求める訴えを国に対して提起した。

【判旨】「第 2　本件規定〔＝民法 733 条 1 項〕の憲法適合性について

……

2　本件規定の立法目的について

……立法の経緯及び嫡出親子関係等に関する民法の規定中における本件規定の位置付けからすると，本件規定の立法目的は，女性の再婚後に生まれた子につき父性の推定の重複を回避し，もって父子関係をめぐる紛争の発生を未然に防ぐことにあると解するのが相当であり（最高裁平成 4 年（オ）第 255 号同 7 年12 月 5 日第三小法廷判決・裁判集民事 177 号 243 頁……参照），父子関係が早期に明確となることの重要性に鑑みると，このような立法目的には合理性を認めることができる。……

3　そうすると，次に，女性についてのみ 6 箇月の再婚禁止期間を設けている本件規定が立法目的との関連において上記の趣旨にかなう合理性を有すると評価できるものであるか否かが問題となる。以下，この点につき検討する。

(1)　……〔民法 772 条 1 項・2 項からすると〕女性の再婚後に生まれる子については，計算上 100 日の再婚禁止期間を設けることによって，父性の推定の重複が回避されることになる。夫婦間の子が嫡出子となることは婚姻による重要な効果であるところ，嫡出子について出産の時期を起点とする明確で画一的な基準から父性を推定し，父子関係を早期に定めて子の身分関係の法的安定を図る仕組みが設けられた趣旨に鑑みれば，父性の推定の重複を避けるため上記の100 日について一律に女性の再婚を制約することは，婚姻及び家族に関する事項について国会に認められる合理的な立法裁量の範囲を超えるものではなく，上記立法目的との関連において合理性を有するものということができる。

　　よって，本件規定のうち 100 日の再婚禁止期間を設ける部分は，憲法 14 条1 項にも，憲法 24 条 2 項にも違反するものではない。

(2)　これに対し，本件規定のうち 100 日超過部分については，民法 772 条の定める父性の推定の重複を回避するために必要な期間ということはできない。

　　旧民法〔＝1898（明治 31）年制定のもの〕767 条 1 項において再婚禁止期間が6 箇月と定められたことの根拠について，旧民法起草時の立案担当者の説明等

からすると，その当時は，専門家でも懐胎後6箇月程度経たないと懐胎の有無を確定することが困難であり，父子関係を確定するための医療や科学技術も未発達であった状況の下において，再婚後に前夫の子が生まれる可能性をできるだけ少なくして家庭の不和を避けるという観点や，再婚後に生まれる子の父子関係が争われる事態を減らすことによって，父性の判定を誤り血統に混乱が生ずることを避けるという観点から，再婚禁止期間を厳密に父性の推定が重複することを回避するための期間に限定せず，一定の期間の幅を設けようとしたものであったことがうかがわれる。また，諸外国の法律において10箇月の再婚禁止期間を定める例がみられたという事情も影響している可能性がある。上記のような旧民法起草時における諸事情に鑑みると，再婚禁止期間を厳密に父性の推定が重複することを回避するための期間に限定せず，一定の期間の幅を設けることが父子関係をめぐる紛争を未然に防止することにつながるという考え方にも理解し得る面があり，このような考え方に基づき再婚禁止期間を6箇月と定めたことが不合理であったとはいい難い。このことは，再婚禁止期間の規定が旧民法から現行の民法に引き継がれた後においても同様であり，その当時においては，国会に認められる合理的な立法裁量の範囲を超えるものであったとまでいうことはできない。

　しかし，その後，医療や科学技術が発達した今日においては，上記のような各観点から，再婚禁止期間を厳密に父性の推定が重複することを回避するための期間に限定せず，一定の期間の幅を設けることを正当化することは困難になったといわざるを得ない。

　加えて，昭和22年民法改正以降，我が国においては，社会状況及び経済状況の変化に伴い婚姻及び家族の実態が変化し，特に平成期に入った後においては，晩婚化が進む一方で，離婚件数及び再婚件数が増加するなど，再婚をすることについての制約をできる限り少なくするという要請が高まっている事情も認めることができる。また，かつては再婚禁止期間を定めていた諸外国が徐々にこれを廃止する立法をする傾向にあり，ドイツにおいては1998年（平成10年）施行の『親子法改革法』により，フランスにおいては2005年（平成17年）施行の『離婚に関する2004年5月26日の法律』により，いずれも再婚禁止期間の制度を廃止するに至っており，世界的には再婚禁止期間を設けない国が多くなっていることも公知の事実である。それぞれの国において婚姻の解消や父子関係の確定等に係る制度が異なるものである以上，その一部である再婚禁止期間に係る諸外国の立法の動向は，我が国における再婚禁止期間の制度の評価に直ちに影響を及ぼすものとはいえないが，再婚をすることについての制約をできる限り少なくするという要請が高まっていることを示す事情の1つと

なり得るものである。

　そして，上記のとおり，婚姻をするについての自由が憲法 24 条 1 項の規定の趣旨に照らし十分尊重されるべきものであることや妻が婚姻前から懐胎していた子を産むことは再婚の場合に限られないことをも考慮すれば，再婚の場合に限って，前夫の子が生まれる可能性をできるだけ少なくして家庭の不和を避けるという観点や，婚姻後に生まれる子の父子関係が争われる事態を減らすことによって，父性の判定を誤り血統に混乱が生ずることを避けるという観点から，厳密に父性の推定が重複することを回避するための期間を超えて婚姻を禁止する期間を設けることを正当化することは困難である。他にこれを正当化し得る根拠を見いだすこともできないことからすれば，本件規定のうち 100 日超過部分は合理性を欠いた過剰な制約を課すものとなっているというべきである。

　以上を総合すると，本件規定のうち 100 日超過部分は，遅くとも上告人〔X〕が前婚を解消した日から 100 日を経過した時点までには，婚姻及び家族に関する事項について国会に認められる合理的な立法裁量の範囲を超えるものとして，その立法目的との関連において合理性を欠くものになっていたと解される。

(3)　以上の次第で，本件規定のうち 100 日超過部分が憲法 24 条 2 項にいう両性の本質的平等に立脚したものでなくなっていたことも明らかであり，上記当時において，同部分は，憲法 14 条 1 項に違反するとともに，憲法 24 条 2 項にも違反するに至っていたというべきである。」

(2)　外貌の醜状障害に対する労災保険給付

　労働者災害補償保険法施行規則は，労働者が業務上の負傷等をした場合の後遺障害について支給される保険給付の額を，障害の程度を定めた障害等級表（別表第 1）に基づいて算定するように定めているが，障害等級表は，外貌の醜状障害について，女性の場合を男性の場合よりも上の等級に位置づけていた。京都地判平成 22・5・27 判時 2093 号 72 頁は，当該事案で争われた「外ぼうに著しい醜状を残すもの」という障害について，男女間で 5 級の差があり，給付内容が女性が年金であるのに男性は一時金であるなど，差別的取扱いの程度が差別的取扱いの理由との関連で著しく不合理なものであるとして，憲法 14 条 1 項に違反すると判断した。この判決を受けて規則の改正が行われ，男性の醜状障害が女性と同じ等級に引き上げられた。

(3)　遺族補償年金

　地方公務員が公務上死亡した場合は，その遺族であって公務員の死亡の当時その収入によって生計を維持していた者に遺族補償年金が支給されることになっているが，遺族が妻以外である場合は一定の年齢要件または障害要件が課されている（地方公務員災害補償法 32 条）。地方公務員である妻を公務上の災害で亡くした夫が，年金の受給について夫に年齢要件を課すことは性別による差別的取扱いであり憲法 14 条 1 項に違反すると主張した事案において，最判平成 29・3・21 判時 2341 号 65 頁は，妻について一定の年齢に達していることを受給の要件としないことについて，「男女間における生産年齢人口に占める労働力人口の割合の違い，平均的な賃金額の格差及び一般的な雇用形態の違い等からうかがえる妻の置かれている社会的状況に鑑み」，合理的な理由を欠くものとはいえず，憲法 14 条 1 項に違反しないと判断した。

　なお，同様の規定が，労働者災害補償保険法 16 条の 2，国家公務員災害補償法 16 条にもある。

②　私人による性的区別

　私人による性差別をなくすための国家による取組も，徐々にではあるがなされてきた。その嚆矢は，女性労働者に対する使用者による差別の問題である。1947（昭和 22）年に制定された労働基準法は，4 条で男女同一賃金の原則を定めた。労働基準法 3 条（労働条件についての差別的取扱い禁止の一般原則）は，「性別」を差別事由として掲げなかったが，これは労働基準法が時間外労働等の制限・禁止など女性を特に保護する規定を設けていたからである。

　賃金以外の雇用における性差別については，裁判所がその解消の役割を果たしていく。裁判所は，住友セメント事件（東京地判昭和 41・12・20 労民 17 巻 6 号 1407 頁）を出発点として，結婚・出産退職制や女子若年定年制について，民法 90 条に違反し無効であるという判断を行うようになった。最高裁も，女子若年定年制について，憲法 14 条 1 項，民法 1 条ノ 2（平成 16 年法律第 147 号による改正前のもの。現 2 条）を参照しつつ，民法 90 条により無効であると判断している（日産自動車事件・最判昭和 56・3・24 民集 35 巻 2 号 300 頁）。

　1985（昭和 60）年には「男女雇用機会均等法」が制定された。当初は使用者

の努力義務として定められていたが，1997（平成 9）年に，労働基準法が女性保護規定を原則的に撤廃したことを受けて，強行規定化され，また，差別的取扱いが禁止される範囲が拡充された。2006（平成 18）年には，労働分野の差別禁止法としてさらなる一般法化が図られている。これまでは女性差別禁止という片面的規制であった点も性差別禁止という両面的規制へと改められている。

　労働分野を超えた，性別による差別的取扱いの解消に向けた一般法としては，1999（平成 11）年に「男女共同参画社会基本法」が制定された。同法が推進しようとする男女共同参画社会とは，「男女が，社会の対等な構成員として，自らの意思によって社会のあらゆる分野における活動に参画する機会が確保され」（男女参画基 2 条 1 号）る社会であり，特にその実現のために，国に，「性別による差別的取扱いその他の男女共同参画社会の形成を阻害する要因によって人権が侵害された場合における被害者の救済を図るために必要な措置」（男女参画基 17 条）をとることを義務づけている。

　最高裁判例においても，入会権者の資格に関する，入会権者資格差別事件（最判平成 18・3・17 民集 60 巻 3 号 773 頁）が注目される（⇒ p. 44 の⑵）。

　なお，以上のような取組には，女性差別解消のための国際的な運動がその後押しをしてきた。1985 年の男女雇用機会均等法制定も，同年の「女子に対するあらゆる形態の差別の撤廃に関する条約」（女子差別撤廃条約。1979〔昭和 54〕年採択）の批准に拠るところが大きい。なお，1984（昭和 59）年の国籍法の男系血統主義から男女両系血統主義への改正も，同条約批准がもたらした成果の 1 つである。

> ### Column 3-1　ジェンダー
>
> 　ジェンダー（gender）という言葉はもともとは文法用語で，例えばフランス語で名詞がその言葉の意味とは関係なく男性・女性に分けられている場合のような「性」を意味していた。そのような言葉が，生物学的な性差であるセックスと区別して，社会的・文化的な性差を表す言葉として転用されるようになる。
>
> 　ジェンダーという言葉を用いる意味は，男女の違いと一括りにされるものの中に，生物学的な性差とは区別される，人為的・文化的なものがあることを明らかにしようとするところにあった。人間によってつくりだされたものは，人間によって解消することもできるはずである。ジェンダー論は，性別に基づく区別を男女のセックスによって簡単に合理化する議論を反駁し，男女間の平等

を実現する上で，大きな役割を果たしてきた。

　しかし，セックスとジェンダーを区別することに対しては，その後，強い批判を受けることになる。性差の解消といっても単に女性を男性化するだけで，本当に女性の解放につながるのか。また，セックスを生来的・自然的なものと想定することは，同性愛者などの性的少数者にとってはその「異常」性を基礎づける根拠となりうるのではないか。

　なお，現在は，ジェンダーという言葉を用いる場合には常にセックスとジェンダーの二分論を前提としているというわけではなく，研究視角というより研究対象を示す概念として，ジェンダーを「性差についての観念」とより中立的に用いることもある（辻村みよ子『概説ジェンダーと法〔第 2 版〕』〔信山社，2016 年〕）。

第 3 節　家族と平等

　憲法は，家族のあり方について大きな影響を与えてきた。そして，今なお与えつづけている。ここでは，その影響を 2 つに分けて，検討しておきたい。

　第 1 は，「家」の制度の廃止である。憲法 24 条を受けて，明治民法の家族法は 1947（昭和 22）年に全面的に改正された。明治民法が定めていた「家」制度からの解放を憲法は導き正当化する役割を果たした。

　第 2 は，戦後の家族制度をも批判的に問うことである。戦後の民法は，「家」制度に代えて，家族に関して新しい規律を与えている。その規律は，核家族（夫婦とその間の未成熟の子という家族）を前提としたものと解される。このような家族制度に対しても，憲法はそこからの解放という契機を含んでいる。

　最高裁は，最大決平成 7・7・5 民集 49 巻 7 号 1789 頁において，「法律婚主義」を採用していることと民法 900 条 4 号ただし書（平成 25 年法律第 94 号による改正前のもの）が法定相続分を「婚姻関係にある配偶者とその子を優遇して」定めることとの関連性を認めていた。このことを逆から言い換えれば，相続分差別を解消することが法律婚主義の見直しに関わるという理解を最高裁は示していたといえるだろう。その後，最高裁は，最大決平成 25・9・4 民集 67 巻 6 号 1320 頁で，民法 900 条 4 号ただし書が憲法 14 条 1 項に違反すると判断した。違憲判断の根拠として，現在では「家族という共同体の中における個人の尊重

がより明確に認識されてきた」ことが挙げられている。このような意味において，憲法は，現在の家族制度についても見直しを求める役割を果たしつつある。

◼ 1 「家」の制度の廃止

憲法が家族制度に与えた影響の第1は，「家」の制度の廃止である。では，「家」の制度とはどのようなものであったのだろうか。ここでは，1947（昭和22）年の民法家族法の全面改正が明治民法のどこを改めたのかを，以下の3点にまとめておこう。

第1は，夫婦間における夫の支配である。妻の行為能力は制限され，妻が一定の行為を行うためには夫の許可が必要であった（旧民14条）。夫は，妻の財産を管理することを認められ（旧民801条），婚姻費用の一切を負担する一方で（旧民798条），妻の財産を使用・収益することができた（旧民799条）。また，妻の姦通は夫から離婚の訴えを起こしうる原因とされていたが，夫の姦通だけでは妻からの離婚原因とは認められていなかった（旧民813条。刑法では，妻の姦通のみが犯罪とされた〔旧刑183条〕）。親権は，原則として，父が単独で有していた（旧民877条）。つまり，婚姻とは，夫が支配・庇護し，妻がそれに服従する関係であったといえるだろう。

第2に，親子間における親の支配である。子は，成年者であっても，独立の生計を立てるまで父の親権に服した。また，子が結婚するには，男は30歳に達するまで，女は25歳に達するまで，父母の同意を必要とした（旧民772条・773条）。男女問わず25歳未満の者が離婚しようとする場合なども，同様であった（旧民809条）。

第3に，最も重要なものとして，「戸主」による「家族」の支配がある。旧民法において，家族とは核家族を複数包摂しうる親族集団を指し，戸主はその長として家族の婚姻等の身分上の行為や家族の居所等などについて同意権を有していた（旧民749条・750条など）。家督相続（戸主の地位の相続）の順位は，被相続人に親等が最も近い者の中から，男子，嫡出子，年長者の順となっていた（旧民970条）。

憲法24条を受けて，1947年の民法改正は，以上の3点をすべて改めた。夫婦間では，「夫婦は……互いに協力し扶助しなければならない」（民752条）と

されるなど，夫婦間の平等が実現された。「配偶者に不貞な行為があったとき」が離婚原因になった（民770条1項1号。なお，刑法上の姦通罪は廃止された）。親権は父母が共同して行使することとなった（民818条）。また，親子間では，親権は「成年に達しない子」（民818条）に対するものとされ，親権は未成年者の利益のためのものであることとされた（この点は，2011〔平成23〕年改正で明文化されている〔民820条〕）。「戸主」・「家族」の制度はそっくり取り除かれている。

　なお，尊属殺人事件（最大判昭和48・4・4刑集27巻3号265頁〈 判例 3-2 〉）は，このような「家」制度の廃止に関わる事件として理解すべき事案である。そこで争われていたのは，尊属殺重罰規定が，親による子の支配という意味での「家」制度に含まれると考えるべきかであった。この点，多数意見は，「尊属の殺害は通常の殺人に比して一般に高度の社会的道義的非難を受けて然るべきであるとして，このことをその処罰に反映させても，あながち不合理であるとはいえない」としつつ，尊属殺人（刑200条〔平成7年法律第91号による改正前のもの〕）の法定刑が死刑または無期懲役に限られている点が「あまりにも厳しい」という理由で刑法200条を憲法違反であると判断しており，違憲判断の理由と「家」制度とを関連づけていないように見えるかもしれない。実際，多数意見に対しては，田中二郎裁判官の意見（他に2裁判官が同調）が，尊属殺害が一般に高度の社会的道義的非難を受けてしかるべきであると考えるなら処断刑を3年半にまで減刑できる法定刑を厳しすぎるというのは論理の一貫性を欠いているし，法定刑の均衡という問題であれば憲法14条ではなくて憲法36条の観点から憲法適合性が論じられるべきある，と批判している。ただ，多数意見については，岡原昌男裁判官の補足意見が，刑法200条は「往時の『家』の制度におけるがごとき尊属卑属間の権威服従関係を極めて重視する思想を背景とし，これに基づく家族間の倫理および社会的秩序の維持存続をはかるものたる性格」を有していると認められるが，多数意見の趣旨は，かかる性格が「尊属殺なる罪を設け，その刑を加重するところに示されているのではなく，その法定刑が極端に重い刑のみに限られている点に露呈されている」ということだと説明している。実際のところ，多数意見は，かつての合憲判断（最大判昭和25・10・25刑集4巻10号2126頁）を見直した理由の1つとしてであるが，「特に同条が配偶者の尊属に対する罪をも包含している点は，日本国憲法により廃止さ

れた『家』の制度と深い関連を有していたものと認められる」ことを挙げている。岡原補足意見のような多数意見理解に対して，田中意見は，普通殺人と区別して尊属殺人という規定を設けること自体が「家」制度に関わると捉えている。すなわち，田中意見の違憲判断の理由の一部は，「尊属がただ尊属なるがゆえに特別の保護を受けるべきであるとか，本人のほか配偶者を含めて卑属の尊属殺人はその背徳性が著しく，特に強い道義的非難に値いするとかの理由によって，尊属殺人に関する特別の規定を設けることは，……旧家族制度的倫理観に立脚するもの」であるという評価に求められている。

> **判例 3-2** 最大判昭和 48・4・4 刑集 27 巻 3 号 265 頁　　〈尊属殺人事件〉
>
> **【事実】** X は 14 歳の時に実父に強姦され，その後も夫婦同然の生活を強制され，数人の子どもまで産むこととなった。25 歳から印刷所で働くようになってようやく社会的に自覚するようになり，29 歳の時に職場の男性と恋愛関係になり結婚を考えるようになったが，実父によって阻止され，自宅に閉じ込められて，繰り返し脅迫・虐待を受けた。そのような状況が 10 日ほど続いた昭和 43 年 10 月 5 日，X は実父を絞殺した。
>
> 　当時の刑法は，通常の殺人罪（199 条。法定刑は「死刑又ハ無期若クハ三年以上ノ懲役」であった）とは別に，200 条で，「自己又ハ配偶者ノ直系尊属ヲ殺シタル者ハ死刑又ハ無期懲役ニ処ス」という尊属殺人罪を規定していた。
>
> **【判旨】** 刑法 200 条が憲法 14 条 1 項に違反するかどうかは，その差別的取扱いが合理的根拠に基づくものであるかどうかによって決せられる。
>
> 　立法目的が憲法 14 条 1 項の許容する合理性を有するか否か。「刑法 200 条の立法目的は，尊属を卑属またはその配偶者が殺害することをもって一般に高度の社会的道義的非難に値するものとし，かかる所為を通常の殺人の場合より厳重に処罰し，もって特に強くこれを禁圧しようとするにあるものと解される。ところで，およそ，親族は，婚姻と血縁とを主たる基盤とし，互いに自然的な敬愛と親密の情によって結ばれていると同時に，その間おのずから長幼の別や責任の分担に伴う一定の秩序が存し，通常，卑属は父母，祖父母等の直系尊属により養育されて成人するのみならず，尊属は，社会的にも卑属の所為につき法律上，道義上の責任を負うのであって，尊属に対する尊重報恩は，社会生活上の基本的道義というべく，このような自然的情愛ないし普遍的倫理の維持は，刑法上の保護に値するものといわなければならない。しかるに，自己または配偶者の直系尊属を殺害するがごとき行為はかかる結合の破壊であって，それ自体人倫の大本に反し，かかる行為をあえてした者の背倫理性は特に重い非難に

値するということができる。

　このような点を考えれば，尊属の殺害は通常の殺人に比して一般に高度の社会的道義的非難を受けて然るべきであるとして，このことをその処罰に反映させても，あながち不合理であるとはいえない。」

　「しかしながら，刑罰加重の程度いかんによっては，かかる差別の合理性を否定すべき場合がないとはいえない。すなわち，加重の程度が極端であって，前示のごとき立法目的達成の手段として甚だしく均衡を失し，これを正当化しうべき根拠を見出しえないときは，その差別は著しく不合理なものといわなければならず，かかる規定は憲法14条1項に違反して無効であるとしなければならない。

　この観点から刑法200条をみるに，同条の法定刑は死刑および無期懲役刑のみであり，普通殺人罪に関する同法199条の法定刑が，死刑，無期懲役刑のほか3年以上の有期懲役刑となっているのと比較して，刑種選択の範囲が極めて重い刑に限られていることは明らかである。もっとも，現行刑法にはいくつかの減軽規定が存し，これによって法定刑を修正しうるのであるが，現行法上許される2回の減軽を加えても，尊属殺につき有罪とされた卑属に対して刑を言い渡すべきときには，処断刑の下限は懲役3年6月を下ることがなく，その結果として，いかに酌量すべき情状があろうとも法律上刑の執行を猶予することはできないのであり，普通殺の場合とは著しい対照をなすものといわなければならない。」

　「尊属でありながら卑属に対して非道の行為に出で，ついには卑属をして尊属を殺害する事態に立ち至らしめる事例も見られ，かかる場合，卑属の行為は必ずしも現行法の定める尊属殺の重刑をもって臨むほどの峻厳な非難には値しないものということができる。

　量刑の実状をみても，尊属殺の罪のみにより法定刑を科せられる事例はほとんどなく，その大部分が減軽を加えられており，なかでも現行法上許される2回の減軽を加えられる例が少なくないのみか，その処断刑の下限である懲役3年6月の刑の宣告される場合も決して稀ではない。このことは，卑属の背倫理性が必ずしも常に大であるとはいえないことを示すとともに，尊属殺の法定刑が極端に重きに失していることをも窺わせるものである。

　このようにみてくると，尊属殺の法定刑は，それが死刑または無期懲役刑に限られている点（現行刑法上，これは外患誘致罪を除いて最も重いものである。）においてあまりにも厳しいものというべく，上記のごとき立法目的，すなわち，尊属に対する敬愛や報恩という自然的情愛ないし普遍的倫理の維持尊重の観点のみをもってしては，これにつき十分納得すべき説明がつきかねると

ころであり，合理的根拠に基づく差別的取扱いとして正当化することはとうて
いできない。」

　刑法 200 条は，「尊属殺の法定刑を死刑または無期懲役刑のみに限っている
点において」，憲法 14 条 1 項に違反して無効と判断された。最高裁は，X に
刑法 199 条を適用し，心神耗弱による減軽を認めた上で情状を考慮して，懲役
2 年 6 月・執行猶予 3 年の判決を自判した。

2 戦後家族制度と憲法

　憲法が家族のあり方に及ぼした影響は，「家」制度の廃止で終わりではない。
新憲法を受けた民法改正は「家」制度を廃止したが，同時に，新たな家族関係
の規律を定めた。憲法 14 条，そして，24 条は，そのような新しい家族制度を
も俎上に載せることができるものである。

(1) 非嫡出子差別

　嫡出子と非嫡出子という区別は，法律上の婚姻関係にある男女を父母として
生まれたかどうかによる区別である。非嫡出子に対しては，婚姻という公認さ
れた性的関係の外側で生まれた子であるとして，様々な差別がなされてきた。
そもそも「嫡出」という言葉には「正統である」という意味が含まれているか
ら，「非嫡出子」ではなく「婚外子」という言葉を用いるべきだという主張も
なされている。

　嫡出／非嫡出を区別することは，戦後の民法改正によっては廃止されなかっ
た。「家」制度の解体とは別の事柄であると理解されたからであろう。戦後の
民法改正が除去しようとした要素として，夫の支配，親の支配，戸主の支配を
先に挙げたが（⇒p. 93 の**1**），非嫡出子に対する差別はそれらとは異なる。嫡
出／非嫡出の区別が関わるのは法律婚制度それ自体であり，民法が一定の家族
を法定するということである。

　しかし，子どもにとっては，嫡出／非嫡出という区別は，自らの意思によっ
て選んだことではなく，自ら変えることもできないことであるのだから，民主
主義や個人主義に反するものであり許されないと考えられるだろう。また，親
にとっても，どのような家族関係を形成するかに関する個人の自由も尊重され

るべきではないだろうか。国家が定めた家族モデルだけが唯一尊重に値するとは考えられず，法律婚を選ばなかった者が，それだけを理由に不利益に扱われて良いのだろうか。このように考えると，非嫡出子差別は，たとえ「家」制度とは区別できるとしても，憲法に違反すると考えるべきではないだろうか。

　他方，民法は，私的自治を原則としている財産関係とは異なり，家族関係については様々な公的規律を課しているが，それらを正当化できるとすれば，それは家族関係における弱者（子ども，女性）の保護という観点からであるだろう。法律婚制度もそのような観点から理解すべきである（例えば，非嫡出子相続分については寡婦の居宅への配慮が指摘されたりする）。個々の制度が実際にどの程度その目的を達成してきたかは別途検討する必要があるが，それを解体しようとする場合は，ではどのようにして家族内の弱者を保護するかという問題が残る。

　また，憲法論としても，法律婚家族を憲法上の制度とする解釈も不可能ではない。憲法は，24条2項で，家族に関する法制度は「個人の尊厳と両性の本質的平等」に立脚しなければならないことを定めているが，24条1項では，「婚姻」について，夫婦の同等の権利等を条件としつつ，「維持されなければならない」と定めている。24条1項からは，憲法は，「家」の制度を廃した上で，新たな家族制度として「婚姻」を基本要素とする家族が構築されることを想定していると読み取ることもできる。このように読むと，婚姻制度の帰結として生じる嫡出子／非嫡出子の区別については憲法の前提するところであるという解釈も成り立たないわけではない。もちろん，このような解釈に対しては，憲法は，「個人の尊厳と両性の本質的平等」に反しない限りで，多様な家族に開かれているという，別の解釈もありうる（憲法と家族につき，大村敦志『家族法〔第3版〕』〔有斐閣，2010年〕365頁参照）。

　いずれにせよ，非嫡出子差別の解消は，一方で，旧家族制度の解体を超えて平等をさらに一歩進め，また，家族に関するライフ・スタイルの自由の尊重ともかかわるものであるが，他方で，婚姻を基本要素とする現行民法の家族制度と緊張関係に立ちうるものであり，したがって，新たに婚姻関係・親子関係をどのように規律するかという問題も視野に入れておかなければならないということにも注意しておく必要がある。

　非嫡出子に対する差別は，全世界的に存在してきたが，近年になって急速に
その解消が進んでいるところでもある。日本でも同様であり，以下では，特に
裁判上争われてきた点を確認しておこう。

　(a)　**戸籍，住民票の記載方法**　　戸籍，住民票には，それぞれ筆頭者，世帯
主との続柄が記載されているが，かつては，続柄の記載方法が嫡出子と非嫡出
子とで異なっていた（嫡出子の場合は「長男」「長女」「次男」「次女」……と記載
され，非嫡出子の場合は，戸籍は「男」「女」，住民票は「子」と記載された）。その
結果，続柄記載だけで嫡出子か非嫡出子かが分かるようになっており，プライ
バシーを侵害し，社会的な差別を助長していると批判されていた。

　裁判などでも争われた結果（東京高判平成 7・3・22 判時 1529 号 29 頁が，住民票
の記載方法について，プライバシー侵害であり違法であることを認めて注目された〔た
だし，過失を認めず，結論としては損害賠償責任を否定〕。上告審〔最判平成 11・1・21
判時 1675 号 48 頁〕は，いわゆる職務行為基準説に立って，注意義務違反が認められ
ないとして違法性を否定した），戸籍が 2004（平成 16）年に，住民票が 1995（平成
7）年に，嫡出性を区別しない記載方法に改められている。

　(b)　**国籍取得**　　国籍法 2 条は，出生による国籍の取得に関する規定であり，
「出生の時に父又は母が日本国民であるとき」と定めて，父母両系血統主義を
採用している。ただ，出生時に必要な親子関係は血統上のものでは足りず法律
上のものでなければならないと解されたため，国籍法 2 条により国籍を取得で
きるのは，①母が日本国民である場合（法律上の母子関係は分娩によって成立する
と解されている），②父だけが日本国民であるが嫡出子である場合（婚姻中に懐胎
した子は夫の子と推定される〔民 772 条〕），③父だけが日本国民であり非嫡出子で
あるが胎児認知されていた場合（非嫡出子の父子関係は認知により成立する〔民
779 条〕，胎内に在る子も認知することができる〔民 783 条〕），ということとなった。
逆に，父のみが日本国民で，かつ，父と母とが法的な婚姻関係になく，かつ，
生後に認知された場合は，日本国民の法律上の子どもであっても出生による国
籍取得は認められなかった。認知には遡及効があるが（民 784 条），遡及効は国
籍取得には及ばないと解された（最判平成 9・10・17 民集 51 巻 9 号 3925 頁）から
である。

　国籍法 3 条（平成 20 年法律第 88 号による改正前のもの）は，届出による国籍取

得を定めていたが，「父母の婚姻及びその認知により嫡出子たる身分を取得した子」すなわち準正嫡出子（民789条）に限定していた。

　結局，父だけが日本国民で胎児認知を受けていない非嫡出子が日本国籍を取得するためには，帰化が必要であった。これについては，国籍法8条が，「日本国民の子（養子を除く。）で日本に住所を有するもの」について帰化要件の一部を不要としていた。

　このことが憲法14条に違反するとして争われた。最高裁は，国籍法3条が父だけが日本国民である非嫡出子のうち準正子にのみ届出による国籍取得を認めたのは，「〔国籍法の〕基本的な原則である血統主義を基調としつつ，日本国民との法律上の親子関係の存在に加え我が国との密接な結び付きの指標となる一定の要件を設けて，これらを満たす場合に限り出生後における日本国籍の取得を認めることとしたもの」であり，1984（昭和59）年に3条が新設された当時は，このような立法目的と準正要件との間には「一定の合理的関連性があった」とした。しかし，最高裁は，法制定後の家族生活や親子関係の実態の変化・多様化等により，すでに「立法目的との間に合理的関連性を見いだすことがもはや難しくなっている」ことを認めた。そして，国籍法3条1項所定の要件のうち，「過剰な要件」である「父母の婚姻により嫡出子たる身分を取得したこと」を除いた要件が満たされるときは，届出によって国籍を取得できるとした（国籍法違憲判決 ◀ 判例 3-3 ▶）。

　違憲判決を受けて，国会は，同年中に国籍法を改正し，最高裁が判断したとおりに，3条1項の要件のうち「父母の婚姻及びその認知により嫡出子たる身分を取得した子」を「父又は母が認知した子」と改めるとともに，20条で虚偽届出について刑事罰を新設した。

◀ 判例 3-3 ▶ **最大判平成20・6・4民集62巻6号1367頁　〈国籍法違憲判決〉**
【事実】Xは，父が日本国籍，母がフィリピン国籍であり，父から生後認知を受けたが，父母の間に婚姻関係はない。Xは，法務大臣宛に国籍取得届を提出したが，国籍取得の条件を備えているとは認められないという通知を受けたので，国に対して，日本国籍を有することの確認を求めて提訴した。
【判旨】「憲法10条の規定は，国籍は国家の構成員としての資格であり，国籍の得喪に関する要件を定めるに当たってはそれぞれの国の歴史的事情，伝統，

政治的，社会的及び経済的環境等，種々の要因を考慮する必要があることから，これをどのように定めるかについて，立法府の裁量判断にゆだねる趣旨のものであると解される。しかしながら，このようにして定められた日本国籍の取得に関する法律の要件によって生じた区別が，合理的理由のない差別的取扱いとなるときは，憲法14条1項違反の問題を生ずることはいうまでもない。すなわち，立法府に与えられた上記のような裁量権を考慮しても，なおそのような区別をすることの立法目的に合理的な根拠が認められない場合，又はその具体的な区別と上記の立法目的との間に合理的関連性が認められない場合には，当該区別は，合理的な理由のない差別として，同項に違反するものと解されることになる。

　日本国籍は，我が国の構成員としての資格であるとともに，我が国において基本的人権の保障，公的資格の付与，公的給付等を受ける上で意味を持つ重要な法的地位でもある。一方，父母の婚姻により嫡出子たる身分を取得するか否かということは，子にとっては自らの意思や努力によっては変えることのできない父母の身分行為に係る事柄である。したがって，このような事柄をもって日本国籍取得の要件に関して区別を生じさせることに合理的な理由があるか否かについては，慎重に検討することが必要である。」

　「日本国民を血統上の親として出生した子であっても，日本国籍を生来的に取得しなかった場合には，その後の生活を通じて国籍国である外国との密接な結び付きを生じさせている可能性があるから，国籍法3条1項は，同法の基本的な原則である血統主義を基調としつつ，日本国民との法律上の親子関係の存在に加え我が国との密接な結び付きの指標となる一定の要件を設けて，これらを満たす場合に限り出生後における日本国籍の取得を認めることとしたものと解される。このような目的を達成するため準正その他の要件が設けられ，これにより本件区別〔＝国籍法3条が，日本国民である父の非嫡出子のうち，父母の婚姻により嫡出子たる身分を取得した子には，届出による国籍取得を認め，父母が法律上の婚姻をしていない子には，認めないという区別〕が生じたのであるが，本件区別を生じさせた上記の立法目的自体には，合理的な根拠があるというべきである。

　また，国籍法3条1項の規定が設けられた当時の社会通念や社会的状況の下においては，日本国民である父と日本国民でない母との間の子について，父母が法律上の婚姻をしたことをもって日本国民である父との家族生活を通じた我が国との密接な結び付きの存在を示すものとみることには相応の理由があったものとみられ，当時の諸外国における前記のような国籍法制の傾向にかんがみても，同項の規定が認知に加えて準正を日本国籍取得の要件としたことには，

上記の立法目的との間に一定の合理的関連性があったものということができる。」

しかしながら、「我が国を取り巻く国内的，国際的な社会的環境等の変化に照らしてみると，準正を出生後における届出による日本国籍取得の要件としておくことについて，前記の立法目的との間に合理的関連性を見いだすことがもはや難しくなっているというべきである」。

遅くとも X が法務大臣宛に国籍取得届を提出した当時には，本件区別は合理的な理由のない差別となっていたといわざるをえず，国籍法 3 条 1 項の規定が本件区別を生じさせていることは，憲法 14 条 1 項に違反するものであったというべきである。

「以上のとおり，国籍法 3 条 1 項の規定が本件区別を生じさせていることは，遅くとも上記時点以降において憲法 14 条 1 項に違反するといわざるを得ないが，国籍法 3 条 1 項が日本国籍の取得について過剰な要件を課したことにより本件区別が生じたからといって，本件区別による違憲の状態を解消するために同項の規定自体を全部無効として，準正のあった子（以下「準正子」という。）の届出による日本国籍の取得をもすべて否定することは，血統主義を補完するために出生後の国籍取得の制度を設けた同法の趣旨を没却するものであり，立法者の合理的意思として想定し難いものであって，採り得ない解釈であるといわざるを得ない。そうすると，準正子について届出による日本国籍の取得を認める同項の存在を前提として，本件区別により不合理な差別的取扱いを受けている者の救済を図り，本件区別による違憲の状態を是正する必要があることになる。」

「このような見地に立って是正の方法を検討すると，憲法 14 条 1 項に基づく平等取扱いの要請と国籍法の採用した基本的な原則である父母両系血統主義とを踏まえれば，日本国民である父と日本国民でない母との間に出生し，父から出生後に認知されたにとどまる子についても，血統主義を基調として出生後における日本国籍の取得を認めた同法 3 条 1 項の規定の趣旨・内容を等しく及ぼすほかはない。すなわち，このような子についても，父母の婚姻により嫡出子たる身分を取得したことという部分を除いた同項所定の要件が満たされる場合に，届出により日本国籍を取得することが認められるものとすることによって，同項及び同法の合憲的で合理的な解釈が可能となるものということができ，この解釈は，本件区別による不合理な差別的取扱いを受けている者に対して直接的な救済のみちを開くという観点からも，相当性を有するものというべきである。」

(c)　**法定相続分**　　法定相続分について規定する民法 900 条は，かつて，4 号で被相続人に子が数人あるときは各自の相続分を相等しいものとした上で，ただし書で非嫡出子の相続分を嫡出子の相続分の 2 分の 1 と定めていた（平成 25 年法律第 94 号による改正前のもの）。これが憲法 14 条に反するのではないかが争われた。

最大決平成 7・7・5 民集 49 巻 7 号 1789 頁の多数意見は，相続制度をどのように定めるかは立法府の合理的な裁量判断に委ねられているというほかないとし，相続分の定めが補充的に機能する規定であることをも考慮すると，「立法理由に合理的な根拠があり，かつ，その区別が右立法理由との関連で著しく不合理なものでなく，いまだ立法府に与えられた合理的な裁量判断の限界を超えていない」と認められる限り合理的理由のない差別とはいえず憲法 14 条 1 項違反ということはできないとした。そして，民法 900 条 4 号ただし書前段の立法理由は「法律婚の尊重と非嫡出子の保護の調整を図ったもの」であるとし，民法は法律婚主義を採用しているのであるからこのような立法理由にも合理的な根拠があり，また，非嫡出子の法定相続分を嫡出子の 2 分の 1 としたことが，立法理由との関連において著しく不合理であり立法府に与えられた合理的な裁量判断の限界を超えたものということはできないとして，合憲判断を下していた。

同決定の可部恒雄裁判官の補足意見は，「嫡出子と非嫡出子との相続分に差等を設けても婚外子（非嫡出子）の出生を妨げることはできないとする議論がある。しかし，今ここで論ぜられているのは，この両者の扱いを必ずしも同等にしない（相続分に差等を設ける）ことが，はたして法律婚を促進することになるかという，いうなれば安易な目的・効果論の検証ではなく，およそ法律婚主義を採る以上，婚内子と婚外子との間に少なくとも相続分について差等を生ずることがあるのは，いわば法律婚主義の論理的帰結ともいうべき側面をもつということなのである」と述べていた。

このように平成 7 年決定は民法 900 条 4 号ただし書を合憲であると判断したが，しかし，その基礎は決して盤石なものではなかった。中島敏次郎ら 5 裁判官の反対意見が付されていたほか，多数意見を構成した 10 裁判官のうち 4 裁判官が，現時点での合理性につき疑問があることを否定せず，立法による改正に言及する補足意見を書いていた。さらに，平成 7 年決定以降に非嫡出子相続

分の合憲性が争われた事案においても，最高裁は事件を小法廷で審理し平成 7 年決定を引用して合憲判断を維持していたものの，常に補足意見・反対意見が付されていて不安定な状況が続いていた。また，最高裁は，平成 20（2008）年の国籍法違憲判決 ◆ 判例 3-3 ▶ で，非嫡出子に関する「国内的，国際的な社会的環境等の変化」を認めていた。

　そして，ついに，最大決平成 25・9・4 民集 67 巻 6 号 1320 頁が，民法 900 条 4 号ただし書が憲法 14 条に違反すると判断した。すなわち，「昭和 22 年民法改正時から現在に至るまでの間の社会の動向，我が国における家族形態の多様化やこれに伴う国民の意識の変化，諸外国の立法のすう勢及び我が国が批准した条約の内容とこれに基づき設置された委員会からの指摘，嫡出子と嫡出でない子の区別に関わる法制等の変化，更にはこれまでの当審判例における度重なる問題の指摘等を総合的に考察すれば，家族という共同体の中における個人の尊重がより明確に認識されてきたことは明らかであるといえる。そして，法律婚という制度自体は我が国に定着しているとしても，上記のような認識の変化に伴い，上記制度の下で父母が婚姻関係になかったという，子にとっては自ら選択ないし修正する余地のない事柄を理由としてその子に不利益を及ぼすことは許されず，子を個人として尊重し，その権利を保障すべきであるという考えが確立されてきているものということができる」と述べて，遅くとも当該事案における相続開始時点である 2001（平成 13）年 7 月当時においては，憲法 14 条 1 項に違反していたものというべきであるとした。なお，最高裁は，この決定の先例としての事実上の拘束性について，法的安定性の観点から，違憲判断は，本件の被相続人の「相続の開始時から本決定までの間に開始された他の相続につき，本件規定を前提としてされた遺産の分割の審判その他の裁判，遺産の分割の協議その他の合意等により確定的なものとなった法律関係に影響を及ぼすものではない」という判断を示している。

(2)　夫婦同氏制度

　民法 750 条は，「夫婦は，婚姻の際に定めるところに従い，夫又は妻の氏を称する」と規定している。

　民法 750 条について指摘される問題の 1 つは，法律上は夫が妻の氏を称する

ことも妻が夫の氏を称することもいずれも可能であるが，実際には，9割以上
の夫婦が夫の氏を選択しているという点にある。つまり，実質的には，女性が
氏の変更を強制されている。この点が，男女の平等・夫婦の平等という観点か
ら問題視されてきた。

　民法750条のもう1つの問題は，そもそも民法750条は夫婦のいずれか一方
が氏を変更しなければ婚姻をすることができないこととしているという点であ
る。この点が，氏の変更を強制されない自由や婚姻の自由という観点から批判
されている。この問題は，もし氏の変更の実態に男女間格差がないとしても問
われるところである。（⇒p.67の **2**）

　前者の点は，制度上の問題ではなくて事実上の問題にすぎない，形式的平等
の問題ではなくて実質的平等の問題にすぎない（⇒p.81の **3**）といわれること
もある。そして，14条は形式的平等を保障するにすぎないという理解の下に，
14条違反ではないと結論されることもある。

　しかし，14条を形式的平等と理解するとしても，大多数の女性が氏を変更
している現実と，旧「家」制度との関係を無視することはできないだろう。戦
後改正（1947〔昭和22〕年）以前の民法においては，「戸主及ヒ家族ハ其家ノ氏
ヲ称ス」（旧民746条）として，氏は「家」の名称であった。その上で，「妻ハ
婚姻ニ因リテ夫ノ家ニ入ル」（旧民788条1項），「入夫及ヒ壻養子ハ妻ノ家ニ入
ル」（旧民788条2項）と定められていて，婚姻の際は女性が男性の氏に変更す
ることを原則としていた。そこには，「家」制度について憲法が廃止しようと
した女性差別（夫による妻の支配）という特徴が現れているとみるべきだろう。
戦後の民法は，このような氏の制度を改めた。しかし，民法750条の下におい
てもほとんどの場合に女性が男性の氏に変更しているという現状について，こ
のような戦後改正以前の民法との関係を否定することはできまい。つまり，夫
婦同氏制が抱える男女不平等の問題は，戦後改正によっては払拭できなかった
「家」制度の残滓にかかわるものであり，その意味では制度上の問題であると
いうこともできよう。このように制度にかかわる問題であり，しかも，憲法が
廃棄しようとした「家」制度がかかわっていると理解できるならば，現実の男
女不平等を14条とは無関係と考えることはできないのではないだろうか。

　他方，後者の点，すなわち，夫婦同氏制の下ではいずれかが氏を変えなけれ

ば婚姻できないという点それ自体を問題にしようとするのは，「家」制度との関係とは別に，戦後に新たに定められた家族制度を俎上に載せようとするものである。氏名の変更を伴わない結び付きも婚姻として承認されるべきではないのか。

　1996（平成 8）年に法制審議会総会が決定した「民法の一部を改正する法律案要綱」は，婚姻時に夫婦が夫または妻の氏を称することも，それぞれが婚姻前の氏を称することも，選択できるとする選択的夫婦別氏制度を含んでいたが，法律案に仕立てて国会に提出されるまでには至っていない。反対論の中には，夫婦別氏が選択された場合の子の氏に関する問題を指摘するものもある（上記要綱は，婚姻時に子がいずれの氏を称するかを決めなければならないとしていた）。

　夫婦別氏制の合憲性に関する最高裁の判断は，夫婦別氏事件 ◀判例 3-4▶ で示された。最高裁は，民法 750 条が憲法 13 条に違反するという主張に対しては，「婚姻の際に『氏の変更を強制されない自由』が憲法上の権利として保障される人格権の一内容であるとはいえない」として退けた。また，憲法 14 条に違反するという主張に対しては，「夫婦同氏制それ自体に男女間の形式的な不平等が存在するわけではな」く，夫の氏を選択する夫婦が圧倒的多数を占めることも民法 750 条の「在り方自体から生じた結果であるということはできない」として退けた。さらに，憲法 24 条に違反するという主張に対しては，憲法 24 条 1 項が「婚姻をするかどうか，いつ誰と婚姻をするかについては，当事者間の自由かつ平等な意思決定に委ねられるべきであるという趣旨を明らかにしたもの」であるという解釈を示したが，民法 750 条は「婚姻をすることについての直接の制約を定めたものではない」として 24 条 1 項に反しないとした。そして，憲法 24 条 2 項については，婚姻及び家族に関する法制度の構築について立法裁量を認めつつ，「個人の尊厳と両性の本質的平等」によってその裁量の限界を画したものという解釈を示した。24 条 2 項違反の審査においては，「婚姻前に築いた個人の信用，評価，名誉感情等を婚姻後も維持する利益等」，夫婦間の「実質的な平等」，婚姻をすることについての「事実上」の制約についても考慮されるとしたが，結論としては憲法 24 条 2 項違反の主張も退けた。

　なお，夫婦別氏についてはその後も新たな訴訟が提起されている。最大決令

和3・6・23判タ1488号94頁は，大法廷に回付されていたので非常に注目されていたが，結果としては平成27・12・16を確認するにとどまった。

> ◁ 判例 3-4 ▷　最大判平成27・12・16民集69巻8号2586頁〈夫婦別氏事件〉
> 【事実】婚姻の際に夫の氏を称すると定めたが旧姓を通称として使用している女性，婚姻の際に氏の選択をしなかったために婚姻届が不受理となった夫婦等が，民法750条（以下，「本件規定」という）が憲法13条・14条1項・24条1項および2項に違反していると主張し，民法750条を改廃する立法措置をとらなかったことは違法であるとして，国に対して損害賠償を求める訴えを提起した。
> 【判旨】①民法750条が，憲法上の権利として保障される人格権の一内容である「氏の変更を強制されない自由」を不当に侵害し，憲法13条に違反するという主張について。
> 「氏名は，社会的にみれば，個人を他人から識別し特定する機能を有するものであるが，同時に，その個人からみれば，人が個人として尊重される基礎であり，その個人の人格の象徴であって，人格権の一内容を構成するものというべきである」。
> 「しかし，氏は，婚姻及び家族に関する法制度の一部として法律がその具体的な内容を規律しているものであるから，氏に関する上記人格権の内容も，憲法上一義的に捉えられるべきものではなく，憲法の趣旨を踏まえつつ定められる法制度をまって初めて具体的に捉えられるものである。」
> 「氏に，名とは切り離された存在として社会の構成要素である家族の呼称としての意義があることからすれば，氏が，親子関係など一定の身分関係を反映し，婚姻を含めた身分関係の変動に伴って改められることがあり得ることは，その性質上予定されているといえる。」
> 「以上のような現行の法制度の下における氏の性質等に鑑みると，婚姻の際に『氏の変更を強制されない自由』が憲法上の権利として保障される人格権の一内容であるとはいえない。本件規定は，憲法13条に違反するものではない。」
> もっとも，「婚姻前に築いた個人の信用，評価，名誉感情等を婚姻後も維持する利益等は，憲法上の権利として保障される人格権の一内容であるとまではいえないものの，後記のとおり，氏を含めた婚姻及び家族に関する法制度の在り方を検討するに当たって考慮すべき人格的利益であるとはいえるのであり，憲法24条の認める立法裁量の範囲を超えるものであるか否かの検討に当たって考慮すべき事項であると考えられる。」

②民法 750 条は，96％以上の夫婦において夫の氏を選択するという性差別を発生させ，ほとんど女性のみに不利益を負わせる効果を有する規定であるから，憲法 14 条 1 項に違反するという主張について。

「憲法 14 条 1 項は，法の下の平等を定めており，この規定が，事柄の性質に応じた合理的な根拠に基づくものでない限り，法的な差別的取扱いを禁止する趣旨のものであると解すべきことは，当裁判所の判例とするところである。」

そこで検討すると，民法 750 条は，「その文言上性別に基づく法的な差別的取扱いを定めているわけではなく，本件規定の定める夫婦同氏制それ自体に男女間の形式的な不平等が存在するわけではない。我が国において，夫婦となろうとする者の間の個々の協議の結果として夫の氏を選択する夫婦が圧倒的多数を占めることが認められるとしても，それが，本件規定の在り方自体から生じた結果であるということはできない。

したがって，本件規定は，憲法 14 条 1 項に違反するものではない。」

もっとも，「仮に，社会に存する差別的な意識や慣習による影響があるのであれば，その影響を排除して夫婦間に実質的な平等が保たれるように図ることは，憲法 14 条 1 項の趣旨に沿うものであるといえる。そして，この点は，氏を含めた婚姻及び家族に関する法制度の在り方を検討するに当たって考慮すべき事項の 1 つというべきであり，後記の憲法 24 条の認める立法裁量の範囲を超えるものであるか否かの検討に当たっても留意すべきものと考えられる。」

③民法 750 条が，夫婦となろうとする者の一方が氏を改めることを婚姻届出の要件とすることで，実質的に婚姻の自由を侵害するものであり，また，国会の立法裁量の存在を考慮したとしても，個人の尊厳を侵害するものとして，憲法 24 条に違反するという主張について。

憲法 24 条 1 項は，「婚姻をするかどうか，いつ誰と婚姻をするかについては，当事者間の自由かつ平等な意思決定に委ねられるべきであるという趣旨を明らかにしたものと解される。

本件規定は，婚姻の効力の 1 つとして夫婦が夫又は妻の氏を称することを定めたものであり，婚姻をすることについての直接の制約を定めたものではない。仮に，婚姻及び家族に関する法制度の内容に意に沿わないところがあることを理由として婚姻をしないことを選択した者がいるとしても，これをもって，直ちに上記法制度を定めた法律が婚姻をすることについて憲法 24 条 1 項の趣旨に沿わない制約を課したものと評価することはできない。ある法制度の内容により婚姻をすることが事実上制約されることになっていることについては，婚姻及び家族に関する法制度の内容を定めるに当たっての国会の立法裁量の範囲を超えるものであるか否かの検討に当たって考慮すべき事項であると考えられ

る。」

「憲法24条2項は，具体的な制度の構築を第一次的には国会の合理的な立法裁量に委ねるとともに，その立法に当たっては，同条1項も前提としつつ，個人の尊厳と両性の本質的平等に立脚すべきであるとする要請，指針を示すことによって，その裁量の限界を画したものといえる。

そして，憲法24条が，本質的に様々な要素を検討して行われるべき立法作用に対してあえて立法上の要請，指針を明示していることからすると，その要請，指針は，単に，憲法上の権利として保障される人格権を不当に侵害するものでなく，かつ，両性の形式的な平等が保たれた内容の法律が制定されればそれで足りるというものではないのであって，憲法上直接保障された権利とまではいえない人格的利益をも尊重すべきこと，両性の実質的な平等が保たれるように図ること，婚姻制度の内容により婚姻をすることが事実上不当に制約されることのないように図ること等についても十分に配慮した法律の制定を求めるものであり，この点でも立法裁量に限定的な指針を与えるものといえる。」

「婚姻及び家族に関する法制度を定めた法律の規定が憲法13条，14条1項に違反しない場合に，更に憲法24条にも適合するものとして是認されるか否かは，当該法制度の趣旨や同制度を採用することにより生ずる影響につき検討し，当該規定が個人の尊厳と両性の本質的平等の要請に照らして合理性を欠き，国会の立法裁量の範囲を超えるものとみざるを得ないような場合に当たるか否かという観点から判断すべきものとするのが相当である。」

以上の観点から，民法750条の憲法24条適合性について検討すると，夫婦同氏制は，「明治31年に我が国の法制度として採用され，我が国の社会に定着してきたものである。前記のとおり，氏は，家族の呼称としての意義があるところ，現行の民法の下においても，家族は社会の自然かつ基礎的な集団単位と捉えられ，その呼称を1つに定めることには合理性が認められる。

そして，夫婦が同一の氏を称することは，上記の家族という1つの集団を構成する一員であることを，対外的に公示し，識別する機能を有している。特に，婚姻の重要な効果として夫婦間の子が夫婦の共同親権に服する嫡出子となるということがあるところ，嫡出子であることを示すために子が両親双方と同氏である仕組みを確保することにも一定の意義があると考えられる。また，家族を構成する個人が，同一の氏を称することにより家族という1つの集団を構成する一員であることを実感することに意義を見いだす考え方も理解できるところである。さらに，夫婦同氏制の下においては，子の立場として，いずれの親とも等しく氏を同じくすることによる利益を享受しやすいといえる。

加えて，前記のとおり，本件規定の定める夫婦同氏制それ自体に男女間の形

式的な不平等が存在するわけではなく，夫婦がいずれの氏を称するかは，夫婦となろうとする者の間の協議による自由な選択に委ねられている。」

「これに対して，夫婦同氏制の下においては，婚姻に伴い，夫婦となろうとする者の一方は必ず氏を改めることになるところ，婚姻によって氏を改める者にとって，そのことによりいわゆるアイデンティティの喪失感を抱いたり，婚姻前の氏を使用する中で形成してきた個人の社会的な信用，評価，名誉感情等を維持することが困難になったりするなどの不利益を受ける場合があることは否定できない。そして，氏の選択に関し，夫の氏を選択する夫婦が圧倒的多数を占めている現状からすれば，妻となる女性が上記の不利益を受ける場合が多い状況が生じているものと推認できる。さらには，夫婦となろうとする者のいずれかがこれらの不利益を受けることを避けるために，あえて婚姻をしないという選択をする者が存在することもうかがわれる。

しかし，夫婦同氏制は，婚姻前の氏を通称として使用することまで許さないというものではなく，近時，婚姻前の氏を通称として使用することが社会的に広まっているところ，上記の不利益は，このような氏の通称使用が広まることにより一定程度は緩和され得るものである。」

「以上の点を総合的に考慮すると，本件規定の採用した夫婦同氏制が，夫婦が別の氏を称することを認めないものであるとしても，上記のような状況の下で直ちに個人の尊厳と両性の本質的平等の要請に照らして合理性を欠く制度であるとは認めることはできない。したがって，本件規定は，憲法24条に違反するものではない。」

(3)　同　性　婚

民法は婚姻を男女間で行われるものと明記しているわけではないが，そのように前提していると解されており，そのように運用されている。しかし，近時，諸外国においては，同性婚を認めるようになった例，登録パートナーシップ制度を設けるようになった例が急増している。

同性婚を認めないことは，異性愛者には婚姻を認め，同性愛者には認めないものであり，性的指向に基づく差別として憲法14条に違反するとも考えられる。また，誰と婚姻をするかを制約するものとして憲法24条が保障する婚姻の自由を侵害するとも考えられる（最大判平成27・12・16〔夫婦別氏事件〕

◆ 判例 3-4 ▷で最高裁は憲法24条1項が「婚姻をするかどうか，いつ誰と婚姻をする

かについては，当事者間の自由かつ平等な意思決定に委ねられるべきであるという趣旨を明らかにしたもの」と解釈した）。さらに，女性と婚姻できる者を男性に限定するという意味で性別に基づく差別であるという議論もある。

　この点で，札幌地判令和 3・3・17 判時 2487 号 3 頁が注目される。札幌地裁は，憲法 24 条は異性婚について定めたものであり，また，憲法 13 条の解釈のみによって同性婚という制度を直接導き出すことは困難であるとしたが，憲法 14 条 1 項に関しては，「〔民法及び戸籍法の婚姻に関する諸規定が〕異性愛者に対しては婚姻という制度を利用する機会を提供しているにもかかわらず，同性愛者に対しては，婚姻によって生じる法的効果の一部ですらもこれを享受する法的手段を提供しないとしていることは，立法府が広範な立法裁量を有することを前提としても，その裁量権の範囲を超えたものであるといわざるを得ず，本件区別取扱いは，その限度で合理的根拠を欠く差別取扱いに当たると解さざるを得ない」として憲法 14 条 1 項違反を認めた。同性婚が認められなければ憲法違反であるというわけではないが，パートナーシップ制度のような何らかの法的保護が与えられなければ憲法違反である，という趣旨と解される。

第4節　投票価値の平等

　本節が扱う投票価値の平等とは，選挙区間で議員 1 人あたりの選挙人数（または人口数）が等しいことをいう。投票価値不平等の問題はしばしば定数不均衡と呼ばれてきたが，それは，全国を複数の選挙区に分け 1 選挙区から複数の議員を選出する選挙制度（衆議院の中選挙区制，参議院の地方区選挙）において，この問題が議論され始めたからである。しかし，現在の衆議院小選挙区選出議員選挙のように，1 選挙区から 1 人の議員を選出する場合は，定数不均衡ではなくて，区割りの不均衡である。現在では，参議院の選挙区選出議員選挙の場合も，区割りがより大きな問題になっている。なお，全国を 1 つの選挙区とする制度（かつての参議院全国選出議員選挙，現在の参議院比例代表選出議員選挙）の場合は，投票価値の不平等はそもそも生じない。

1 投票価値不平等問題の経緯

　投票価値の不平等はなぜ生じたのか。個々の選挙制度ごとに事情が異なることに，注意しておきたい。

(1)　衆議院中選挙区選挙

　衆議院の場合は，出発点は人口比例原則に拠っていた。日本国憲法下の最初の区割り・定数配分は 1947（昭和 22）年の衆議院議員選挙法改正によってなされたが，この改正は，敗戦後の 1945（昭和 20）年改正が採用した大選挙区制限連記制（原則として各都道府県を 1 選挙区とし，4(2)〜14 人の議員定数を配分した。選挙区の議員定数に応じて各選挙人は 2(1)または 3 票を有していた）を再び改め，それ以前の中選挙区制（都道府県を複数の区域に分割したものを 1 選挙区とし，1 つの選挙区に 3 〜 5 人の議員定数を配分した）に戻したものである。区割りはかつてのものを目途として行われ，定数配分は人口比例に拠った。

　このように当初は人口比例であり，議員 1 人あたりの選挙人数の選挙区間較差は最大で 1.51 倍であった。しかし，その後の都市集中化などの人口異動によって，議員 1 人あたりの選挙人数（または人口数）は選挙区間で大きな較差が生じることになる。にもかかわらず，国会は定数・区割り規定をなかなか改正しなかった。これが衆議院中選挙区制における投票価値不平等問題である。

(2)　参議院地方区（選挙区）選挙

　これに対して，参議院の場合は，もともと人口比例原則に大きな制約を課していた。1947（昭和 22）年に制定された参議院議員選挙法は，総定数 250 を地方選出議員 150，全国選出議員 100 に分けたが，地方選出議員の区割り・定数配分については，各都道府県に定数 2 を配分した上で，残りの定数を人口比で各選挙区に配分するという方法をとった。

　このように参議院の場合はもともと人口比例原則が制約されており，議員 1 人あたりの選挙人数の選挙区間較差は当初から最大で 2.62 倍と大きかった。そして，この較差がその後の人口異動によってさらに拡大することとなった。

　なお，1982（昭和 57）年改正が全国選出議員選挙部分を拘束名簿式比例代表

制に改めた際に（なお，2000〔平成12〕年に非拘束名簿式に改められている），地方選出議員選挙は選挙区選挙と名称変更されたが，実質は変わっていない。

　後述するように，最高裁判決を受けて，2015（平成27）年に4県2合区が行われた。都道府県単位の区割りという仕組みは現在では変更されている。

(3)　衆議院小選挙区選挙

　1994（平成6）年に，衆議院の選挙制度は，中選挙区制から小選挙区制比例代表並立制に改められた。小選挙区の区割り方法については，衆議院議員選挙区画定審議会設置法（以下，区画審設置法）が次のように定めていた。すなわち，内閣府に設置された衆議院議員選挙区画定審議会（以下，区画審）が衆議院選挙区の改定が必要であると判断したときに改定案を作成して内閣総理大臣に対して勧告を行うこととなっており（少なくとも10年ごとの国勢調査の際には勧告を行うことが義務づけられている），制定時の区画審設置法3条は，区画審による改定案作成の基準として，1項では，「各選挙区の人口の均衡を図り，各選挙区の人口……のうち，その最も多いものを最も少ないもので除して得た数が2以上とならないようにすることを基本とし，行政区画，地勢，交通等の事情を総合的に考慮して合理的に行わなければならない」と定め，2項では，「各都道府県の区域内の衆議院小選挙区選出議員の選挙区の数は，1に，公職選挙法……第4条第1項に規定する衆議院小選挙区選出議員の定数に相当する数から都道府県の数を控除した数を人口に比例して各都道府県に配当した数を加えた数とする」と定めていた。つまり，区画審設置法3条1項は人口比例原則を定めるものであり，最大較差2倍未満を基本としているが，2項は，人口比例原則に制約を課すものであり，都道府県単位での小選挙区の数を問題にして，まず各都道府県に1選挙区を配分した上で，残りの議席を各都道府県の人口に比例して配分することを定めている（1人別枠方式と呼ばれている）。

　このように衆議院小選挙区選挙は，当初から，人口比例原則に制約を加えた制度として設計された。都道府県にまず一定数の議員を配分するという点で，参議院選挙区選挙とかなり類似した設計である。投票価値の最大較差は当初から2.137倍であった。

　区画審設置法3条2項は，後述するように（⇒p.122の(ii)），平成23年判決

を受けて 2012（平成 24）年に削除された。2016（平成 28）年に新たな 3 条 2 項が定められ，都道府県への選挙区の配分はアダムズ方式（⇒ p. 126 以下）により行われることになった。ただ，全面的な再配分を実際に行うのは，2020（令和 2）年の国勢調査の結果が示されてからということになっている。

❷ 投票価値平等の憲法適合性審査

投票価値の不平等に対して，裁判所はどのように対応したのであろうか。

⑴　投票価値平等の憲法上の位置づけ

まず，そもそも投票価値の平等は，憲法の要求といえるのだろうか。

この点は，最大判昭和 51・4・14 民集 30 巻 3 号 223 頁（以下，昭和 51 年判決）が，選挙権の平等から投票価値の平等が導かれることを明言した。すなわち，「憲法 14 条 1 項に定める法の下の平等は，選挙権に関しては，国民はすべて政治的価値において平等であるべきであるとする徹底した平等化を志向するものであり，右〔＝憲法〕15 条 1 項等の各規定の文言上は単に選挙人資格における差別の禁止が定められているにすぎないけれども，単にそれだけにとどまらず，選挙権の内容，すなわち各選挙人の投票の価値の平等もまた，憲法の要求するところであると解するのが，相当である」と述べた。

なお，参議院に関しては投票価値の平等が要求されないという有力な考え方もあるが，昭和 51 年判決は衆議院・参議院を区別せずに投票価値の平等を憲法上の要求であると認めている。

⑵　選挙制度に関する国会の裁量

では，投票価値の平等が憲法の要求するところであるならば，議員 1 人あたりの選挙人数（人口数）に不均衡が生じれば直ちに憲法違反ということになるのだろうか。

この点に答えたのも昭和 51 年判決であり，その答えは現在まで引き継がれている。すなわち，昭和 51 年判決は，投票価値の平等を「唯一絶対の基準」とはせずに，「国会が正当に考慮することのできる他の政策的目的ないしは理由との関連において調和的に実現されるべきもの」と解した。その理由は，

「選挙制度の仕組み」の具体的決定について国会の裁量を認めたからである。すなわち，投票価値は選挙制度と密接に関連しており，選挙制度は「論理的に要請される一定不変の形態が存在するわけのものではない」から，国会が「公正かつ効果的な代表という目標を実現するために」決定すべきことである。

(3)　投票価値平等の具体的な判断のあり方

では，裁判所は，投票価値の平等に反しているかを具体的にどのように判断すべきであろうか。

昭和 51 年判決のように，選挙制度に関する裁量が認められるため投票価値の平等は相対化されると考えるならば，具体的な不平等が憲法に違反するかどうかを判断するためには，どのような選挙制度がとられたかによって異なってくることになるだろう。そこで，選挙制度ごとに，どのような判断がなされてきたかを確認しておく。

加えて，裁判所による裁量統制のあり方が，最大判平成 16・1・14 民集 58 巻 1 号 56 頁（以下，平成 16 年判決）以降，大きく変容している。そこで，大きく平成 16 年判決以前と以降に分けた上で，それぞれの制度ごとにみていくことにしよう。

(a)　昭和 51 年判決以降，平成 16 年判決より前

(ⅰ)　衆議院中選挙区選挙　　先ほどから引用している昭和 51 年判決は衆議院中選挙区に関する事案であり，その具体的な判断枠組みを提示した。

昭和 51 年判決は，まず，中選挙区制の合理性を肯定する。すなわち，中選挙区制は，「候補者と地域住民との密接性を考慮し，また，原則として選挙人の多数の意思の反映を確保しながら，少数者の意思を代表する議員の選出の可能性をも残そうとする趣旨」であり，国会の裁量権の範囲内であるとした。

その上で，中選挙区制をとる場合には，投票価値の平等が「最も重要かつ基本的な基準とされるべきことは当然である」ことを認めた。しかし，同時に，それ以外の少なくない非人口的要素が考慮されることも承認した。それゆえ，結局，どのような場合に投票価値の不平等を憲法違反と判断することになるのかといえば，具体的な投票価値の不平等が，「国会において通常考慮しうる諸般の要素をしんしやくしてもなお，一般的に合理性を有するものとはとうてい

考えられない程度に達している」場合に，原則として，憲法違反と判断される
ということとなった。

　さらに，昭和51年判決は，投票価値の不平等が「憲法の選挙権の平等の要
求に反する程度」に達している場合であっても，直ちに，議員定数配分規定を
憲法違反と判断するべきではなく，「人口の変動の状態をも考慮して合理的期
間内における是正が憲法上要求されていると考えられるのにそれが行われない
場合に始めて〔議員定数配分規定を〕憲法違反と断ぜられるべきもの」とした。

　このように「憲法の選挙権の平等の要求に反する程度」に達しているかどう
か（その後，この段階の判断は「違憲状態」と呼ばれることになる。以下ではこの通称
を用いる）という判断と，「合理的期間」を経過したかどうかという判断という，
2段階の判断が行われることとなった。

　では，違憲状態はどのように認定されてきたのであろうか。

　違憲状態については，昭和51年判決は，1972（昭和47）年12月10日総選
挙当時の具体的な不平等が，違憲状態に「達しているばかりでなく，これを更
に超えるに至つているものというほかはなく」と認定したが，どうしてそのよ
うに認定できるのかについての一般的な説明はなされなかった。昭和51年判
決のこの点をどのように理解するかについては，当時，幅広い解釈があった。

　違憲状態の判断基準について，その後の理解を大きく規定したのは，最大判
昭和58・11・7民集37巻9号1243頁である。そこでは，1975（昭和50）年公
職選挙法改正（20増）後の，1980（昭和55）年6月22日総選挙が対象となった
が，多数意見は，議員1人あたりの選挙人数（または人口）の選挙区間較差の
最大値（以下，最大較差）を挙げただけで，「右較差〔＝1980年選挙当時の最大較
差3.94倍〕が示す選挙区間における投票価値の不平等は，国会において通常考
慮しうる諸般の要素をしんしゃくしてもなお，一般的に合理性を有するものと
は考えられない程度に達していた」として違憲状態を認定し，他方，「右改正
後の較差〔＝1970（昭和45）年の国勢調査による人口に基づく1975年公選法改正時の
最大較差2.92倍〕に示される選挙人の投票の価値の不平等は……国会の合理的
裁量の限界を超えるものと推定すべき程度に達しているものとはいえ」ないと
した。ここから，多数意見は，最大較差を基準として，それが3倍を超えると
きに違憲状態と判断していると一般に受けとめられるようになる。ただし，上

記のような経緯を考えれば，最高裁が 3 倍という基準を創出したのではなく，国会が 1975（昭和 50）年に 3 倍を基準に定数を是正したので，それを最高裁が受け入れたといった方が正確であろう。

　合理的期間については，昭和 51 年判決がなぜ合理的期間が認められるのかについて，次のように述べていた。すなわち，「一般に，制定当時憲法に適合していた法律が，その後における事情の変化により，その合憲性の要件を欠くに至つたときは，原則として憲法違反の瑕疵を帯びることになるというべきであるが，右の要件の欠如が漸次的な事情の変化によるものである場合には，いかなる時点において当該法律が憲法に違反するに至つたものと断ずべきかについて慎重な考慮が払われなければならない。本件の場合についていえば，前記のような人口の異動は不断に生じ，したがつて選挙区における人口数と議員定数との比率も絶えず変動するのに対し，選挙区割と議員定数の配分を頻繁に変更することは，必ずしも実際的ではなく，また，相当でもないことを考えると，右事情によつて具体的な比率の偏差が選挙権の平等の要求に反する程度となつたとしても，これによつて直ちに当該議員定数配分規定を憲法違反とすべきものではなく，人口の変動の状態をも考慮して合理的期間内における是正が憲法上要求されていると考えられるのにそれが行われない場合に始めて憲法違反と断ぜられるべきものと解するのが，相当である。」実際に，最高裁が合理的期間を経過したと判断したのは，昭和 51 年判決と最大判昭和 60・7・17 民集 39 巻 5 号 1100 頁の 2 例である。昭和 60・7・17 は，最大判昭和 58・11・7 が 1975（昭和 50）年改正によって「投票価値の不平等状態は……一応解消された」としつつ 1980（昭和 55）年 6 月 22 日実施の総選挙を違憲状態であると判断していたにもかかわらず，改正されないまま解散・実施された 1983（昭和 58）年 12 月 18 日総選挙に関するものである。

　(ii)　参議院地方区（選挙区）選挙　参議院地方区選挙に関しては，最大判昭和 58・4・27 民集 37 巻 3 号 345 頁がその判断枠組みを示した。

　p. 112 の(2)でみたように，参議院地方区選挙制度は，もともと投票価値の平等を劣後させた制度であった。この点が，衆議院中選挙区選挙制度との大きな違いであった。この点について，多数意見は，まず，参議院の選挙制度の仕組みの合理性を検討して，これを肯定する。すなわち，参議院議員の選挙の仕組

みの趣旨・目的は，憲法が定める二院制の趣旨から，「衆議院議員とはその選出方法を異ならせることによってその〔＝参議院議員の〕代表の実質的内容ないし機能に独特の要素を持たせようとする意図」の下に，参議院議員を全国選出議員と地方選出議員に分かち，前者については，「事実上ある程度職能代表的な色彩が反映されること」を図り，後者については，都道府県「住民の意思を集約的に反映させるという意義ないし機能」を加味しようとしたものであると解して，国会の裁量的権限の合理的な行使の範囲を逸脱するものではない，と判断した。そして，選挙制度の仕組みが国会の裁量権の合理的行使として是認できる以上，その仕組みの結果としてそれだけ投票価値の平等が損なわれたとしても，憲法違反ではないとした。投票価値の平等の要求は，「人口比例主義を基本とする選挙制度の場合と比較して〔参議院議員選挙の仕組みの下では〕一定の譲歩，後退を免れない」のだから，制定当初の議員定数配分規定は憲法に違反しない，とした。

　次に，制定後に人口異動によって拡大した較差については，「その人口の異動が当該選挙制度の仕組みの下において投票価値の平等の有すべき重要性に照らして到底看過することができないと認められる程度の投票価値の著しい不平等状態を生じさせ，かつ，それが相当期間継続して，このような不平等状態を是正するなんらの措置を講じないことが，前記のような複雑かつ高度に政策的な考慮と判断の上に立って行使されるべき国会の裁量的権限に係るものであることを考慮しても，その許される限界を超えると判断される場合に，初めて議員定数の配分の定めが憲法に違反するに至るものと解するのが相当である」と述べて，違憲状態の有無（＝「投票価値の平等の有すべき重要性に照らして到底看過することができないと認められる程度の投票価値の著しい不平等状態」あるいは「違憲の問題が生ずる程度の著しい不平等状態」），および，合理的期間の経過（衆議院と異なり，「相当期間」という語が用いられる）によって判断するという，衆議院と同様の枠組みを採用した。

　そして，違憲状態の具体的な有無については，①二院制の本旨（半数改選制，参議院については解散が認められていないこと）から「参議院地方選出議員については，選挙区割や議員定数の配分をより長期にわたって固定し，国民の利益や意見を安定的に国会に反映させる機能をそれに持たせることとすることも，立

法政策として許容される」とし，また，②選挙制度の仕組みに従って，その全体の定数を増減させずに再配分を試みたとしても，なおかなり大きな較差が残ること，そして，③そもそも参議院地方選出議員選挙については，「投票価値の平等の要求も，人口比例主義を基本として選挙区割及び議員定数の配分を定めた選挙制度の場合と同一に論じ難いこと」から，1977（昭和52）年7月10日の参議院選挙における最大較差が5.26倍であったとしても，いまだ許容限度を超えて違憲の問題が生ずる程度の著しい不平等状態が生じていたとするには足らない，と判断した。

　なお，本判決以降の判例の経緯から，参議院における違憲状態の具体的な判断基準として，最高裁は最大較差6倍を事実上の目安としていたといわれることがあるが，しかし，実際は，衆議院についてと同様に，国会の後追い的な基準であった。すなわち，1994（平成6）年に国会がはじめて参議院の投票価値平等のために公職選挙法を改正した（8増8減。最大較差は6.48倍から4.81倍に縮小し，逆転現象も消滅した）後に，最高裁は，その改正以前には最大較差1対5.85（1986〔昭和61〕年7月6日通常選挙）を「いまだ違憲の問題が生ずる程度の著しい不平等状態が生じていたとするに足りない」と判示していたにもかかわらず（最判昭和63・10・21訟月35巻4号716頁），改正後の最大判平成8・9・11民集50巻8号2283頁では，すでに改正済の旧別表第2に基づく1992（平成4）年7月26日通常選挙（最大較差6.59倍）について，はじめて違憲状態であったと判断した。そして，最大判平成10・9・2民集52巻6号1373頁では，1994年改正によって違憲状態は解消したと判断している。

　(iii)　衆議院小選挙区制　　1994（平成6）年の選挙制度改革後の新しい衆議院選挙制度の合憲性については，1999（平成11）年11月10日に一斉に判断が下されたが，そのうち衆議院小選挙区制の投票価値平等に関する判決が最大判平成11・11・10民集53巻8号1441頁である。多数意見は，衆議院中選挙区制の下での投票価値の平等についての考え方を継承して，「議員1人当たりの選挙人数又は人口ができる限り平等に保たれることを最も重要かつ基本的な基準とする」としつつ，少なくない非人口的要素が考慮されうることを認め，結局は，投票価値の不平等が，「国会において通常考慮し得る諸般の要素をしんしゃくしてもなお，一般に合理性を有するものとは考えられない程度に達して

いるとき」に，原則として憲法違反と判断される，と述べた。

　そして，区画審設置法3条については，2項が定める1人別枠方式は，「相対的に人口の少ない県に定数を多めに配分し，人口の少ない県に居住する国民の意見をも十分に国政に反映させることができるようにすること」を目的とするものであると解したが，他方で，1項において「投票価値の平等にも十分な配慮をしている」として，国会の裁量の範囲内であるとした。

　小選挙区制導入時の最大較差は2.137倍，新制度下最初の総選挙（1996〔平成8〕年）時の最大較差は2.316倍であったが，多数意見は，投票価値の不平等は「一般に合理性を有するとは考えられない程度」に達していない，と判断した。

　従来，最高裁は，選挙制度の仕組みについて国会の裁量があり，投票価値の平等はそれと調和的に実現されるべきもの，と述べていたのだから，本来なら，新しい選挙制度の下での投票価値の平等の意義について再検討があってもよかったように思われる。例えば，小選挙区制の場合はその変更は常に区割りの変更となるから，制度の趣旨としては，中選挙区制ほどは地域的要素への配慮を重視しない制度であり，したがって，より投票価値の平等が重視されるという理解も可能であったろう。また，逆に，投票価値の是正には区割りの変更が常に必要となるから厳しく要求することは難しい，という考え方もありえただろう。しかし，最大判平成11・11・10は，中選挙区制の下での判断枠組みを簡単に持ち込み，その後も，最高裁は，最大判平成11・11・10を引用する判決を繰り返した。

(b) 平成 16 年判決以降

　（i）　平成16年判決　　最大判平成16・1・14民集58巻1号56頁は，2001（平成13）年7月29日施行の参議院選挙に関するもので，選挙当時の定数配分規定が憲法に違反していないという結論において9名の裁判官からなる多数意見が形成されたものの，多数意見が一致したのは結論だけで，その理由づけは補足意見1（5名の裁判官からなる）と補足意見2（4名）に分裂した（さらに，それぞれに追加補足意見がある）。補足意見2は，「当審の先例における多数意見（以下「従来の多数意見」と略称する。）のそれとは〔理由づけが〕異なるものがある」と述べた。つまり，「従来の多数意見」は，反対意見（6名）を含める

と 10 名の裁判官によって異を唱えられ，まさしく「従来の多数意見」にすぎ
ないものとなった。現在に続く転換点である。

　では，補足意見 2 は，従来の多数意見とどのように異なるのであろうか。補
足意見 2 が批判するのは，「従来の多数意見が，立法府に要請される複雑高度
な政策的考慮と判断を理由に，とりわけその単なる不作為についても，結果的
に極めて広範な立法裁量の余地を是認してきた」という点である。

　このように補足意見 2 が批判する点を具体的に昭和 51 年判決以来の多数意
見の説示の中に探すとすれば，衆議院の場合は，違憲状態の判断が「国会にお
いて通常考慮しうる諸般の要素をしんしゃくしてもなお，一般的に合理性を有
するものとはとうてい考えられない程度に達している」（傍点著者）かどうかと
述べられてきたことに見いだせるのではないかと思われる。国会において考慮
した諸般の要素ではなくて，「しうる」という可能性の問題であり，国会が実
際に考慮したかどうかは問わない口ぶりになっている。参議院に関しても，不
平等状態を是正するなんらの措置を講じないことが，「複雑かつ高度に政策的
な考慮と判断の上に立って行使されるべき国会の裁量的権限に係るものである
ことを考慮しても」（傍点著者），その許される限界を超えるかが問われていた。
この言い回しも，実際に行使されたかどうかを問うものではないだろう。たし
かに，これまでの多数意見は，国会が具体的に何を考慮して投票価値の平等か
らの乖離を許容しているのかを実際に問題にしたことはなかった。

　これに対して，補足意見 2 は，立法裁量権の行使には，憲法の趣旨に反して
行使してはならないという消極的制約だけではなく，憲法が裁量権を与えた趣
旨に沿って適切に行使しなければならないという義務もまた付随しているとし
て，裁量権が実際に行使されたかどうか，しかも，適切に行使されたかどうか
を，裁判所が審査することを説く。この点は，昭和 51 年判決は，「事の性質上，
その判断〔＝国会の裁量権の行使が合理的であるかどうかの判断〕にあたっては特
に慎重であることを要し，限られた資料に基づき，限られた観点からたやすく
その決定の適否を判断すべきものでないことは，いうまでもない」として，自
重的態度をとっていたところであるが，補足意見 2 は，結論としての判断内容
が政策上最適のものであったかどうかを問うのではなく，「結論に至るまでの
裁量権行使の態様が，はたして適正なものであったかどうか，例えば，様々の

要素を考慮に入れて時宜に適した判断をしなければならないのに，いたずらに旧弊に従った判断を機械的に繰り返しているといったことはないか，当然考慮に入れるべき事項を考慮に入れず，又は考慮すべきでない事項を考慮し，又はさほど重要視すべきではない事項に過大の比重を置いた判断がなされてはいないか，といった問題」を問うものであるので，「法的問題の領域に属し，司法的判断になじむ」と述べている。

　具体的には，補足意見2によれば，参議院選挙制度の創設時に，国会が，①投票価値の平等に配慮しつつ，②都道府県ごとの固有の利益・事情，③半数改選制を考慮して，区割り・定数配分を定めたことは，裁量権の合理的な行使であったと評価しうるとする。しかし，その後にこれらの3要素間の均衡が著しく崩れたが，国会がそれにもかかわらず放置したということであれば，裁量権の適正な行使とはいえないとする。また，投票価値の平等のような憲法上直接に保障されていると考えられる事項は，考慮要素の中で重視されなければならず，もしそのために偶数配分制，都道府県選挙区といった参議院選挙制度の仕組みの変更を必要とするものであれば，そのことも検討しなければならない，と明言した。選挙制度の仕組みを変更する必要性にまで言及したことは，画期的なことであった。

　補足意見2は，結論においては，2000（平成12）年改正（総定数削減に伴う，3選挙区6減）に「それなりの合理性」を認めて，違憲判断には至らなかった。しかし，「例えば，仮に次回選挙においてもなお，無為の裡に漫然と現在の状況が維持されたままであったとしたならば，立法府の義務に適った裁量権の行使がなされなかったものとして，違憲判断がなさる〔原文ママ〕べき余地は，十分に存在する」と警告して，「立法府の義務に適った裁量権の行使」を監視しつづけていくことを宣言した。

　(ii)　衆議院小選挙区　　平成16年判決後の最初の衆議院に関する判決は最大判平成19・6・13民集61巻4号1617頁であるが，先例を踏襲する多数が維持された（ただし，「4裁判官の見解」が付されている）。

　しかし，最大判平成23・3・23民集65巻2号755頁（以下，平成23年判決）では，1人別枠方式は，2009（平成21）年8月30日衆議院選挙時点においてはその合理性を失い，投票価値の平等の要求に反する状態に至っていたと判断し

た。

　平成 23 年判決が最大判平成 11・11・10 以来の 1 人別枠方式に関する判断の
うち変更した具体的な点は，その目的に関してである。すなわち，最大判平成
11・11・10 が 1 人別枠方式の目的を「人口の少ない県に居住する国民の意見
をも十分に国政に反映させることができるようにすること」と解していた。こ
れに対して，平成 23 年判決は，「〔議員は〕全国民を代表して国政に関与するこ
とが要請されているのであり，相対的に人口の少ない地域に対する配慮はその
ような活動の中で全国的な視野から法律の制定等に当たって考慮されるべき事
柄であって，地域性に係る問題のために，殊更にある地域（都道府県）の選挙
人と他の地域（都道府県）の選挙人との間に投票価値の不平等を生じさせるだ
けの合理性があるとはいい難い」とした。平成 23 年判決は，1 人別枠方式の
意義を捉え直して，「新しい選挙制度を導入するに当たり，直ちに人口比例の
みに基づいて各都道府県への定数の配分を行った場合には，人口の少ない県に
おける定数が急激かつ大幅に削減されることになるため，国政における安定性，
連続性の確保を図る必要があると考えられたこと，何よりもこの点への配慮な
くしては選挙制度の改革の実現自体が困難であったと認められる状況の下で採
られた方策であるということにあるもの」と解した。つまり，1 人別枠方式の
合理性がいわば激変緩和措置として限定的に捉え直されたのであり，それゆえ，
そこには時間的な限界があるということになった。そして，2009（平成 21）年
選挙時点では，1994（平成 6）年改正後の最初の選挙（1996〔平成 8〕年）から
10 年以上が経過するなどしており，選挙制度は定着し，安定した運用がされ
るようになっていたと認定して，1 人別枠方式の合理性は失われたとした。
「区割基準のうち 1 人別枠方式に係る部分は，遅くとも本件選挙時においては，
その立法時の合理性が失われたにもかかわらず，投票価値の平等と相容れない
作用を及ぼすものとして，それ自体，憲法の投票価値の平等の要求に反する状
態に至っていたものといわなければならない」。区割りについても，そのよう
な区割基準に基づいて定められたものである以上，違憲状態であると判断され
た。

　ただし，最大判平成 19・6・13 が 2005（平成 17）年の総選挙の時点における
区割基準，選挙区割りを憲法の投票価値の平等の要求に反するに至っていない

と判断していたことから，憲法上要求される合理的期間内に是正がされなかったものということはできないとして，区割基準・区割規定を憲法違反とは判断しなかった。

平成23年判決では，最大判平成19・6・13まで衆議院について多数意見が用いていた「国会において通常考慮し得る諸般の要素をしんしゃくしてもなお，一般に合理性を有するものとは考えられない程度に達しているときは……憲法違反と判断されざるを得ない」(傍点著者)という先に指摘した部分は，「このような選挙制度の合憲性は，これらの諸事情を総合的に考慮した上でなお，国会に与えられた裁量権の行使として合理性を有するか否かによって判断される」に変えられている。国会が実際に考慮したかどうかを問わないようにも読めていた表現は消えたように思われ，平成23年判決が平成16年判決補足意見2の系譜に位置づけられることを示しているように思われる。

平成23年判決を受けた公職選挙法・区画審設置法の改正はなかなか成立しなかった。2012 (平成24) 年2月25日には，区画審設置法4条が定める区画審の勧告期限も経過した。結局，平成23年判決後の最初の総選挙は，2012 (平成24) 年12月16日に，違憲状態と判断された区割りのままで実施されることとなった。その代わりに，同年11月16日の解散直前に，1人別枠方式を定める区画審設置法3条2項を削除するとともに，将来的に公職選挙法別表第1を削除し区割りは改めて別に法律で行うこと，そして，そのときに区割りを変更しうる範囲を最大較差を2倍未満にするために必要な範囲等に限定することを定める改正法が成立した (2012〔平成24〕年法律第95号)。新たな区割りを定める公職選挙法改正は，2013 (平成25) 年6月24日に成立し，17都県42選挙区について区割りが変更された。改正時点の最大較差は，2010 (平成22) 年の国勢調査をもとにすると1.998倍であった。

2012 (平成24) 年総選挙に関する最大判平成25・11・20民集67巻8号1503頁は，選挙時点では改正されなかった区割りについてあらためて違憲状態であると判断した。しかし，合理的期間内における是正がなされなかったとはいえないと判断した。

合理的期間を経過していないという判断がなされる際，合理的期間の判断に関する新たな説明がなされた。すなわち，「衆議院議員の選挙における投票価

値の較差の問題について，当裁判所大法廷は，これまで，①定数配分又は選挙
区割りが前記のような諸事情を総合的に考慮した上で投票価値の較差において
憲法の投票価値の平等の要求に反する状態に至っているか否か，②上記の状態
に至っている場合に，憲法上要求される合理的期間内における是正がされなか
ったとして定数配分規定又は区割規定が憲法の規定に違反するに至っているか
否か，③当該規定が憲法の規定に違反するに至っている場合に，選挙を無効と
することなく選挙の違法を宣言するにとどめるか否かといった判断の枠組みに
従って審査を行ってきた。こうした段階を経て判断を行う方法が採られてきた
のは，単に事柄の重要性に鑑み慎重な手順を踏むというよりは，憲法の予定し
ている司法権と立法権との関係に由来するものと考えられる。すなわち，裁判
所において選挙制度について投票価値の平等の観点から憲法上問題があると判
断したとしても，自らこれに代わる具体的な制度を定め得るものではなく，そ
の是正は国会の立法によって行われることになるものであり，是正の方法につ
いても国会は幅広い裁量権を有しており，上記の判断枠組みのいずれの段階に
おいても，国会において自ら制度の見直しを行うことが想定されているものと
解される。換言すれば，裁判所が選挙制度の憲法適合性について上記の判断枠
組みの各段階において一定の判断を示すことにより，国会がこれを踏まえて所
要の適切な是正の措置を講ずることが，憲法の趣旨に沿うものというべきであ
る。このような憲法秩序の下における司法権と立法権との関係に照らすと，上
記①の段階において憲法の投票価値の平等の要求に反する状態に至っている旨
の司法の判断がされれば国会はこれを受けて是正を行う責務を負うものである
ところ，上記②の段階において憲法上要求される合理的期間内における是正が
されなかったといえるか否かを判断するに当たっては，単に期間の長短のみな
らず，是正のために採るべき措置の内容，そのために検討を要する事項，実際
に必要となる手続や作業等の諸般の事情を総合考慮して，国会における是正の
実現に向けた取組が司法の判断の趣旨を踏まえた立法裁量権の行使として相当
なものであったといえるか否かという観点から評価すべきものと解される。」

　最大判平成25・11・20はこのような合理的期間論に基づいて，国会が区割
基準・区割りが違憲状態にあることを認識しえたのは平成23年判決時点であ
るとし，2012（平成24）年改正を「本件選挙前の時点において是正の実現に向

けた一定の前進と評価し得る法改正」と評価し，そして，「この問題への対応
や合意の形成に前述の様々な困難が伴うことを踏まえ，新区画審設置法 3 条の
趣旨に沿った選挙制度の整備については，今回のような漸次的な見直しを重ね
ることによってこれを実現していくことも，国会の裁量に係る現実的な選択と
して許容されているところと解される」と述べて，「憲法上要求される合理的
期間内における是正がされなかったとはいえ」ないと判断した。

　2012（平成 24）年改正に基づき 2013（平成 25）年に新たに定められた区割り
に基づく最初の選挙は 2014（平成 26）年 12 月 14 日に実施された。2014（平成
26）年総選挙に関する最大判平成 27・11・25 民集 69 巻 7 号 2035 頁は，違憲
状態であると判断したが，合理的期間は経過していないとした。

　最大判平成 27・11・25 が，2012・2013（平成 24・25）年改正を経てもなお違
憲状態であると判断した理由は，次のようなものである。すなわち，平成 23
年判決・最大判平成 25・11・20 が区割りを違憲状態であると判断した理由は
1 人別枠方式という区割基準にあったところ，2012 年改正法は 1 人別枠方式を
定める区画審設置法 3 条 2 項それ自体は削除したものの，2013 年に定められ
た区割りは，1 人別枠方式の下で定められた区割りの部分的な改正にとどまる
ものだったからである。ただ，合理的期間の徒過については，最大判平成 25・
11・20 が指摘していたところに加え，2012・2013 年改正以降も選挙制度の見
直しの検討が続けられていることをふまえて，認めなかった。

　このように最大判平成 27・11・25 は 1 人別枠方式を削除した上での全面的
な区割りの見直しを求めていたところ，2016（平成 28）年法律第 49 号によっ
て各都道府県への選挙区数の配分に関する新しい方法が定められた。すなわち，
「各都道府県の人口を小選挙区基準除数（その除数で各都道府県の人口を除し
て得た数（一未満の端数が生じたときは，これを一に切り上げるものとする。）
の合計数が……衆議院小選挙区選出議員の定数に相当する数と合致すること と
なる除数をいう。）で除して得た数（一未満の端数が生じたときは，これを一
に切り上げるものとする。）」を各都道府県に配分するという方法である（区画
審設置法 3 条 2 項)。アダムズ方式と呼ばれている。ただ，全面的に新方式によ
って区割りを行うことは 2020（令和 2）年の国勢調査の後に先延ばしされ，そ
れまでの間については，2015（平成 27）年国勢調査の結果および調査が予定さ

れている 2020 年の見込人口において最大較差が 2 倍未満になるのに必要な範囲等についてのみ変更を行うことになった。2016 年改正に基づく区割りは 2017（平成 29）年法律第 58 号により行われ，19 都道府県 97 選挙区の区割りが改められた。

　2016・2017（平成 28・29）年改正に基づく総選挙は，2017 年 10 月 22 日に実施された。2017 年総選挙に関する最大判平成 30・12・19 民集 72 巻 6 号 1240 頁は，選挙時点での最大較差が 1.979 であったことを踏まえ，そして，2016・2017 年改正を「投票価値の平等を確保するという要請に応えつつ，選挙制度の安定性を確保する観点から漸進的な是正を図ったもの」と評価し，違憲状態は解消されたと判断した。平成 23 年判決は区画審設置法 3 条 2 項が定めていた 1 人別枠方式を「合理性は失われていた」と判断していたところ，1 人別枠方式により都道府県に割り振られた選挙区数に基づく区割りは未だ部分的にしか改められていない。しかし，最大較差が 2 倍を切るように改められ，区画審設置法 3 条 1 項が満たされていることを考慮して，平成 23 年判決以来 1 人別枠方式を理由として続けてきた違憲状態判断を取り止めたと考えられる。

　(iii)　参議院選挙区選挙　　平成 16 年判決後最初の通常選挙はその約 6 か月後の 2004（平成 16）年 7 月 11 日に行われたが，国会はそれまでに区割り・配分規定を改正することはできなかった。選挙後の 2006（平成 18）年に 4 増 4 減の公職選挙法改正が行われ，較差は 1 対 4.84 に縮小した。

　最高裁は，2004 年選挙に関する最大判平成 18・10・4 民集 60 巻 8 号 2696 頁では，理由づけを含む多数意見を再び形成して合憲判断を行ったが，多数意見は，当該選挙までの参議院の取組だけではなく，選挙後の 2006 年改正まで考慮して，憲法違反ではないという結論を導いている。選挙の合憲性判断に選挙後の事情まで考慮することの是非は別論として，「立法府の義務に適った裁量権の行使」がなされたかどうかを検討するという平成 16 年判決補足意見 2 をふまえた判断となったといえよう。

　続いて，2007（平成 19）年通常選挙に関する最大判平成 21・9・30 民集 63 巻 7 号 1520 頁では，多数意見は，これまで用いてきた「複雑かつ高度に政策的な考慮と判断の上に立って行使されるべき国会の裁量的権限に係るものであることを考慮しても，その許される限界を超えると判断される場合に」（傍点

著者）という表現を，「国会の裁量権の限界を超えると判断される場合には」
に改め，また，「〔平成16年判決と最大判平成18・10・4においては〕実質的にはよ
り厳格な評価がされてきている」ことを認めた。これは，平成16年判決補足
意見2の立場が多数意見となったことを示しているように思われる。最大判平
成21・9・30は，結論としては違憲判断を下さなかったが，その理由は「現行
の選挙制度の仕組みを大きく変更する」「相応の時間」がなかったことに求め
られている。つまり遂に，多数意見は，選挙制度の仕組み自体の変更を国会に
対して要求することとなった。

　そして，2010（平成22）年通常選挙に関する最大判平成24・10・17民集66
巻10号3357頁は，「違憲の問題が生ずる程度の著しい不平等状態に至ってい
た」こと，すなわち，違憲状態にあることを明確に認めた。しかも，最大判昭
和58・4・27民集37巻3号345頁について，「後記4(2)の点をおくとしても，
基本的な判断枠組みとしてこれを変更する必要は認められない」（傍点著者）と
述べており，実質的には部分的な修正を行っている。「後記4(2)の点」とは，
最大判昭和58・4・27と対比すると，以下のようなものである。すなわち，憲
法との関係について，最大判昭和58・4・27が，憲法が定める二院制の本旨か
ら，参議院地方選出議員については「選挙区割や議員定数の配分をより長期に
わたって固定し，国民の利害や意見を安定的に国会に反映させる機能をそれに
持たせることとすることも，立法政策として許容される」としていたのに対し
て，最大判平成24・10・17は，「憲法の趣旨，参議院の役割等に照らすと，参
議院は衆議院とともに国権の最高機関として適切に民意を国政に反映する責務
を負っていることは明らかであり，参議院議員の選挙であること自体から，直
ちに投票価値の平等の要請が後退してよいと解すべき理由は見いだし難い」と
し，長期にわたって固定するという立法政策についても，「ほぼ一貫して人口
の都市部への集中が続いてきた状況の下で，数十年間にもわたり投票価値の大
きな較差が継続することを正当化する理由としては十分なものとはいえなくな
っている」とした。また，選挙制度の仕組みとの関係については，最大判昭和
58・4・27が，参議院選挙区選挙制度の仕組みを前提とすると「較差の是正を
図るにもおのずから限度があ」り，また，「投票価値の平等の要求も，人口比
例主義を基本として選挙区割及び議員定数の配分を定めた選挙制度の場合と同

一に論じ難い」としていたのに対して，最大判平成 24・10・17 は，都道府県
を「参議院議員の選挙区の単位としなければならないという憲法上の要請はな
く，むしろ，都道府県を選挙区の単位として固定する結果，その間の人口較差
に起因して投票価値の大きな不平等状態が長期にわたって継続していると認め
られる状況の下では，上記の仕組み自体を見直すことが必要になる」とした。

　最大判平成 24・10・17 は，このような判断の変更を，「制度と社会の状況の
変化」に求めており，具体的には，①衆議院と参議院とで同質的な選挙制度と
なってきていること，②国政の運営における参議院の役割が大きくなってきて
いること，③衆議院について，選挙区間の人口較差が 2 倍未満となることを基
本とする旨の区割りの基準が定められていること，を挙げている。これらの事
情は，平成 16 年判決以降の最高裁の転換を自ら弁明するものとも理解できよ
う。

　このように最大判平成 24・10・17 は違憲状態であると判断したが，相当期
間については，最高裁が最大判平成 21・9・30 で選挙制度の構造的問題および
その仕組み自体の見直しの必要性を指摘したのは最大判平成 24・10・17 の対
象である 2010（平成 22）年選挙の約 9 か月前のことであること，選挙制度の仕
組み自体の見直しについては相応の時間を要することは認めざるをえないこと，
参議院において選挙制度の仕組み自体の見直しを含む制度改革に向けての検討
が行われていたこと等を挙げて，「本件選挙までの間に本件定数配分規定を改
正しなかったことが国会の裁量権の限界を超えるものとはいえず，本件定数配
分規定が憲法に違反するに至っていたということはできない」とした。

　このように，最高裁多数意見も選挙制度の仕組み自体の見直しを正面から求
めるようになったが，改正はなかなか結実せず，次の 2013（平成 25）年 7 月
21 日通常選挙までに国会が実現できたのは，2012（平成 24）年 11 月に当面の
措置として行われた 4 増 4 減の改正だけであった。

　2013（平成 25）年通常選挙（最大較差 4.77 倍）に関する最大判平成 26・11・
26 民集 68 巻 9 号 1363 頁は，平成 24 年の 4 増 4 減について，最大判平成 24・
10・17 が認定した違憲状態を解消するものではないとした。すなわち，違憲
状態判断は，「都道府県を各選挙区の単位とする選挙制度の仕組みが，長年に
わたる制度及び社会状況の変化により，もはやそのような較差の継続を正当化

する十分な根拠を維持し得なくなっていることによるもの」であるのだから，「上記の状態を解消するためには，一部の選挙区の定数の増減にとどまらず，上記制度の仕組み自体の見直しが必要であるといわなければならない」。

　その上で，最大判平成26・11・26は，衆議院に関する最大判平成25・11・20と同様に，参議院議員の選挙における投票価値の較差に関する最高裁の判断の枠組みが「司法権と立法権との関係に由来するもの」とした上で，違憲状態が相当期間を経過したかどうかは，「単に期間の長短のみならず，是正のために採るべき措置の内容，そのために検討を要する事項，実際に必要となる手続や作業等の諸般の事情を総合考慮して，国会における是正の実現に向けた取組が司法の判断の趣旨を踏まえた裁量権の行使の在り方として相当なものであったといえるか否かという観点に立って評価すべきものと解される」と述べた。結論としては，最大判平成24・10・17の趣旨に沿った検討が行われてきていることを1つの大きな理由として，相当期間の経過を否定した。

　その後，2015（平成27）年に，制度の仕組み自体の変更が初めて行われ，4県2合区を含む10増10減が実施された（鳥取と島根，徳島と高知がそれぞれ合区された）。2016（平成28）年7月10日通常選挙に関する最大判平成29・9・27民集71巻7号1139頁は，2015年改正により「平成25年選挙当時まで数十年間にもわたり5倍前後で推移してきた選挙区間の最大較差が2.97倍（本件選挙当時は3.08倍）にまで縮小」したこと，「平成24年大法廷判決及び平成26年大法廷判決の趣旨に沿って較差の是正を図ったものとみることができる」こと，「附則において，次回の通常選挙に向けて選挙制度の抜本的な見直しについて引き続き検討を行い必ず結論を得る旨を定めており，これによって，今後における投票価値の較差の更なる是正に向けての方向性と立法府の決意が示されるとともに，再び上記のような大きな較差を生じさせることのないよう配慮されているものということができる」ことを述べて，合憲判断を行った。

　最高裁が遅くとも最大判平成24・10・17以降に下してきた違憲状態判断は，ここでようやく解消されることになった。しかし，この合憲判断は一時的なものでいつ再び違憲状態になってもおかしくないということに注意しなければならないだろう。都道府県単位という制度に例外を認めたということは，都道府県単位だけを盾に投票価値平等の要求を突っぱねることがもはやできなくなっ

たということである。合区を増やせば投票価値の平等をより実現できるのであるから，なぜ 2 つの合区にとどまっているのか説明する必要がでてくる。2 つでなければならない理由は考えられないから，2015 年改正は暫定的なものと評価せざるを得ないだろう。最高裁が，「今後における投票価値の較差の更なる是正に向けての方向性と立法府の決意」を合憲判断の 1 つの論拠としたのは，そのような趣旨であると考えられる。

　しかし，2015 年改正ののち次回の 2019（令和元）年 7 月 21 日通常選挙までの間に，2015 年改正附則で述べられていたような「抜本的な見直し」は行われなかった。この間の 2018（平成 30）年改正は，選挙区選出議員の定数を 2 人増員し較差を若干緩和しただけであった（改正時点で 2.99 倍）。他に，比例代表選挙について定数が 4 増されるとともに特定枠制度（優先的に当選人となるべき候補者を政党が指定できる制度。公選法 86 条の 3 第 1 項）が導入されたが，この改正を提案した自民党の意図は合区により失われた議席を補うというところにあったと受け止められており，自民党は実際にそのように用いた。

　2019 年通常選挙に関する最大判令和 2・11・18 民集 74 巻 8 号 2111 頁は，2018 年改正について「大きな進展」ではないことを認めつつも，「立法府の検討過程において較差の是正を指向する姿勢が失われるに至ったと断ずることはできない」として合憲判断を行っている。

3　投票価値不平等の救済のあり方

　裁判所は，区割り・配分規定が憲法に違反すると判断した場合に，どのような判決をするべきであろうか。

(1)　公職選挙法 204 条訴訟の適合性

　投票価値の不平等に対して裁判所がいかなる判決をすべきかが問題になるのは，投票価値に関する訴訟が，公職選挙法 204 条の選挙無効訴訟として提起されてきたという点にかかわる。

　公職選挙法 204 条の訴訟は，「選挙の効力に関し異議がある」ときに選挙人または公職の候補者が提起することができるものであり（公選 204 条），裁判所が，選挙に「選挙の規定に違反することがある」と認め，「選挙の結果に異動

を及ぼす虞がある場合」であると判断すれば，選挙の全部または一部を無効とするというものである（公選205条）。そして，選挙無効判決がなされると，再選挙をすることとなっている（公選109条4号）。その再選挙は判決確定後40日以内に行うこととなっている（公選33条の2第1項）。

　しかし，公職選挙法204条の訴訟において，公職選挙法の区割り・配分規定が憲法違反であると判断されたとしても，このような短期間（選挙期日より前に告示が必要であるから〔公選33条の2第8項参照〕，期間は40日よりさらに短い）に，国会が公職選挙法の改正を行うことを期待するのは実際には難しいといわざるをえない。

　そもそも公職選挙法は204条の訴訟で公職選挙法自体の憲法上の瑕疵を争うことを想定していないので，別表の憲法違反を争うことはできないという議論もあった（最大判昭和39・2・5民集18巻2号270頁・斎藤朔郎裁判官の意見，最判昭和41・5・31集民83号623頁・田中二郎裁判官の意見，昭和51年判決・天野武一裁判官の反対意見参照）。公職選挙法204条の訴訟は，選挙が選挙法令に違反して行われた場合に選挙管理委員会に選挙法令に従った選挙のやり直しをさせるための訴訟であり，選挙法令それ自体が憲法に違反していて選挙管理委員会だけではその是正ができないような瑕疵を争うことを目的とした訴訟形式ではないのではないか，という主張である。

　しかし，この主張は，昭和51年判決によって退けられる。すなわち，昭和51年判決は公職選挙法204条の訴訟が「現行法上選挙人が選挙の適否を争うことのできる唯一の訴訟」であるとした上で，「およそ国民の基本的権利を侵害する国権行為に対しては，できるだけその是正，救済の途が開かれるべきであるという憲法上の要請」に照らして考えると，公職選挙法の「議員定数配分規定が選挙権の平等に違反することを選挙無効の原因として主張することを殊更に排除する趣旨であるとすることは，決して当を得た解釈ということはできない」として，公職選挙法204条の訴訟で投票価値の平等を争うことができることを認めた。

　ただし，投票価値不平等を争う訴訟の究極的な目的が不平等な区割り・配分規定の改正にあるとすると，それを公職選挙法204条の訴訟，すなわち，すでに行われた選挙の効力に関する訴訟において争うことは，目的適合的でないと

ころもある。例えば，選挙無効の判決は選挙の効力を将来に向かって失効させることであると解されるところから（昭和 51 年判決参照），当該選挙区の選挙で選ばれた議員の任期が終了したり，衆議院の場合は解散されたりすると，その時点で訴えの利益が失われ訴訟が終了してしまい，区割り・配分規定はそのまま維持されていたとしてもそれに関する裁判所の判断を得ることができない（最判昭和 54・12・24 訟月 26 巻 3 号 500 頁。さらに，最判平成 17・7・19 民集 59 巻 6 号 1817 頁も参照）。逆に，選挙後に国会が公職選挙法の区割り・配分規定を改正した場合でも，それが訴えの利益を消失させることにはならない。その場合，憲法適合性が争われるのも，旧規定であって，新規定ではない（昭和 51 年判決がまさにその例である）。

　なお，公職選挙法 204 条の訴訟は，定数不均衡以外の，選挙法の憲法適合性にかかる争点について争うためにも利用されている。例えば，最大判平成 11・11・10 民集 53 巻 8 号 1704 頁は，小選挙区比例代表並立制の合憲性，候補者届出政党選挙運動の不平等の合憲性について判断している。ただ，最決平成 26・7・9 判時 2241 号 20 頁は，選挙人が，18 歳以上 20 歳未満に選挙権がないこと，受刑者の選挙権が制限されていること等が憲法に違反すると主張して 204 条の訴訟を提起した事案において，「公職選挙法 204 条の選挙無効訴訟は，同法において選挙権を有するものとされている選挙人らによる候補者に対する投票の結果としての選挙の効力を選挙人又は候補者が上記のような無効原因〔＝主として選挙管理の任にある機関が選挙の管理執行の手続に関する明文の規定に違反することがあるとき又は直接そのような明文の規定は存在しないが選挙の基本理念である選挙の自由公正の原則が著しく阻害されるとき〕の存在を主張して争う争訟方法であり，同法の規定において一定の者につき選挙権を制限していることの憲法適合性については，当該者が自己の選挙権の侵害を理由にその救済を求めて提起する訴訟においてこれを争うことの可否はおくとしても，同条の選挙無効訴訟において選挙人らが他者の選挙権の制限に係る当該規定の違憲を主張してこれを争うことは法律上予定されていない」と述べている。

⑵　事情判決

　公職選挙法が 204 条訴訟について用意した判決方法は選挙無効判決であるが，

投票価値不平等に対して無効判決をしても直ちに不平等が解消されるわけでは
ない。それでも選挙無効判決をすべきであろうか。

　昭和51年判決は，無効判決が投票価値平等の実現と直接に結び付かないこ
とと，加えて，選挙を無効とすることによる不都合な結果を理由として，無効
判決をするべきではないとした。すなわち，昭和51年判決は，議員定数配分
規定を違憲と判断したが，選挙を無効とはせず，判決主文で，「上告人〔第一
審原告〕の請求を棄却する。ただし，昭和47年12月10日に行われた衆議院
議員選挙の千葉県第1区における選挙は，違法である」と宣言するという方法
を採用した。事情判決と呼ばれている。

　行政事件訴訟法31条は，取消訴訟について，「処分又は裁決が違法ではある
が，これを取り消すことにより公の利益に著しい障害を生ずる場合において，
原告の受ける損害の程度，その損害の賠償又は防止の程度及び方法その他一切
の事情を考慮したうえ，処分又は裁決を取り消すことが公共の福祉に適合しな
いと認めるとき」，請求を棄却しつつ，主文で処分または裁決が違法であるこ
とを宣言するという，事情判決と呼ばれる判決手法を認めている。しかし，公
職選挙法219条は，204条の訴訟への行政事件訴訟法31条の準用を排除して
いた。そこで，昭和51年判決は，選挙が公職選挙法の規定に違反する場合と，
「選挙が憲法に違反する公選法に基づいて行われたという一般性をもつ瑕疵を
帯び，その是正が法律の改正なくしては不可能である場合」とを区別し，公職
選挙法219条による事情判決の排除は，前者に関するものであるとした。後者
の場合については，行政事件訴訟法31条には一般的な法の基本原則に基づく
ものと理解すべき要素も含まれているのだから，それを適用する余地がありう
ると述べる。

　そして，昭和51年判決は，選挙を無効としても，直ちに違憲状態が是正さ
れるわけではないこと，また，憲法の所期するところに必ずしも適合しない結
果を生ずること（選挙無効判決は訴訟が提起された当該選挙区の選挙を無効とするだ
けで，他の選挙区の選挙の効力には直接には影響を与えないし，また，選挙の無効は将
来に向かって形成的に無効とするものであるが，しかし，全国の選挙について同様の訴
訟が提起されることもありうるし，また，仮に一部の選挙区の選挙のみが無効とされる
にとどまった場合でも，公職選挙法の改正を含むその後の衆議院の活動が，選挙を無効

とされた選挙区からの選出議員を得ることができないままの異常な状態の下で行われざるをえないこと）を挙げて，選挙を無効としないこととした。

　では，違憲判断がなされた場合は常に事情判決をすることになるのだろうか。昭和 51 年判決が挙げた理由は，その判断対象であった 1972（昭和 47）年 12 月 10 日総選挙に限定されない事情であった。多数意見の趣旨は，公職選挙法 204 条の訴訟で公職選挙法が憲法違反であると判断されたときは常に事情判決をするというものだという理解もある。他方，2 つ目の違憲判決である昭和 60・7・17 では，多数意見は，諸般の事情を総合考察した上で事情判決をすることも「あり得る」とした上で，当該選挙の具体的事情を考慮に入れた上で，事情判決を選択している。具体的事案によっては選挙無効判決の可能性を残しているように読むこともできる。

　これに対して，事情判決という手法によることなく選挙無効判決を主張するものとして，昭和 51 年判決の岡原昌男ら 5 裁判官反対意見が挙げられる。昭和 51 年判決多数意見が無効判決は不当な結果を生むと考えた背景には，公職選挙法別表の議員定数配分規定が不可分一体であり違憲と判断される場合は全体として違憲の瑕疵を帯びるという解釈が存在した（不可分論と呼ぶ。違憲の瑕疵の範囲に関する議論であり，公職選挙法 204 条訴訟の選挙無効判決の効力の範囲に関する議論ではない。不可分論をとる場合も，公職選挙法 204 条訴訟の選挙無効判決が当該選挙区に限って無効とするものであることは，前提である）。これに対して，岡原ら反対意見は，選挙区ごとの可分論を主張する。可分論をとれば資格を失ういる議員の数は限定されることとなる。また，岡原ら反対意見は，もし不可分であると考えたとしても，選挙が無効となるのは訴えられた選挙区に限られるのだから，直ちに憲法の所期しない結果が生じることにはならないと多数意見を批判した。

　なお，現在の衆議院小選挙区選挙に関していえば，選挙区ごとの可分論は，小選挙区制を前提とする以上，成り立たないように思われる。参議院選挙区選挙に関しても，その多数を占める実質的な小選挙区については，全体の定数を大幅に増やさない限り投票価値平等のためには区割りの変更が不可避であるから，可分論は困難であろう。

　また，選挙無効判決以外の判決手法として昭和 60・7・17 の寺田治郎ら 4 裁

判官の補足意見（木戸口久治裁判官も賛成）は，選挙を無効とするがその効果は一定期間経過後にはじめて発生するという判決手法の可能性にも言及している（将来効判決と呼ばれる）。

練 習 問 題

1 　A県立B高校の入試では募集定員を男子100名女子100名と定められているとする。このような募集方法の憲法14条1項適合性について検討しなさい。

(1) 　男女とも同数の募集であるが，性別に基づいて区別しているというべきだろうか。

(2) 　このような募集方法をとる理由が，B高校がいわゆる名門校でありかつては女子の進学が少なかったことから，女性の進学機会を確保するためであったという場合，憲法14条1項に反すると考えるべきだろうか。

(3) 　このような募集方法をとる理由が，男女同数であった方がより良い教育環境が提供できると考えられたためであった場合，憲法14条1項に反すると考えるべきだろうか。

2 　令和3年版の男女共同参画白書によれば，国会議員に占める女性割合は，衆議院で9.9%（46人。2021〔令和3〕年4月現在），参議院で23.0%（56人。2021年5月現在）である。国際比較では，下院（衆議院）の女性議員比率について，189か国中165位である。長い目でみれば増加傾向にあるとはいえ，なお低い水準にあるといわざるをえない。

　　それゆえ様々な対策が議論されているところであるが（辻村みよ子『ポジティヴ・アクション』〔岩波新書，2011年〕参照），例えば，衆議院の拘束名簿式比例代表制部分について，名簿登載者を登載順2人ごとに1人以上を女性とするように政党に対して義務づける制度は，憲法上どのように評価されるだろうか。

3 　参議院の選挙制度を改正し，比例代表選挙と選挙区選挙の組合わせという基本部分は変えないが，人口比例は比例代表部分で考慮することとし，選挙区選出については，人口比例の定数配分を全く考慮せず，各都道府県に一律に2配分することとしたとする。このような選挙制度は投票価値の平等に反して違憲であると考えられるだろうか。また，最高裁はどのように評価すると予想されるだろうか。

第4章

思想・良心の自由

　日本国憲法は，信教の自由（20条），表現の自由（21条），学問の自由（23条）などの精神的自由の保障とは別に，思想・良心の自由（19条）を保障する。19条は，人の内面的精神活動に関する一般法として位置づけられ，思想・良心は，それが「内心」にとどまる限り，「絶対的に」保障されるべきとされてきた。そこで，まず，思想・良心の意味を明らかにしておく（第1節）。学説・判例ともに，思想・良心の自由は「絶対的に」保障されるべきとするこの命題に正面から異を唱えてはいないが，それに値するだけの考慮は払われてきただろうか。「内心」にとどまるならば，どんな思想であっても他者に対して危害を及ぼすことはないから，その保障を「絶対的」といっておいてもさしあたって困らない。こうしたやや安直な「絶対的」保障論が，逆に思想・良心と外部的行為との結び付きから目をそむけることを正当化し，19条の保障を無力化してきたのではないか。思想・良心の自由に対する侵害と考えられてきた事案を類型化した上で改めて検討してみよう（第2節）。

第1節　「思想・良心」の意味

1 内心の自由の一般法

　通説によれば，19条は，個人の内心の自由を保障した一般法である。信教の自由（20条），表現の自由（21条），学問の自由（23条）などは，各条文のカバーする外部的行為の自由を保障するが，外部的行為は内心と密接に関連する。

それゆえ，これらの個別条文は，各々の保護領域に関連し，個人の内心の自由をも保障していると解されているが，19条は，それらの保障と重畳し，かつ，そこに還元されない内心の自由を補充的・一般的に保障する。

もっとも，比較憲法的にみると，思想・良心の自由を憲法明文で規定する例はあまりない。ドイツ連邦共和国基本法が「信仰，良心の自由，ならびに宗教および世界観の告白の自由」の不可侵を規定し（ドイツ基本法4条1項），韓国憲法が「すべて国民は良心の自由を有する」（韓国憲法19条）と規定するのがみられる程度だ。内心の自由が絶対的なものと考えられていたことや，思想の自由が表現の自由と密接に結び付いているために，後者を保障すれば十分であると考えられていたこと，また，良心の自由については，欧米においては信仰選択の自由を意味するものと解されてきたことなどによる。

にもかかわらず，日本国憲法が思想・良心の自由を明文で規定したことには沿革上の理由が大きい。明治憲法下，政府は，治安維持法によって「国体」に反する思想を禁止し，個人の内心のあり方そのものの統制を試みた。「国体ヲ変革シ又ハ私有財産制度ヲ否認スルコトヲ目的トシテ結社ヲ組織シ又ハ情ヲ知リテ之ニ加入」することなどを処罰し，後には，かかる「結社」の「目的遂行ノ為ニスル行為」まで処罰するに至る。当初は，ロシア革命（1917年）に対する危機感を背景とし，私有財産制を否定する国際共産主義運動の弾圧を目的とするものであったが，「国体」概念の不明確さもあり，次第に適用対象は拡大され，昭和10年代の軍国主義の風潮の強まるなか，戦時動員体制に対して非協力的な知識人や宗教団体の弾圧にまで利用される。治安維持法の執行に関連して，行政執行法による予防検束や思想犯保護観察法による転向者の身元引受制度等が適用され，法執行機関（特高）によって思想犯との嫌疑をもたれた者は，交友関係や読書傾向等を調査され，身柄を予防的に拘束され，自白を強要され，継続的な監視下におかれた。このような経緯や，ポツダム宣言が「思想ノ自由」の「確立」（同宣言10項）を要請していたことなどにかんがみ，日本国憲法は，思想・良心の自由を規定した。内心の自由を絶対的に保障したものとされる。

2 「思想・良心」の意味──一体説と区分説

　思想・良心の意味については，「思想及び良心」を１つの概念として捉える
説（一体説）と別個独立に捉える説（区分説）がある。一体説が通説である。

(1) 一 体 説

　一体説によれば，「思想及び良心」は，内心における考え方ないし見方とい
う１つの実体の二側面である。いずれの側面でも保障の法的効果は異ならない
のだから，区別の実益はないとする。

(2) 区 分 説

　一体説を批判するこの説には，次の２つのものがある。

　(a) **文言説**　　第１説は，「思想」と「良心」の文言上の違いを重視し，「思
想」とは内心における人の論理的思考作用から生ずるものであり，「良心」と
は倫理的思考作用から生ずるものであり，実体を異にするとして，一体説を批
判する。しかし，区別の解釈論上の意義は示されておらず，一体説の批判に応
えていない。

　(b) **宗教的良心説**　　第２説は，「良心の自由」は，freedom of conscience
の訳で，欧米におけるこの概念の使用法に従えば，信仰選択の自由を意味する。
後にみる謝罪広告事件 ◆ 判例 4-1 ▷ の栗山茂裁判官補足意見のとる説だ。信仰
の自由が 20 条で保障されているため，19 条の「良心の自由」を信仰選択の自
由と解すべき実益がないと批判されてきた。

3 「思想・良心」の意味──信条説と内心説

　一体説による場合，19 条によって保障される個人の内心の作用とは何か。
信条説と内心説の２つがある。

(1) 信 条 説

　信条説によれば，19 条の保障対象は，宗教上の信仰に準ずべき世界観，人
生観等の個人の人格形成の核心をなすものに限定される。この説によれば，事

物の是非，善悪に関する判断は，19条の保護範囲に含まれない。

⑵　内　心　説

対して，内心説によれば，「思想及び良心」を内心領域の一部に限定すべきではなく，事物の是非，善悪に関する価値判断の作用一般をも含めて解すべきとされる。

⑶　学説の検討

両説の対立は，謝罪広告事件 ◇判例 4-1◇ を契機として注目された。

> ◇判例 4-1◇ **最大判昭和31・7・4民集10巻7号785頁**　　〈謝罪広告事件〉
> 【事実】Yは，衆議院議員総選挙に立候補し，選挙運動期間中，他の候補者X
> が副知事在職中に斡旋収賄を行った事実を政見放送や新聞紙上で公表した。X
> は，それによって名誉を毀損されたとして，Yに対して損害賠償を請求した。
> 第一審，第二審ともに名誉毀損の成立を認め，その救済方法として，「右放送
> 及び記事は真実に相違して居り，貴下の名誉を傷つけ御迷惑をおかけいたしま
> した。ここに陳謝の意を表します」といった内容の謝罪広告をY名義で新聞
> 紙へ広告することを命じた。Yは，良心の自由の侵害を理由に上告。
> 【判旨】上告棄却。「民法723条にいわゆる『他人の名誉を毀損した者に対して
> 被害者の名誉を回復するに適当な処分』として謝罪広告を新聞紙等に掲載すべ
> きことを加害者に命ずることは，従来学説判例の肯認するところであ」る。
> 「尤も謝罪広告を命ずる判決にもその内容上，これを新聞紙に掲載することが
> 謝罪者の意思決定に委ねるを相当とし，これを命ずる場合の執行も債務者の意
> 思のみに係る不代替作為として民訴734条〔現民執172条〕に基き間接強制に
> よるを相当とするものもあるべく，時にはこれを強制することが債務者の人格
> を無視し著しくその名誉を毀損し意思決定の自由乃至良心の自由を不当に制限
> することとなり，いわゆる強制執行に適さない場合に該当することもありうる
> であろうけれど，単に事態の真相を告白し陳謝の意を表明するに止まる程度の
> ものにあっては，これが強制執行も代替作為として民訴733条〔現民執171
> 条〕の手続によることを得るものといわなければならない」。Xの請求は，「Y
> をして右公表事実が虚偽且つ不当であったことを広報機関を通じて発表すべき
> ことを求めるに帰する。」されば，「原判決は，Yに屈辱的若くは苦役的労苦
> を科し，又はYの有する倫理的な意思，良心の自由を侵害することを要求す
> るものとは解せられない」。

（19条の「良心」の意味について以下の少数意見がある。田中耕太郎裁判官補足意見は，これを「宗教上の信仰」に限らず，「世界観や主義や思想や主張」をもつこととするが，謝罪の意思表示としての「道徳的的反省とか誠実さ」を含まないとする。栗山裁判官補足意見は，「良心の自由」を「信仰選択の自由」と解する。対して，藤田八郎裁判官反対意見は，これをもって，「事物に関する是非弁別の内心的自由」とその「判断に関する事項を外部に表現するの自由並びに表現せざるの自由」〔消極的表現の自由〕とし，垂水克己裁判官反対意見は，「沈黙する自由」と解する。

なお，入江俊郎裁判官補足意見は，19条の「良心」保障の意味を「倫理的判断」の自由と解し，謝罪命令判決を強制執行することは個人の人格を侵害し，違憲とするが，それゆえ当該執行は憲法上許されず，結果として違憲の問題は生じないとする〔強制執行不能説〕。）

謝罪命令による良心侵害は，一般に，内心説によれば肯定され，信条説によれば否定される。この点に関する多数意見の立場は，本件のような内容の命令は19条の良心侵害にあたらないとする結論を示すのみである。他方で，この論点に正面から取り組むのが各少数意見であり，田中裁判官補足意見は信条説を，藤田・垂水裁判官の反対意見は内心説を採用するものとされる。なお，後に最高裁は，教員に対する勤務評定に自己観察欄を設け，自己評価の記入を命ずることの合憲性が争われた事案において，当該命令は，「記入者の有する世界観，人生観，教育観等の表明を命じたものと解すること」はできず，「内心的自由等に重大なかかわりを有するものと認めるべき合理的根拠」はないと判示し（勤評長野事件・最判昭和47・11・30民集26巻9号1746頁），信条説に与するかのような立場を判示した。

もっとも，2つの説を形式的に対立させて考えることは，学説を丁寧に読む限り，適当でない。信条説に立つ代表的な見解が，良心を基本的に思想の内面化として立体的に捉えた上で，「思想及び良心」は，信教や学問と内的関連性をもつはずのものであって，これを内心領域一般とすることは「広汎に失する」としながらも，「思想及び良心」は，「その動態的な形成過程に対する配慮を必要としている点に留意すべきである」（佐藤244頁）とするのは，事物の是非，善悪に関する価値判断の作用が，人格形成と密接に関連することを認めるものだ。

4 「思想・良心」の意味──「事実」に関する知・不知

　19 条の保障が，内心における考え方や見方について及ぶものと解する限り，それと区別される「事実」の知・不知は，含まれない。したがって，例えば，裁判における証言強制は，消極的表現の自由（21 条）の侵害例として捉えるべきものとされ，19 条の問題とならない。けれども，「隣人の A 氏は共産党に加入している」という「事実」の証言のもつ客観的意味は，例えば，反共主義の嵐の吹き荒れていた 1950 年代のアメリカ議会と当時の東ベルリンとでは全く異なる。証言強制が 21 条の保障する消極的表現の自由の侵害に該当することを前提とした上で，それが正当化されるか否かを判断するに際して慎重な衡量が必要とされてきたのは，証言が行われる文脈いかんで当該証言が個人の良心に対して重大な負荷となるからだ。このことは，内心説による場合，特に問題となる。

5 絶対的保障の意味

　通説によれば，思想・良心の範囲をいずれに解するとしても，それが内心領域にとどまる限り，絶対的に保障される。しかし，その絶対的保障とは何か。仮に，法は内心領域における是認やコミットメントまで求めるものでないから，自己の思想・良心に反する法に服従しても人格の廉潔性は傷つかないという意味での絶対性が意味されているとすれば，19 条の保障はほとんど空文化する。謝罪命令への服従も，その場合，謝罪広告の新聞紙上への掲載という外形的行為の遂行にすぎず，Y が内心で謝罪意思をもつべきことまで法は要求できないのだから，命令への服従は良心侵害を論理的に引き起こさないという意味での絶対性であり，謝罪広告事件 判例 4-1 の田中裁判官補足意見が，「内心に立ちいたってまで要求することは法の力を以てするも不可能である。この意味での良心の侵害はあり得ない」というときの良心概念だ。

　けれども，実際には，外部的行為の規制を介して法は内心に干渉できる。そのことを前提として，宗教的良心説の意義は再検討されてよい。欧米社会においては，宗教的良心の侵害が，個人のアイデンティティ（人格の一貫性・統合性）にとって深刻な危機をもたらすという認識をふまえ，その侵害に限っては，

良心に基づく一般的法義務からの免除までが正当化された（例えば，エホバの証人による良心的兵役拒否）。それを出発点あるいは原型として，「非宗教的で世俗的な良心」であっても，行為に関する規制を介するその侵害が，機能的にみて宗教的良心の侵害に等しい程度のアイデンティティ危機をもたらすような場合には，一般的法義務からの免除の正当化が試みられてきた。

この点にかんがみると，有力学説が良心を個人のアイデンティティ保持のための監視機関として捉え，良心的拒否権を正当化する試み（西原博史『良心の自由〔増補版〕』〔成文堂，2001 年〕32 頁〜56 頁）は，基本的な方向性として支持されてよい。すなわち，思想は，一般に自己の正しさの妥当要求を伴うので，それが公共的コミュニケーション過程に参入してくること——市民的不服従や象徴的言論など多様な方法・態様で「表現」される——を前提に，表現の自由（21 条）による保護を及ぼすことでさしあたってよいが，対して，良心は，自己の倫理的道徳的な一貫性・誠実性を要求するものであり，公共空間における普遍的妥当要求を必ずしも伴わない。それゆえ，良心的拒否者の行為は，一般的に適用される限り妥当な法義務からの免除要求として現れることが多い。思想と良心とのこの区別が相対的であることには留意しておかねばならないが，一般的法義務それ自体の否定か，そこからの個別的免除要求なのかという区別は，違憲審査において考慮されるべき重要な論点の1つとなる。

Column 4-1　市民的不服従と良心的拒否

　J・ロールズは，20 世紀後半における規範的正義論の復興の祖であり，立憲民主制の政治哲学的前提を解明した彼の『正義論』は，憲法学徒にとっても必読書である。ロールズによれば，社会の基本構造がおおむね正義に適っている民主的社会における政府に対する異議申立ての方法の1つが，市民的不服従（civil disobedience）であり，市民的不服従は，「政府の法や政策に変化をもたらすことを達成目標として為される，公共的で，非暴力の，良心的でありながらも政治的な，法に反する行為」（J・ロールズ〔川本隆史他訳〕『正義論〔改訂版〕』〔紀伊國屋書店，2010 年〕478 頁〜485 頁）と定義される。ベトナム戦争は正義に反するとし，徴兵カードの保管義務に違反して，カードを公衆の面前で焼却する行為は，これにあたる。

　市民的不服従とは，第1に「公共的」行為であり，適切な予告の下に公然と行われ，秘密裏に行われるものではない。請願の一形態であり，公然性（publicity）を要件とする。

　第2に，それが請願の一形態であるがゆえに，市民的不服従は，「非暴力的で良心的」である。不服従は，正義に基づくゆるぎない確信を表し，仲間の市民や政府に対して，注意を喚起するものであり，それ自体脅迫ではない。市民的不服従は，法秩序に対する忠誠という範囲内での，法への不服従を示すものであり，個別の法は破られるが，法秩序に対する忠誠は，その行為の公然性および非暴力的性質によって示される。そのことは，自己の違法な行為に対する責任を受け入れるという行為によって典型的に示される。

　第3に，市民的不服従は，「政治的」行為である。すなわち，不服従を正当化する際に，彼ら・彼女らは，個人的道徳の諸原理や宗教的教義に訴えることはない。彼らは，「政治的秩序の基礎になっている共有の正義概念」に訴えるのであり，多かれ少なかれ正義に適う民主主義国家の内部で，その基本法の正当性を認め，かつ，それを受け入れるような市民とその政府への信頼に基づくものである。

　市民的不服従と現象面において重複するものの，原理的にこれと異なるのが，良心的拒否（conscientious rejection）である（前掲書485頁〜489頁）。良心的拒否の典型は，エホバの証人が，国旗に対する敬礼を偶像崇拝であるとして拒否する場合や，絶対的平和主義者が，正義に適った戦争――自衛戦争が，そうであるとして――に対する協力を拒否する場合等である。良心的拒否は，市民的不服従の場合と異なり，必ずしも「政治的」原理に基づいていない。彼らは，仲間の市民もまた自分たち同様に行動すべきであるとの要求を行わず，自分たちの大義を公共に訴えることに必ずしも関心をもたない。良心的拒否者の要求は，典型的には一般的法義務からの個別的免除要求として現れる。

　もっとも，良心的拒否が，政府の決定が当該社会において共有されている正義原理や基本法に反することを理由とする場合，両者の区別は相対化される。「日の丸・君が代」起立斉唱行事への参加を教員が拒否するような場合である。日野市「君が代」ピアノ伴奏事件（最判平成19・2・27民集61巻1号291頁）の藤田宙靖裁判官反対意見は，職務命令により「君が代」伴奏を命じられた音楽専科の教諭によって侵害されたと主張されている思想・良心の内容を，「『君が代』の斉唱をめぐり，学校の入学式のような公的儀式の場で，公的機関が，参加者にその意思に反してでも一律に行動すべく強制することに対する否定的評価」として捉える。そのような「信念」に基づく伴奏拒否行為については，一種の市民的不服従として捉えることもできる。

第 2 節　侵 害 類 型

「思想及び良心の自由」は，どのような場合に「侵害」されるだろうか。次の **1** から **5** の一応の類型化ができる。

1 「思想・良心」を保持する自由の侵害

内心を保持する自由は，公権力が，特定の思想をもつこと・もたないことを強制することによって侵害される。その典型が，公権力による思想・良心を理由とする不利益処遇であり，14 条 1 項の「信条」差別の禁止と重なる。この自由の侵害問題として扱うべき事案として，次のものが挙げられる。

(1)　レッドパージ事件

朝鮮戦争勃発直後（1950 年 6 月 6 日）から出された一連のマッカーサー書簡に基づき，1 万 2 千人以上の労働者が，共産党員またはその同調者であるとして，私企業等から解雇されたのがレッドパージ事件であり，解雇無効が争われた。これに対して，最高裁は，次の 2 つの理由づけによって，有効とした。第 1 の理由づけは，超憲法的効力説とでも呼ぶべきもので，それによれば，占領下においては，日本国の主権は制限され，連合国最高司令官の指令に抵触する限り，日本の法令は効力をもたないので，解雇有効とする（最大決昭和 27・4・2 民集 6 巻 4 号 387 頁，最大決昭和 35・4・18 民集 14 巻 6 号 905 頁）。対して第 2 の理由づけは，解雇は，原告らが共産党員であることや，共産主義を信奉していることを理由とするものではなく，原告らの言動を，職場規律を紊乱し労働能率を低下させるなどの現実的な企業破壊活動と目して解雇理由としたものであり，14 条 1 項・19 条等に反しないとするものである（最判昭和 30・11・22 民集 9 巻 12 号 1793 頁）。思想と行動を区分し，行動のもたらす弊害の規制については，19 条の保障の枠外とする思考を前提とするものであり，その限りで，通説的思考と合致するが，「弊害」の認定は極めて抽象的であり，率直にいって，信条差別そのものであった。占領下の例外的措置として封印し，19 条の規範性がなし崩し的に侵食されることを防ぐという観点からは，超憲法的効力説が

支持される。

⑵　麹町中学校事件

入試選考資料として高等学校へ供される内申書に生徒の思想・信条を記載することは，内心を保持する自由の侵害とならないか。麹町中学校事件で争われた論点であり，内申書の備考欄における「校内において麹町中全共闘を名乗り，機関誌『砦』を発行した。学校文化祭の際，文化祭粉砕を叫んで他校生徒と共に校内に乱入し，ビラまきを行った。大学生 ML 派の集会に参加している。学校側の指導説得をきかないで，ビラを配ったり，落書をした」との記載が原因で不合格となったとし，損害賠償が請求された。最高裁は「右のいずれの記載も，X の思想，信条そのものを記載したものでないことは明らかであり，右の記載に係る外部的行為によっては X の思想，信条を了知し得るものではないし，また，X の思想，信条自体を高等学校の入学者選抜の資料に供したものとは到底解することができない」と判示した（最判昭和 63・7・15 判時 1287号 65 頁）。本件記載が「思想，信条そのもの」の記載でないとしても，そこから，X の政治的思想・信条を「了知」することは容易である。判決が「思想，信条そのもの」として何を捉えているのか疑問であるが，逆にいえば，「思想，信条自体」やそれを「了知」しうるような行動履歴の提供は，19 条違反となりうることを認めたものといえよう。

2 「思想・良心」を形成する自由の侵害

内心を保持する自由が保障されたとしても，政府が，個人の内心の形成過程に介入し，教化することが許容されるとしたら，19 条の保障は空文化しかねない。その場合，政府は，不都合な思想を禁止せずとも，都合のよい思想を国民に対して「刷り込む」ことによって政府への忠誠を調達できるからである。有力学説が，19 条の禁止する特定の思想の「強制」の意味につき，特定の思想の公権力による「歓奨」（浦部法穂『憲法学教室〔第 3 版〕』〔日本評論社，2016年〕134 頁）まで含まれるとし，また，政府が「特定の『思想・良心』の形成を意図して」「特定の『思想・良心』を組織的に宣伝・教化」（佐藤 245 頁）することの禁止を説いてきたのはこのためであり，個人を人格的自律の主体とし

て尊重することから，自律主体の形成過程をも捉えた動態的考察を要請するものだ。

この自由は，学校や監獄，軍隊等の「囚われの聴衆（captive audience）」的性格を帯びがちな閉ざされた場で行われる教化活動によって侵されやすい。批判的判断能力を十分に有しない子どもを対象とする初等・中等教育において特に問題となる。改正教育基本法（2006〔平成18〕年）により，「伝統と文化を尊重し，それらをはぐくんできた我が国と郷土を愛する」（教基2条5号）ことが公教育の目標とされた。けれども，愛国心の意味は多義的であり，その中から特定の解釈を公定した上で，「勧奨」，「宣伝・教化」することは，思想形成の自由の侵害となる。

③ 「思想・良心」の告白強制

政府が国民の思想・信条のあり方について何らかの統制を試みる場合，その前段階として，政府は，国民の思想・信条の探知を目的とする調査を実施する。こうした調査を，強制力を背景に実施することは，内心を保持し，形成する自由にとって脅威となることから，19条の禁止するところとされてきた。「沈黙の自由」の保障である。

(1) 「沈黙の自由」とその侵害

(a) 定 義　「沈黙の自由」の保障とは，「公権力が，個人の内心の探知を目的とし，個人の現に保有する思想・信条を強制的に告白させ，または，推知することの禁止」を意味する。この意味での「沈黙の自由」の典型的な侵害例が，江戸時代の踏み絵である。この定義に関連して，3点，説明しておく。

第1に，公権力が内心の告白を強制する場合，政府にとって望ましくない思想・信条が明らかとなった者に対する何らかの不利益処遇とリンクしていることが多いが，仮にそうでない場合でも，公権力がこのような調査を実施すること自体が内心の自由を脅かすおそれがあるので，強制的な調査それ自体が禁止されるべきである。憲法草案審議においてすでに意識されていた論点であり，信教の自由に関連してではあるが，「例えば国勢調査とか，ああ云う時に，何宗とか書かせる，あれはどう云う風に解しますか」という質問（佐々木惣一）

に対して，「疑わしいことではありますけれども，非常に嫌やだと云う人に強制したら，これに引掛かるような気が実はするのです」という答弁（金森徳次郎）がある（清水伸編著『逐条日本国憲法審議録　第 2 巻』〔有斐閣，1962 年〕405 頁）。

　第 2 に，なぜ，「個人の内心の探知を目的とし」とする限定を付すのか。個人が良心を理由として法令の遵守を拒否する場合（良心的拒否），結果として拒否者の内心があぶり出されることはありえるからであり，そのこと自体を「沈黙の自由」の侵害として絶対的に保障することはできないからだ。

　第 3 に，「推知」まで禁止されていることから，「個人の内心の探知を目的として，個人をその思想・良心に反する行為・不行為をせざるをえない状況に追い込むこと」もまた禁止される。公務員の採用に際しての服務宣誓が，個人の内心の探知を目的として，特定の思想に対する賛否を条件とするような仕方で実施される場合などが，該当する。

　なお，戦前の治安維持法下での特高による思想調査のように，第三者から特定個人の内心に関する情報を収集することは，プライバシー権（13 条）の侵害となる。

　(b)　侵害例　大阪市が全職員を対象に実施した「労使関係に関する職員のアンケート調査」は，このように厳密に定義された「沈黙の自由」を侵害するものである。職務命令により，「真実を正確に回答」することを義務づけ，「正確な回答」がされない場合には懲戒処分となることを明記した上で，組合活動や，特定の政治家を応援する活動への参加の有無，およびその具体的内容等を調査するものだからだ。しかし，下級審判決は，個々の設問が「思想・良心そのもの」や「特定の思想内容を推知させるもの」ではないことを理由に 19 条違反の主張を退けた（大阪地判平成 27・1・21 判時 2299 号 71 頁，大阪高判平成 27・12・16 判時 2299 号 54 頁，大阪地判平成 27・3・30 裁判所ウェブサイト，大阪高判平成 28・3・25 裁判所ウェブサイト）。

(2)　私企業による場合

　(a)　雇用関係成立前の調査　私企業の採用面接試験において在学中の学生運動歴につき虚偽の申告を行ったことを理由に本採用を拒否されたため，会社が労働者の採否に際して，学生運動歴について調査し，申告を求めることが

19条に反するか否か争われたのが，三菱樹脂事件〈判例 1-5〉である。判例は，「法律その他による特別の制限がない限り」，「企業者が雇傭の自由を有し，思想，信条を理由として雇入れを拒んでもこれを目して違法とすることができない以上，企業者が，労働者の採否決定にあたり，労働者の思想，信条を調査し，そのためその者からこれに関連する事項についての申告を求めることも，これを法律上禁止された違法行為とすべき理由はない」とし，その上で，本件調査は，「Xの思想，信条そのものについてではなく，直接にはXの過去の行動についてされたものであり，ただその行動がXの思想，信条となんらかの関係があることを否定できないような性質のものであるというにとどまるとすれば」，「なおさら」「違法とすることはできない」としている。労働基準法3条が労働者の信条による労働条件の差別を禁止する雇入れそのものを制約する規定ではないことを根拠とするものと解される。もっとも，現在では，都道府県各労働局は，思想・信条等に関する質問を就職差別につながるおそれのある不適切なものとし，指導の対象としている。

(b) 雇用関係成立後の調査　　雇用関係成立後の思想調査として19条違反が争われたのが東電塩山営業所事件である。営業所の部外秘が，日本共産党の機関紙に掲載されたため，営業所長が，共産党の同調者との噂のあったXの事情聴取を行い，調査目的を明らかにすることなく，Xが共産党員か否か質問し，Xが否定するとその旨を書面とし交付するよう繰り返し要求した事件である。判例は，調査目的との関連性を明らかにせず，かかる質問や要求を行った点において調査方法として相当性に欠ける面があるとしながらも，「返答を強要」し，または，「不利益な取扱いを受ける虞のあることを示唆」する事実がなかったことなどにかんがみ，「社会的に許容し得る限界」内とした（最判昭和63・2・5労判512号12頁）。

4「思想・良心」に反する外部的行為の強制

19条を「内心の自由」の一般法として捉える通説は，思想・良心に反する外部的行為の強制を19条の侵害類型としてこなかった。思想・良心と外部的行為とを思考の上で切断し，後者の自由保障にはそれに関する条項が適用されるとしてきたのである。もっとも，通説においても，この切断は徹底されてい

ない。思想・良心に対する事実上の影響を最小限度にとどめるような配慮を欠くときは19条違反の可能性が生ずるとされ，また，外部的行為の規制であっても，その趣旨が思想・良心の規制にあると解されるときは，例外的に19条違反となるとされてきた。

　対して，最近の学説の有力な傾向は，「思想・良心に反する外部的行為の強制」を19条の原則的侵害類型の1つとして位置づける。それによれば，一般に適用される限り正当な法義務の履行が，特定の思想・良心を持つ個人のアイデンティティ保持を困難とするような場合，これを19条の侵害問題として構成すべきである。特にその適用が，当該個人の思想・良心に対する直接的な抑制となり，または，その核心と密接に関連する部分を脅かすような場合には，LRAの基準や比例原則の厳格適用が要請される。

(1)　「日の丸」「君が代」裁判

　公立学校での国旗・国歌行事をめぐり，教職員に対して，学校長が職務命令により，「君が代」伴奏や「起立・斉唱」等を要請し，それに従わない教職員らに対して懲戒処分等の不利益処分を課すことの合憲性が，争われてきた。そこでは，思想・良心に基づきピアノ伴奏を拒否し，あるいは，起立・斉唱を拒否するなどの外部的行為が憲法19条によって保障されるか否か，保障されるとしてその程度いかんが争点となる。

　(a)　**日野市「君が代」ピアノ伴奏事件**　　最高裁は，日野市「君が代」ピアノ伴奏事件（最判平成19・2・27民集61巻1号291頁）において，ピアノ伴奏を命ずる職務命令は，「伴奏」という外部的行為を命ずるのみであり，伴奏者である音楽専科の教諭Xが内心において抱く思想・良心そのものを制約するものではない，と判示した。Xが内心において，「君が代」と過去のアジア侵略との結び付きから，「君が代」に否定的な歴史観・世界観を有しているような場合，伴奏拒否という行為は，「Xにとっては，上記の歴史観ないし世界観に基づく1つの選択ではあろうが，一般的には，これと不可分に結び付くものということはできず，Xに対して本件入学式の国歌斉唱の際にピアノ伴奏を求めることを内容とする本件職務命令が，直ちにXの有する上記の歴史観ないし世界観それ自体を否定するものと認めることはできない」ということ，また，

「客観的に見て」，入学式等での「君が代」伴奏という行為自体は「音楽専科の教諭等にとって通常想定され期待されるもの」であり，「特定の思想を有するということを外部に表明する行為であると評価することは困難」であり，特にそれが職務命令により行われる場合には一層困難であることなどが理由とされている。これは，下級審判決（東京地判平成15・12・3判時1845号135頁，東京高判平成16・7・7判自290号86頁）が，職務命令によって伴奏すべきでないとする良心が侵害されることを前提とした上で，これと対立する公教育の公共性との比較衡量という判断枠組みを用いたことと異なるアプローチである。

(b)　「起立・斉唱」命令事件　　それでは，教員らに「起立・斉唱」を命ずる職務命令の合憲性は，どうか。

〈判例 4-2〉【1】最判平成23・5・30民集65巻4号1780頁，【2】最判平成23・6・6民集65巻4号1855頁，【3】最判平成23・6・14民集65巻4号2148頁，【4】最判平成23・6・21判時2123号35頁　　〈起立・斉唱命令事件〉

【事実】これらの事案は，公立高等学校・中学校の校長が，教職員・教諭に対し，卒業式または入学式における国家斉唱の際に，【1】【2】国旗に向かって起立し国歌を斉唱すること，【3】起立し斉唱すること，【4】起立することをそれぞれ内容とする職務命令を発し，これに従わない教職員らを戒告処分とし（【1】～【4】事件），また，戒告処分を受けた教職員らが申し込んだ定年退職後の再雇用の選考に際して，不起立行為が職務命令違反等に該当することを理由に不合格とされ（【1】【2】事件），あるいは，服務事故再発防止研修の受講を命じられた（【3】事件）ことなどに対して，当該教職員らが，上記内容の職務命令は憲法19条に違反することを理由に，処分の取消および損害賠償を請求したものである。下級審においては，原告らの請求はすべて退けられている。原告ら上告。

【判旨】上告棄却（以下の判旨部分は，第三小法廷による【3】【4】事件と，第一・二小法廷による【1】【2】事件とでは表現を若干異にするもののおおむね共通している。以下では【1】事件から引用）。

　①「本件職務命令当時，公立高等学校における卒業式等の式典において，国旗としての『日の丸』の掲揚及び国歌としての『君が代』の斉唱が広く行われていたことは周知の事実であって，学校の儀式的行事である卒業式等の式典における国歌斉唱の際の起立斉唱行為は，一般的，客観的に見て，これらの式典における慣例上の儀礼的な所作としての性質を有するものであり，かつ，そのような所作として外部からも認識されるものというべきである。したがって，上記の起立斉唱行為は，その性質の点から見て，上告人の有する歴史観ないし

世界観を否定することと不可分に結び付くものとはいえず，上告人に対して上記の起立斉唱行為を求める本件職務命令は，上記の歴史観ないし世界観それ自体を否定するものということはできない。また，上記の起立斉唱行為は，その外部からの認識という点から見ても，特定の思想又はこれに反する思想の表明として外部から認識されるものと評価することは困難であり，職務上の命令に従ってこのような行為が行われる場合には，上記のように評価することは一層困難であるといえるのであって，本件職務命令は，特定の思想を持つことを強制したり，これに反する思想を持つことを禁止したりするものではなく，特定の思想の有無について告白することを強要するものということもできない。そうすると，本件職務命令は，これらの観点において，個人の思想及び良心の自由を直ちに制約するものと認めることはできないというべきである。」

　②「もっとも，上記の起立斉唱行為は，教員が日常担当する教科等や日常従事する事務の内容それ自体には含まれないものであって，一般的，客観的に見ても，国旗及び国歌に対する敬意の表明の要素を含む行為であるということができる。そうすると，自らの歴史観ないし世界観との関係で否定的な評価の対象となる『日の丸』や『君が代』に対して敬意を表明することには応じ難いと考える者が，これらに対する敬意の表明の要素を含む行為を求められることは，その行為が個人の歴史観ないし世界観に反する特定の思想の表明に係る行為そのものではないとはいえ，個人の歴史観ないし世界観に由来する行動（敬意の表明の拒否）と異なる外部的行為（敬意の表明の要素を含む行為）を求められることとなり，その限りにおいて，その者の思想及び良心の自由についての間接的な制約となる面があることは否定し難い。」

　③「そこで，このような間接的な制約について検討するに，個人の歴史観ないし世界観には多種多様なものがあり得るのであり，それが内心にとどまらず，それに由来する行動の実行又は拒否という外部的行動として現れ，当該外部的行動が社会一般の規範等と抵触する場面において制限を受けることがあるところ，その制限が必要かつ合理的なものである場合には，その制限を介して生ずる上記の間接的な制約も許容され得るものというべきである。」「このような間接的な制約が許容されるか否かは，職務命令の目的及び内容並びに上記の制限を介して生ずる制約の態様等を総合的に較量して，当該職務命令に上記の制約を許容し得る程度の必要性及び合理性が認められるか否かという観点から判断するのが相当である。」

　④本件職務命令は，「高等学校教育の目標や卒業式等の儀式的行事の意義，在り方等を定めた関係法令等の諸規定の趣旨に沿い，かつ，地方公務員の地位の性質及びその職務の公共性を踏まえた上で，生徒等への配慮を含め，教育上

の行事にふさわしい秩序の確保とともに当該式典の円滑な進行を図るもの」であり，「外部的行動の制限を介して上告人の思想及び良心の自由についての間接的な制約となる面はあるものの，職務命令の目的及び内容並びに上記の制限を介して生ずる制約の態様等を総合的に較量すれば，上記の制約を許容し得る程度の必要性及び合理性が認められるものというべきである。」

（【1】事件につき，竹内行夫・須藤正彦・千葉勝美裁判官の各補足意見，【2】事件につき，金築誠志裁判官の補足意見，宮川光治裁判官の反対意見，【3】【4】事件につき，那須弘平・岡部喜代子・大谷剛彦裁判官の各補足意見，田原睦夫裁判官の反対意見がある。）

　判旨①は，日野市「君が代」ピアノ伴奏事件の判旨をほぼそのまま引用したものであり，本件職務命令が，原告らの「歴史観ないし世界観それ自体」の直接的な制約とならないことを論証したものだ。しかし，本判決は，第1に，「ピアノ伴奏」が音楽専科の教諭にとって通常期待される業務であるのに対して，「起立斉唱行為」は教職員一般の本来業務とはいえないこと，また第2に，「起立斉唱行為」は，「日の丸」「君が代」への「敬意の表明の要素」を含むことから，日野市「君が代」ピアノ伴奏事件とは異なり，判旨①から直ちに19条違反の主張を退けることをせず，当該職務命令による上告人らの思想・良心の自由の制約を認めた（判旨②）。けれども，判決は，「起立斉唱行為」の拒否と拒否者の「歴史観ないし世界観それ自体」との「不可分」の結び付きまでは認めず，職務命令によるその侵害を「外部的行動」の制限に伴う「間接的な制約」と位置づけた上で，職務命令の必要性・合理性を総合較量によって判断するという枠組みを設定している（判旨③④）。

　判例のいう「間接的な制約」，ひいては「直接的な制約」とは何か。「間接的な制約」とは，外部的行為の制約が，特定の歴史観や世界観等について否定的評価を含むものではなく，その趣旨，目的が別にあるにもかかわらず，その外部的行為が，個人の歴史観等に由来する外部的行動と異なり，その者はそれには応じ難いというときに「結果として」個人の思想・良心の自由について生ずる制約をいう（【1】事件の須藤裁判官補足意見）。対して，「直接的な制約」とは，「表見的には外部的行動に対する制限であるが，実はその趣旨，目的が，個人に対して特定の歴史観等を強制したり，あるいは，歴史観等の告白を強制した

りするもの」（【1】事件の竹内裁判官補足意見）である。「直接的」「間接的」の区分は，制約の趣旨，目的によるものと解されよう。

　この区分を踏まえて本件を評価するとき，判例が，起立・斉唱命令を「間接的な制約」として位置づけていることの是非が改めて問われる。本件職務命令は，都教育委員会の通達に基づくものであるが，【2】事件の宮川裁判官反対意見によれば，「都教委は教職員に起立斉唱させるために職務命令についてその出し方を含め細かな指示をしていること，内心の自由を説明しないことを求めていること，形から入り形に心を入れればよい，形式的であっても立てば一歩前進だなどと説明していること，不起立行為を把握するための方法等について入念な指導をしていること，不起立行為等があった場合，速やかに東京都人事部に電話で連絡するとともに事故報告書を提出することを求めていること」や「卒業式等にはそれぞれ職員を派遣し式の状況を監視している」といった状況等が指摘されている。それらにかんがみると，通達は，「式典の円滑な進行を図るという価値中立的な意図で発せられたものではなく，前記歴史観ないし世界観及び教育上の信念を有する教職員を念頭に置き，その歴史観等に対する強い否定的評価を背景に，不利益処分をもってその歴史観等に反する行為を強制することにあるとみることができる」のであり，教員らの内心そのものを狙い撃ちとしているという見方の方が現実的である。思想・良心に対する直接的制約として，厳格審査の基準を用いるべきでなかったか。

　(c)　**処分量定方針の適法性**　(b)の訴訟では，懲戒処分の裁量論に関する上告受理申立てがなかったため，懲戒権行使における裁量権の限界については判断されていないが，これが，次の争点となる。東京都では，不起立等の職務命令違反の行為に対し，1回目は戒告処分とし，2回目以降からは加重処分を行うこととし，2回目で減給1月，3回目で減給6月，4回目以降は停職処分とする処分量定方針を定め，それに従い，不起立教員らを処分してきた。判例は，1回目の戒告処分を適法とする一方で，2回目以降の累積加重処分については，「当該処分を選択することの相当性を基礎付ける具体的な事情が認められる場合であることを要する」とし，「過去に入学式の際の服装等に係る職務命令違反による戒告1回の処分歴があることのみを理由」とする減給処分，および，「過去の懲戒処分の対象は，いずれも不起立行為であって積極的に式典の進行

を妨害する内容の非違行為は含まれておらず，いまだ過去 2 年度の 3 回の卒業式等に係るものにとどまり，本件の不起立行為の前後における態度において特に処分の加重を根拠付けるべき事情もうかがわれない」場合の停職処分を違法としている（最判平成 24・1・16 判時 2147 号 127 頁，最判平成 24・1・16 判時 2147 号 139 頁）。

(2) 強制加入団体における団体規律の限界

　法令によって加入を義務づけられている団体を強制加入団体という。強制加入団体の構成員が，団体決定に対する協力を思想・良心を理由に拒否する場合，思想・良心に基づく外部的行為（不行為）の自由の保障とその限界が問われる。南九州税理士会事件 ◁ 判例 4-3 ▷ において争点となった。

> ◁ 判例 4-3 ▷ 最判平成 8・3・19 民集 50 巻 3 号 615 頁　〈南九州税理士会事件〉
> 【事実】南九州税理士会 Y の会員である税理士 X は，同会が，税理士法改正のための政界工作資金として，政治資金規正法上の政治団体である南九州各県税理士政治連盟へ配付すると使途を明示して行った特別会費 5,000 円の徴収決議に反対し，納入を拒否したため，会則に従い，Y の役員選挙における選挙権・被選挙権を停止された。X は，同決議は，①Y の「目的の範囲」外であり，②決議に反対の意思を有する X からの徴収は，思想・信条の自由の侵害であるなどとして，訴えた。
> 　第一審は，X の主張を認容したが，第二審は，①税理士会が，税理士法の制定・改正に関し，関係団体等に働きかけるなどの活動をすることは，その「目的の範囲内」であり，②会員に要求される協力義務の内容は，比較衡量によって決せられるべきところ，本件決議は，社会通念に照らして明白に反社会的であるなどの事情もなく，特別会費の拠出が，特定政治家の一般的な政治活動の支援となるという関係は迂遠かつ希薄であるから，決議は，X の思想・信条を侵害しないと判示した。X 上告。
> 【判旨】破棄自判。①「税理士会が政党など規正法上の政治団体に金員の寄付をすることは，たとい税理士に係る法令の制定改廃に関する政治的要求を実現するためのものであっても，〔税理士〕法 49 条 2 項〔現同条 6 項〕で定められた税理士会の目的の範囲外の行為であり，右寄付をするために会員から特別会費を徴収する旨の決議は無効であると解すべきである」。
> 　②「税理士会は，税理士の使命及び職責にかんがみ，税理士の義務の遵守及び税理士業務の改善進歩に資するため，会員の指導，連絡及び監督に関する事

務を行うことを目的として，法が，あらかじめ，税理士にその設立を義務付け，その結果設立された……法人である。また，税理士会は，強制加入団体であって，その会員には，実質的には脱退の自由が保障されていない」。同会が強制加入であることからすると，「その目的の範囲を判断するに当たっては，会員の思想・信条の自由との関係で」「考慮が必要」であり，「会員に要請される協力義務にも，おのずから限界がある」。「特に，政党など規正法上の政治団体に対して金員の寄付をするかどうかは，選挙における投票の自由と表裏を成すものとして，会員各人が市民としての個人的な政治的思想，見解，判断等に基づいて自主的に決定すべき事柄であるというべきである」。そうすると，「税理士会が，このような事柄を多数決原理によって団体の意思として決定し，構成員にその協力を義務付けることはできないというべきであり」「税理士会がそのような活動をすることは，法の全く予定していないところである」。

　最高裁は，八幡製鉄政治献金事件 判例 1-3 において企業献金を定款所定の「目的の範囲内」としていた。本件は，同じく法人による政治献金がその権利能力に含まれるかが問われた事案であるが，判例は，税理士会の目的，および，同会が強制加入制であることを強調し，「会員の思想・信条の自由との関係」で協力義務を限定し，政治資金規正法上の政治団体に対する寄附を同会の「目的の範囲外」とした。会員の思想・信条の自由の観点から，法人の権利能力の範囲を直接限定するアプローチである（一段階確定説）。

　協力義務の限定は，脱退の自由が「事実上大きな制約を受けている」労働組合による統制権行使との関係でも問題となり，国労広島地本事件（最判昭和50・11・28民集29巻10号1634頁。p.386の(ii)参照）で争われた。もっとも，この事件では，判例は一段階確定説をとらず，「労働組合の決定した活動が組合の目的と関連性を有するというだけで，そのことから直ちにこれに対する組合員の協力義務を無条件で肯定するは相当でなく」，組合の「目的の範囲内」とされる行為であっても，「問題とされている具体的な組合活動の内容・性質，これについて組合員に求められる協力の内容・程度・態様等」の比較衡量を改めて行い，「組合員の協力義務の範囲に合理的な限定を加えることが必要である」としている（二段階確定説）。

　強制加入の公益法人である群馬司法書士会 Y が，阪神大震災に被災した兵庫県司法書士会に復興支援拠出金を送金するために，総会決議に基づき会員か

ら負担金の徴収を行うことは，どうか。判例は，司法書士会は「その目的を遂行する上で直接又は間接に必要な範囲で，他の司法書士会との間で業務その他について提携，協力，援助等をすることもその活動範囲に含まれる」ので，「本件拠出金を寄付することは，Ｙの権利能力の範囲内にある」とし，同会が，強制加入であることを考慮してもなお，負担金の徴収は「会員の政治的又は宗教的立場や思想信条の自由を害するものではなく」，また，その額も「会員に社会通念上過大な負担を課するものではないのであるから，本件負担金の徴収について，公序良俗に反するなど会員の協力義務を否定すべき特段の事情があるとは認められない」とした（群馬司法書士会事件・最判平成14・4・25判時1785号31頁）。拠出金の寄附を「目的の範囲内」とした上で，その「範囲内」の行為について改めて構成員の協力義務の限界を問う二段階確定説を用いている。いずれの説を採用しても，結論が大きく異なることはない。

5 「思想・良心」に反する表現行為の強制

　強制される外部的行為が思想・良心に反する「表現」行為である場合，「表現」は通常，不特定多数の者に向けてメッセージを発信する行為であるため，意に反してそれを強制される者の内心に深刻な葛藤を引き起こす。特にその「表現」が本人の内心の発露として一般に受け止められるような文脈において，その葛藤は大きくなり，より大きな精神的苦痛をもたらす。例えば，前掲日野市「君が代」ピアノ伴奏事件上告審判決（⇒p.150の(a)）が，職務命令が思想・良心の自由の侵害にあたらないとする文脈において，学校行事での「君が代」のピアノ伴奏行為は「客観的に見て」伴奏者の思想の外部的「表明」とは評価されないことをことさら判示するのは，逆にいえば，職務命令に基づく公務員の行為であっても，それが，「外部から見て」，公務員個人の内心の発露として受け取られかねない「客観的」状況にある場合には，その強制が，思想・良心の自由の侵害となることを認めるものだ。

　学説は，思想・良心に反する表現行為の強制を，消極的表現の自由（21条）の侵害問題として扱ってきた。たしかに，消極的表現の自由は，広義では「言いたくないことを言わない自由」とややあいまいに定義されてきたので，表現行為の強制を，この自由の侵害として捉えることも間違いとはいえない。しか

し，消極的表現の自由とは，厳密にいえば，取材源の秘匿を理由とする報道記者による証言拒否の場合のように，「何らかの情報や意見を個人が現に保有していることを前提に，それを表出・提供することを拒否する自由」を意味する。これを，「狭義の消極的表現の自由」として定義しておく。この自由の侵害と，「政府によって，自己のそもそも有していない思想・良心の外観上の表示を強制されること」とでは，内心の侵害状況が大きく異なる。後者に固有の問題を，ここでは，「思想・良心に反する表現行為の強制」として扱う。これを，「広義の消極的表現の自由」の問題として扱うとしても，両者における内心の侵害状況の違いに注意しておくべきだろう。

(1) 謝罪広告事件

　謝罪広告事件〈 **判例 4-1** 〉の提起した憲法上の論点は，思想・良心に反する表現行為の強制からの自由，すなわち「広義の消極的表現の自由」の限界問題である。

　謝罪という，通常は謝罪意思を伴うものと受け止められるような言語行為を本人名義で公表することを強制する点において，それが，思想・良心に反する表現行為の強制となることは明らかである。学説の多くは，これを「沈黙の自由」の侵害例として扱ってきたが，本件は，謝罪意思を有しないYに対して，Yの名義において謝罪の外観の表示が強制された事案であり，裁判所は，Yの現に保持している内心のあり方それ自体に関心をもっていない。それゆえ，代替執行ができるのであり，「沈黙の自由」の典型的侵害となる踏み絵の場合に代替執行がありえないのと異なる。

　本件のような表現行為の強制を19条または21条の侵害問題として捉える場合，その侵害は正当化されるだろうか。起立・斉唱命令事件〈 **判例 4-2** 〉における判断枠組みに照らせば，思想・良心の自由に対する「間接的な制約」の明白な事案であり，謝罪広告命令の必要性・合理性はより慎重に審査されるべきである。その場合，例えば「Xの名誉を毀損したことを裁判所によって認定された」旨の事実を，Yの名義によって掲載するといった，Yの良心に対して，より負荷の少ない手段をとることの可否が検討されることとなる。毎日新聞の記事が，その見出しのみを読む一般読者に対し，オウム真理教を承継する

宗教団体がサリン製造の研究を継続しているとの印象を与えるもので，名誉を
毀損するとしてなされた損害賠償請求に対して，下級審判決は，本件記事によ
る団体の社会的評価の低下を認定した上で，その「内容及び程度」に照らし，
謝罪文の掲載まで必要なく，訂正記事の掲載で足りるとした（東京高判平成13・
4・11判時1754号89頁）。損害賠償を名誉侵害の程度が著しい場合等に限定し，
訂正命令を，名誉侵害に対する原則的救済方法とする方向性を示唆するものだ。
もっとも，内心説を徹底する限り，事実が誤っていたことを認める「訂正」行
為も良心的葛藤をもたらす点において，「謝罪」と原理的に異ならない点にも
留意しておくべきだろう。

(2)　ポスト・ノーティス命令の合憲性

　同様の問題として，不当労働行為（労組7条）を行った使用者に対して，労
働委員会が陳謝文の掲示や謝罪文の交付等を命ずること（ポスト・ノーティス命
令）の合憲性が論じられてきた。判例は，命令の内容を，使用者の行為が「不
当労働行為と認定されたことを関係者に周知徹底させ，同種行為の再発を抑制
しようとする趣旨のもの」と解し，「陳謝の意思表明を強制するもの」でない
とし，19条違反の主張を退けている（ネスレ日本株式会社事件・最判平成7・2・
23民集49巻2号393頁）。

6　保障とその限界

　通説的見解によれば，侵害類型 **1**・**2**・**3** に該当する政府の行為は，絶対的
に禁止される。それゆえ，その19条違反が争われる場合，政府の行為が思
想・良心を侵害するか否かが決め手となり，その侵害が見いだされる場合，公
共の福祉を理由としても，正当化されない。他方で，侵害類型 **4**・**5** について
は，第三者の権利や対立する公共の利益との衡量が必要なので，政府の行為が
思想・良心の侵害にあたるとしても，さらに，それが正当化可能か否かを慎重
に検討しなければならない。

練習問題

1　ドイツ基本法は，ナチズム体験をふまえ，「民主主義は，民主主義の敵に対してまで寛容たりえない」という「闘う民主主義」の立場を採用し，国民に対して憲法尊重擁護義務を課し，教授の自由については憲法への忠誠を免除しないとするなどの規定を設け，また，「自由で民主的な基本秩序」を否定する政治団体に対する解散制度等を導入した。このような「民主主義」観を思想・良心の自由との関係で，どう考えるか。

2　最高裁は，「国旗としての『日の丸』の掲揚及び国歌としての『君が代』の斉唱が広く行われていたことは周知の事実であって，学校の儀式的行事である卒業式等の式典における国歌斉唱の際の起立斉唱行為は，一般的，客観的に見て，これらの式典における慣例上の儀礼的な所作としての性質を有するものであり，かつ，そのような所作として外部からも認識されるものというべきである」ことを理由として，学校長による起立・斉唱命令が，反対派教員の思想・良心の自由の直接侵害とならないとしている。「一般的，客観的」な観点とは何であり，そこに立脚することの問題点について検討せよ。

3　「地縁による団体」（自治 260 条の 2）である Y 町内会は，町内会費の集金に際して，日本赤十字社およびユネスコへの寄附金に充てるために，毎年 2,000 円の募金を求めてきた。会の班長が各戸を回って集金することから，事実上の強制であるとする批判が一部住民から申し入れられ，また，班長らの負担軽減のため，Y 町内会は，定期総会において，来年度から，町内会費とは別に募金を行うやり方を改め，町内会費を 2,000 円値上げし，一般会計の中から同寄附金を拠出することとした。これに対して，住民 X は，赤十字等への寄附は個人の良心に委ねられるべき問題であり，町内会費を原資として拠出することは，思想・良心に反する行為の強要にあたるとし，値上げ分の町内会費の納入を拒否したいと考えている。X の主張は，認められるべきか。

第5章

信教の自由と政教分離

　人の生死に関する究極的な意味にかかわる宗教は，多くの国々において，当然のように共同社会の関心事とされてきた。けれども，国家の任務は，人間の生の全体の中の世俗的側面にかかわるものであり，生の究極的意味を与えることは国家の任務ではないはずだ。このような国家の自己了解は，信教の自由をめぐる争いを通して確立した。その意味において，信教の自由の確立は，近代の合理主義的国家観の成立にとって記念碑的な意義をもつ。もっとも，各国の歴史的背景いかんによって，国家と宗教との関係は多様であり，近代立憲主義諸国においても，国教制を維持する国から，厳格な政教分離を定める国まで様々である。

　日本国憲法は，信教の自由を保障するとともに，政教分離原則を規定している。そこで，まず，信教の自由の意義を概観した上で，その保障と限界について考察する（第1節・第2節）。次に，政教分離原則の意味を明らかにし（第3節），政教分離原則違反の審査基準について，節を分けて説明する（第4節）。

第1節　信教の自由

1　信教の自由と政治的自由主義

　ヨーロッパキリスト教世界は，宗教改革後の血みどろの宗教戦争（16〜17世紀）を経て，信仰の問題には国家権力は介入せず，とする原則に合意する。宗

教的少数者に対する「寛容」の原則である。特定の宗教・宗派に強くコミットする多数者が，少数者のそれを平等に尊重するがゆえに自らの信仰を力で押し付けることの自制が「寛容」である。それによって，政治権力が多数派宗教から距離をとるべき必要性が自覚された。J・ロックの寛容論の主眼は，聖俗を分離させること，とりわけ為政者を信仰の問題に干渉しないようにさせることであった（*A letter concerning toleration* [1685]）。このような「寛容」原則を，非宗教的な思想や政治的意見にまで拡張するところに，政治的自由主義は成立する。

② 日本国憲法の場合——沿革上の意義

　日本国憲法は，「信教の自由は，何人に対してもこれを保障する」（20条1項前段），「何人も，宗教上の行為，祝典，儀式又は行事に参加することを強制されない」（同条2項）と規定することに加えて，「いかなる宗教団体も，国から特権を受け，又は政治上の権力を行使してはならない」（同条1項後段），「国及びその機関は，宗教教育その他いかなる宗教的活動もしてはならない」（同条3項），「公金その他の公の財産は，宗教上の組織若しくは団体の使用，便益若しくは維持のため……これを支出し，又はその利用に供してはならない」（89条）と規定する。前2者が，信教の自由条項であり，後3者が，政教分離原則（⇒本章第3節）を規定したものとされる。

　日本国憲法が，他の自由権条項と比べて，詳細な仕方でこの自由を保障したのは，明治憲法下での宗教弾圧の反省によるものだ。明治憲法もまた，近代立憲主義の標準装備にならい，信教の自由を保障していた（明憲28条）。しかし，明治憲法の基本原理である神勅主権原理の帰結として，天皇の祖先を神々として祀る神社神道には，他の宗教と異なる取扱いがなされた。神社に対しては，他の宗教団体とは異なり，公的な性格を認め，神宮・神社には公法人としての地位を与え，神職には公務員の地位を与えたのである。一般の宗教は，宗教団体法の規律を受け，文部省管轄下におかれたが，神社のみは，内務省神社局，後に，内務省外局として設置された神祇院の所管とされた。神社を，その他の宗教とは異なる国教的なものとして扱うものであるが，政府は，「神社は宗教に非ず」とし，このような扱いを正当化した（国家神道体制）。

　また，明治憲法による信教の自由の保障は「安寧秩序ヲ妨ケス及臣民タルノ義務ニ背カサル限」という限界を伴っていた。昭和初期の軍国主義の風潮のなか，神道を信仰し，神社に参拝することを「臣民タルノ義務」と捉える姿勢が強まり，公務員に対しては，公的行事として挙行される神道儀式への参列が義務づけられた。このようななか，神社崇拝を拒否するキリスト教や浄土真宗等と軋轢が生じ，治安維持法違反や不敬罪を理由として弾圧された宗教団体も少なくない。他方で，明治憲法28条は，信教の自由を制限する場合の実体的要件を憲法条文の中で設定するものであり，他の自由権とは異なり「法律の留保」によらない点で，信教の自由をより手厚く保障する潜在力をもっていた。しかし，このことは，逆に，行政命令による制限を許容する方向で機能したともいわれる。

　ポツダム宣言の受諾によって，日本が連合国占領統治下におかれると，総司令部（GHQ）は，1945（昭和20）年12月15日付で神道指令（「国家神道，神社神道ニ対スル政府ノ保証，支援，保全，監督並ニ弘布ノ廃止ニ関スル件」〔SCAPIN-448〕）を発し，神道の国家からの分離を命じた。ついで，1946（昭和21）年1月1日の詔書は，天皇を「現御神」とする観念を否定した（「人間宣言」）。これによって，天皇の神格が公式に否定され，国家神道の教義的基礎が消滅した。

❸ 日本国憲法の場合——理論上の意義

　このような沿革上の理由とは別として，信教の自由の保障が，憲法の人権保障の体系の中でもつ理論的な意義は必ずしも明らかでない。信教の自由の保障を，19条・21条の保障する各々の自由の「宗教的側面」として説明することでさしあたって満足し，それ固有の意義について十分な考察を欠いてきたからだ。しかし，信教の自由の保障には，19条・21条の保障へと還元できない以下の意義があることを強調しておくべきだろう。

　第1に，通説的見解によれば，19条の保障は，思想・良心が外部的行為となって現れた場合にまで及ばない。けれども，欧米社会においては，宗教的良心に限っては，その侵害が信仰者のアイデンティティ危機をもたらすという認識をふまえ，信仰に基づく一般的法義務からの免除まで正当化されてきた（その典型が良心的兵役拒否）。信教の自由は，このように，外部的行為の保障まで

及ぶ点こそ重要であり，内心の自由の一般法として捉えられた通説的 19 条論に回収できない。

　第 2 に，判例・通説によって 21 条の保護範囲が広く捉えられてきたためあいまいになっているが，21 条の保護する「表現」の中核領域は，公共空間に向けて一般的に発信される言論にある。表現の自由の行使は，通常，公共的なコミュニケーション過程への参入を意図して行われる。対して，礼拝や断食等の信仰活動は，必ずしも公共空間における合意形成へ向けられてはいない。キリスト教原理主義者による妊娠中絶反対運動のように，それが公共空間における合意形成に直接・間接に向けられている場合もあり，そのような行為は，21 条の保護範囲に含まれる。他方で，比喩的にいうならば，「思想の自由市場」での論争に対して本質的に無頓着な自らの信仰の告白や証だてとして行われる行為は，表現の自由一般の根拠論に還元できない特別の論拠によって正当化されるべきである。信教の自由に固有の保障根拠は，次の 2 つにある。

　①信仰は，信仰者にとって絶対的なものとして捉えられる存在や教義体系への帰依もしくは探求にかかわるものであるため，その自由の侵害が，個人に深刻なアイデンティティ危機をもたらすこと。

　②信仰が，そのようなものであるため，複数の宗教（無宗教を含む）が併存する多元化社会の統合にとって，信仰活動への配慮が実際上不可欠であること。

4　宗教の定義——客観説と主観説

　ここで宗教の定義について検討しておく。学説には，宗教の理論的定義が公権力によって採用される場合，それが，宗教の公定になりかねないことを危惧し，宗教の積極的・客観的定義を回避する傾向がある。対して，後掲の津地鎮祭事件控訴審判決は，宗教を「超自然的，超人間的本質（すなわち絶対者，造物主，至高の存在等，なかんずく神，仏，霊等）の存在を確信し，畏敬崇拝する心情と行為」と定義した（名古屋高判昭和 46・5・14 行集 22 巻 5 号 680 頁）。しかし，この定義（客観説）に対しては，有神論的信仰に専ら注目する点で狭く，他方で，広島・長崎で挙行される平和祈念式典等も宗教に含まれうる点で広きに失するなどの批判がある。

　宗教の定義が，信教の自由条項の保護範囲を確定する以上，その定義は避け

られないはずだが，他方で，宗教の本質は，他者との合理的コミュニケーションを超越した神秘的・主観的なところにあり，それを保障することこそが眼目ともいえる。誰もが宗教とは考えてこなかった新奇な教義に基づいて，一般的法義務からの免除が争われることはありえる。その場合，憲法解釈論は，当事者が宗教であると主張するものを宗教として扱うところから出発することとなり，その外延は一般的自由と重なりうる（主観説）。しかし，例えば，エホバの証人の学生による剣道実技の履修拒否のように，真摯な信仰上の理由に基づく場合と単なる怠学の口実との違いは，判別できないわけではない（エホバの証人剣道不受講事件・最判平成 8・3・8 民集 50 巻 3 号 469 頁〈 **判例 5-1** 〉）。信仰上の理由に基づくから，学生は，退学のリスクを覚悟する。それが，真摯な信仰上の理由に基づくか否かは，宗教の学問的定義を待たずとも，礼拝への出席など当事者の言動から外形的に認定することも可能であり，憲法解釈の作業上の出発点として，20 条 1 項前段・2 項にいう「宗教」は広く捉えておいてよい。

　なお，信教の自由（20 条 1 項前段・2 項）にいう「宗教」を広く捉える場合，政教分離原則（20 条 1 項後段・3 項，89 条）における「宗教」の範囲との間にはずれが生ずることとなる（⇒本章第 3 節）。

第 2 節　信教の自由の保障とその限界

　信教の自由（20 条 1 項前段・2 項）の規範内容を，思想・良心の自由の侵害類型（⇒第 4 章第 2 節）を応用し，次の **1** から **6** として説明する。

1 信仰を保持する自由

　個人は，内心においていかなる信仰を保持しようとも絶対的に自由である（無宗教の自由を含む）。国教を定め，それ以外の宗教・宗派を禁止することや，特定の宗教・宗派を理由とする不利益処遇は，この自由の典型的な侵害となる。

2 信仰を形成する自由

　信仰を保持する自由が保障されたとしても，政府が，個人の信仰の形成過程に介入し，教化することが許容されるとしたら，信教の自由保障は空文化しか

ねない。政教分離原則の重要な一部をなす「宗教教育」の禁止（20条3項）は，信仰形成の自由の条件としての意義も有している。

③ 信仰の告白を強制されない自由

　信仰を理由とする不利益処遇を政府が試みる場合，その前段階として，政府は，個人の信仰を調査し，その告白を強制する。江戸時代の踏み絵が典型である。そのような調査を，強制力を背景に実施することは，信仰を保持し，形成する自由にとって脅威となることから，絶対的に禁止されるべきとされてきた。けれども，例えば，良心的兵役拒否を認める場合，信仰上の理由に基づいて兵役免除を申請する者に対して，自己の信仰について申告を義務づけることは，違憲だろうか。信仰への配慮が目的であり，かつ，当事者の申請を待って手続が開始されることを前提に，ただし，調査の方法・態様いかんによっては違憲となる可能性を留保した上で合憲と解しておく。

　学説の多くは，信仰を告白する自由を，それを告白しない自由と表裏一体的に捉え絶対的に保障されるべきとしてきた。しかし，告白行為が内心の自由にとどまらない外部的行為である以上，告白しない自由と一体に扱うことは適切でない。④の信仰に基づく外部的行為の自由の一部として捉えるべきであろう。その場合，例えば，周囲の人が不気味に思うなどの理由で，特定の宗教宗派の告白行為（例えば，地面に身体を投げ出し神仏に祈る行為）を禁止することは，信教の自由に対する直接的制約として厳格審査に付される。

④ 信仰に基づく外部的行為の自由

　信仰に基づく外部的行為の自由とは，宗教活動の自由のことであり，宗教上の儀式や布教宣伝等を行う自由である。信仰の証（例えば，イスラム教の女性にとってのブルカ）を着用する自由をも含む。また，「宗教上の行為」を行わない消極的宗教の自由も含まれる（20条2項）。

⑴　間接的制約──一般的法規制からの免除
　内心における信仰の自由と異なり，宗教的行為の自由の行使は外部的領域に及ぶため，その結果，当該行為が，宗教に対して中立的で，それ自体として正

当な一般的法規制の対象となることは多い（間接的制約）。その場合，信仰を理由に一般的法規制からの免除が正当化されうるか否か。これについては，宗教と非宗教とを不平等に取り扱わない限り，免除不要とする考え方もある。それによれば，例えば，違法薬物としてペヨーテの服用が一般的に禁止されているのなら，これを先住民の宗教儀式において使用することを禁止してもよいことになる。しかし，内面的信仰と外部的行為との結び付きを配慮し，法規制の適用にあたっては，信教の自由に対して不当な負担を課すことのないよう慎重な配慮が要請されると解すべきだろう。具体的には，

①一見，宗教に対して中立的な規制が，信仰に対する抑制を実質的目的とするものではないか，

②規制が信仰に対する抑制を実質的目的とするものでないとしても，規制が間接的に信仰の自由に対してもたらす負担と規制によって得られる公共の利益の重要性とを，事案に即して具体的に衡量し，

③当該規制の適用が，教義に反する行動を強いるなど，信仰者にもたらす負担の程度が特に大きい場合には，その規制が必要最小限度にとどまっているか否か，

を慎重に審査すべきである。

こうした観点から検討しておくべきが，加持祈禱事件（最大判昭和 38・5・15 刑集 17 巻 4 号 302 頁）である。真言密教の住職 X が，精神に障害をもつ A に対し，加持祈禱を行い，火であぶり，殴る等の行為を行い死亡させたことにより傷害致死罪に問われた事案である。正当業務行為（刑 35 条）を理由に無罪が主張されたが，最高裁は，本件行為は「一種の宗教行為としてなされたものであったとしても」，「他人の生命，身体等に危害を及ぼす違法な有形力の行使に当るものであり，これにより A を死に致したものである以上，X の右行為が著しく反社会的なものであることは否定し得ないところであって，憲法 20 条 1 項の信教の自由の保障の限界を逸脱したもの」と判示した。この事件の一審判決（大阪地判昭和 35・5・7 刑集 17 巻 4 号 328 頁）は，「憑きもの」信仰を「俗信」とし，「人の無知と弱さにつけこみこれに寄生する市井のいわゆる『おがみ屋』……の行為は厳に撲滅排斥されなければならない」と断じた上で，社会通念を基準に宗教的行為の自由の限界を審査し，X の行為は「健全な社会人の常識

に照らし，著しく公の秩序善良の風俗に反するもの」があり，正当業務行為とは認め難いと判示した。裁判所が特定の信仰を「俗信」と判断すること自体が，国家の宗教的中立性という観点から問題となることを認識していない点で難があり，それゆえ，一審判決とは対称的に，最高裁が，「違法な有形力の行使」+「致死」という行為の外形的要素からⅩの「宗教行為」の著しい反社会性を認定したことは，評価されてよい。もっとも，「著しい反社会性」の基準が，信教の自由の保護範囲を画定する基準なのか，その制約の正当性を審査するためのものなのかは判然としないが，後者と解すべきであろう。

　他方で，牧師が，建造物侵入罪等の罪に問われ逃走中の高校生2名を「魂への配慮」から教会内に匿い，犯人蔵匿罪に問われた事案がある。裁判所は，「内面的な信仰と異なり，外面的行為である牧会活動が，その違いの故に公共の福祉による制約を受ける場合のあることはいうまでもないが，その制約が，結果的に行為の実体である内面的信仰の自由を事実上侵すおそれが多分にあるので，その制約をする場合は最大限に慎重な配慮を必要とする」とした上で，「目的の正当性，手段方法の相当性」を審査し，正当業務行為として無罪とした（神戸牧会事件・神戸簡判昭和50・2・20刑月7巻2号104頁）。

(2)　直接的制約

　宗教に中立的な一般的法規制の適用が間接的に信教の自由を制約するのではなく，規制がはじめから宗教的行為そのものの規制を目的としている場合（直接的制約）は，厳格審査が行われなければならず，よほど強力な政府利益が存しない限り，目的審査の段階で法令違憲となるはずだ。また，一見，宗教に中立的な目的を掲げる法規制，例えば，動物虐待防止を目的とする刑罰規定であっても，それが，実際には，動物の生血を祭壇に捧げることを儀式とする特定の宗教団体の宗教活動への適用を意図して制定されていることが，審査の結果，あぶり出される場合には，直接的制約として法令違憲となる。

　刑罰という手段によらずとも，宗教上の行為を対象とする課税が禁止的に高額な場合において同様の論点が提起される。そのような場合，寺社への礼拝を対象とする課税は，信教の自由に対する直接的制約となりうる。自治体が観光施設の整備費等に充てる目的で，条例で定める寺社に拝観料等を支払い入場す

る者に対して課税することが，拝観者の礼拝の自由，および，寺社の布教活動の自由等の侵害であるとして争われた事案がある。裁判所は，寺社所有の文化財の「有償観賞行為」に対して課税することは，課税額が低いことをも考慮要素の1つとしつつ，それが「宗教的信仰の自由を規律制限する趣旨や目的」でないことが「明らか」であり，また「右信仰行為に抑止効果」を及ぼすものでもないことをもって合憲としている（京都古都保存協力条例事件・京都地判昭和59・3・30行集35巻3号353頁，大阪高判昭和60・11・29行集36巻11＝12号1910頁。同種の事案として，奈良県文化観光税事件・奈良地判昭和43・7・17行集19巻7号1221頁がある）。

5　信仰に反する行為を拒否する自由

　信仰に反する行為を拒否する自由については，良心的兵役拒否の場合の示すように，信仰に基づく一般的法義務からの免除が典型的に論じられてきた領域である。この自由を，信仰に基づく「不行為」の自由として構成するならば，信仰に基づく外部的行為の自由の裏として説明可能であり，したがって，免除が正当化されるか否かの判断に際しては，**4**の場合と同じ審査基準を用いることとなる。

　信仰を理由とする免除は，当該信仰に対する優遇措置を意味するので，国家の宗教的中立性，ひいては，政教分離原則との緊張関係が生ずる。前掲加持祈禱事件や神戸牧会事件等の，信仰に基づく外部的行為の自由の限界が争われた事案一般に潜在していた論点であるが，エホバの証人剣道不受講事件〈判例 5-1〉を契機に注目されることとなった。

> 〈判例 5-1〉**最判平成8・3・8民集50巻3号469頁**
> 〈エホバの証人剣道不受講事件〉
> 【事実】神戸市立高専では，保健体育が必修科目であり，1990（平成2）年度から体育科目の種目として剣道が採用された。同年度に入学したXは，エホバの証人の信者であり，信仰上の理由に基づき，剣道実技を拒否した。Xは，レポート提出等の代替措置を数度にわたり願い出たが，学校側は代替措置をとらないことを早々に決定した。Xの体育の単位は認定されず，同年度・次年度と原級留置処分がなされ，2年連続して進級できない者には退学を命ずることができる旨の学則に従い，学校長Yは，Xを退学処分とした。Xは，処分

の取消しを求めて出訴。

　第一審（神戸地判平成 5・2・22 判時 1524 号 20 頁）は，「剣道の実技に参加していないにもかかわらず，信教の自由を理由として，参加したのに準じて評価をし……たとすれば，宗教上の理由に基づいて有利な取扱いをすることになり，信教の自由の一内容としての他の生徒の消極的な信教の自由と緊張関係を生じるだけでなく，公教育に要求されている宗教的中立性を損ない，ひいては，政教分離原則に抵触することにもなりかねない」ことを理由に，Y が代替措置を講じなかったことに裁量権の逸脱等はなかったとし，請求棄却。第二審（大阪高判平成 6・12・22 判時 1524 号 8 頁）は，代替措置をとることに法的・実際的支障なき限り，代替措置をとるべきであったとし，X の請求を認容したため，Y が上告。

【判旨】上告棄却。学生に対し原級留置処分または退学処分を行うかどうかの判断は，校長の合理的な教育的裁量に委ねられるべきものであるが，「退学処分は学生の身分をはく奪する重大な措置であり，学校教育法施行規則 13 条 3 項〔現 26 条 3 項〕も 4 個の退学事由を限定的に定めていることからすると……，その要件の認定につき他の処分の選択に比較して特に慎重な配慮を要するもの」であり，また，「原級留置処分の決定に当たっても，同様に慎重な配慮が要求される」。

　高等専門学校において剣道実技の履修は必須のものとまではいえず，体育の教育目的の達成は代替的方法によっても可能である一方で，「X が剣道実技への参加を拒否する理由は，X の信仰の核心部分と密接に関連する真しなものであった。」「本件各処分は，その内容それ自体において X に信仰上の教義に反する行動を命じたものではなく，その意味では，X の信教の自由を直接的に制約するものとはいえないが，しかし，X がそれらによる重大な不利益を避けるためには剣道実技の履修という自己の信仰上の教義に反する行動を採ることを余儀なくさせられるという性質を有するものであったことは明白である。」

　「Y の採った措置が，信仰の自由や宗教的行為に対する制約を特に目的とするものではなく，教育内容の設定及びその履修に関する評価方法についての一般的な定めに従ったものであるとしても，本件各処分が右のとおりの性質を有するものであった以上，Y は，前記裁量権の行使に当たり，当然そのことに相応の考慮を払う必要があったというべきである。」

　「信仰上の理由に基づく格技の履修拒否に対して代替措置を採っている学校も現にあるというのであり，他の学生に不公平感を生じさせないような適切な方法，態様による代替措置を採ることは可能であると考えられる。また，履修

拒否が信仰上の理由に基づくものかどうかは外形的事情の調査によって容易に明らかになるであろう」。代替措置により,「教育秩序を維持することができないとか,学校全体の運営に看過することができない重大な支障を生ずるおそれがあったとは認められないとした原審の認定判断も是認することができる。」

「信仰上の真しな理由から剣道実技に参加することができない学生に対し,代替措置として,例えば,他の体育実技の履修,レポートの提出等を求めた上で,その成果に応じた評価をすることが,その目的において宗教的意義を有し,特定の宗教を援助,助長,促進する効果を有するものということはできず,他の宗教者又は無宗教者に圧迫,干渉を加える効果があるともいえないのであって,およそ代替措置を採ることが,その方法,態様のいかんを問わず,憲法20条3項に違反するということができないことは明らかである。」

以上によれば,「Yの措置は,考慮すべき事項を考慮しておらず,又は考慮された事実に対する評価が明白に合理性を欠き,その結果,社会観念上著しく妥当を欠く処分をしたものと評するほかなく,本件各処分は,裁量権の範囲を超える違法なものといわざるを得ない。」

　本判決は,退学処分に関する学校長の裁量権を認めた上で,その判断過程を審査し,学校側の考慮遺脱(代替措置の可能性をほとんど検討していないこと)等を理由に処分を違法とした。このような踏み込んだ裁量統制の手法がとられたのは,剣道実技拒否という行為が「信仰の核心部分と密接に関連する」ものであり,剣道実技が「教義に反する行動」の強制になることが考慮されているからであり,実質的にみて憲法判断をふまえたものといえよう。

　他方で,第一審の危惧する「公教育の宗教的中立性」,「政教分離原則」との緊張関係については,最高裁は,津地鎮祭事件 判例 5-2 以降,政教分離原則違反の審査基準として用いてきた目的効果基準(⇒本章第4節)を適用して退けている。本件において国家の宗教的中立性との関係で危惧されるべき問題は,他の生徒らが不公平感をもつとか,怠学の口実に利用されるといったことではなく,代替措置を考慮すべき宗教か否かの線引きを公権力(学校長)がしなければならないという点にある。この点につき,本件最高裁判決は,「学生が信仰を理由に剣道実技の履修を拒否する場合に,学校が,その理由の当否を判断するため,単なる怠学のための口実であるか,当事者の説明する宗教上の信条と履修拒否との合理的関連性が認められるかどうかを確認する程度の調査

をすることが公教育の宗教的中立性に反するとはいえない」としている。

　類似の事案として，教会学校に参加するため日曜日の参観授業に欠席した児童と牧師たる親が，学校が児童を欠席扱いにしたことを信教の自由の侵害として，欠席処分の取消しと損害賠償を求めたものがある。下級審判決は，「宗教行為に参加する児童について公教育の授業日に出席することを免除する」ということでは，「結果的に，宗教上の理由によって個々の児童の授業日数に差異を生じることを容認することになって，公教育の宗教的中立性を保つ上で好ましいことではない」とし，また，学校長が，出席の要否を決定するにあたり，「各宗教活動の教義上の重要性を判断して，これに価値の順序づけを与え，公教育に対する優先の度合を測る」とすれば，公教育の宗教的中立性に抵触しかねないとし，学区長の裁量権行使に逸脱はない，とする（キリスト教日曜日授業参観事件・東京地判昭和 61・3・20 行集 37 巻 3 号 347 頁）。剣道不受講事件との区別のポイントは，①日曜日の授業への出席を義務づけることが，それ自体として「教義に反する行動」を強制するものでないこと，②仮に児童が宗教上の義務を優先しても，それに対して加えられる不利益が軽微であることにある。

　信教の自由に対して配慮し，一般的法規制・法義務から免除することが，国家の宗教的中立性に反しないとして，免除が憲法上要請される場合と許容されるにとどまる場合とが存する。一般論としては，「規制の有する公共的利益の重要性と宗教的行為の自由に対する負担とを比較衡量」（芦部・憲法学Ⅲ 135 頁）して決することとなる。ここまでの検討をふまえれば，エホバの証人剣道不受講事件 ◆ 判例 5-1 ▷ の場合，免除は憲法上の要請となる。他方で，日曜日授業参観事件の場合は，信教の自由へ配慮して代替措置をとることや喪中の場合同様の公休扱いとすることなども許容される。

⑥　宗教的結社の自由

　多くの信仰者にとって，教団・教会等に所属することが信仰生活上大きな意義をもつことから，宗教的結社の自由が保障されてきた。宗教的結社の自由とは，①宗教団体の結成・不結成，②宗教団体への加入・不加入，③宗教団体の構成員たる地位の継続・不継続（脱退），および，④宗教団体の内部運営について，公権力により干渉されない自由をいう。ここにいう「宗教団体」とは，

「特定の信仰を有する者による，該宗教目的を達成するための組織体」（佐藤254頁）と定義される。

(1)　宗教的結社の自由と法人制度

　宗教法人法は，「宗教団体」を，「宗教の教義をひろめ，儀式行事を行い，及び信者を教化育成することを主たる目的」とする団体で，「礼拝の施設を備える神社，寺院，教会，修道院その他これらに類する団体」，および，これらの「団体を包括する教派，宗派，教団，教会，修道会，司教区その他これらに類する団体」（宗法2条）と定義する。この定義は，上でみた「宗教団体」の定義より狭いため，憲法上の「宗教団体」であっても，宗教法人法にいうそれに該当せず，法人格を取得できない場合がある。しかし，宗教法人法は，宗教団体の財産上の便宜を図るために，一定の要件を備えた「宗教団体」に法人格の取得を認めたものであり，法人格を取得せずとも，「宗教団体」としての活動の自由は保障されているので，宗教的結社の自由の直接的制約にはあたらない。もっとも，例えば，法人設立の条件として，教団の長の就任・変更に所轄庁の認可を要求するような制度を設けるとすれば，宗教団体には，法人格を取得せずに活動する自由があるとはいえ，違憲の疑いがある（違憲の条件の法理）。

　宗教法人に対する解散命令（宗法81条）は，信教の自由との関係でどうみるべきか。判例は，オウム真理教解散命令事件において，「解散命令によって宗教法人が解散しても，信者は，法人格を有しない宗教団体を存続させ，あるいは，これを新たに結成することが妨げられるわけではなく，また，宗教上の行為を行い，その用に供する施設や物品を新たに調えることが妨げられるわけでもない」としながらも，解散命令が確定したときにはその清算手続が行われ，礼拝施設等の宗教法人に帰属する財産が処分されることになるから，信者らが宗教上の行為を継続するのに支障を生じさせることがありうるため，「精神的自由の1つとしての信教の自由の重要性に思いを致し，憲法がそのような規制を許容するものであるかどうかを慎重に吟味しなければならない」とする。その上で，けれども，大量殺人を目的としたサリン生成という抗告人の行為に対処するには，法人格の剥奪が「必要かつ適切」であり，他方，「解散命令によって宗教団体であるオウム真理教やその信者らが行う宗教上の行為に何らかの

支障を生ずることが避けられないとしても，その支障は，解散命令に伴う間接的で事実上のものであるにとどまる」として，解散を命じた（最決平成 8・1・30 民集 50 巻 1 号 199 頁。宗教法人が第三者である一般信者の信教の自由を援用して解散命令の合憲性を争うことの可否につき，クエスト憲法 I p. 329 の(2)(a)）。

(2)　宗教団体の内部紛争

宗教団体の運営の自由については，宗教団体の内部紛争をめぐり多数事案がある。「司法権の限界」との関係で扱う（⇒クエスト憲法 I p. 277 の(ウ)）。

第 3 節　政 教 分 離

1 政 教 関 係

近代立憲主義憲法は例外なく信教の自由を保障するが，国家と宗教との，あるべき関係については，多様な型がある。

①国家が特定の宗教を国教として公定しつつも，他の宗教・宗派に対する寛容を保障するもの（イギリス）。

②国教を認めないが，特定の宗教団体に公法上の団体としての地位を付与し，国家と宗教団体との協約によって相互の協調と独立を保持するもの（ドイツ）。

③国教を認めず，国家と宗教の分離を徹底しようとするもの。これについては，宗教に対する積極的評価から，国家の宗教への不介入ないし中立性・公平性によって，私事としての宗教の自由な活動を促進しようとする友好的分離型（アメリカ合衆国）と，強力な組織宗教が政治を歪めたことの反省に立ち，国家の非宗教性を眼目とする敵対的分離型（大革命期のフランス）とがある。後者については，それに批判的な立場から，「世俗主義（secularism）」と呼ばれることもある。

日本国憲法は③型に属する（20 条 1 項後段・3 項，89 条）。日本は，カトリック教会のような強力な組織宗教による政治への介入という経験をもたないが，対して，明治憲法下において，政府は，国民統合というそれ自体としては世俗的な目的のために国家神道を利用した。特に陸・海軍省の管轄下におかれ，殉

職軍人等の霊を祭神とする靖國神社は，徴兵制によって戦死の可能性にはじめて直面することとなった一般国民に対して，「国家のために死ぬこと」の意味を供給する象徴的・教育的施設として設計され，機能した。日本国憲法の分離原則を敵対型として分類すべきかどうかはともかく，宗教の政治利用への警戒が深く刻印されたものであることは否定できない。

② 政教分離原則の目的

政教分離原則は，信教の自由条項が国家による信仰強制を排除する権利の保障をねらいとするのに対して，強制や不利益付与等の要素を伴わない政府行為の統制まで試みる。これは，他の精神的自由権保障にはない信教の自由に関する独自の政府行為の統制方法である。その目的は複合的であり，その主要なものは，次の3点にある。

①政治が，当該社会の多数派宗教と結び付くことにより，宗教的少数者が心理的・社会的に圧迫・干渉されることの予防［宗教的少数者の自由の防波堤］。

②宗教団体が，信教の自由の名の下に，統治権を行使し，または，不当な影響力を統治活動に及ぼすことの予防［宗教団体による国家支配の防止］。

③政府が，国民統合または信頼調達のための媒体として，特定の宗教・宗派を利用することの禁止［政府による宗教の政治利用の禁止］。

③ 分離の対象

分離原則の目的と関連して，政教分離を，「政治と宗教一般」でなく，「国家と宗教団体（教会）」の分離として捉える説がある。欧米社会においては，カトリックまたはプロテスタント教会の公定制の禁止という文脈の中で，政教関係が論じられてきたことを重視するものだ。有力学説が，信教の自由の保護する「宗教」を広く捉えながらも，他方で，政教分離原則の想定する「宗教」を「何らかの固有の教義体系を備えた組織的背景をもつもの」（佐藤262頁）と狭く定義する——宗教の「二元的定義」（芦部・憲法学III 131頁）とも呼ばれる——のは，この点を意識したものである。「政治と宗教の分離」という問題設定が，完全分離は実際上不可能であり，不合理な結果をもたらすこと，例えば，広島市の原爆死没者慰霊式の挙行や，死刑囚の申出に基づく刑務所での教誨活

動等も違憲とされかねないなどということを理由として，政治と宗教との一定程度のかかわり合いを許容するいわゆる相対的分離の立場を安易に正当化しかねないことをも，その理由とする。

　もっとも，日本国憲法の場合，「国家と教会の分離」でなく，「政治と宗教の分離」があえて意図されていると読むこともできる。神道指令の事実上の執筆者であった W・バンス少佐は，後に「国家は，神社，寺院，教会とは無関係に，宗教教育をすることができますから，施設としての教会より宗教に焦点を絞るべきだというのが当時の私たちの考え方でした」と証言している（竹前栄治『日本占領──GHQ 高官の証言』〔中央公論社，1988 年〕208 頁）。20 世紀型全体主義による宗教の政治利用の害悪に焦点をあてたものだ。このような沿革をふまえるならば，「二元的定義」を採用するとしても，そこにいう「組織的背景」の要素を過度に強調すべきでない。

4　政教分離原則の法的性格

　政教分離原則の法的性格については，制度説と人権説がある。

(1)　制度説

　政教分離原則の法的性格については，これを「制度的保障」と解するのが従来の通説である。制度説と呼んでおく。後述の津地鎮祭事件 判例 5-2 以降，最高裁のとる説であり，「信教の自由そのものを直接保障するものではなく，国家と宗教との分離を制度として保障することにより，間接的に信教の自由の保障を確保しようとするもの」だ。この説に対しては，「制度の本質的内容を害しない限度で，その内容を法律により具体的に定めることができる」とする思考を媒介として，信教の自由の侵害に及ばない限り，政治と宗教とのかかわり合いを許容する相対的分離の立場につながるものとして，批判されてきた。しかし，批判されるべきは，「制度の本質的内容を害しない限度で……」とする部分であり，制度説それ自体に，かかる思考が理論的に伴うわけではない。この思考は，ワイマール憲法に規定された職業官僚制の維持に関する条項等を説明するために，C・シュミットが用いたもので，それによれば，憲法制定以前から存在する制度体に憲法レベルの保障を与え，法律による具体化を予定し

つつ，その本質的部分の変更禁止を積極的に意図したものとされる。この思考を，政府に対して政治と宗教の分離を命ずる「制度」の説明に転用可能かは，疑わしい。また，政教分離規定の目的は複合的であり，信教の自由の保障のみに限られないという点も考慮しなければならない。政教分離規定の法的性格を「制度」と捉えることによって，分離の程度まで決定されるとする思考は，間違いである。

(2)　人 権 説

「制度」としての政教分離原則は，国民各人に主観的権利を付与するものではないので，政府が，客観法的にみて，分離原則違反の行為を行った場合でも，個人の法的権利・利益が直ちに侵害されることにはならない。そのため，国家賠償訴訟等の主観訴訟で，分離原則違反を理由として救済を求めることには一定の限界が伴う。このような訴訟上の限界をも考慮して提唱されたのが，人権説である。

この説によれば，政教分離原則は個人の信教の自由を十全なものとするための人権規定であり，その規範内容は，信教の自由に対する間接的な圧迫・干渉からの自由（広義の信教の自由）である。政教分離規定に反する政府の行為は，広義の信教の自由の侵害となり，個人は裁判的救済に値する主観的権利を有するとされる。人権説に対しては，①「間接的な圧迫・干渉からの自由」という規範内容の不明確さ，②分離原則を広義の信教の自由として捉えることにより，分離原則と信教の自由がときに対立する事態（緊張関係）を捉え損ねること，および，これと関連して，③分離原則の目的は，信教の自由保障に一元化できないことなどが理由となり，少数説にとどまる。

(3)　制度説と人権説のはざま──宗教的人格権

人権説には，内閣総理大臣による靖國神社参拝による分離原則違反を争う一連の国家賠償請求訴訟において，違法（違憲）判断を引き出すための技術として考案された側面がある。国家賠償法上の請求権が認められるためには，客観法違反に還元されない，個別化された権利・利益の侵害を主張する必要があるが，人権説には，分離原則違反を言葉の上で権利侵害に置き換えたと評されて

もやむをえない面があり，この必要によく応えられていない。そこで，人権説とは別に，宗教上の感情保護や戦没者を回顧し祭祀するか否かの自己決定の利益等を内容とする「宗教的人格権」という主観的権利が提唱され，首相の靖國参拝等による，その侵害が争われることとなった。しかし，判例はこれを退け，「人が神社に参拝する行為自体は，他人の信仰生活等に対して圧迫，干渉を加えるような性質のものではないから，他人が特定の神社に参拝することによって，自己の心情ないし宗教上の感情が害されたとし，不快の念を抱いたとしても，これを被侵害利益として，直ちに損害賠償を求めることはできない」としている（内閣総理大臣靖國参拝訴訟・最判平成 18・6・23 訟月 53 巻 5 号 1615 頁。宗教的人格権については，　Column 5-1　参照）。

5　政教分離原則の具体的内容

政教分離原則の具体的内容に関しては，多くの解釈上の論点がある。

(1)　「特権」付与の禁止

20 条 1 項後段は，宗教団体に対する「特権」付与を禁止する。特定の宗教団体を優遇することが禁止されるのみならず，他の団体から区別して宗教団体一般を，それが宗教であるという理由だけで優遇することも禁止される。

(a)　**宗教法人に対する免税措置**　宗教法人は，各種税制上，学校法人や医療法人，社会福祉法人等とともに「公益法人等」に分類され，免税措置を受ける。他の公益法人と平等に免税することは本条項に反しないとするのが多数説である。しかし，これに対しては，多数説が，税制上の優遇措置は，教育や福祉等と同様に，宗教のもつ社会的・世俗的価値に着目しての優遇であり，宗教を宗教であるという理由で優遇しているものではないという考えを前提としていることを指摘した上で，その場合，宗教の有する「世俗的価値」に着目する限り，政府が自ら宗教的活動をなすことや，宗教団体に便益供与することも合憲となるのではないか，とする深刻な疑義が呈されている（安念潤司「信教の自由」樋口陽一編『講座憲法学 3』〔日本評論社，1994 年〕213 頁）。

(b)　**文化財保存修繕費補助**　文化財を所蔵する寺社等に対して，その保存修繕のために補助金が支給される（文化財 35 条）。通説によれば，それが，文

化財の保護という宗教と関係しない目的によるものであり，かつ，宗教的文化財のみを特別に優遇するものでない限り，本条項に反しない。

(2) 「政治上の権力」行使の禁止

20条1項後段は，宗教団体が「政治上の権力」を行使することを禁止する。「政治上の権力」とは，課税権や裁判権等の国家が独占すべき統治権を指すと解するのが，通説である。対して，これを「政治上の影響力」と解する説は，宗教団体の政治活動の自由（21条）を制約することを理由に少数説にとどまるが，宗教団体，とりわけ当該社会における多数派宗教の「影響力」が政治的決定に過度に浸透することに対して，分離原則が全く無関心であるとすることには躊躇いを覚える。

(3) 「宗教的活動」の禁止

20条3項は，「国及びその機関」（地方自治体も含まれる）に対し，「宗教教育その他いかなる宗教的活動」をもしてはならないとする。

(a) 「宗教教育」の禁止　　「宗教教育」とは，特定の宗教を宣伝し広めることを目的として行われる教育のことをいう。学校や刑事収容施設等の閉鎖的施設においては，特に慎重でなければならないが，「宗教に関する知識」の教授や，「宗教に関する寛容の態度，宗教に関する一般的な教養及び宗教の社会生活における地位」（教基15条1項）に関する教育は，その限りでない。他方で，科学的で合理的な教説，例えば進化論を神による創造説と競合する一種の世俗主義的教説に基づくものとして捉え，公教育のカリキュラムに組み込むことを，本条項に反するというような主張がまじめになされた場合，論争的なテーマとなるだろう。

(b) 「その他いかなる宗教的活動」の禁止　　「宗教的活動」の意味について，その具体例として挙げられているのが「宗教教育」であることから，特定宗教の布教・教化・宣伝を目的とする積極的行為と限定して捉える説と，宗教にかかわる行為を広く意味するものと捉える説とがある。学説の多くは後者をとるが，その場合，20条3項が，政教分離原則に関する一般法として機能し，20条1項後段および89条の固有の意義は低減する。

　特定の宗教に淵源するものであっても，習俗化している行為（市役所のホールにクリスマスツリーや門松を飾るなどの行為）は「宗教的活動」に該当せず，社会的儀礼の範囲内とされる。問われるべきは，「宗教的活動」該当性の判断基準であるが，これについては，多くの重要判例があるので，節を分けて説明する（⇒本章第 4 節）。

　日本国憲法が天皇制を存置したこととの関連で特別な問題となるのが，皇位継承儀式の宗教性である。皇位継承儀式も，それが，国の行為として挙行される場合，政教分離原則の適用を受ける。1990（平成 2）年 11 月 12 日，日本国憲法の下で初めて挙行された国事行為としての「即位の礼」は，「皇室祭祀」の様式を定めた旧登極令にのっとって行われたが，違憲の疑いも指摘されている。同月，皇室行事として「大嘗祭」が挙行された。宗教的儀式であることの明らかな「大嘗祭」については，天皇が「私人としての地位」で行うものとされ，国は当該儀式そのものに直接関与しないものとされたが，その一方で，「皇位の世襲制をとる我が憲法」下での皇位継承儀式であることにかんがみ，宮廷費が支出された（クエスト憲法 I p. 118）。関連して，「大嘗祭」への知事参列の合憲性が争われた事案がある（鹿児島県知事大嘗祭参列事件・最判平成 14・7・11 民集 56 巻 6 号 1204 頁）。

⑷　公金の支出禁止

　「宗教上の組織若しくは団体」に対する公金支出，財産供用の禁止を規定する 89 条は，政教分離を財政面から裏づけるものである。

　⒜　宗教上の組織若しくは団体　「宗教上の組織若しくは団体」の意味については，①宗教的活動を行うことを目的として組織された団体とする狭義説と，②非宗教団体でも宗教的行為を行う場合は，その限りで，本条の宗教上の組織・団体に該当すると解する広義説とがある。

　この点が争われた事案に箕面忠魂碑事件がある（最判平成 5・2・16 民集 47 巻 3 号 1687 頁）。かねてより公有地内に地元「遺族会」によって維持管理する忠魂碑が存在してきたところ，当該土地を小学校用地とすることとなったため，市が代替地を買い入れ，忠魂碑を移設・再建し，「遺族会」に対して右土地を無償貸与することなどの合憲性が争われた。最高裁は①の狭義説を採用し，

「宗教団体」（20条1項）ないし「宗教上の組織若しくは団体」とは，「特定の宗教の信仰，礼拝又は普及等の宗教的活動を行うことを本来の目的とする組織ないし団体」であり，「日本遺族会及びその支部である市遺族会，地区遺族会は，いずれも，戦没者遺族の相互扶助・福祉向上と英霊の顕彰を主たる目的として設立され活動している団体」であるから，これに含まれないとしている。

　狭義説によるなら，本来，「宗教上の組織若しくは団体」に該当するとされる場合には公金支出等は原則として違憲となるといった何らかの効果が伴うはずであり，最高裁の少数意見の中には，そのような考え方をとるように思われるものもあるが（愛媛玉串料訴訟　判例 5-3　の園部逸夫裁判官意見），学説は，この点につき明確でない。また，狭義説による場合，89条の「宗教上の組織若しくは団体」に該当しない組織・団体の行う「宗教的活動」については，それに対する政府の関与行為の合憲性が，20条3項との関係で，別途問われることとなる。

　89条との関連で，合憲性を問いうるものを挙げておく。

(b)　文化財保存修繕費補助　　(1)(b)参照。

(c)　私学助成　　私立学校振興助成法は，私立学校の「経常的経費」に対する公的補助を定め，さらに当分の間学校法人が設立するもの以外にも助成を認めている。したがって，宗教法人が設立し，経営する幼稚園等も助成の対象となる。教育の機会均等を理由とする合憲論が多数説である。対して，条件付合憲説も有力であり，「補助金の具体的支払を，子供を受益者とするような形式において行う配慮が求められよう」（佐藤269頁）とする説や，助成が「非宗教的機能にのみ及びうるよう限定されていない限り」違憲とする説（阪本昌成『憲法理論Ⅱ』〔成文堂，1993年〕361頁）がある。

(d)　国有境内地処分法　　国有境内地処分法（「社寺等に無償で貸し付けてある国有財産の処分に関する法律」昭和22年法律第53号）は，社寺等の境内地となっている国有地で，「宗教活動を行うのに必要なもの」を，無償または時価の半額で譲渡するものと規定する。明治初年の上地令によって社寺等から取り上げ，国有財産に編入した上で，社寺等に無償で貸し付けていた土地を，当該社寺等に返還する措置を講じたものだ。それが89条の禁止する財政上の「便益」に該当するとして争われた事案において，最高裁は，「沿革上の理由に基く国有

財産関係の整理は，憲法 89 条の趣旨に反するものとはいえない」としている（国有境内地処分法事件・最大判昭和 33・12・24 民集 12 巻 16 号 3352 頁）。分離原則を定めた新憲法施行に伴う経過措置であることを理由とするものであるが，後に最高裁は，当該措置を，無償使用権を消滅させることにより，「社寺等の宗教活動に支障を与え，その存立を危くすることにもなりかねない」ことを理由に合憲とする（富士山頂譲与事件・最判昭和 49・4・9 訟月 20 巻 8 号 39 頁）。宗教団体への便益供与という側面は否定できないが，当該「沿革」を前提とする限りでの合理的調整と解する余地がある。

第 4 節　違憲審査基準

1　目的効果基準

最高裁は，政府の行為が政教分離原則に反するか否かを審査する基準として目的効果基準と呼ばれる基準を用いてきた。

(1)　津地鎮祭事件

この基準は，津地鎮祭事件上告審判決 判例 5-2 において定立された。それによれば，20 条 3 項の「宗教的活動」に該当する行為とは，「我が国の社会的・文化的諸条件に照らして，その行為の目的が宗教的意義をもち，その効果が宗教に対する援助，助長，促進又は圧迫，干渉等になるような行為」をいう。

> 判例 5-2　最大判昭和 52・7・13 民集 31 巻 4 号 533 頁　〈津地鎮祭事件〉
> 【事実】三重県津市は，市体育館の建築着工のために，その起工式として神社宮司ら神職の主宰下で神道式地鎮祭を主催・挙行し，津市長は，神職への謝礼および供物代として 7,663 円を公金から支出した。本件は，同支出が 20 条 3 項・89 条に反するとして争われた住民訴訟である。第一審（津地判昭和 42・3・16 行集 18 巻 3 号 246 頁）は，本件起工式を習俗的行事と解し，請求棄却。対して，第二審（名古屋高判昭和 46・5・14 行集 22 巻 5 号 680 頁）は，本件起工式を習俗的行事とみることはできず，20 条 3 項の禁止する「宗教的活動」は，「特定の宗教の布教，教化，宣伝を目的とする行為のほか，祈禱，礼拝，儀式，祝典，行事等およそ宗教的信仰の表現である一切の行為」を含むとし，

本件起工式はそれに該当するとして，請求認容。

【判旨】一部破棄自判。①「元来，政教分離規定は，いわゆる制度的保障の規定であって，信教の自由そのものを直接保障するものではなく，国家と宗教との分離を制度として保障することにより，間接的に信教の自由の保障を確保しようとするものである。ところが，宗教は……極めて多方面にわたる外部的な社会事象としての側面を伴うのが常であって，この側面においては，教育，福祉，文化，民俗風習など広汎な場面で社会生活と接触することになり，そのことからくる当然の帰結として，国家が，社会生活に規制を加え，あるいは教育，福祉，文化などに関する助成，援助等の諸施策を実施するにあたって，宗教とのかかわり合いを生ずることを免れえないこととなる。したがって，現実の国家制度として，国家と宗教との完全な分離を実現することは，実際上不可能に近いものといわなければならない。更にまた，政教分離原則を完全に貫こうとすれば，かえって社会生活の各方面に不合理な事態を生ずることを免れない」。完全分離は，宗教系私学に対する助成，文化財である神社等の維持保存のための補助金支出や刑務所等における教誨活動等をも禁止しかねない。これらの点にかんがみると，「政教分離規定の保障の対象となる国家と宗教との分離にもおのずから一定の限界があることを免れず，政教分離原則が現実の国家制度として具現される場合には，それぞれの国の社会的・文化的諸条件に照らし，国家は実際上宗教とある程度のかかわり合いをもたざるをえないことを前提としたうえで，そのかかわり合いが，信教の自由の保障の確保という制度の根本目的との関係で，いかなる場合にいかなる限度で許されないこととなるかが，問題とならざるをえないのである。」〔制度的保障〕

②「わが憲法の……政教分離規定の基礎となり，その解釈の指導原理となる政教分離原則は，国家が宗教的に中立であることを要求するものではあるが，国家が宗教とのかかわり合いをもつことを全く許さないとするものではなく，宗教とのかかわり合いをもたらす行為の目的及び効果にかんがみ，そのかかわり合いが右の諸条件に照らし相当とされる限度を超えるものと認められる場合にこれを許さないとするものであると解すべきである。」20条3項にいう「宗教的活動とは，前述の政教分離原則の意義に照らしてこれをみれば，およそ国及びその機関の活動で宗教とのかかわり合いをもつすべての行為を指すものではなく，そのかかわり合いが右にいう相当とされる限度を超えるものに限られるというべきであって，当該行為の目的が宗教的意義をもち，その効果が宗教に対する援助，助長，促進又は圧迫，干渉等になるような行為をいうものと解すべきである。」〔目的効果基準〕

③「ある行為が右にいう宗教的活動に該当するかどうかを検討するにあたっ

ては，当該行為の主宰者が宗教家であるかどうか，その順序作法（式次第）が宗教の定める方式に則ったものであるかどうかなど，〔ⓐ〕当該行為の外形的側面のみにとらわれることなく，〔ⓑ〕当該行為の行われる場所，〔ⓒ〕当該行為に対する一般人の宗教的評価，〔ⓓ〕当該行為者が当該行為を行うについての意図，目的及び宗教的意識の有無，程度，〔ⓔ〕当該行為の一般人に与える効果，影響等，諸般の事情を考慮し，社会通念に従って，客観的に判断しなければならない。」［考慮要素］

　④なお，20条3項の保障にはおのずから限界があり，「その限界は，社会生活上における国家と宗教とのかかわり合いの問題である以上，それを考えるうえでは，当然に一般人の見解を考慮に入れなければならないものである。」対して，2項は，「多数者によっても奪うことのできない狭義の信教の自由を直接保障する規定」だから，3項の「宗教的活動」に含まれない行為であっても，それを国家が強制すれば2項違反となる。［20条2項と3項の関係］

　⑤「本件起工式は，宗教とかかわり合いをもつものであることを否定しえないが，その目的は建築着工に際し土地の平安堅固，工事の無事安全を願い，社会の一般的慣習に従った儀礼を行うという専ら世俗的なものと認められ，その効果は神道を援助，助長，促進し又は他の宗教に圧迫，干渉を加えるものとは認められないのであるから，憲法20条3項により禁止される宗教的活動にはあたらないと解するのが，相当である。」（藤林益三長官ら5裁判官の反対意見，および藤林長官の追加反対意見がある。）

　判例の判断枠組みの特徴は，次の2点にある。

　第1に，国家と宗教の完全分離は不合理な事態をもたらすという理解から，両者の「かかわり合い」を原則肯定することを出発点とし，その「かかわり合い」が認められる場合に，それが，「わが国の社会的・文化的諸条件に照らし」，「信教の自由の保障の確保という制度の根本目的との関係で」許されるか否かを判断する，というのが大枠となる（判旨①）。その判断基準となるのが，目的効果基準である（判旨②）。目的効果基準の役割は，「かかわり合い」の相当性を，「諸般の事情」を考慮して「総合判断」する際の着眼点を提供するものである。目的効果の判断を，その着眼点として機能させるために，4つの考慮要素が示される（判旨③ⓑ～ⓔ）。その際に，判決は，「行為の外形的側面のみにとらわれること」（判旨③ⓐ）のないよう注意を促す。これは，第二審が，宗教と習俗の判別基準として，「ⓕ儀式の主宰者が宗教家であるか否か，ⓖ順序

作法が宗教界で定められたものか，ⓗ一般人に違和感なく受容される程度に普遍性を有するか否か」としていたのを意識し，ⓕⓖを，「外形的側面」にすぎないとしたものだ。

　第2に，「かかわり合い」の相当性判断に際しては，「一般人の見解」を基準とすべきことが，宗教的少数者の信教の自由も平等に保障する2項との違いを指摘した上で，明確に述べられている点（判旨④）。

　目的効果基準は，つまりは「総合判断」の基準であるので適用の幅にブレがあり，下級審の中には，この基準を適用して，同一事件で相反する結論を出したものもある。また，その判断者の視点として，「一般人の見解」によるとしたことは，分離原則の目的を信教の自由の確保とする判例自身の依拠する立場からしても整合的でないとの批判のあるところだ。社会的多数者が宗教に対して無頓着な風土（「宗教的雑居性」）の中で，「社会通念」や「一般人の見解」に準拠することが，少数者の信教の自由を脅かすおそれがあるからである。このような立場からは，判例が，「完全な分離」を貫くことによって生じかねないとする「不合理」（判旨①）については，平等原則や信教の自由保障から来る分離原則の憲法上の限界として捉え，かかる根拠に基づく例外を除き，完全分離を要請する反対意見への支持も根強く存する。

(2)　自衛官合祀訴訟

　けれども，最高裁は，目的効果基準を用いて判断を積み重ねていく。自衛官合祀訴訟では，キリスト教徒の原告が，自衛隊地方連絡部（地連）と自衛隊のOB団体である隊友会とによる合祀申請によって，殉職自衛官である亡夫を護国神社に合祀されたことによる「宗教的人格権」の侵害を争った（最大判昭和63・6・1民集42巻5号277頁）。判例は，宗教性の明らかな「合祀」と，その「前提」たる「合祀申請」とを切断し，かつ，「合祀申請」を私人たる隊友会の単独行為と捉え，国の機関である地連の関与を隊友会の「合祀申請」行為に対する「事務的な協力」として位置づける。その上で，本件「事務的な協力」行為が目的効果基準の下で20条3項違反となるかを審査の対象とし，合憲とした。判例は，「協力」行為の目的を「自衛隊員の社会的地位の向上と士気の高揚」という「宗教的意識も希薄」なものと認定しているが，それが仮に世俗的

目的であるとしても，神社の教義体系に政府がかかわり合うことの問題性を無視した判断であった。もっとも，本件においては，「合祀申請」を隊友会の単独行為とし，地連の関与を「事務的な協力」とした時点で合憲判断は必至であり，目的効果基準が結論を方向づけたわけではないと評することもできなくはない（ Column 5-1 ）。

(3)　宗教的行事への公職者参列の合憲性

　分離原則違反が問題となる類型の1つとして，一定の地位にある公職者が，宗教的行事に参列する行為の合憲性を争う一連の事案がある。

　①地域の戦没者慰霊を目的とし，市教育長が遺族会主催の忠魂碑前で挙行される神式または仏式の慰霊祭に，会の求めに応じて出席することが，「憲法上の政教分離原則及びそれに基づく政教分離規定」に違反しないとされた箕面慰霊祭事件（最判平成5・2・16民集47巻3号1687頁，1705頁），

　②天皇の代替わりに際して挙行された大嘗祭への知事参列は，20条3項に違反しないとされた鹿児島県知事大嘗祭参列事件（⇒p.179の(b)），

　③市長が，地元にとって重要な観光資源である神社の鎮座2100年記念大祭の実施を目的とする大祭奉賛会の発会式に招かれ，観光振興行政の一環として出席，祝辞を述べた行為は，20条3項に違反しないとされた白山比咩神社事件（最判平成22・7・22判時2087号26頁）等である。

　最高裁は，いずれの事案についても，宗教との「かかわり合い」を「社会的儀礼」の範囲内とする認定を半ば先取りしつつ，そこから，やや直線的に，政府の関与行為をもって「特定の宗教に対する援助，助長，促進になるような効果を伴わない」とする判断を導いている。目的効果基準への言及があるものの，その適用過程が極めて簡略化されている点で共通している。

> **Column 5-1　宗教的人格権**
> 　自衛官合祀事件において主張された権利が「宗教的人格権」である。この権利は，信仰に対する国家による「強制や不利益処遇」が存しないという意味で「信教の自由」の侵害とはいえないまでも，それでもなお保護されるべき信仰にかかわる個人の主観的権利・利益を基礎づけるために提唱された概念である。しかし，最高裁の多数意見は，宗教的人格権の主張を以下の論理で退けた。

①原告の主張する「宗教的人格権」とは，自己の信仰生活の静謐を他者の宗教上の行為によって害されたとし，そのことに不快の感情を持ち，かかる宗教上の感情の保護を求め，損害賠償や差止めを求める権利である。

②このような感情を法的に保護することは，「かえって相手方の信教の自由を妨げる結果となる」。

③「信教の自由の保障は，何人も自己の信仰と相容れない信仰をもつ者の信仰に基づく行為に対して，それが強制や不利益の付与を伴うことにより自己の信教の自由を妨害するものでない限り寛容であることを要請しているものというべきである。」

④よって「静謐な宗教的環境の下で信仰生活を送るべき利益なるものは，これを直ちに法的利益として認めることができない性質のものである。」

「宗教的人格権」の侵害が争点となった他の事案がある。自己の近親者が靖國神社に合祀されていることを，情報公開によってはじめて知った戦没者遺族らが，靖國神社および国に対して損害賠償等を求めた裁判である。戦没者氏名情報等の靖國神社への提供のための事務体制の整備を，多額の経費負担を含め，旧厚生省が日本国憲法施行後も行っていたものであり，特定の宗教団体である靖國神社と国との組織的・継続的な「かかわり合い」の明白な事案であった。裁判では，「家族的人格的紐帯の中で本件戦没者を敬愛追慕する人格権」や「追悼・慰霊に関する自己決定権」等の権利が新たに主張されたが，下級審裁判所は，その主張を「宗教的人格権」と同一のものと捉え，請求を棄却した（この裁判は各地で提起されており，例えば，大阪高判平成22・12・21訟月57巻8号2211頁）。最高裁も，上告・上告受理申請を棄却した（上の大阪高判につき，最決平成23・11・30 LEX/DB25480569）。

2 レーモン・テスト

学説の多くは，これらの最高裁判決を，目的効果基準の適用を誤ったものとして批判する一方で，この基準そのものは受容し，そのモデルとされるレーモン・テストを参考にして，基準の精緻化を求める方向に向かった（その代表例として，芦部・憲法学Ⅲ 181頁～182頁）。

レーモン・テストとは，合衆国連邦最高裁が，合衆国憲法修正1条の国教樹立禁止条項違反を審査するテストとして定立したものだ（Lemon v. Kurtzman, 403 U.S. 602 (1971)）。それによれば，政府の行為が，次の3つのうちの1つにでも反すれば，政教分離原則違反として違憲となる。

①政府の行為の「顕著な目的」が宗教的な目的でないこと。政府の行為が，世俗的な目的をあわせもっており，それが「公言」されていても，「顕著な目的」が宗教的であれば，違憲となる。

②政府の行為の主要な効果が，宗教を助長したり，または，抑圧したりするものでないこと。

③政府の行為が，宗教との過度のかかわり合いを促進するものでないこと。かかわり合いには，「行政的かかわり合い」と「政治的かかわり合い」がある。「行政的かかわり合い」とは，例えば政府が宗教系私学に補助金を出す場合，それが，宗教教育に使用されないように常時監督せざるをえなくなることなどをいい，他方で「政治的かかわり合い」とは，政府が特定の宗教とかかわり合うことによって，宗教間の対立や政治的分裂がもたらされる可能性をいう。

レーモン判決は，このテストを用いて，宗教系私学で普通教育科目を教える教師に対する公費による俸給補助を，③の「行政的かかわり合い」にあたるとして違憲とした。「総合判断」の基準である目的効果基準とは異質の硬質なテストである。もともとは宗教への「不介入」を強調するものであり，両者を接ぎ木することにはかなりの困難が伴うはずだ。

3 エンドースメント・テスト

目的効果基準の精緻化を試みる学説が注目してきたのが，エンドースメント・テストである。

(1) 宗教的シンボルの公的展示

このテストは，レーモン・テストの目的・効果判断を，宗教への「不介入」でなく，諸宗教・宗派（無宗教を含む）間の「公平性」をより重視する観点から再構成するものであり，専らキリスト生誕像等の宗教的シンボルの公的展示の合憲性が争われる場面で，S・オコナー裁判官によって提唱されたものだ（Lynch v. Donnelly, 465 U. S. 668, 688-694 (1984)）。それによれば，政教分離原則は，政府が特定の宗教を「是認（endorse）」するメッセージを伝達するような目的・効果をもった行為を禁止する。政府の行為が特定の宗教とかかわり合うことによって，「その宗教を支持しない人々に対して，彼らは部外者であり，

政治的共同体の十全なメンバーではないというメッセージを伝達し，同時に，その宗教を支持する人々には，彼らは部内者であり，政治的共同体の優遇されているメンバーであるというメッセージを伝達する」ことの禁止である。このテストの基礎には，分離原則を，政府言論（government speech）に対する憲法明文の制約とみる考えがある。政府は，政府批判の自由と情報公開を前提に，人民一般に向けた自由な情報発信によって信頼調達を試みてよいが，その例外として，特定の宗教への「是認」の表明を通して信頼調達を行うことは禁止される。それが，便利な信頼調達の方法として濫用されてきたからというだけでなく，政府が，特定の宗教への「是認」のメッセージを発信することは，それ以外の宗教（無宗教を含む）を支持する人々に対する平等な尊重と相いれないからだ。

(2)　愛媛玉串料訴訟

　政府行為の伝達するメッセージへの着目は，政府の行為のもつ社会的意味や象徴的な機能についての評価を，目的効果の判断に取り込むことを可能とする。このような観点から注目に値するのが，愛媛玉串料訴訟〈判例 5-3〉の最高裁判決である。判例は，違憲判断に至る理由づけの中で，県が「特定の宗教団体との間にのみ意識的に特別のかかわり合い」をもつことにより，一般人に対して与える「印象」に着目しているからだ。

> 〈判例 5-3〉最大判平成 9・4・2 民集 51 巻 4 号 1673 頁　　〈愛媛玉串料訴訟〉
> 【事実】昭和 56〜61 年にかけて，愛媛県は，靖國神社の例大祭に奉納する玉串料として 9 回にわたり計 45,000 円を，みたま祭に奉納する献灯料として 4 回にわたり計 31,000 円を，また，県護國神社の慰霊大祭に奉納する供物料として 9 回にわたり計 90,000 円を，公費から支出した。本件は，その支出が，20 条 3 項・89 条に反するとして争われた住民訴訟である。第一審，第二審ともに，目的効果基準を適用して判断を行ったが，第一審の違憲判決に対し，第二審は，本件支出を「社会的儀礼」の範囲内であり，支出の目的は遺族援護行政の一環であり，それが，神道について特別の関心を呼び起こすものでもないとし，請求棄却。
> 【判旨】一部破棄自判，一部上告棄却。①「神社神道においては，祭祀を行うことがその中心的な宗教上の活動であるとされていること，例大祭及び慰霊大

祭は，神道の祭式にのっとって行われる儀式を中心とする祭祀であり，各神社の挙行する恒例の祭祀中でも重要な意義を有するものと位置付けられている……ことは，いずれも公知の事実である。」「玉串料及び供物料は，例大祭又は慰霊大祭において右のような宗教上の儀式が執り行われるに際して神前に供えられるものであり……いずれも各神社が宗教的意義を有すると考えていることが明らかなものである。」［対象行為の宗教性］

　②「これらのことからすれば，県が特定の宗教団体の挙行する重要な宗教上の祭祀にかかわり合いを持ったということが明らかである。そして，一般に，神社自体がその境内において挙行する恒例の重要な祭祀に際して右のような玉串料等を奉納することは，建築主が主催して建築現場において土地の平安堅固，工事の無事安全等を祈願するために行う儀式である起工式の場合とは異なり，時代の推移によって既にその宗教的意義が希薄化し，慣習化した社会的儀礼にすぎないものになっているとまでは到底いうことができず，一般人が本件の玉串料等の奉納を社会的儀礼の１つにすぎないと評価しているとは考え難いところである。そうであれば，玉串料等の奉納者においても，それが宗教的意義を有するものであるという意識を大なり小なり持たざるを得ないのであり，このことは，本件においても同様というべきである。」［社会的儀礼としての，地鎮祭との区別］

　③「また，本件においては，県が他の宗教団体の挙行する同種の儀式に対して同様の支出をしたという事実がうかがわれないのであって，県が特定の宗教団体との間にのみ意識的に特別のかかわり合いを持ったことを否定することができない。これらのことからすれば，地方公共団体が特定の宗教団体に対してのみ本件のような形で特別のかかわり合いを持つことは，一般人に対して，県が当該特定の宗教団体を特別に支援しており，それらの宗教団体が他の宗教団体とは異なる特別のものであるとの印象を与え，特定の宗教への関心を呼び起こすものといわざるを得ない。」［象徴的結合］

　④本件支出に，「遺族援護行政の一環」という「儀礼的な意味合いがあることも否定できない」が，「戦没者の慰霊及び遺族の慰謝ということ自体は，本件のように特定の宗教と特別のかかわり合いを持つ形でなくてもこれを行うことができると考えられるし，神社の挙行する恒例祭に際して玉串料等を奉納することが，慣習化した社会的儀礼にすぎないものになっているとも認められないことは，前記説示のとおりである。」［かかわり合いの必要性］

　⑤「以上の事情を総合的に考慮して判断すれば，県が本件玉串料等を靖國神社又は護國神社に……奉納したことは，その目的が宗教的意義を持つことを免れず，その効果が特定の宗教に対する援助，助長，促進になると認めるべきで

> あり，これによってもたらされる県と靖國神社等とのかかわり合いが我が国の
> 社会的・文化的諸条件に照らし相当とされる限度を超えるものであって，憲法
> 20条3項の禁止する宗教的活動に当たると解するのが相当である。」
>
> 　（大野正男・福田博裁判官の各補足意見，園部逸夫・高橋久子・尾崎行信裁判官
> の各意見，三好達・可部恒雄裁判官の各反対意見がある。なお，園部意見は，憲法
> 89条の解釈について目的効果基準を「適用する必要はない」とし，本件公金支出が
> 同条に違反することが明らかである以上，「憲法20条3項に違反するかどうかを判
> 断する必要はない」としている。）

　「〔特定〕の宗教団体が他の宗教団体とは異なる特別のものであるとの印象を
与え，特定の宗教への関心を呼び起こす」(判旨③) との判示は，本件支出のも
つ「象徴的な意味や効果」に着眼したものであり，エンドースメント・テスト
と通ずる問題意識である。大野裁判官補足意見が，政教分離原則の適用にあた
っては，「社会に与える無形的なあるいは精神的な効果や影響をも考慮すべき
である」とするのに対し，他方で，可部裁判官反対意見が，目的効果基準の適
用においては「このような専ら精神面における印象や可能性や象徴を主要な手
がかりとして決せられてはならない」と述べているのは，そのような対立をふ
まえた上で，前者の立場が，多数意見によって選択された経緯を示している。
　政府の行為が「是認」のメッセージを伝達するか否かは，行為の具体的文脈
に依存する。文脈の読解が，それを読む者の主観に相当程度依拠する以上，恣
意的な判断を回避するために読解の視点を確定しなければならない。オコナー
裁判官によれば，読解の視点は，「法律のテクスト，立法過程及び法の運用状
況を熟知した」「客観的・合理的観察者」によるべきものとされる。この「観
察者」は，当該法律の制定・運用過程において，宗教的少数者の意見や立場が
どのように扱われてきたかについても「熟知」するものであり，宗教的少数者
の観点をも取り込むものである。その点で，目的効果基準の準拠する社会通念
とは異なる。

4　原則禁止の基準

　目的効果基準の精緻化を試みる方向とは逆に，この基準を「目盛りのない物
差し」と批判し，そこからの決別を求める立場がある。愛媛玉串料訴訟最高裁

判決 ◆判例 5-3 ◆ の高橋裁判官意見の立場であり，尾崎裁判官意見によってより詳細に定式化されている。津地鎮祭事件 ◆判例 5-2 ◆ の反対意見の流れに属するものであり，それによれば，20 条 3 項が「いかなる宗教的活動もしてはならない」と規定していることから，宗教への政府の不関与・不介入が原則とされる。すなわち，「国家と宗教との完全分離」が「原則」であり，「完全分離が不可能であり，かつ，分離に固執すると不合理な結果を招く場合に限って，例外的に国家と宗教とのかかわり合いが憲法上許容されるとすべき」である（原則禁止の基準）。この立場からは，宗教との「かかわり合い」を一応肯定することを出発点とする目的効果基準は，原則と例外を逆転している点で，はじめから間違っている。原則禁止の基準による場合，社会的儀礼として期待される行為であっても，宗教とかかわり合うことをせずとも，政府の正当な活動に支障を生じない限り，関与は違憲となる。遺族援護行政としての戦没者慰霊が，政府の正当な任務に含まれるとして，宗教との「かかわり合い」をもたずとも，それが可能である以上，玉串料等の支出は違憲となる。この基準の下では，目的効果基準の下で社会的儀礼として合憲とされてきた行為，例えば，前掲の箕面慰霊祭事件等での公職者の宗教的行事への参列行為についても，違憲判断の余地がある（⇒ p. 186）。分離原則の目的を，「国家の非宗教性」に力点をおいて解する場合，首尾一貫した説であるが，その場合，日本国憲法がこのような立場にコミットしていることの論証が要求される。

5 目的効果基準の射程の限定

　これまでの検討をふまえると，最高裁は，多くの事案において，20 条 1 項後段および 89 条を 20 条 3 項の部分集合と捉えた上で，政教分離原則違反が争われる事案一般に適用可能なものとして目的効果基準を用いてきたように思われる。対して，学説の中には，政教分離原則違反が争点となる事案を類型化し，目的効果基準の射程を限定する試みもある。適用の幅にブレのあるこの基準の適用領域を限定すべきとする問題意識によるものだ。例えば，国家が，宗教上の固有の教義体系に直接関与する行為は直截に分離原則違反となるとした上で，目的効果基準の適用領域を，「宗教と関係性を有しないというわけではないが，一般習俗化するなどして特定宗教性が稀薄化している類の行為」（佐藤 262 頁）

に政府が関与する事案に限定するのは，その代表例である。最高裁の少数意見の中にも目的効果基準の射程の限定を試みるものがあり，愛媛玉串料訴訟〈 判例 5-3 〉の園部裁判官意見は，宗教団体の宗教上の使用に供される公金支出については，20 条 3 項でなく，89 条を適用法条とすべきとした上で，目的効果基準による判断の必要を認めていない。

(1) 空知太神社事件

　このような観点から注目されるのが空知太神社事件〈 判例 5-4 〉である。神社への市有地の継続的な無償提供の合憲性につき，適用法条を 20 条 1 項後段・89 条とした上で，目的効果基準に言及せず，違憲判断を下したからだ。

〈 判例 5-4 〉最大判平成 22・1・20 民集 64 巻 1 号 1 頁　　〈空知太神社事件〉

【事実】 北海道砂川市は，その市有地を，空知太連合町内会に対して無償貸与してきたが，同町内会は，本件土地上に，地域の集会場等の建物等に加え，空知太神社およびその関連施設を設置・所有している。同神社は，神社付近の住民らで構成される「氏子集団」によって管理運営され，定期的に初詣や例大祭等の神事が行われている。本件神社は，もともと公立小学校に隣接する道有地上にあったが，昭和 23 年頃，校舎増設に伴い住民 A の所有する土地上に移転されたものが，同 28 年頃，同土地を神社敷地として地元住民に無償使用させることを条件として，自治体（現在の砂川市）に寄附されたものである。本件は，市有地を本件神社施設用の敷地として無償使用させていることは政教分離原則に反するとし，市長 Y が，敷地の使用貸借契約を解除せず，同施設の撤去および土地明渡しを請求しないことが，財産管理を違法に怠るものとして争われた住民訴訟である。第一審，第二審は，目的効果基準を適用し違憲判断を下したが，その上で，同市有地は，地域の集会場の敷地としても用いられていることをも考慮して，使用貸借契約を解除しなくても，祠や鳥居等を撤去させることで違憲状態を解消できるとし，その限度で，Y の怠る事実の違法性を確認した。

【判旨】 破棄差戻し。① 「国又は地方公共団体が国公有地を無償で宗教的施設の敷地としての用に供する行為は，一般的には，当該宗教的施設を設置する宗教団体等に対する便宜の供与として，憲法 89 条との抵触が問題となる行為であるといわなければならない。もっとも，国公有地が無償で宗教的施設の敷地としての用に供されているといっても，当該施設の性格や来歴，無償提供に至る経緯，利用の態様等には様々なものがあり得ることが容易に想定されるとこ

ろである。」「これらの事情のいかんは，当該利用提供行為が，一般人の目から
見て特定の宗教に対する援助等と評価されるか否かに影響するものと考えられ
るから，政教分離原則との関係を考えるに当たっても，重要な考慮要素とされ
るべきものといえよう。」「そうすると，国公有地が無償で宗教的施設の敷地と
しての用に供されている状態が，前記の見地から，信教の自由の保障の確保と
いう制度の根本目的との関係で相当とされる限度を超えて憲法 89 条に違反す
るか否かを判断するに当たっては，〔ⓐ〕当該宗教的施設の性格，〔ⓑ〕当該土地
が無償で当該施設の敷地としての用に供されるに至った経緯，〔ⓒ〕当該無償提
供の態様，〔ⓓ〕これらに対する一般人の評価等，諸般の事情を考慮し，社会通
念に照らして総合的に判断すべきものと解するのが相当である。」〔憲法判断の
枠組みと考慮要素〕

　②「本件神社物件は，一体として神道の神社施設に当たるものと見るほかは
ない。」「本件神社において行われている諸行事は，地域の伝統的行事として親
睦などの意義を有するとしても，神道の方式にのっとって行われているその態
様にかんがみると，宗教的な意義の希薄な，単なる世俗的行事にすぎないとい
うことはできない。」「本件神社物件を管理し，上記のような祭事を行っている
のは，本件利用提供行為の直接の相手方である本件町内会ではなく，本件氏子
集団である。」「この氏子集団は，宗教的行事等を行うことを主たる目的として
いる宗教団体であって，寄附を集めて本件神社の祭事を行っており，憲法 89
条にいう『宗教上の組織若しくは団体』に当たるものと解される。」「本件氏子
集団は，祭事に伴う建物使用の対価を町内会に支払うほかは，本件神社物件の
設置に通常必要とされる対価を何ら支払うことなく，その設置に伴う便益を享
受している。すなわち，本件利用提供行為は，その直接の効果として，氏子集
団が神社を利用した宗教的活動を行うことを容易にしているものということが
できる。」「本件利用提供行為は，市が，何らの対価を得ることなく本件各土地
上に宗教的施設を設置させ，本件氏子集団においてこれを利用して宗教的活動
を行うことを容易にさせているものといわざるを得ず，一般人の目から見て，
市が特定の宗教に対して特別の便益を提供し，これを援助していると評価され
てもやむを得ないものである。」「本件利用提供行為は，もともとは小学校敷地
の拡張に協力した用地提供者に報いるという世俗的，公共的な目的から始まっ
たもので，本件神社を特別に保護，援助するという目的によるものではなかっ
たことが認められるものの，明らかな宗教的施設といわざるを得ない本件神社
物件の性格，これに対し長期間にわたり継続的に便益を提供し続けていること
などの本件利用提供行為の具体的態様等にかんがみると，本件において，当初
の動機，目的は上記評価を左右するものではない。」〔本件利用提供行為の憲法

適合性]

　③「以上のような事情を考慮し，社会通念に照らして総合的に判断すると，本件利用提供行為は，市と本件神社ないし神道とのかかわり合いが，我が国の社会的，文化的諸条件に照らし，信教の自由の保障の確保という制度の根本目的との関係で相当とされる限度を超えるものとして，憲法89条の禁止する公の財産の利用提供に当たり，ひいては憲法20条1項後段の禁止する宗教団体に対する特権の付与にも該当すると解するのが相当である。」

　④原審が本件神社施設等の撤去および土地明渡し請求をすることを怠る事実を違法と判断する以上，「原審において，本件土地利用提供行為の違憲性を解消するための他の合理的で現実的な手段が存在するか否かについて適切に審理判断するか，当事者に対して釈明権を行使する必要があったというべきである。」

　（藤田宙靖・田原睦夫・近藤崇晴裁判官の各補足意見，甲斐中辰夫裁判官ら4裁判官の意見，今井功・堀籠幸男裁判官の各反対意見がある。）

　判例は，津地鎮祭事件 **判例 5-2** 以降の「総合判断」の枠組みを維持するものの，目的効果基準には言及していない。本件第二審は，無償提供行為の相手方を「町内会」とし，20条1項の「宗教団体」および89条の「宗教上の組織若しくは団体」該当性を否定した上で，主として20条3項を適用法条とし，非宗教団体の行う宗教的活動への政府助成の限界を審査するために目的効果基準を用いた。対して，最高裁は，本件提供行為は，「その直接の効果として」，「宗教的行事等を行うことを主たる目的としている宗教団体」である「氏子集団」の宗教活動を容易にしているとの認定をふまえ，本件を89条・20条1項後段の適用問題として扱っている。

（a）**総合判断の理由**　このように見てくると，判例は，政教分離原則一般へと抽象化されない個別条項に応じた審査の必要性を認め，目的効果基準の射程を限定したものと読むこともできる。藤田裁判官補足意見は，このような趣旨を含むものと解される。補足意見は，判例が目的効果基準を用いなかった理由を説明し，「過去の当審判例上，目的効果基準が機能せしめられてきたのは，問題となる行為等においていわば『宗教性』と『世俗性』とが同居しておりその優劣が微妙であるときに，そのどちらを重視するかの決定に際してであって……，明確に宗教性のみを持った行為につき，更に，それが如何なる目的をも

って行われたかが問われる場面においてではなかったということができる（例
えば，公的な立場で寺社に参拝あるいは寄進をしながら，それは，専ら国家公
安・国民の安全を願う目的によるものであって，当該宗教を特に優遇しようと
いう趣旨からではないから，憲法にいう『宗教的活動』ではない，というよう
な弁明を行うことは，上記目的効果基準の下においても到底許されるものとは
いえない。例えば愛媛玉串料訴訟判決は，このことを示すものであるともいえ
よう。）」とする。その上で，本件のような明らかな宗教的活動の行われる「一
義的に特定の宗教のための施設」への公有地の無償提供が惹起する憲法問題は
「本来，目的効果基準の適用の可否が問われる以前の問題である」とする。

　これに対して，調査官解説は，本件においては，「極めて長期間にわたる不
作為的側面も有する継続的行為」の合憲性が争われていることを理由とする
（清野正彦・ジュリスト1399号〔2010年〕83頁）。それによれば，同じく宗教的施
設への公有地の無償提供が争点となった箕面忠魂碑事件（⇒p. 180の(4)(a)）や
大阪地蔵像事件（最判平4・11・16判時1441号57頁）とは異なり，不作為による
分離原則違反状態が継続していた本件では，行為の一回的な目的・効果を着眼
点として，宗教とのかかわり合いの相当性を判断することが困難であったため，
目的効果基準を用いなかったものと説明されるが，他方で，「総合判断」の枠
組み自体は，「考慮要素」（判旨①ⓐ〜ⓓ）の中身を事案の性質に応じて修正し
つつも維持されていることから，従来の判例との連続性が認められるとする。
本判決以降においても，例えば白山比咩神社事件（⇒p. 186の(3)）で最高裁が
従来どおりの判断基準を用いていることは，この読みを支持する理由の1つと
なる。

　(b)　違憲状態の解消方法　　判旨④は，原審判決には，違憲状態を解消する
ために撤去等以外の「合理的で現実的な手段」が存しないかを判断するために
釈明権を行使しなかった点に違法がある，とする。

　「他の合理的で現実的な手段」とは，神社敷地となっている市有地を町内会
に無償で譲与するなどのもので，同じく砂川市長が被告となっている同種事件
において市が現に採用した手段であり，最高裁は，仮に市が本件神社との関係
を解消するために神社施設の撤去を図れば，氏子集団の「宗教的活動を著しく
困難なものにし，その信教の自由に重大な不利益を及ぼす」ことを理由に，当

該措置を合憲とする（富平神社事件・最大判平成 22・1・20 民集 64 巻 1 号 128 頁）。
公有地が神社敷地等として提供されている件数は全国数千以上という。本来，
日本国憲法の施行に伴う「国有境内地処分法」の運用とあわせて解消されてい
てよかったはずの問題であるが（⇒ p. 181 の(d)），土地提供に至る「経緯」には
個別事情があるため，最高裁は，違憲状態の解消手段については柔軟な方法を
採用し，信教の自由との合理的調整を認める。本件では，砂川市が，当該敷地
を適正な賃料で氏子集団の氏子総代長に賃貸するなどの手段を用いることで決
着をみた（差戻控訴審札幌高判平成 22・12・6 民集 66 巻 2 号 702 頁，差戻上告審最判
平成 24・2・16 民集 66 巻 2 号 673 頁）。

(2)　那覇市孔子廟事件

　同様の事案に那覇市孔子廟事件がある（最大判令和 3・2・24 民集 75 巻 2 号 29
頁）。市が，市の管理する都市公園内に孔子等を祀った久米氏聖廟を設置する
ことを本件参加人である一般社団法人に許可した上で，公園使用料の全額（年
間 576 万円余）を免除した当時の市長の行為の合憲性を争点とする住民訴訟で
ある。

　判例は，「国又は地方公共団体が，国公有地上にある施設の敷地の使用料の
免除をする場合においては，当該施設の性格や当該免除をすることとした経緯
等には様々なものがあり得」，「これらの事情のいかんは，当該免除が，一般人
の目から見て特定の宗教に対する援助等と評価されるか否かに影響するものと
考えられるから，政教分離原則との関係を考えるに当たっても，重要な考慮要
素とされるべきものといえる」とし，憲法判断の枠組みとして，「当該施設の
性格，当該免除をすることとした経緯，当該免除に伴う当該国公有地の無償提
供の態様，これらに対する一般人の評価等，諸般の事情を考慮し，社会通念に
照らして総合的に判断すべきもの」とする。その上で，本件免除の憲法適合性
について，①「本件施設については，一体としてその宗教性を肯定することが
できることはもとより，その程度も軽微とはいえない」こと，②「本件施設の
観光資源等としての意義や歴史的価値をもって，」「新たに本件施設の敷地とし
て国公有地を無償で提供することの必要性及び合理性を裏付けるものとはいえ
ない」こと，③参加人が，宗教性を有する本件施設の公開や宗教的意義を有す

る儀式の挙行を定款上の目的又は事業とし，実際にこれらの活動を行っていることなどを考慮し，本件免除は，「参加人が本件施設を利用した宗教的活動を行うことを容易にするもの」であり，「その効果が間接的，付随的なものにとどまるとはいえない」とし，憲法 20 条 3 項違反と判示した。

なお，違憲状態の解消方法については，市には「本件使用料に係る債権の行使又は不行使についての裁量があるとはいえず，その全額を請求しないことは違法というほかない」とする。

練 習 問 題

1　X は民間の A 製薬会社の工場で勤務していたが，A 社の製造する薬品が化学兵器の材料として防衛省関連の研究所に納入されていることを知った。X は，信仰上の理由に基づき，いかなる戦争協力行為をも拒否すべきとする立場から，A 社を退職し，失業等給付の適用を申請した。ところが，雇用保険法によれば，「自発的退職者には雇用保険を給付しないものとする」とされており，X の申請は棄却された。本件に含まれる憲法上の問題について，検討せよ。

2　内閣総理大臣 Y は，平成〇年 8 月 15 日，戦没者慰霊の目的で，靖國神社に参拝した。参拝は，平日の勤務時間中に公用車を用いて行われ，神社の「奉加帳」には，「内閣総理大臣 Y」との記帳がなされたが，参拝の方式は，神社が，その参拝方式として定める「二礼二拍手一礼」方式でなく，黙禱が捧げられた。当該行為の合憲性につき，考えよ。また，首相の靖國参拝を政教分離原則に反して違憲とする説に対しては，「首相 Y も，個人として信教の自由を有しており，靖國神社参拝をすべきでないとするのは，Y の信教の自由の侵害である」という議論がある。公人の信教の自由とは何か，検討せよ。

3　政教分離原則違反が争われた事案の判決文をよく読むと，適用法条を，「20 条 3 項」とするもの，「20 条 1 項後段，3 項，89 条」とするもの，「20 条 1 項後段，89 条」とするものなど，いくつかのパターンがある。このような適用法条の使い分けには何か意味があり，それは，当該事案の判断枠組みのあり方と関係するのか否か。分離原則違反の争われる事案の類型化を試みる学説（西村枝美「政教分離原則の現況——空知太神社判決を受けて」論究ジュリスト 13 号〔2015 年〕64 頁，阪口正二郎「愛媛玉串料訴訟判決を振りかえる」論究ジュリスト 17 号〔2016 年〕61 頁参照）の動向をふまえ，検討せよ。

第**6**章

学問の自由

　本章では，23条が保障する学問の自由を扱う。第1節で日本国憲法が明文で学問の自由を保障した意義を理解し，第2節で学問の自由の具体的内容について学ぶ。もともと大学教授の特権として認められてきた学問の自由の中身を，今日の多様化する研究・教育状況の中でどの程度流動化して解釈することができるかが，大きな問題となる。また，先端的研究の中には，軍事技術と密接な関係をもつものや，生命倫理の面で深刻な議論を巻き起こしているものもあり，そのような研究の自由を憲法上どのように評価すべきかも問題となる。

　さらに第3節では，学問の自由のために必要であって，日本国憲法上も保障されていると理解されている大学の自治について，概説する。国公立大学の独立法人化が進んだ現在，大学の自治も，警察権力との関係という古典的争点だけでなく，大学設置主体との関係での対応が迫られている。

第1節　学問の自由保障の意義

　23条は学問の自由を保障している。学問の自由は，諸外国の憲法において必ずしも明文で規定されているわけではない。大学の教授たちにも，他の諸自由，とりわけ表現の自由が及んでいれば，特に学問の自由を規定する必要性は乏しい。これに対し伝統的にこの自由類型を規定してきたのはドイツの諸憲法であるが，それはむしろ大学および大学で研究・教育にあたる教授の特権を規

定するものと理解されていた。ドイツの大学は伝統的にほとんど国立であり，教授も公務員であるが，憲法上，その研究・教育においては通常の公務員関係での指揮・命令を受けないことが保障されていたのである。

　明治憲法は学問の自由を明文では保障していなかったが，大学の自治は慣行上徐々に認められていった。しかし，1933（昭和8）年には京都帝国大学法学部の滝川幸辰教授の著書が発売禁止処分を受け，さらに同教授が教授会の同意なく文部大臣から休職処分を受けるという京大・滝川事件が生じ，また1935（昭和10）年には天皇機関説事件が起きて，美濃部達吉の著書が発売禁止処分を受けるとともに，政府が「国体明徴声明」を発表して天皇機関説は誤りだと断じるに至った（クエスト憲法Ⅰ　Column 2-1 ）。事実上特権的な存在であった教授たちの学問の自由に対する攻撃は，思想や表現の自由全般を抑圧する軍国主義化を推し進める上で大きな役割を果たしたのである。日本国憲法が明文で学問の自由を保障したのは，このような経緯に対する反省に基づくものといえる。

第2節　学問の自由の内容

1 学問の自由の主体

　学問の自由が保障する内容としては，通常，研究の自由および研究成果発表の自由，教授の自由，大学の自治が挙げられる。しかし，それらの内容を検討する前に，まず学問の自由の享有主体性について考える必要がある。沿革的には学問の自由は大学教授の研究・教育の自由を意味してきたから，23条の保障を享受する主体が大学の教師・研究者に限定されるのかどうかが問題となりうるのである。学問の自由は本来大学および大学教授への特権を意味するという解釈によれば，大学の外部者にこの条文の保護を広めることは当該自由の歴史的意義に反することになるから，慎重でなければならない。しかし，今日において学問の主体を大学関係者に限定することは適切でなく，また高等教育機関と初等・中等教育機関の差異は相対的なものだと考えるなら，享有主体を大学関係者に限る必要は薄れる。

　最高裁は，後述するポポロ事件判決（最大判昭和38・5・22刑集17巻4号370

頁。本章第 3 節）の中で，学問の自由保障は「一面において，広くすべての国民に対してそれらの自由を保障するとともに，他面において，大学が学術の中心として深く真理を探究することを本質とすることにかんがみて，特に大学におけるそれらの自由を保障することを趣旨としたものである」と判示し，折衷的な立場を示している。今日の日本において学問の自由の主体を大学関係者に限るとまで強い解釈をなすことは妥当とはいえないが，その保障の中核的意味が大学における研究・教育の自由にあることも理解しておくべきである。

2　研究の自由・研究成果発表の自由

　研究の自由の今日的問題状況として，先端科学技術の研究を自由に委ねておくことから，生命倫理に関する問題や予測できない社会的弊害が生ずる危険があることが挙げられる。しかし，学問の発展を法的に規制するのは困難であり望ましくもない。基本的には，何をどのように研究するかは研究者の判断に委ねられるべきであり，制約には具体的な危険が示されることが必要であるといえよう。新型兵器製造に結び付くような研究も，だからといって簡単に禁止してよいわけではない。また，遺伝子工学など生命倫理上繊細な問題を発生させる研究についても，安易に規制すべきではない。ただし，巨額の予算を必要とする研究に補助金支出を認めないというようなかたちで，事実上研究を不可能にするよりは，きちんと法律で規制されるべき研究の範囲を明確化する方がよいという考え方もあろう。法律による規制の例としては，「ヒトに関するクローン技術等の規制に関する法律」があり，ヒト・クローン胚等の人または動物の胎内への移植が禁じられている（同法 3 条）。また，「再生医療等の安全性の確保等に関する法律」は，再生医療を行う際には事前にその計画を厚生労働大臣に提出するよう義務づけ（同法 4 条），さらにリスクの高い再生医療（ES 細胞や iPS 細胞を用いるもの等）については，厚生労働大臣が変更命令等を出せるようになっている（同法 8 条）。同法については，大臣の判断基準が明確でないといった批判がある。

　研究成果発表の自由は，表現の自由と重なるものであるが，研究者が自らの研究成果を公表することは，特別に学問の自由の一環として保障されていることになる。大学教員が公務員である場合，研究成果が政治的内容を含むもので

あってもその発表の自由を確保する必要があるから，これに対して公務員への政治的行為の禁止条項（国公102条，地方公務員については教公特18条）を適用することは許されない（公務員と人権につき，p.37の(4)参照）。

3 教授の自由

　教授の自由とは，本来は大学教員の講義の自由のことである。これは，学問研究と不可分の活動として自由でなければならないとされる。講義内容を理由として大学教員に制裁を加えることは，原則として許されない。教育基本法14条2項は，学校が特定の政党を支持する政治教育など政治的活動を行うことを禁じるが，大学の講義において政治的な評価を述べることがこれにあたると解することも許されない。

　教授の自由については特に，それが大学教員にのみ認められているのか，それとも初等中等教育に携わる教員にも保障されていると考えるべきかが議論されている（教育の自由につき，p.378の 3 参照）。最高裁は旭川学テ事件判決（最大判昭和51・5・21刑集30巻5号615頁 判例 10-2 ）で，「例えば教師が公権力によって特定の意見のみを教授することを強制されないという意味において，また，子どもの教育が教師と子どもとの間の直接の人格的接触を通じ，その個性に応じて行われなければならないという本質的要請に照らし，教授の具体的内容及び方法につきある程度自由な裁量が認められなければならないという意味においては，一定の範囲における教授の自由が保障されるべきことを肯定できないではない」と述べており，憲法23条の保障を初等中等教育に一定範囲で及ぼすことを認めている。

　しかし，この箇所で教員の自由は，むしろ子どもの教育を受ける権利の十分な保障のために要請されているのであって，学問の自由の一環として必要だとされているわけではない。そうだとすると，教育の自由を根拠づけるのは，23条というよりも26条1項だという方が適切なのではないか。これに対し，初等中等教育の教員にも23条を根拠に教授の自由を認めようとする見解は，その段階でも「学問と教育とは本質的に不可分一体」であるとするが（第二次家永教科書訴訟第一審・東京地判昭和45・7・17行集21巻7号別冊1頁），はたしてそのようにいえるのかが問題となろう。いずれにせよ，前掲旭川学テ事件判決も，

初等中等教育においては，児童生徒の批判能力の不足や全国的一定水準の確保のために，教授の自由が大学におけるよりも広く制約されることを認めている。

第3節　大学の自治

　学問は歴史的に大学という組織によって担われ，その自由は大学が特権的な自治を認められることと結び付いてきた。日本の戦前においても，大学がその役割を果たすためには自治的運営が必要だと考えられ，一時期それがかなり現実化したのは，既述のとおりである。このことをふまえ，日本国憲法解釈としても，学問の自由はその制度的保障として大学の自治を含んでいると理解されている。この場合の制度的保障とは，学問の自由の十分な保障のために憲法は大学という自治的組織体の存在を前提にするとともに要請しており，その具体的な姿を法律が定める場合にはこの憲法上の要請に沿ったものとしなければならないということを意味する。伝統的に，自治を担う主体は研究・教育にあたる教員であり，その会議体である教授会が中心的組織とされてきた。しかし，近年は大学の迅速な改革を可能にするため，学長のリーダーシップ強化が叫ばれることが多い。学校教育法は，教授会を「重要な事項」の審議機関としてきたが，2014（平成26）年の改正で，学長や学部長らに意見を述べる機関と位置づけ直された（学教93条）。

　大学の自治の内容が主たる争点となったのが，ポポロ事件である。これは，東京大学の学生団体「劇団ポポロ」が学内の教室で演劇を上演した際，観客に私服警官がいるのを見つけ，学生らが暴行を加えたという事件である。第一審，第二審ともに，警察官の監視行為は大学の自治を侵す違法なものであるとして，学生らの行為は違法性を欠くとした。これに対し最高裁は，「大学における学問の自由を保障するために，伝統的に大学の自治が認められている」とした上で，この自治が「とくに大学の教授その他の研究者の人事に関して認められ」，「また，大学の施設と学生の管理についてもある程度で認められ」ると判示した。しかし，問題となった演劇会については，最高裁はこれを「実社会の政治的社会的活動」であると性格づけ，そのようなものは大学の自治の保護を主張できないとして，原審判決を破棄した（ポポロ事件・最大判昭和38・5・22刑集17

巻 4 号 370 頁）。

　同判決は，学生が大学施設を利用できるのは大学の自治の効果としてであると指摘しており，学生を自治の担い手としては想定していない。学生の地位をより積極的なものとして位置づけるべきだとの説もあるが，やはり研究・教育を担う者としての自治の主体とはいいがたい。しかし，施設管理権が大学に認められている以上，大学が研究教育に資すると考えて許可した集会について，警察がその学問性を否定して監視活動を行うことができるとする立場は，大学の自治を狭く解しすぎているというべきだろう。なお，学生管理については，大学による単位不認定や懲戒処分を裁判で争えるかどうかが問題になる。最高裁は，単位不認定については部分社会論を用いて司法審査の対象から除外している（富山大学単位不認定等違法確認訴訟・最判昭和 52・3・15 民集 31 巻 2 号 234 頁　クエスト憲法 I　判例 7-2 ）。ただし，専攻科修了不認定は対象になるとした（富山大学事件・最判昭和 52・3・15 民集 31 巻 2 号 280 頁）。私立大学の学生が政治活動を理由に退学処分を受けた事件では，大学の自律的判断権を広く認めて処分を合法としている（昭和女子大学事件・最判昭和 49・7・19 民集 28 巻 5 号 790 頁。p. 44 の(2)参照）。

　前掲ポポロ事件判決も特に重視する研究者人事の自治については，その保障を 1 つのねらいとする法律として教育公務員特例法があり（特に 3 条〜 10 条），かつては国公立大学に適用されていた。しかし，すべての国立大学および多くの公立大学が法人化し，教員も公務員ではなくなった。国公私立を問わず，研究者人事については，任命権者（多くの場合，学長）はその判断にあたって，大学の自治の主たる担い手たる教授会の意を十分尊重することが求められているといえるが，現在では，そのための法律上の裏付けは欠けている状況にある。

練 習 問 題

　1　日本では，先端科学技術の規制は行政指導や学会の定めによる自主規制によって行われることが多い。例えば，ヒト遺伝子の研究については，政府が「人を対象とする生命科学・医学系研究に関する倫理指針」を策定しているが，この指針は当該研究に携わる者に「この指針を遵守」することを求めつつ，研究の進め方などにつ

いて詳細な規定をおいている。また，生殖医療に関する研究については日本産科婦人科学会がいくつかの見解を公表している。例えば，2004（平成16）年の「胚提供による生殖補助医療に関する見解」は，この医療法は「認められない」との学会の立場を示した上で，「付帯事項」として会員がこれを「遵守することを強く要望する」と述べている。研究の自由をこれらの手法で規律することは，法律による制約を行うよりも望ましいといえるだろうか。

2　もし大学が1で示した行政指導や学会の指針に従わずに研究をした教員に戒告処分を行い，その有効性を教員が争ったとすると，裁判所はどのように判断すべきだろうか。この場面で，大学の自治が大学側に有利な論拠となるか。

第7章

表現の自由

　第7章では，21条を扱う。表現の自由は，その保障根拠論から最新の表現技術の法的評価に至るまで，人権論の中でも最も豊富な議論が積み重ねられてきた分野だといってよい。第1節では，表現の自由の総論的検討として，その保障根拠や憲法上の保障が及ぶ射程について考察する。第2節では，学説が体系化してきた，表現の自由規制の合憲性審査の枠組みについて整理する。21条2項前段の検閲の禁止については，事前抑制禁止原則の一環として，この節で扱う。

　第3節は，言論・出版の自由につき，第2節で説明する審査基準二分論に従い，内容に基づく規制と内容中立的規制の順に検討する。ここでは，現行法上の規制の合憲性について，判例の立場を正確に理解した上で，批判的分析を加えることが重要になる。ただし，合憲性について批判の多い選挙運動規制については，第11章で扱う。第4節では，放送やインターネットという特定の媒体を用いる表現について，特に問題となる論点を取り上げる。さらに第5節では，表現のための準備として不可欠の取材の自由に関する諸問題について検討する。

　第6節では集会の自由を，第7節では結社の自由を取り上げる。特に集会の自由については，かつて公安条例の合憲性について激しい議論がなされたが，近年は集会場の利用許可に関する判例が注目されている。最後に第8節で，21条2項後段が保障する通信の秘密について概説する。

第1節　表現の自由の意義と射程

1 21条の構造

　21条1項は，「集会，結社及び言論，出版その他一切の表現の自由は，これを保障する」と定め，同条2項は「検閲は，これをしてはならない。通信の秘密は，これを侵してはならない」と定める。この中で，2項後段の通信の秘密保障は，表現の自由それ自体の保障ではないが，やはり人と人とのコミュニケーションの国家からの保護にかかわるものであり，この章の最後で扱うことにする。

　2項前段の検閲禁止が，表現の自由制約の特定の形態を取り出して禁止したものであることについては理解が一致している。しかし，1項が列挙する「集会，結社及び言論，出版」の位置づけにつき，それらはみな「一切の表現の自由」の例示なのか，それとも「集会，結社」の自由は「言論，出版その他一切の表現の自由」と併置されているのかで意見が分かれている。集会や結社自体を「表現」と呼ぶのは少々違和感があり，また諸外国の憲法では，集会の自由や結社の自由は独自の類型として保障することが通常で，表現の自由の一形態と位置づけている例はほとんどみられない。しかし，たしかに集会や結社は一定の意見を共有してそれを外部に訴えようとしたり，一定の問題について議論したりするためになされることが多く，表現活動の一環としての性格を有している。憲法は集会や結社のこの側面に注目して，それらを21条に含めて保障しようとしたのだといえよう。

2 表現の自由保障の根拠

(1)　自己実現と自己統治

(a)　2つの価値による根拠づけ
　表現の自由は，フランス人権宣言11条やアメリカ合衆国憲法修正1条など，近代憲法に当初から含まれていた古典的人権である。しかも，同じく古典的人権である財産権への保障が，現代国家において大きく相対化されているのと異なり，今日一般に承認されている二重の

207

基準論の下，表現の自由は特に裁判所が手厚く保障すべきであるとされている。

　では，表現の自由をそのように重視すべき理由は何なのだろうか。この問題は，憲法解釈学の重要なテーマとなってきた。表現の自由の意義を論ずることは，その優越的な保障の根拠を明確にし，かつそのような保障の及ぶ範囲を画するために必要な作業となる。

　表現の自由の意義として，多くの場合自己実現と自己統治という 2 つの価値が挙げられる。ただし，両概念における「自己」の意味は異なっていることに注意が必要である。自己実現とは，個人が独立の人格を有する自律的存在として自己を発展させていくことであり，その過程では，自ら思考し，その結果を外部に表明することの自由が不可欠である。これに対し自己統治とは，民主政において国家権力は国民の意思に沿って行使されなければならないということであり，表現の自由は諸個人が政治過程に参加し，人々の間で強制によらない共同意思が形成されるために必須の要件とされる。

　(b)　根拠づけに対する批判的検討　この 2 つの価値が重なって表現の自由を根拠づけると考えるのが通説的見解であるが，特に自己実現と表現の自由との関係については，有力な批判がある。個人の自己発展にとって表現の自由が他の自由，特に経済的自由よりも重要だという判断には根拠がないというものである。実際，多くの人々の人生設計においては，どの職業につくかや，どのような財産を獲得・処分するかの方が表現の自由よりもよほど重要であろう。これに対しては，現実の諸個人の生き方の選択そのものが特に厚い保障に値するとはいえず，表現の自由はそのような選択の基礎となる情報を流通させ，また自律的な思考に基づく選択を可能とするというかたちで，自己実現の不可欠の基盤となるがゆえに重要なのだという反論がなされている。また，政府が合理的理由のない偏見によって，つまり個人の自律的判断主体としての能力を否認するような理由で自由を制約する危険性は，経済的自由の場合よりも表現の自由の場合の方が高いから，自己実現の観点からも，表現の自由への制約の合憲性はより慎重に審査する必要がある，との反論もある。

　これに対し，表現の自由と自己統治の価値との結び付きは異論なく承認されているといってよい。最高裁判所も，「表現の自由は，民主主義国家の政治的基盤をなし，国民の基本的人権のうちでもとりわけ重要なものであ」る（猿払

事件・最大判昭和49・11・6刑集28巻9号393頁〈 判例 1-4 〉）などと述べている。ただし，この観点からすると，手厚く保障される表現の範囲は政治的言論に限定されることになるのではないかという疑問も生ずる。アメリカの学説では，そのように限定してよいとの立場もあるところだが，日本では，表現の自由を自己統治の価値一本で基礎づけようとする学説も，だからといって保障の範囲が政治性を有する表現に限定されるとは述べていない。その理由としては，憲法が「一切の」表現の自由を保障したのは，それが全体として民主主義に不可欠だと判断したからだとか，政治的言論とそれ以外の言論とを区別する客観的基準はないから政府にそのような区別の権限を与えるべきではないといったことが挙げられる。

　区別の基準が存在しないのは確かだが，より原理的に考えれば，あらゆる事柄が政治的論議の対象となりうるのだといえる。わいせつ表現であっても，その社会的影響力や取り締まりの必要をめぐる政治的議論の対象となってきた。何が政治的で何が非政治的かをあらかじめ定めることはできないというべきであろう。したがって，自己統治の観点からしても，表現の自由保障の範囲は一応すべての表現に及ぶと考えるべきである。ただし，政治的議論の一環として自覚的になされる言論とそうでない言論との間に，前者は特に重く保護されなければならないという方向で保障程度の差が生じることは，是認できるのではないか。

(2)　思想の自由市場論

　表現の自由の根拠づけとしては，真理は思想の自由な競争の中からのみ見いだされるという，いわゆる思想の自由市場論もしばしば登場する。この考え方は，ミルトンやJ・S・ミルに遡る伝統的な表現の自由擁護論であり，アメリカの判例では類似の思想がしばしば表明されている。この理論は国家による思想弾圧に反対することを主眼としており，そこで「真理」といわれる場合にも，事実に適合した真実というよりも意見・思想の正しさのことが含意されている。また，市場での競争に終わりはなく，そこで確定的な真理が示されるわけではない。むしろこの理論は，真理とは常に暫定的なものであり，だからこそそれを国家権力が強制することは許されないという内容のものと理解すべきだろう。

民主政が，国民の間で「これが正しい政治方針だ」としてそのときどきに形成される意見に従って国政が行われるべきだという政治体制であるとすると，思想の自由市場論は自己統治の価値を裏づける意味をもつ。国家権力は，自らが従うべき主義主張の形成を思想市場に委ねておく必要があるのであり，どこかの時点で議論を止めにする権限は持ち合わせていないのである。

3 表現の自由の保障内容

(1) 情報発信の自由

　表現の自由の保護が，個人の認識や思想を外部に表現する活動を含むことは当然である。これを，広い意味での情報を外部に伝達しようとする活動として，情報発信の自由と呼ぶことができる。表現活動はすべて，一応 21 条 1 項によって保護されると考えるべきである。かつては，社会的な価値の低い一定内容の表現はそもそも憲法上の保護を受けないという立場も有力に主張されていた。内容に基づく制約の箇所で説明する，わいせつ表現（⇒ p. 232 の(2)）や名誉毀損表現（⇒ p. 236 の(3)）などである。しかし，まさにその区分自体が内容に基づく線引きであり，憲法上慎重な考慮を必要とする。一定のカテゴリーの表現への規制を簡単に認めるわけにはいかない。今日では，表現活動は内容によって区分することなく一応すべて表現の自由の保護を受けるとしつつ，内容に基づく例外的制約が認められる場合について個別に検討していくという立場が一般的であるといえよう。

　表現の自由によって保護されるか否かが問題となる活動に，いわゆる象徴的表現といわれるものがある。これは，通常は表現行為とは考えられない行動によって，何らかのメッセージを伝えようとする活動であり，公衆の面前での国旗焼却などが典型的に挙げられる。行為者がそれにより他者に一定の見解を伝えようとしており，それが周りの人々に理解可能であるような場合には，表現の自由によって保護される行為であると考えるべきである。

(2) 情報受領の自由

　情報発信行為が表現の自由をめぐる問題の中核を占めているのは確かだが，今日ではその保護範囲は，より広く解されている。まず，情報発信者はそれを

他者に伝えるために発信しているのだから，その意図を実現するには情報が相手方に届かなければならない。通常であれば，表現がなされればその内容はその形態に応じて相当な範囲の人々（集会での発言ならそこにいあわせる人々，出版ならより広く出版物を目にする人々）に伝わるであろうが，外界から隔離された特殊な環境におかれている人には，国家によって自分の知りたい言論から遠ざけられるという事態が起こりうる。その典型が被疑者や被告人として刑事施設に収容されている人々である。こういう場合，21条がこのような人々の情報受領の権利まで保障しているのかが問題となる。ドイツ基本法5条1項は，意見表明の自由と並んで「一般に近づくことのできる情報源から妨げられることなく知る権利」を明文で保障しているが，日本国憲法も同様の権利を認めていると解釈できるであろうか。

　拘置所内に収容されていた原告が，私費で購入していた新聞の一部記事が自分に配付される前に拘置所側によって塗りつぶされたことの違法性を争った事件で，最高裁は次のように述べ，閲読の自由が憲法上保障されていることを認めた（よど号記事抹消事件・最大判昭和58・6・22民集37巻5号793頁）。「およそ各人が，自由に，さまざまな意見，知識，情報に接し，これを摂取する機会をもつことは，その者が個人として自己の思想及び人格を形成・発展させ，社会生活の中にこれを反映させていくうえにおいて欠くことのできないものであり，また，民主主義社会における思想及び情報の自由な伝達，交流の確保という基本的原理を真に実効あるものたらしめるためにも，必要なところである。それゆえ，これらの意見，知識，情報の伝達の媒体である新聞紙，図書等の閲読の自由が憲法上保障されるべきことは，思想及び良心の自由の不可侵を定めた憲法19条の規定や，表現の自由を保障した憲法21条の規定の趣旨，目的から，いわばその派生原理として当然に導かれるところであ」る（なお，刑事収容施設の被収容者の人権の保障につき，p.36の(2)参照）。

　最高裁は，自己実現と自己統治の価値の実現のためには，憲法上の保障が情報提供のみならず受領にまで及ぶ必要があるとの考えを示したのだといえよう。一般論としては妥当な考え方だといえる。ただし，最高裁は一方で拘置所内の規律および秩序の維持についての拘置所長の裁量権を広く認め，結論的には塗りつぶし措置の違法性を認めなかった。最高裁はその後，「表現の自由の保障

は，他面において，これを受ける者の側の知る自由の保障をも伴うものと解すべき」であるとも判示し，情報受領権が 21 条の保護範囲に属することを確認している（札幌税関事件・最大判昭和 59・12・12 民集 38 巻 12 号 1308 頁）。

(3)　情報収集の自由

さらに，自己実現や自己統治の観点からは，単に各人が言いたいことを言うだけではなく，流通する情報が実際にそれらの価値の実現に資することが求められる。特に，積極国家化や情報技術の進展によって国家権力が膨大な情報を収集・管理するようになった現代においては，国民生活にとって重要な大量の情報が国家権力によって秘密裏に収集され利用される危険が高まっている。国の政策決定が国民の目に触れない情報によって行われるのでは，それを国民の自由な議論の結果だとみなすことはできない。また，各人の自己実現のためにも，知るべき有益な情報に接する機会が保障されなければならない。そこで，21 条は情報の発信・受領に加えてその収集の権利も保障していると解釈すべきだとの考え方が有力に説かれるようになった。ただし，多くの人にとって，情報収集とはすでに発表されている情報の受領行為と重なるものである。したがって，情報収集の権利が特に問題となるのは，これから発表しようとする情報を職業的に探しているジャーナリストの取材活動についてである。ただ，この取材の自由の憲法上の位置づけにつき，最高裁は「憲法 21 条の精神に照らし，十分尊重に値いする」という慎重な言い回しを用いており（博多駅事件・最大決昭和 44・11・26 刑集 23 巻 11 号 1490 頁など），議論の対象となっている。詳しくは本章第 5 節で後述することにする。

(4)　情報公開請求権と「知る権利」

また，情報収集の機会を十分保障するには，単に収集活動を国家に邪魔されないという自由権だけでなく，国家権力にその保有情報を開示させる積極的権利としての情報公開請求権も保障される必要があるという考えも主張されている。ただし，このような権利が，基本的に自由権を規定するものである 21 条から導けるかどうかについては，疑問も提起されている。もし導けるとしても，それは裁判所に請求するには法律による具体化を必要とする抽象的権利にとど

まると解される。情報公開請求権の法制化は，各地の地方自治体での条例化が国よりも先行したが，国レベルでも 2001（平成 13）年から「行政機関の保有する情報の公開に関する法律」（情報公開法）が施行された。

なお，この立法過程で，法律の目的規定に情報公開法が国民の「知る権利」を具体化するものだという趣旨の文言を入れるかどうかが議論の対象となった。「知る権利」とは多義的な用語であり，最高裁はこれを情報受領権の意味で使うことが普通である。前掲博多駅事件の最高裁決定は，「報道機関の報道は，民主主義社会において，国民が国政に関与するにつき，重要な判断の資料を提供し，国民の『知る権利』に奉仕するものである」と述べている。しかし，この用語は，国家に対するより積極的な情報開示請求権としての意味で用いられることも多い。むしろ，情報公開制度が未整備だった時期に，そのような状態を「権利が実現されていない」として批判し，情報公開の促進を求めるための概念として，大きな役割を担ってきたといってよい。上述のとおり，このような権利が憲法で保障されたものといえるかどうかについては争いがある。最高裁は情報公開条例・情報公開法解釈にあたり，その憲法上の評価を特に示していない。

第 2 節　表現の自由制約の合憲性審査の枠組み

1 総論的考察

(1)　二重の基準論からの要請

以下では，表現の通常の形態である言論・出版の自由を主として念頭におきつつ，その制約の合憲性をどのように判断すべきか考察する。二重の基準論からすると，表現の自由制約の合憲性は厳格に審査されるべきだということが大前提となる。裁判所は，立法者によって自由を制約する根拠とされた事実（立法事実）がたしかに存在しているといえるのかについて，独自に，つまり立法者の判断が正しいと推定することなく，審査しなければならない。これが，表現の自由規制には合憲性の推定が働かないといわれることの意味である。そして裁判所は，規制を正当化できるだけの根拠があるといえるか否かの判断にあ

213

たっても高い条件が満たされることを要求し，立法者の主張する理由が表現制約を正当化するだけの重要性を有しているのか，また制約が目的達成のために必要な範囲にとどまっているのかを，慎重に判断しなければならない。

(2)　萎縮効果防止の配慮

そして，この条件設定やそれが満たされているか否かの判断にあたっては，問題となる立法や具体的処分が表現活動に不当に萎縮効果を与えるものではないかという視点も考慮すべきである。ここで萎縮効果とは，表現活動をしようとする者が規制によって不利益を受けることを恐れ，本来許されるはずの表現をも控えてしまうような効果のことをいう。自己統治の価値の実現のためには，できるだけ多様な見地からの言論が提示され，議論が活発に交わされることが求められるから，このような萎縮効果の発生をできるだけ防ぐ必要がある。一方で，社会的・政治的な問題についての発言は，自己利益と直結しないことが通常であり，またそれが人々を説得して成果を挙げる見込みも極めて不確かなものにとどまるだけに，リスクが伴う場合には控えられやすいと考えられる。したがって，表現の自由を十分保障するには，人々ができるだけ萎縮しないで自分の考えを述べることのできる環境が必要である。例えば，表現規制の内容が不明確であれば安心して発言できないから，表現規制にあたっては許される表現と許されない表現の区分を明確になす必要がある，といった要請が導かれる。他の違憲審査基準を考える場面でも，この萎縮効果防止の視点は重要な意味をもっている。

このような見地から，次に，表現の自由制約の合憲性審査において特に妥当するとされてきた，明確性の理論と事前抑制の原則禁止について説明する。その後，一般的な表現規制の審査枠組みとして広く認められている，内容に基づく規制と内容中立的規制で審査基準を分ける考え方について検討する。

2 明確性の理論

(1)　規制条文への明確性要請の意義

表現の自由を制約する法律は，どのような表現を規制するのか明確に定めなければならず，規制内容が不明確な法律は違憲とすべきだとされる。刑罰法規

の場合，明確性の要求は罪刑法定主義の一内容として認められており（⇒p.
327の**4**），表現を規制する刑罰法規においても当然この要求は妥当する。それ
に加え，表現の自由制約の場合，刑罰法規でなくてもその内容が明確でなけれ
ばならないとされるのである。その主要な根拠は，不明確な規制は表現活動を
控えさせる強い萎縮効果を発生させ，本来許されるはずの表現もなされなくな
ってしまうからだという点に求められる。通常の場合であれば，不明確な法律
でも判例の積み重ねで次第に内容が明確化していくことを待つことができるが，
表現の自由規制の場合はそのようなプロセスを待つことから生じる弊害が大き
いので，不明確な規制は早い段階で違憲としてしまい，立法者により明確な法
の制定を求めるべきだということになる。

(2)　判例の立場

　とはいえ，一般的な要件を定める法律の文言にある程度の不明確性が伴うの
は通常のことであるから，どの程度の不明確性があれば違憲となるのかが問題
となる。デモ行進に対して「交通秩序を維持すること」という条件を課し，そ
れに違反した者に刑罰を科していた徳島市公安条例の合憲性が問題となった事
件で，最高裁は「ある刑罰法規があいまい不明確のゆえに憲法31条に違反す
るものと認めるべきかどうかは，通常の判断能力を有する一般人の理解におい
て，具体的場合に当該行為がその適用を受けるものかどうかの判断を可能なら
しめるような基準が読みとれるかどうかによってこれを決定すべきである」と
述べている。同判決は，問題となった規定を「道路における集団行進等が一般
的に秩序正しく平穏に行われる場合にこれに随伴する交通秩序阻害の程度を超
えた，殊更な交通秩序の阻害をもたらすような行為を避止すべきことを命じて
いる」と解釈し，さらに通常の判断能力を有する一般人なら，自己の行為がこ
の禁止類型にあたるか否かの判断に「通常……さほどの困難を感じることはな
いはずであ」るとして，明確性を欠くとは認めなかった（徳島市公安条例事件・
最大判昭和50・9・10刑集29巻8号489頁）。

　また，輸入書籍に対する税関検査の合憲性が問題となった札幌税関事件では，
原告により，関税定率法21条1項3号（当時，現在の関税法69条の11第1項7
号にあたる）が輸入禁止品として定めていた「風俗を害すべき書籍」という規

定が不明確で違憲であると主張された。最高裁は，「表現の自由は，……憲法の保障する基本的人権の中でも特に重要視されるべきものであって，法律をもって表現の自由を規制するについては，基準の広汎，不明確の故に当該規制が本来憲法上許容されるべき表現にまで及ぼされて表現の自由が不当に制限されるという結果を招くことがないように配慮する必要があり，事前規制的なものについては特に然りというべきである」と述べつつ，ここでいう「『風俗』とは専ら性的風俗を意味し，右規定により輸入禁止の対象とされるのは猥褻な書籍，図画等に限られるものということができ」るとして，やはり不明確ゆえ違憲との主張を認めなかった（札幌税関事件・最大判昭和59・12・12民集38巻12号1308頁）。最高裁が，萎縮効果を考慮して，刑罰法規でない表現の自由規制にも明確性を求めたことは注目できるが，「風俗を害すべき書籍」という文言が一般人の理解においてわいせつな書籍と同視できるという判断は強引ではないかという批判もある。なお，わいせつ概念自体の明確性については，後で検討する（⇒p.232の(2)）。

3 事前抑制の禁止原則

(1) 事前抑制禁止原則の意義

(a) 検閲（禁止）の歴史　ヨーロッパで印刷技術が発明され，情報流通量が飛躍的に増大したとき，市民が自由に国政について意見を流布しようとすることに脅威を抱いた国王らは，印刷物をすべて公表前に提出させ，中身をチェックして不適当と認める場合には公表を認めないという制度をつくりだした。これが検閲であり，表現の自由を求める動きは，歴史的にはまずこの検閲制度に対する反対論として盛んになった。アメリカ合衆国憲法修正1条が保障する「言論または出版の自由」も文言は包括的であるが，制定当時の中心的意味は検閲の禁止であったとされる。今日でも，ドイツ基本法5条1項など，検閲禁止を特に明記する憲法は多い。

　日本国憲法21条2項前段も，検閲を特に許されない表現制約形態として取り出して規定するものである。日本で戦前施行されていた出版法は，出版物を発行前に内務省に届けることを義務づけ，出版後内務大臣が「安寧秩序ヲ妨害シ又ハ風俗ヲ壊乱スルモノト認ムル」場合にはその発売を禁じることができる

という規定を有していたが（旧出版法3条・19条。新聞紙の場合は発行と同時の提出が義務づけられた。旧新聞紙法11条），発売禁止とならないよう発行前にチェックを受ける運用がなされたり，発表すべきでない内容を内務省が出版社にあらかじめ伝えたりすることも多かった。法的権限を背景にした事実上の検閲であったといえ，日本国憲法下ではこのような制度は許されない。

(b)　**事前抑制禁止の根拠**　　表現行為がなされる前にそれを規制してしまうことを事前抑制と呼ぶが，検閲はその代表的な形態である。事前抑制が表現制約として特に強力な手法であり，原則として許されないと考えられる理由としては，まず，それによって表現がそもそも人々に知られることなく終わってしまい，はたして本当に規制される必要があったのかどうか後から評価することが困難となること，そして，それだけに規制する側の一方的予測に基づく恣意的判断がなされやすく，規制範囲が過大なものになりがちであることが挙げられる。このような事情は表現活動への萎縮効果を高めるものでもある。さらに表現者にとっては，意図した内容が一度も人々に伝えられないということは非常に大きな断念を強要されることを意味するから，そのような可能性が存在することは，手間をかけて表現活動をしようとする意欲をそぐことになる。

(2)　**検閲概念の解釈とその適用──札幌税関事件**

(a)　**解釈論の選択肢**　　したがって，表現行為への事前抑制は原則として禁止される。しかし，事前抑制にも様々な形態があり，憲法がそれをすべて例外なく禁じているとまで考える必要はなかろう。そこで，解釈論上の整理としては，①21条2項前段の定める検閲禁止は，広く表現行為前の事前抑制を対象とするが，例外が認められると考えるか，②検閲は絶対的に禁止されるが，それは一般的な事前抑制よりも狭い概念であって，検閲にあたらない事前抑制の原則禁止は21条1項の解釈として導けばよいと考えるか，どちらかの選択肢が考えられる。憲法が特に検閲禁止を明記したことには，上述の歴史的経緯からして大きな意味を与えるべきであることや，事前抑制の中でも絶対に認められない形態を明確にしておくことは表現の自由保障にとって有益であることからして，②説が妥当であろう。

(b)　**札幌税関事件での検閲定義とその適用**　　判例もこの立場である。まず，

最高裁は前掲札幌税関事件で，21 条 2 項前段を次のように解釈した。それは，「検閲がその性質上表現の自由に対する最も厳しい制約となるものであることにかんがみ，これについては，公共の福祉を理由とする例外の許容（憲法 12 条，13 条参照）をも認めない趣旨を明らかにしたものと解すべきである」。そして絶対的に禁止される検閲とは，「行政権が主体となって，思想内容等の表現物を対象とし，その全部又は一部の発表の禁止を目的として，対象とされる一定の表現物につき網羅的一般的に，発表前にその内容を審査した上，不適当と認めるものの発表を禁止すること」を意味するという。

　絶対的な禁止という効果を発生させる以上，検閲概念がある程度限定的なものになるのはやむをえない。しかし，それでもこの判決の定義は狭すぎるという批判がなされてきた。特にその意味を具体化する税関検査への当てはめには問題が多い。判決は，①輸入禁止の対象は海外ですでに発表されている表現物であるから「発表前」にはあたらない，②税関検査は輸入物全般を対象にしており，「思想内容等それ自体を網羅的に審査し規制することを目的とするものではない」，③税関は行政権に属するが「思想内容等を対象としてこれを規制することを独自の使命とするものではなく」，また司法審査の機会が与えられている，と指摘して，税関検査の検閲該当性を否定した。しかし，②に対しては，問題となる手続が特に思想内容の網羅的チェックを目的とするものでなくても，それが可能な制度であれば，思想抑圧の弊害は同様に大きいはずだとの批判が可能である。税関検査で日本に持ち込まれる書籍の内容を網羅的に審査することは，法律上十分可能であり，他の輸入禁止品の審査や通関の手間を考慮してそれがなされていないのは，事実上の問題にすぎない。また，③についても，思想内容審査を独自の使命とする組織でなければ思想抑圧の弊害が小さいといえるかは疑問であり，また事後的な司法審査が認められるのは当然のことであって，検閲該当性を否定する理由とはならない。結局判決は，検閲として，行政権が表現物の思想内容を事前に審査することを明確に目的とする特別の手続を想定しているようであるが，今日そのような手続が構築されることは（幸いにして）考えがたい。このような狭い検閲概念は，21 条 2 項前段の意味をほとんどなくしてしまうのではないかという疑問が提起されている。

　これに対し，税関検査の検閲該当性を否定する①の理由は，それ自体として

は否定しがたい。しかし，輸入禁止により，日本国内の人々が当該書籍に接する機会が奪われることは，判決も認めている。事前抑制の弊害が，人々の目に触れる前に表現物が規制されてしまうことにあるのだとすれば，本件では「発表前」の要件を日本国内にいる人々の目に触れる前，というように実質的に理解することも可能だったのではないかとの批判もある。

(3)　検閲概念が問題となったその他の事例

検閲該当性が問題となった事案として，教科書検定や，青少年保護育成条例における有害図書指定がある。教科書検定については，最高裁はそれが「一般図書としての発行を何ら妨げるものではなく，発表禁止目的や発表前の審査などの特質がない」として，検閲該当性を否定している（第一次家永教科書訴訟・最判平成5・3・16民集47巻5号3483頁）。また，現在多くの都道府県にみられる青少年保護育成条例（名称にはバリエーションがある）は，自治体が「有害図書」として指定する書物の青少年への販売を禁止しており，しかも，卑猥な姿態の写真を一定割合以上含む書籍は指定がなくても有害図書とみなす「包括指定」の規定も含んでいる。これによると，「包括指定」にかかるような書物は，最初から青少年に販売できないことになる（青少年保護育成条例につき，p.235の(d)参照）。最高裁は，このような仕組みも「判例……の趣旨に徴し明らか」に検閲には該当しないと判示した（岐阜県青少年保護育成条例事件・最判平成元・9・19刑集43巻8号785頁）。やはり発売自体を禁じるものではないとの理由によるのであろう。もちろん，検閲に該当しないとしても，表現行為への制約として許されるということにはならない。特に「包括指定」制度は事前抑制といえ，その合憲性には慎重な審査が必要なはずである。

(4)　裁判所による事前差止めの合憲性

(a)　名誉毀損を理由とする差止めの許容性　　表現物に対する国内での事前抑制として，裁判所による印刷物発行の事前差止めの事例がみられる。名誉毀損による差止めが一定の場合に許容されると判示したのが，次に示す北方ジャーナル事件最高裁判決〈判例 7-1〉である。

◁ 判例 7-1 ▷ **最大判昭和 61・6・11 民集 40 巻 4 号 872 頁**

〈北方ジャーナル事件〉

【事実】 X（株式会社北方ジャーナル）は，1979（昭和 54）年 2 月下旬に自社が発行予定であった雑誌において，旭川市長の経歴があり同年 4 月の北海道知事選に立候補予定であった Y_1 を厳しく批判する記事を掲載する予定であった。記事の内容は，Y_1 を「ゴキブリ」「昼は人をたぶらかす詐欺師，夜は闇に乗ずる凶賊」などと評し，さらに「利権漁りが巧みで，特定の業者とゆ着して私腹を肥やし，汚職を蔓延せしめ」たなどと述べていた。Y_1 は，同誌の発売前にこの記事のことを知り，札幌地裁に，名誉権侵害を理由として同誌の印刷や販売を禁じる仮処分を申し立て，地裁は X からの審尋を行うことなく，この申し立てを認めた。

X は，Y_1 の仮処分申し立てや，国（Y_2）の仮処分によって損害を被ったとして，これらに対して損害賠償請求訴訟を提起した。第一審，第二審とも X 敗訴，上告。

【判旨】 上告棄却。「仮処分による事前差止めは，表現物の内容の網羅的一般的な審査に基づく事前規制が行政機関によりそれ自体を目的として行われる場合とは異なり，個別的な私人間の紛争について，司法裁判所により，当事者の申請に基づき差止請求権等の私法上の被保全権利の存否，保全の必要性の有無を審理判断して発せられるものであって，……『検閲』には当たらないものというべきである」。

名誉権侵害を理由にした差止請求権は認められるが，「言論，出版等の表現行為により名誉侵害を来す場合には，人格権としての個人の名誉の保護（憲法 13 条）と表現の自由の保障（同 21 条）とが衝突し，その調整を要することとなるので，いかなる場合に侵害行為としてその規制が許されるかについて憲法上慎重な考慮が必要である」。「表現行為に対する事前抑制は，新聞，雑誌その他の出版物や放送等の表現物がその自由市場に出る前に抑止してその内容を読者ないし聴視者の側に到達させる途を閉ざし又はその到達を遅らせてその意義を失わせ，公の批判の機会を減少させるものであり，また，事前抑制たることの性質上，予測に基づくものとならざるをえないこと等から事後制裁の場合よりも広汎にわたり易く，濫用の虞があるうえ，実際上の抑止的効果が事後制裁の場合より大きいと考えられるのであって，表現行為に対する事前抑制は，表現の自由を保障し検閲を禁止する憲法 21 条の趣旨に照らし，厳格かつ明確な要件のもとにおいてのみ許容されうるものといわなければならない。

出版物の頒布等の事前差止めは，このような事前抑制に該当するものであって，とりわけ，その対象が公務員又は公職選挙の候補者に対する評価，批判等

の表現行為に関するものである場合には，そのこと自体から，一般にそれが公共の利害に関する事項であるということができ，前示のような憲法21条1項の趣旨……に照らし，その表現が私人の名誉権に優先する社会的価値を含み憲法上特に保護されるべきであることにかんがみると，当該表現行為に対する事前差止めは，原則として許されないものといわなければならない。ただ，右のような場合においても，その表現内容が真実でなく，又はそれが専ら公益を図る目的のものでないことが明白であって，かつ，被害者が重大にして著しく回復困難な損害を被る虞があるときは，当該表現行為はその価値が被害者の名誉に劣後することが明らかであるうえ，有効適切な救済方法としての差止めの必要性も肯定されるから，かかる実体的要件を具備するときに限って，例外的に事前差止めが許されるものというべきであり，このように解しても上来説示にかかる憲法の趣旨に反するものとはいえない」。

　「表現行為の事前抑制につき以上説示するところによれば，公共の利害に関する事項についての表現行為に対し，その事前差止めを仮処分手続によって求める場合に，一般の仮処分命令手続のように，専ら迅速な処理を旨とし，口頭弁論ないし債務者の審尋を必要的とせず，立証についても疎明で足りるものとすることは，表現の自由を確保するうえで，その手続的保障として十分であるとはいえず，しかもこの場合，表現行為者側の主たる防禦方法は，その目的が専ら公益を図るものであることと当該事実が真実であることとの立証にあるのである……から，事実差止めを命ずる仮処分命令を発するについては，口頭弁論又は債務者の審尋を行い，表現内容の真実性等の主張立証の機会を与えることを原則とすべきものと解するのが相当である。ただ，差止めの対象が公共の利害に関する事項についての表現行為である場合においても，口頭弁論を開き又は債務者の審尋を行うまでもなく，債権者の提出した資料によって，その表現内容が真実でなく，又はそれが専ら公益を図る目的のものではないことが明白であり，かつ，債権者が重大にして著しく回復困難な損害を被る虞があると認められるときは，口頭弁論又は債務者の審尋を経ないで差止めの仮処分命令を発したとしても，憲法21条の前示の趣旨に反するものということはできない」。

　「本件記事は，北海道知事選挙に重ねて立候補を予定していた被上告人Y₁の評価という公共的事項に関するもので，原則的には差止めを許容すべきでない類型に属するものであるが，前記のような記事内容・記述方法に照らし，それが同被上告人に対することさらに下品で侮辱的な言辞による人身攻撃等を多分に含むものであって，到底それが専ら公益を図る目的のために作成されたものということはできず，かつ，真実性に欠けるものであることが本件記事の表

現内容及び疎明資料に徴し本件仮処分当時においても明らかであったというべきところ，本件雑誌の予定発行部数（第1刷）が2万5000部であり，北海道知事選挙を2か月足らず後に控えた立候補予定者である同被上告人としては，本件記事を掲載する本件雑誌の発行によって事後的には回復しがたい重大な損失を受ける虞があったということができるから」，結局本件仮処分には実体面でも手続面でも違憲の廉はない。

　検閲についての最高裁の定義からすれば，裁判所による事前差止めは当然それにあたらないことになる。本判決の意義は，検閲にあたらない事前抑制についても，それが厳格な要件に服すべきことを，理由を示しつつ説示していること，特に公共の利害にかかわる事項については，原則として事前抑制は許されないとし，例外が許される要件も具体的に挙げていること，さらに表現への事前抑制の場合，裁判所の仮処分手続にも特別の手続保障が必要になることを明示したことにあろう。ただし，判決が実体的要件の前半を「表現内容が真実でなく，又はそれが専ら公益を図る目的のものでないことが明白であ」（傍点著者）ることと定式化したことには，真実でないことが明白とはいえない場合にも差止めを認める可能性を開くものとして批判がある。また，「重大にして著しく回復困難な損害を被る虞」という後半の要件について，判決は2か月弱後の選挙への悪影響を考慮しているようであるが，1つの雑誌の記事がそのような大きな影響を及ぼすといえるか，また選挙での落選は法的不利益ではなく，重大な損害とまでいえるかといった疑問を指摘することはできる。手続面については，当事者の審尋を経ないのでは，裁判所の決定といっても行政権による一方的判断と実質的に区別できないのであり，事前抑制の危険性を考えれば，例外を許さず公開の場での審尋を必要とすべきだったとの批判がある。

　(b)　プライバシー侵害を理由とする差止めの許容性　　裁判所による事前差止めとしては，名誉毀損を理由とするものの他，プライバシー侵害や著作権侵害を理由とするものがある（後者につき著作112条）。

　顔面に腫瘍を有する人物をモデルとした小説が雑誌に掲載された後，モデルとされた者が損害賠償に加えて同小説の単行本としての出版の差止めを求めた訴訟で，最高裁は「公共の利益に係わらない被上告人（原告─引用者注）のプライバシーにわたる事項を表現内容に含む本件小説の公表により公的立場にない

被上告人の名誉, プライバシー, 名誉感情が侵害されたものであって, 本件小説の出版等により被上告人に重大で回復困難な損害を被らせるおそれがある」として, 出版差止めを認めた（「石に泳ぐ魚」事件, 最判平成 14・9・24 判時 1802 号 60 頁）。

　有名政治家の娘が, その離婚について伝える記事を掲載した週刊誌の販売を差し止める仮処分を求めた事件では, 申し立てを受けた東京地裁はその仮処分を命じたが, 抗告審たる東京高裁は, 離婚したことが社会的に知られることの不利益は重大とはいえないこと, 他方で出版物の事前差止めが表現の自由に対する重大な制約であることなどを考慮し, 差止めを認めなかった（東京高決平成 16・3・31 判時 1865 号 12 頁）。

4　内容に基づく規制と内容中立的規制

(1)　二分論の根拠

　表現規制が明確性の理論や事前抑制の原則禁止に反して違憲とされない場合, より一般的な合憲性審査を行うことになる。その場合, 学説では, 違憲審査の基準を, 問題となる規制が内容に基づくものであるか, そうではなく表現行為がなされる時・場所・方法などに着目するものであるかによって分けるべきだという考えが一般的である。この理論（二分論）によれば, 内容に基づく規制は原則として認められず, その合憲性は非常に厳格に審査される。これに対し, 内容中立的規制の場合, 立法事実の存在についての立法者の判断を尊重せず裁判所が独自に審査すべきであるという要請は妥当するが, 規制に必要な立法目的の重要性や手段の最小限度性について, 内容に基づく規制の場合ほど厳しい基準を設ける必要はないとされる。

　この二分論を支えるものとして, 次のような根拠が考えられよう。国家が内容に基づいてある表現活動を規制することは, 自己実現や自己統治の観点からして, 特に害悪が大きい。特定の内容を言えないことや受け取れないことは, 個人の自由な生き方を大きく阻害するし, 民意形成過程を正面から歪めてしまう。民主主義国家において国家権力の行使は民意に基づくべきとされるだけに, 国家にはその民意を操作することへの誘因が常に存在する。内容に基づく規制はこの操作の直接の現れといえるのであり, 特に防いでおくべき必要性が高い。

また，内容に基づく規制は，その内容が人々に与える弊害を防止しようとするものであるが，表現内容がそれを受け取る人々にどのような影響を与えるか，あるいは与えたか，明確に測定することはできない。表現を受け取る人々もそれぞれが独立の人格であり，表現行為のメッセージがどのように受容されるか，一般的に判定することは極めて困難である。したがって，国家が表現内容に基づいて規制をかけようとしても，その根拠はあいまいなものとならざるをえず，規制の正当化として挙げられる理由は基本的に疑わしい。むしろ，国家がある表現内容を「許されないものだ」とレッテルばりすることこそ，私人の表現活動よりもはるかに大きなメッセージ効果を発揮し，その内容やあるいはそう誤解されかねない内容を主張しようとする人々にかなりの萎縮効果を発生させる。

これに対し，内容中立的規制の場合，表現の自由を支える価値との衝突がこれほど直接的ではなく，また規制の根拠について客観的に審査できる程度が高い。早朝の住宅街で拡声器を使って革命を呼びかける演説がなされたとき，その内容が人々にどのような影響を与えるかは定かでないが，その音がどの程度住民の生活の障害となるかについては，かなりきちんとした検証が可能であろう。ここでは，国家の理由づけを疑ってかかる必要は，内容に基づく規制の場合ほど大きくはない。そして，この例のように，表現活動の外形的要素が他の保護に値する法益と衝突する場面は多く考えられるのであって，そのような場合に，常に厳格に必要不可欠な例外としてしか他の法益の実現を認めないというのは，やはりバランスを欠くように思われる。

(2) 具体的な審査基準

(a) **審査基準の類型化**　　学説上は，内容に基づく規制について，違法行為の煽動やわいせつ表現，名誉毀損といった伝統的に一定の制約が認められてきた内容については，規制が認められるための要件をできるだけ限定的かつ明確なかたちであらかじめ定めておくことが望ましいとされる。これを，何が名誉毀損かといった定義づけの段階で保護すべき利益との衡量を行うという意味で定義づけ衡量と呼ぶ。このように，表現行為の許容性につき一般的に線引きをしておくことで，許されるかどうか問題となりうるような表現行為をしようとする者の判断が容易になり，萎縮効果を防止することができる。その他の場合

に内容に基づく規制がなされたときには，最も厳格な審査を行うべきであり，やむにやまれぬ利益のために必要不可欠な場合にのみ合憲となると考えるべきである。

　これに対し内容中立的規制については，中間的な審査基準，つまり重要な目的のために必要な限度の制約かどうかで判断すべきだということになる。また，内容中立的規制の場合，同じ内容を伝えるための代替手段が十分存在することも必要である。そうでないと，実際には一定の内容を抑制するのと同じ効果をもってしまうからである。なお，規制手段の目的との関係での審査にあたっては，その目的達成のために「より制限的でない他の選びうる手段（less restrictive alternative）」があるかどうかを審査し，そのような手段が存在するなら，審査対象となる規制は違憲となるという手法をとるべきともいわれる（LRA の基準）。もちろん，このような審査方法は有益であるが，何が現実的 alternative といえるかを一義的に決めることはできないから，中間的な審査基準の場合には，架空の選択肢との関係であまり厳密に自由制約の最小限度性を求める必要はなかろう。

　(b)　**二分論をとるにあたっての留意点**　　ただし，このような二分論を採用するにあたっては，以下の2点に注意すべきであろう。まず，内容中立的規制にはより緩やかな審査基準を適用するとしても，二重の基準論の基本的立場からして，それは合憲性の推定を伴うようなものではなく，裁判所による実質的審査が行われなければならないということである。内容中立的規制でも，一定の表現活動が制約されることには変わりない。表現の総量が減るだけでも弊害は大きいし，また時・場所・方法などによる規制が，実際には一定の内容の主張に特に不利益に働くという危険も否定できない。マスメディアであまり伝えられない意見の持ち主にとって，街頭演説が制約されることの影響は特に大きいともいいうる。二分論は，内容中立的規制は緩やかに認められるという趣旨ではないことは，確認しておかなければならない。もう1つ，内容に基づく規制と内容中立的規制で審査基準を分けるとすると，具体的規制がどちらに該当するのかの判断が重要になる。特に，内容に基づく規制は原則として許されないという考えが受け入れられるようになれば，たとえ本当のねらいが一定の内容の表現活動に不利益を与えようというところにある規制であっても，時・場

225

所・方法といった内容中立的な根拠が探されることになる。どちらに分類すべきか簡単には判断できない事例が増えることになるから，慎重な考察が必要になる。

> ### Column 7-1　政府言論の問題性
>
> 　以上の二分論は，公権力が私人の自由行使を法的に制約しようとする場合を念頭において構築されたものである。これに対し近年，公権力自身の言論活動（「政府言論（government speech）」といわれる）をどのようにコントロールすべきかという問題への関心も高まっている。公権力から流される情報は，当然，権力者に都合のよいものである危険が大きく，それが無批判的に流されると，民意の形成を歪める危険がある。例えば，選挙が近づくと，投票を呼びかける宣伝が選挙実施主体によって集中的になされる。しかし，投票率の高低は個々の候補者の当落に直結する，非常に政治的な問題のはずである。このような問題について，「投票すべし」という一方的な主張を公権力がなしてよいのだろうか。また，公権力が「投票すべし」と呼びかけることは，選挙に参加しないという思想はまともな成人がもつべきものではないというメッセージを広め，現在の政治体制の評価についての自由な議論を歪める効果をもつのではないか。
>
> 　公権力は表現の自由の主体ではない。しかし，表現活動が禁じられるわけではない。政府がどのような政策を，なぜ，そしてどのように進めようとしているのかについては，国民に進んで知らせる姿勢が必要である。そして，そうである以上，政府言論が特定の内容をもつものとなるのは当然である。その言論活動が国民に一方的な影響を与えないことの保障は，まさに取材の自由を含む表現の自由によって，その妥当性が国家とは独立に吟味されることに求められる。先の例でいえば，「選挙で投票に行く必要なんてない」あるいは「投票などすべきでない」という言論が許されている必要があるということである。それ以上に政府言論を枠づける理論を構築するのは，なかなか難しい。
>
> 　ただし，公権力が特定の表現活動を金銭的措置などで助成するような場合には，より慎重な考慮が必要になる。これも広い意味での政府言論といえるが，しかしその主眼は政府の思想を広めようとするものではなく，文化振興にあるはずだからである。もちろん，この場合でも助成対象の選別にあたっては内容による区別をなさざるをえないが，しかしそれは助成目的に合致した区別である必要がある。そうでない理由で助成を拒絶された者は，本来許されない考慮要素によって恣意的に不利益を与えられたと主張できる。この意味で，政府は表現活動を助成する必要はないのだから，助成するならどんな条件をつけてもよい，ということにはならず，一定の条件は憲法違反となる（「違憲の条件

(unconstitutional conditions)」と呼ばれる）。とはいえ，具体的助成プログラム
において何が「違憲の条件」にあたるのかを確定するのは，困難な場合が多い。

　なお，公権力が一部の図書を購入して，住民の閲読に無料で供するサービス
である公立図書館も，一種の政府言論であり，ここでも購入や廃棄に関して内
容に基づく選別が行われることはやむをえない。ただし，図書館職員が内容に
ついての個人的な否定的評価に基づいて書籍を廃棄処分とすることは，職務上
の義務に違反するだけでなく，著作者に対する関係でも違法な行為だといえる
とする最高裁判決がある（最判平成17・7・14民集59巻6号1569頁）。廃棄の
場面では選別の対象が限られるため，購入の場面よりも恣意的選別か否かの判
断が容易な場合が比較的多いといえよう。

(3)　判例の区分論

(a)　猿払事件上告審判決の論理の批判的検討　　これらの留意点からは，判
例の重大な問題性を指摘することができる。判例は，学説のような用語法は用
いていないが，類似した二分論をとっている。問題は，内容中立的規制に類似
する規制類型が非常に広く理解されていること，さらに，具体的規制がこの類
型に入れられると，非常に緩やかな合憲性審査しか行われなくなってしまうと
いう点にある。

　例えば猿払事件〈　**判例 1-4**　〉で最高裁は，国家公務員の政治的行為禁止の，
「行政の中立的運営とこれに対する国民の信頼」という規制目的との衡量にお
いて，次のように述べている。「公務員の政治的中立性を損うおそれのある行
動類型に属する政治的行為を，これに内包される意見表明そのものの制約をね
らいとしてではなく，その行動のもたらす弊害の防止をねらいとして禁止する
ときは，同時にそれにより意見表明の自由が制約されることにはなるが，それ
は，単に行動の禁止に伴う限度での間接的，付随的な制約に過ぎず，かつ，国
家公務員法102条1項及び規則の定める行動類型以外の行為により意見を表明
する自由までをも制約するものではなく，他面，禁止により得られる利益は，
公務員の政治的中立性を維持し，行政の中立的運営とこれに対する国民の信頼
を確保するという国民全体の共同利益なのであるから，得られる利益は，失わ
れる利益に比してさらに重要なものというべきであり，その禁止は利益の均衡
を失するものではない」。ここで最高裁は，表現制約を「意見表明そのものの

制約」と「その行動のもたらす弊害の防止をねらいとした禁止」＝意見表明への「間接的，付随的な制約」に二分し，問題となった政治的行為禁止が後者に該当することから，簡単に比較衡量の結論を導いている（最大判昭和49・11・6刑集28巻9号393頁）。

　しかし，公務員の政治的行為が行政の中立的運営やそれへの国民の信頼を害するかもしれないのは，それがまさに「政治的」活動だからであり，その禁止は内容に基づく規制と考えざるをえない。最高裁も同判決で，被告人の行為が「特定の政党を支持する政治的目的を有する文書の掲示又は配布であって，……政治的行為の中でも党派的偏向の強い行動類型に属するものであ」るから違法性が強いと述べており，問題となっているのがまさに表現内容の政治性であることを示している。ここで最高裁がいう「行動」とは表現活動の外形ではなく，まさに特定の内容の表現行為そのものを指している。だとすると，その「行動のもたらす弊害の防止をねらいとした禁止」は内容に基づく制約にほかならず，まさに内容に基づく規制が「間接的，付随的」とされてしまうことになる。一方，「意見表明そのものの制約」は，国家が「表現内容から弊害は生じないがそれでも制約する」と堂々と主張して行う，今日およそ想定できない規制類型ということになってしまうのではないか。猿払事件上告審判決の二分論は，学説の二分論とは似て非なるものというべきであろう。しかも，「間接的，付随的」とされることにより，利益衡量において表現活動の利益が著しく軽くみられてしまうことになるのも大きな問題である。

　なお，猿払事件と同じく国家公務員が政治的行為禁止に違反したとして起訴された近年の事例において，最高裁が高裁の無罪判決を維持して注目されている。この判決は，民主主義社会における政治活動の自由の重要性からして，それに対する制約は「必要やむを得ない限度」でなければならないとしつつ，法が禁止しているのは「職務の遂行の政治的中立性を損なうおそれが実質的に認められる行為」であると解すべきなので，この限度内にとどまっており合憲だといえるとした。ただし，起訴の対象となった行為にはこの実質的なおそれは認められないとした（堀越事件・最判平成24・12・7刑集66巻12号1337頁。p. 41の(b)参照。同日に判決のあった別事案では，このおそれが認められ有罪とされた）。本判決は，猿払事件判決のような二分論をとっておらず，むしろ政治活動の自由

の重要性から直接，制約対象の限定の必要性を導いている。本判決は猿払判決を覆すものではないが，「間接的，付随的な制約」を極端に広く解し，しかもその制約の合憲性を緩やかに認めてしまうという，学説からの強い批判にさらされてきた立場からは離れるものであると理解したい。

(b)　**内容中立的規制への実質的審査の不足**　　また，ビラはりや立て看板の規制といった，たしかに内容中立的規制といえる事件においても，最高裁がその合憲性について詳しい審査を行わず簡単に合憲としていることは問題であろう。この点，大分県屋外広告物条例事件の補足意見において，伊藤正己裁判官が，立て看板の表現方法としての重要性を指摘して，その規制を「たやすく合憲であると判断するのは速断にすぎる」と指摘したことは注目される。ただし，伊藤意見が，当該条例が内容中立的規制であることを理由にして厳格な審査を避け，「規制の範囲がやや広きに失するうらみはあるが」違憲とはいえないという結論に至ったことには，異論を提起することもできよう（最判昭和 62・3・3 刑集 41 巻 2 号 15 頁）。具体的諸事例につき詳しくは後述する（⇒ p. 245 の **2**）。

第 3 節　言論・出版の自由

1 内容に基づく規制

(1)　違法行為の煽動表現

(a)　**煽動罪規定と表現の自由の緊張**　　表現の自由を規制する法律は多くあるが，それらの中で自由制約の合憲性が長く問題視され，激しい議論の対象となってきたのが，違法行為を煽動する表現行為の処罰可能性をめぐるものであった。アメリカでは，第一次世界大戦期以降の煽動表現の保護の程度をめぐる論争が，表現の自由論を深化させる最大の契機となったといえる。煽動表現とは，違法行為の教唆には至らなくとも，その決意を生じさせたり，決意を強めたりする刺激を与える表現である（破防 4 条 2 項参照）。違法行為をできるだけ防ぎたい国家側としては，実行行為を引き起こしかねない活動をできるだけ早い段階から禁止したいと考えるであろう。そこで，実行行為と直接つながらないが，それとの関係で危険性は否定できないような表現を，どの段階で禁止す

ることができるのかが問題となる。特に，戦間期や冷戦期には，革命の唱導が
どの程度許されるのかをめぐって，各国で議論の対象となった。現在の日本で
も，破壊活動防止法 39 条・40 条が政治目的での建造物放火，殺人，強盗など
の罪の煽動を罰しているほか，国税通則法 126 条 1 項や地方税法 21 条 1 項も
税金不納などの煽動を罰している。

　煽動罪規定は，表現に対する内容に基づく規制の代表例である。したがって，
上で述べた内容に基づく規制の問題性が典型的に当てはまる。ある行為が法律
で禁止されているとしても，あるいは禁止されているからこそ，その禁止の妥
当性を議論する必要性は残る。例えば，なぜ税金を払う必要があるのかは，大
いに論ずべきテーマであろう。なのに，「税金なんて払う必要はない！」とい
った主張が，それが具体的な税金不納行為を教唆するものでなくても，煽動表
現として罰せられるとしたら，その規制は政治的議論のうち一部のものを禁止
し，民意形成を歪める危険があるといえよう。また，どのような表現が，それ
を受け取る側に違法行為を行う決意を生じさせるかを客観的に判定することは
非常に困難である。煽動罪の適用は，表現の危険性についての国の一方的判断
に基づくものとなる蓋然性が高い。そして，どのような内容が罰せられるか不
明確であれば，正当な議論提起として許されるはずの発言もなされなくなる危
険が高まる。

(b)　「明白かつ現在の危険」テストの発展　　アメリカでは，煽動表現は伝
統的に「危険な傾向」があれば，つまり害悪をもたらしうると立法者が判断す
れば，罰することができるとされていたが，戦間期に次第に批判が強まり，
1930 年代後半から 40 年代には，表現行為が「明白かつ現在の危険（clear and
present danger）」を引き起こす場合にのみ禁止が許されるという判例が定着す
るに至った。この基準は，問題となる表現が明らかに重大な害悪を，しかも切
迫した時期に引き起こすといえる場合にのみ，処罰を許すものであり，煽動表
現規制を大きく制限し，表現の自由保護に資するものとして，日本でも注目さ
れた。ただしアメリカでは，その後冷戦の緊張の高まりの中で，最も争点とな
った共産主義的表現への制約に対してこの基準は貫徹されず，実質的には放棄
されてしまった。しかし 1969 年になると，アメリカ連邦最高裁は煽動表現の
処罰を，切迫した違法行為を生み出すことに向けられていて，かつそのような

行為を生ぜしめる蓋然性のある場合にのみ限る基準を再構築した（Branden-burg v. Ohio, 395 U. S. 444 (1969)，ブランデンバーグ基準といわれる）。

（c）**判例の状況**　　日本の判例は，煽動罪処罰の範囲は限定的に解すべきではないかといった問題関心に乏しい。早くも 1949（昭和 24）年の判決がこの問題を扱っている。同判決は，当時の農家に義務づけられていた政府への食料供出義務の履行拒否を煽動することを処罰する規定につき，「国民として負担する法律上の重要な義務の不履行を慫慂し，公共の福祉を害する」ものであって，21 条に反するものではない，と判示している（煽動罪事件・最大判昭和 24・5・18 刑集 3 巻 6 号 839 頁）。この判決は，当時の時代状況（判決は「現今における貧困なる食糧事情」を挙げる）や学説の未発達状況からしてやむをえないものともいえる。問題視すべきは，この憲法施行直後の判決が，今もって判例として扱われていることである。

◁ **判例 7-2** ▷ 最判平成 2・9・28 刑集 44 巻 6 号 463 頁　　〈破防法煽動罪事件〉
【事実】 Y は，1971（昭和 46）年当時，中核派全学連という政治組織の中央執行委員長であり，大きな政治課題となっていた沖縄返還問題につき，米軍基地を残したままでの日本返還に反対する活動を行っていた。Y は，同年 10 月，11 月にそれぞれ東京の日比谷公園，芝公園で開催された集会で，参集した多数の聴衆の前で演説した。その中で Y は，沖縄返還協定阻止のためには武力闘争が必要であるとし，「我が全学連は，そして中核派は，一切の攻撃を粉砕して必ずや〔11 月〕14 日渋谷に登場し，渋谷の機動隊を撃滅し，一切の建物を焼き尽くして渋谷大暴動を必ず実現するということをはっきりと決意表明したいと思います」，14 日に渋谷にやってくる機動隊員らは「殺す対象以外の何ものでもない」，などと述べた。なお，10 月の集会直後には参加者の一部が警備中の警官に投石するなどし，約 90 名が逮捕されており，11 月 14 日には渋谷周辺で警察官への火炎びんなどの投擲や交番への放火が起こり，警察官 1 名が死亡するという事件が起きている。
　Y は，政治上の施策に反対する目的で殺人や，建造物放火などの罪の煽動を行ったとして起訴された。第一審，第二審とも有罪。Y 上告。
【判旨】 上告棄却。「確かに，破壊活動防止法 39 条及び 40 条のせん動は，政治目的をもって，各条所定の犯罪を実行させる目的をもって，文書若しくは図画又は言動により，人に対し，その犯罪行為を実行する決意を生ぜしめ又は既に生じている決意を助長させるような勢のある刺激を与える行為をすることであるから（同法 4 条 2 項参照），表現活動としての性質を有している。しかしな

がら，表現活動といえども，絶対無制限に許容されるものではなく，公共の福祉に反し，表現の自由の限界を逸脱するときには，制限を受けるのはやむを得ないものであるところ，右のようなせん動は，公共の安全を脅かす現住建造物等放火罪，騒擾罪等の重大犯罪をひき起こす可能性のある社会的に危険な行為であるから，公共の福祉に反し，表現の自由の保護を受けるに値しないものとして，制限を受けるのはやむを得ないものというべきであり，右のようなせん動を処罰することが憲法 21 条 1 項に違反するものでないことは，当裁判所大法廷の判例（最大判昭和 24・5・18 刑集 3 巻 6 号 839 頁，……）の趣旨に徴し明らかであり，所論は理由がない。」

Ｙはまた「破壊活動防止法 39 条及び 40 条のせん動の概念は不明確であり，憲法 31 条に違反すると主張する。しかしながら，破壊活動防止法 39 条及び 40 条のせん動の概念は，同法 4 条 2 項の定義規定により明らかであって，その犯罪構成要件が所論のようにあいまいであり，漠然としているものとはいい難いから，所論は前提を欠き，適法な上告理由に当たらない」。

本判決に対しては，重大犯罪を引き起こす「可能性」だけで処罰が肯定されてしまうのでは，政治的議論の幅が大きく制限されてしまうとの批判が可能であろう。煽動表現の可罰性に関する学説の議論をふまえれば，このような乱暴な書き方はできなかったはずである。表現活動と違法行為により直接的なつながりを求めるよう，煽動概念を限定解釈することが必要だったと思われる。本事件についていえば，Ｙの政治組織内での地位や，問題となった集会の暴力行為準備過程における位置づけなどを考慮し，演説が違法行為を引き起こす危険性を具体的に証明できてはじめて煽動罪の適用が認められると解すべきだろう。

(2) わいせつ表現・性表現規制

(a) チャタレー事件とわいせつ表現禁止の根拠　わいせつ表現への制約も，各国で昔から行われてきた。日本では，刑法 175 条がわいせつな文書等の頒布・公然陳列を処罰している。頒布とは不特定または多数の者への公付を意味する。しかし，この規定の合憲性をめぐっても多くの議論がなされてきた。そもそもわいせつ文書とは何か。その定義があいまいであれば，明確性の要請（⇒ p. 214 の **2**）に反することになる。判例は一貫して，わいせつ文書とは「徒

らに性欲を興奮又は刺戟せしめ，且つ普通人の正常な性的羞恥心を害し，善良
な性的道義観念に反するもの」であるとし，不明確な概念ではないとしてきた。
では，そのような表現の頒布はなぜ禁止されるべきなのか。「チャタレー夫人
の恋人」の日本語訳者らが刑法175条の罪で起訴された事件で，最高裁判決は
同条を，「人間を動物と区別するところの本質的特徴の1つ」としての羞恥感
情によって維持される性道徳を，それを乱すような行為から守るためのものだ
と位置づけている。わいせつ文書は，性欲を興奮させることで「性道徳，性秩
序を無視することを誘発する危険を包蔵」するから，禁止されるべきだとされ
る。わいせつ表現規制が，社会秩序の維持のために重要な「最少限度の道徳」
を護るためのものであると認めた点が，特に注目される（チャタレー事件・最大
判昭和32・3・13刑集11巻3号997頁）。

　学説上は，法的制裁，特に刑罰を，道徳の維持のために用いることは許され
ないのではないかという問題提起がなされてきた。道徳の維持を持ち出すとい
うことは，つまり直接的・具体的に不利益を受ける人はいないということであ
り，単なる抽象的危険によって表現者を罰していることになるのではないか。
根本的には，どのような社会が人間にとって本来的なあり方かについて「正し
い」思想は存在せず，国家権力が特定の思想を根拠にして制裁を課すことは認
められないはずだ，という批判もある。この点，判決は人間社会に普遍的な性
道徳が存在すると考えているようであるが，はたしてそのようなものがあると
いえるのかについて疑問が提起されてきた。

　性道徳自体を保護法益とすることに批判的な立場からは，わいせつ表現禁止
の根拠として，社会環境としての良好な性風俗の維持や，見たくない人の利益
の保護が挙げられている。しかし，後者についていうと，通常は，各人が見た
くない表現を見ないですむことまで法的に保障されているわけではない。わい
せつ表現の場合に特にその利益を保護する必要があるとしたら，やはりそのよ
うな文書が出回る環境自体が，人間の社会生活にとって良好とはいえないから
であろう。特に，青少年がそのような環境にさらされることが，その人格の発
展によくない影響を与える危険を危惧することはできよう。いずれにせよ，わ
いせつ文書それ自体が道徳に反するから禁じてよいというわけではないならば，
その禁止は社会環境の維持に必要な限りで行うべきであり，現在の刑法175条

の禁止範囲は広すぎるのではないかという指摘が可能である。

(b) 判例の展開 最高裁は，前掲チャタレー事件の後，わいせつ定義は維持しつつも，諸判決によって微妙に具体的判断方法を変化させてきた。チャタレー判決は，「チャタレー夫人の恋人」が芸術作品であるとの主張に対し，芸術性とわいせつ性は次元の異なる概念であり，芸術性の高い作品であってもわいせつと判断されることはあると判示していた。これに対し，同じく翻訳書である「悪徳の栄え」の翻訳者らが刑法 175 条の罪に問われた事件では，チャタレー判決からこの部分を引用しつつも，「文書がもつ芸術性・思想性が，文書の内容である性的描写による性的刺激を減少・緩和させて，刑法が処罰の対象とする程度以下に猥褻性を解消させる場合があることは考えられる」とか，個々の章句のわいせつ性は「文書全体との関連において判断されなければならない」というような指摘も付け加えている（「悪徳の栄え」事件・最大判昭和 44・10・15 刑集 23 巻 10 号 1239 頁）。

さらに，永井荷風作とされる「四畳半襖の下張」が問題となった事件で，最高裁は，「文書のわいせつ性の判断にあたっては，当該文書の性に関する露骨で詳細な描写叙述の程度とその手法，右描写叙述の文書全体に占める比重，文書に表現された思想等と右描写叙述との関連性，文書の構成や展開，さらには芸術性・思想性等による性的刺激の緩和の程度，これらの観点から該文書を全体としてみたときに，主として，読者の好色的興味にうったえるものと認められるか否かなどの諸点を検討することが必要であり，これらの事情を総合し，その時代の健全な社会通念に照らして」，判例のわいせつ定義にあたるか否かを決すべきである，と判示した（「四畳半襖の下張」事件・最判昭和 55・11・28 刑集 34 巻 6 号 433 頁）。本判決によれば，わいせつ文書への該当性は，芸術性なども考慮に入れた文書全体としての「うったえ」かけの内容から判断されることになり，前掲チャタレー事件とはかなりの変化がみられる。文書全体の好色的興味への訴えを重視してわいせつ性を判断する手法は，社会環境の維持をわいせつ表現禁止の根拠とする学説と親和的であるといえよう。

近年，最高裁はこのような判断手法を用いて，写真家メイプルソープのある写真集のわいせつ文書該当性を否定する判決を示した。争われたのは刑法 175 条ではなく，札幌税関事件（最大判昭和 59・12・12 民集 38 巻 12 号 1308 頁）のよ

うに関税定率法 21 条 1 項 4 号（当時，現在の関税法 69 条の 11 第 1 項 7 号にあたる）が輸入禁止品として定める「風俗を害すべき書籍，図画」の適用であったが，その要件は同事件最高裁判決によりわいせつ文書と解釈されているので，結局この写真集がわいせつ文書にあたるかどうかが問題になる。最高裁は，メイプルソープが現代美術家として高い評価を得ており，問題となった写真集は芸術的観点から彼の主要作品を選んだものであること，収められた写真の被写体は多様であり，全 384 頁のうち性器を写しているのは 19 頁にすぎず，その写真も性交等の状況を写すものでないことなどを指摘し，「写真集を全体としてみたときには，本件写真集が主として見る者の好色的興味に訴えるものと認めることは困難」だとして，そのわいせつ文書性を否定した（メイプルソープ写真集事件・最判平成 20・2・19 民集 62 巻 2 号 445 頁）。

(c)　**児童ポルノの規制**　18 歳未満の児童を相手とする性交ないしそれに類する行為を撮影したいわゆる児童ポルノについては，「児童買春，児童ポルノに係る行為等の規制及び処罰並びに児童の保護等に関する法律」（児童買春・児童ポルノ禁止法）7 条が特別の刑罰規定をおいている。児童ポルノについては，頒布に至らない単なる提供行為やそのための製造・所持なども処罰の対象とされてきた（現行法では児童買春 7 条 2 項・3 項）。これに対し，当初は単なる所持者に対する処罰規定はなかったが，児童への保護を強化するために，2014（平成 26）年の法改正で単純所持も処罰の対象に加えられた（児童買春 7 条 1 項）。

　十分な判断能力をもたない児童が性交などの撮影や後々まで残るポルノ画像によって被害を受けることを防ぐためには，児童ポルノの製造や流通を広く禁止することも正当化できるであろう。ただし，実在の被害者のいない漫画などでも児童が性交する描写を厳しく禁じようとする動きに対しては，青少年は性行為を行うべきではないという単なる 1 つの性的道徳観の押し付けではないかという疑問を提起できる。

(d)　**青少年保護育成条例による「有害図書」規制**　上述（⇒ p. 219 の(3)）したように，現在，ほとんどの都道府県で青少年保護育成条例により，一定の書籍が「有害図書」とされ，18 歳未満の者への販売が禁止されている。岐阜県の条例が問題となった事件で，最高裁は「著しく性的感情を刺激し，又は著しく残忍性を助長するため，青少年の健全な育成を阻害するおそれがある」も

のを有害図書とする規定について，そのような図書が「青少年の健全な育成に有害であることは，既に社会共通の認識になっているといってよい」としてその合憲性を認めた（岐阜県青少年保護育成条例事件・最判平成元・9・19刑集43巻8号785頁）。検閲該当性の問題についてはすでに触れたが，基準の不明確性や，わいせつとまでいえないような「有害」図書すべてを青少年から遠ざけることを正当化するだけの根拠が本当にあるのかについても，疑問はある。また，この措置により実際には成人の知る自由も侵害されてしまうのではないかということも問題になる。判決は有害図書の自動販売機への収納禁止につき，それが「成人に対する関係においても，有害図書の流通を幾分制約することにはなるものの，青少年の健全な育成を阻害する有害環境を浄化するための規制に伴う必要やむをえない制約であるから，憲法21条1項に違反するものではない」としている。ただ，条例の規制により実際に成人の知る自由が強く制約される状況が生じれば，青少年への有害性だけでは合憲性を根拠づけることが困難になるといえよう。

　なお，「青少年が安全に安心してインターネットを利用できる環境の整備等に関する法律」は，青少年が使用する携帯電話にインターネット接続サービスを提供する事業者は，原則として青少年に有害な情報の閲覧を制限するフィルタリングサービスの利用を提供の条件としなければならないこと（同法17条），その他のインターネット接続機器を製造する事業者も，フィルタリングソフトウェアを組み込むなどフィルタリングサービスの利用を容易にする措置を講じなければならないこと（同法19条）などを定めている（ただし，両条文とも，違反に対する罰則規定はない）。

(3)　名誉毀損表現

(a)　名誉毀損禁止と表現の自由の緊張
人の名誉を侵害する表現に対しても，伝統的に制約が認められてきた。刑法上は230条1項が「公然と事実を摘示し，人の名誉を毀損した者」を処罰している。名誉毀損は，相手方の名誉権を侵害するため民法上の不法行為ともなる。民法710条は名誉毀損を不法行為の一例として挙げており，民法723条は名誉毀損に対する救済について特則を設けている。民法上の名誉毀損は，事実の摘示を欠く意見の表明であっても成

立するとされている。法的に保護される名誉とは，その人の社会的評価のこと
であるとされてきた。ある人の社会的評価を現状よりも下げる言説が，名誉毀
損にあたることになる。しかし，論争において相手を批判する言説が含まれる
のは当然であり，それをすべて名誉毀損として禁止していては，自由な議論は
不可能である。しかも，刑法230条1項は，名誉毀損罪は摘示された「事実の
有無にかかわらず」成立すると規定しており，本当のことをいっても，それが
相手の評価を下げるのであれば犯罪ということになってしまう。これでは処罰
範囲が広すぎるといわざるをえない。また，名誉毀損は通常，無名の一般人で
はなく，害されうるだけの高い社会的評価を得た者について問題となる。その
ような者については，特に自由な議論による公正な評価が必要になるはずであ
るが，実際には多くの国で，権力を握った者が自分への評価を守るために批判
者を弾圧する手段として，名誉毀損が使われてきた。このような観点からも，
名誉毀損の成立要件は限定される必要がある。

　刑法自身，戦後追加された230条の2で一定の場合の免責を認めている。刑
法230条の2第1項は，公共の利害に関する事実について，発言の目的が専ら
公益を図ることにある場合，摘示事実が真実であることの証明があったときは，
罰しないことにしている。3項は公務員と公職候補者に関する事実については，
常に真実性を審査する旨定める。これら不可罰規定の意味について，判例は違
法性阻却事由と解しつつ，しかし証明責任は被告人側に負わされるとしている
（民事の損害賠償訴訟の場合も同様。真実性の証明責任は表現者＝被告が負う）。こう
して，公共の利害に関する事実や公務員に関する事実については，表現者が真
実であると証明できれば罰せられないことにはなった。しかし，そもそも一般
的に，真実でない情報に基づく社会的評価（いわゆる虚名）が，表現行為に刑
罰を科してまで守られるべき法益なのかという疑問を提起することはできよう。

　(b)　免責要件の解釈　　刑法230条の2の解釈にあたっては，「公共の利害
に関する事実」や「専ら公益を図る」目的であることといった要件が問題にな
る。判例は，政治家については，私生活上の事実も，その者の資質についての
正当な判断要素となりうるとして「公共の利害」該当性を認める傾向にある。
また，政治的活動も行っている宗教団体の会長の女性関係を批判的に取り上げ
る記事についても「公共の利害に関する事実」にあたるとしている（「月刊ペ

ン」事件・最判昭和56・4・16刑集35巻3号84頁）。公益目的については，文言上
は「専ら」となっているが，主たる動機が公益目的であれば足りるとされてい
る。このように，両要件ともわりあい広く解されているが，それは，真実性の
証明による免責を認めない領域を増やすことは，表現活動にとって不利益が大
きすぎると感じられているためであろう。ただし，公益目的については，そも
そも自由行使は私的目的だから価値が低いということはないはずであり，名誉
保護との比較で保護されるべき表現の範囲を考える際にも，基本的には内容を
評価対象とすればよいはずだ，との批判をなすことも可能であろう。

　学説・判例上特に問題となってきたのが，真実性の証明についてである。こ
の証明は，摘示事実のうち主要な部分についてなされれば足りるとされている。
しかし問題は，発言時に表現者が真実だと信じていても，裁判になったときに
それを裁判所に対して証明することができるとは限らないということである。
だとすれば，実際には真実であるにもかかわらず，証明できるかどうか不安な
ので発言を控えておこうという萎縮効果が働くことが危惧される。日本の場合，
真実性の証明責任が強制捜査権のない発言者側に課せられるから，この不安は
より大きく作用するといえよう。そこで，一定の場合には，結果として真実性
の証明に失敗した表現者も保護すべきではないかということが問題となる。

　判例は，刑法230条の2が名誉の保護と正当な言論の保障との調和を図った
ものであるとした上で，「これら両者間の調和と均衡を考慮するならば，たと
い刑法230条の2第1項にいう事実が真実であることの証明がない場合でも，
行為者がその事実を真実であると誤信し，その誤信したことについて，確実な
資料，根拠に照らし相当の理由があるときは，犯罪の故意がなく，名誉毀損の
罪は成立しない」との解釈を示している（「夕刊和歌山時事」事件・最大判昭和
44・6・25刑集23巻7号975頁。いわゆる「相当性理論」）。これにより，表現者の
立証すべき対象が，真実性そのものから，相当の理由をもって真実だと信じて
いたことに緩和された。また，免責されるかどうかの判断を表現時にすること
が容易になったともいえよう。なお，判例は民法上の不法行為の成立要件につ
いても，同様の限定を付している（最判昭和41・6・23民集20巻5号1118頁）。

　ただし，この法理によれば，今度は裁判所がいかなる場合に「相当の理由」
の存在を認めるかが争点となる。この点で，諸事例において取材などによる根

拠づけへの裁判所の要求が厳しすぎ，なかなか「相当の理由」が認められないという指摘もある。表現の自由がまだ制約されすぎであるとの立場からは，アメリカで公的人物への名誉毀損成立の要件とされている「現実の悪意」の基準を日本でも採用すべきだと主張される。「現実の悪意」基準とは，有名な最高裁判決 New York Times Co. v. Sullivan, 376 U.S. 254（1964）で示された法理で，表現者が発言内容が虚偽であると知っていたか，虚偽かどうか全く配慮しなかった場合（その証明責任は原告〔民事の場合〕あるいは国〔刑事の場合〕が負う）にのみ名誉毀損の成立を認めるというものである。非常に表現保護的であるが，これに対しては，もちろん，名誉保護に欠けるとの批判が可能であろう。

　(c)　**意見表明による名誉毀損**　　なお，民法上の不法行為で認められている，意見による名誉毀損の成立要件については，判例は「公共の利害に関する事項について自由に批判，論評を行うことは，もとより表現の自由の行使として尊重されるべきものであ」るとして，公益目的や前提事実の真実性の証明がなされた場合には，「人身攻撃に及ぶなど論評としての域を逸脱したものでない限り」違法性を欠くとしている（長崎教師批判ビラ事件・最判平成元・12・21民集43巻12号2252頁）。公正な論評の法理ともいわれ，それ自体は妥当なものであろうが，事実の摘示と意見の表明の区別は実は困難な場合が少なくない。「あいつは極悪人だ」という言明が事実摘示か意見表明かは，その発言がなされた状況からしか判断できないであろう。この区分の仕方につき，最高裁は「修辞上の誇張」や「比喩的表現方法」による「間接的ないしえん曲」な事実摘示や，前後の文脈からの「黙示的」事実摘示を認め，事実摘示の方を広く解する態度を示している（最判平成9・9・9民集51巻8号3804頁）。事実摘示だとされると，その言明自体の真実性（先の例では，相手が「極悪人」であること）につき，少なくとも相当の理由を示さなければならなくなる。しかし，この表現理解の仕方は，一般人の理解に合致しているかどうか定かではないし，表現者にとって不利な理解を後から裁判所が認定する危険を高めるものといえるだろう。

> ■ Column 7-2 ■　**ヘイトスピーチ規制の許容性**
> 　近年日本では，特定の人種・民族に属する人々を誹謗・中傷し，日本社会からの排除を求めるような活動が広まり，これに対する法的措置を求める声も高まっている。このように，人種・民族や宗教などで区別される特定集団に対し

て，その価値を貶め，社会の構成員としての平等な地位を認めないような言論
は，ヘイトスピーチと呼ばれ，他国でも問題となってきた。かつてのナチスが
展開した反ユダヤ主義の宣伝はその典型であるが，現在の欧米諸国では，イス
ラム教徒へのヘイトスピーチが大きな問題となっている。

　人種差別的な動機による犯罪が許されないのは，いうまでもない。ヘイトス
ピーチが特定の個人に向けられた事案も，その者に対する名誉毀損や侮辱（刑
231条）の要件が満たされるならば処罰対象となるのは当然である。憲法上特
に問題となるのは，ヘイトスピーチが特定個人ではなく，集団そのものを対象
にしてなされ，明確な被害者が存在しないような場合である。ヘイトスピーチ
も表現活動であり，しかも多くの場合政治性を帯びている。憲法はもちろん公
権力による人種差別を禁じているが，私人が差別的な思想を主張することは自
由権の行使である。明確な被害者がいないのに，このような表現活動を禁止す
ることが憲法上許されるであろうか。

　近代において，社会的評価は個人個人がそれぞれ有するものであり，名誉毀
損の対象は特定の人物である。自由な社会において，ある身分に属する者が当
然有すべき名誉などは存在しない。身分制社会においては，これとは逆に，個
人の社会的評価を決するのはその者が属する身分であり，何が守られるべき名
誉かは身分によって決まってくるものであった。特定人物に対してではなく，
「国王に対して」あるいは「武士に対して」言ってはいけないことが決まって
いたのである。名誉の個人化は，社会の自由化を示す重要な法的変化である。
今日，集団自体の価値が法的保護に値するとはいえない。

　だとすれば，やはりヘイトスピーチ規制には基本的に慎重な姿勢で臨むこと
が求められるであろう。攻撃される集団に属する人々がヘイトスピーチから受
ける不安感が，単に主観的なものではなく，当該社会の歴史的経緯からしてや
むをえないものと認められるかどうか，あるいはヘイトスピーチが社会構成員
の平和的共存を脅かすおそれが現実的に存在するかどうか，といった点を検証
することが求められると思われる。ヨーロッパではヘイトスピーチ規制が広ま
っているが，これはナチスのユダヤ人大量虐殺という歴史からして，これらの
立法事実が認められるからだといえよう。

　なお，日本では，「あらゆる形態の人種差別の撤廃に関する国際条約」（人種
差別撤廃条約）の締結にあたり，その4条が加盟国に「人種的優越又は憎悪に
基づく思想のあらゆる流布」などを犯罪であると宣言するよう義務づけている
ことが，問題となった。政府は結局，同条約加盟にあたり，この義務は日本国
憲法の権利保障と抵触しない限度において履行するという留保をつけている。
ただし，近年のヘイトスピーチの広まりに対して国の対処が求められ，2016

（平成 28）年には「本邦外出身者に対する不当な差別的言動の解消に向けた取組の推進に関する法律」が成立した。本法律は，国および地方公共団体に，外国出身者およびその子孫で日本に適法に居住する者に対するヘイトスピーチの解消に向けた取組を求めるが，強制的な規制を認めるものではない。これに対し，ヘイトデモが繰り返し行われた川崎市では，2019（令和元）年に，不当な差別的言動を繰り返し，市の禁止命令にも従わない者に対して 50 万円以下の罰金を科する条例が制定された。ヘイトスピーチを処罰する初めての法規定であり，その運用が注目される。

　近時，ヘイトスピーチを繰り返し行っている団体のデモ行進を一定範囲で禁止する仮処分の申し立てが，本法律の成立をも 1 つの理由として認められた事例がある（横浜地川崎支決平成 28・6・2 判時 2296 号 14 頁）。確かに，攻撃対象となる人々が多く居住する地区での集会やデモを禁止することは，被害者を具体的に想定できるため，憲法上も認められやすいといえよう。ただ，公共の場でのヘイトスピーチを事実上不可能にするような措置の正当化は，より困難であろう。

(d)　**救済手法としての謝罪広告や反論文掲載請求**　　上述したように，名誉毀損による不法行為に対しては，民法 723 条が，裁判所は損害賠償の他に「適当な処分」を命じうると定めている。この処分としては，被告に対して新聞上で謝罪広告を掲載するよう命じることが一般的である。また，問題となった名誉毀損が新聞や雑誌上の記事であった場合には，被告となった新聞社や雑誌社に対し，当該新聞や雑誌上で謝罪文を公表するよう命じることが多い。しかし，このような謝罪文公表の強制が被告の思想・良心の自由を侵害しないか，長く議論が続いている。p. 139 の**3**を参照のこと。

　ドイツやフランスなどの諸国では，新聞や雑誌などのマスメディア上で批判の対象となった相手方は，一定の場合に，同じ媒体に対し反論文を掲載するよう請求することが，法律によって認められている。両国では，必ずしも名誉毀損に該当しなくても，請求が認められる制度になっている。日本ではこのような反論権を認める法律はない。サンケイ新聞紙上に自由民主党の日本共産党を批判する意見広告が掲載されたことに対し，共産党が同新聞紙上に反論文を掲載するよう発行元に求めた事件において，最高裁は，不法行為の成立と無関係の反論権を認めることは，「批判的記事，ことに公的事項に関する批判的記事

の掲載をちゅうちょさせ，憲法の保障する表現の自由を間接的に侵す危険につながるおそれも多分に存する」として，具体的法律なしにそのような請求権を認めることはできないと判示した（サンケイ新聞事件・最判昭和62・4・24民集41巻3号490頁）。

反論文掲載を強制されることは，メディアにとっては自己の望まない内容の表現を強制されることを意味するから，それを避けるために最高裁の指摘するような事態が生じるおそれは否定できない。仮に反論権を認める法律をつくるとしても，表現の自由への十分な配慮が必要であろう。ただ，同最高裁判決は，「不法行為が成立する場合にその者の保護を図ることは別論」だと判示しており，名誉毀損に対する救済手法として反論文掲載を命じることまで否定しているわけではない。（謝罪する意思のないことも多い）被告の名義の謝罪広告よりも，むしろ原告名義の反論文掲載を命じる方が憲法上の疑義は少ないと考えられる。

(4) プライバシー侵害

(a) 判例の違法性判断手法
名誉毀損とは別に，プライバシー権に対する侵害も民法上の不法行為を構成する（刑法上は，プライバシーを保護法益とする表現犯罪の類型はない）。表現行為が，他人に知られたくないと一般に認められるような私生活上の事項を公表するものであるとき，プライバシー侵害が問題となる。この場合，摘示事実が真実であることは，当然免責理由にはならない。しかし，表現の自由保障の観点からは，本当のことでも言ったら不法行為になるという領域をあまり広く解するのは適切でない。

日本返還前の沖縄でのある犯罪とその裁判について，判決から約12年後に，一部の罪で有罪とされ懲役刑に服した被告人の実名を含むかたちでノンフィクション作品を発表した者が，その元受刑者から損害賠償を求められた訴訟で，最高裁はみだりに前科を公表されない利益を法的保護に値するものと認め，対象者が社会的影響力のある者や公職者というわけではないなど，前科公表を受忍しなければならないような事情もないとして，請求を認めた（「逆転」事件・最判平成6・2・8民集48巻2号149頁）。この判決はプライバシーという用語を用いていないが，最高裁はその後の判決で，同判決を挙げつつ，「プライバシーの侵害については，その事実を公表されない法的利益とこれを公表する理由と

を比較衡量し，前者が後者に優越する場合に不法行為が成立する」という一般的定式化を示している（最判平成 15・3・14 民集 57 巻 3 号 229 頁）。名誉毀損の場合と違い，個別事件ごとの衡量で判断する姿勢を示しているのが特徴である。

　ただ，前掲「逆転」事件判決も挙げるように，侵害される相手が公的立場にある人物かどうかは大きな考慮要素となるはずであるから，この点を取り入れてもう少し詳しい基準を立てることも可能であろう。公的に言っていることと私的にやっていることが違うというのは，政治家の評価にとって重大な情報であり，だからこそ相手からの圧力もかかりやすい。したがって，この領域での表現活動ができるだけ萎縮しないように配慮すべきである。もちろん政治家はどんな私生活の公表も受忍しなければならないということはないが，不法行為となる場合を例外として類型化するといった対処は可能であろう。今後の判例の蓄積が待たれる。

　先天的な発達障害を有する少年（当時）の非行事件を担当した家庭裁判所調査官が，この事件を題材とし，少年のプライバシー情報を含む論文を精神医学の専門誌に発表し，さらに同論文を含む専門書籍を出版したことに対し，この元少年がプライバシー侵害を理由に損害賠償を求めた訴訟において，最高裁は，比較衡量で判断するとの判例の姿勢を確認したうえで，情報の秘匿性は極めて高いと認めつつ，対象が精神医学の専門論文であり情報の正確な記載が求められたこと，少年や関係者を直接特定する記載はないことなどを理由に，不法行為の成立を認めなかった（最判令和 2・10・9 民集 74 巻 7 号 1807 頁）。学術論文という性格が重視されたと理解できる。

　(b)　少年法の推知報道禁止　　関連する問題として，少年法 61 条が，20 歳未満で犯罪に問われた者については，本人であることが推知できるような報道をしてはならないと定めていることが挙げられる（条文は家裁の審判段階や公訴提起後の報道禁止のみを規定するが，捜査段階の被疑者についても当てはまると解されている。また，条文上は「出版物」への掲載のみが禁じられているが，広く報道全般に禁止が及ぶと解されている）。したがって，実名報道や本人の顔写真を使った報道は同条により禁じられていることになる。ただし，同条には罰則がついておらず，これは同条遵守については報道機関の自主的な判断を尊重する趣旨であると解されている。そのため，同条によって直接表現活動が規制されるという

事例は生じていない。ただ，この規定が報道された側からの損害賠償請求の根拠となるのであれば，その限りで法的意味を有することになる。この点につき，大阪高判平成 12・2・29 判時 1710 号 121 頁は，少年法 61 条は実名で報道されない権利を少年側に付与するものではないとの解釈を示している。

　条文自体の合憲性についていえば，少年のプライバシー保護を考慮するとしても，犯罪の軽重などに関係なく，犯罪に問われても実名報道をすべて禁じるというのは，過度に広汎な規制であるといわざるをえないであろう。

　なお，成年年齢の 18 歳への引き下げにともなって行われた少年法改正により，18 歳以上 20 歳未満の者については，公訴（略式手続を除く）が提起された場合には 61 条は適用されないこととなった（少年 68 条）。

(5)　営利的表現

(a)　営利的表現規制の根拠　営利的表現とは，利益を上げる目的で商品やサービスを売り出そうとしてなされる広告のことである。広告については，以前から様々な制約が課されている。今日でも，例えば医療法 6 条の 5 は，医業に従事する者が行える広告事項を限定している。営利的表現は，かつてはむしろ経済活動の一環と考えられており，その活動が国民の生命や財産に直接大きな影響を与えるものであるため，広汎な制約に服してもやむをえないとされてきた。現在では，営利的表現に対しても表現の自由の保障を及ぼすべきだとの考えが一般的であるが，内容に基づく規制として最も厳格な基準を適用すべきかについては，意見が分かれている。たしかに営利的表現は社会的有用性の高い表現であり，保護する必要は強い。しかし，経済活動に直接奉仕するための表現だという特徴も無視しがたい。商品やサービスの購入がもたらしうる経済的・肉体的弊害を防止するのは，国家の重要な役割であり，それを誘引する広告について確実な証拠に基づく必要最小限度の規制しか認めないことが妥当かには，疑問が残る。また，利益を得るための商品の宣伝という明白な目的をもつ言論であるため，規制の萎縮効果を危惧する必要が他の場合よりも少ないともいえるであろう。それでも，内容による規制には変わりないのであるから，中間的な審査基準で判断すべきではあろう。

(b)　判例の評価　営利的表現規制の合憲性が争われた事件は少ないが，あ

ん摩師，はり師，きゆう師及び柔道整復師法（当時。現在は「あん摩マッサージ指圧師，はり師，きゆう師等に関する法律」）7 条の広告制限規定が問題となった訴訟で，最高裁は次のように判示している。本規定は，もし広告を「無制限に許容するときは，患者を吸引しようとするためややもすれば虚偽誇大に流れ，一般大衆を惑わす虞があり，その結果適時適切な医療を受ける機会を失わせるような結果を招来することをおそれたため」のものであり，「このような弊害を未然に防止するため一定事項以外の広告を禁止することは，国民の保健衛生上の見地から，公共の福祉を維持するためやむをえない措置として是認されなければならない」（最大判昭和 36・2・15 刑集 15 巻 2 号 347 頁）。この審査は，広告を「無制限に許容」するときの弊害から問題となる規制の合憲性を導いており，具体的規制の必要性について実質的審査を行ったとはいえないものとなっている。営利的表現についての今日の議論状況からすれば，到底説得的ではない。虚偽誇大広告の弊害を防ぐために，広告できる事項まで限定する必要性があるとはいえないだろう。

2　内容中立的規制

(1)　ビラはり・立て看板規制

(a)　屋外広告物条例と軽犯罪法による規制　　表現行為への内容中立的規制としては，ビラを電柱や建物にはることや立て看板をくくりつけることへの規制や，道路上で演説したりビラを配布したりすることの規制が，問題となってきた。表現活動は，多くの人々の注目を受けうるところでしなければ効果が見込めないが，一方でその行為は，その場の人々に遵守が求められる規制と衝突することがありうる。ビラはり規制はその典型例といえる。

　現行法では，ビラはりには 2 種類の法規制が問題となる。屋外広告物法は，都道府県や政令指定都市・中核市が良好な景観や風致を維持するために必要があると認めるときには，条例で，広告物の表示や設置を禁止したり，あるいは許可制にしたりすることがすることができるとしている（広告 3 条～5 条・27条）。ここでの「屋外広告物」とは，営利的表現に限らず，「常時又は一定の期間継続して屋外で公衆に表示されるもの」全般を指している（広告 2 条 1 項）。実際に，多くの都道府県ではこの法規定に基づき屋外広告物条例を制定して，

規制を実施しており，違反者には懲役や罰金といった刑罰を科している。また，軽犯罪法 1 条 33 号は「みだりに他人の家屋その他の工作物にはり札を」する行為を，拘留または科料をもって禁じている。これらの法規およびその適用の合憲性が問題となってきた。屋外広告物条例の場合は景観・風致の保護，軽犯罪法は財産権の保護を目的にしているが，同一のビラはりについて両者の規制が問題となることが多い。

　これらの規制は，たしかに内容にかかわらないものであるが，特定の表現手段を明示的に取り上げて規制するものではある。しかもその手段は，マスメディアへのアクセスをもたない市民にとって，自分たちの意見を訴えるために重要なものである。したがって，法的規制が許されるか否かは，中間的な審査基準で検討すべきものであろう。特に，屋外広告物条例は，景観や風致といった主観的判断に依存せざるをえない利益を守ろうとするものであり，具体的規制場所においてそれが表現の自由を制約するに十分重要な利益といえるのか，そして必要な限度の規制といえるのかについて，慎重な審査を必要とするはずである。

　(b)　**判例の立場**　　最高裁は，大阪市屋外広告物条例ではり紙が禁止されていた電柱などに，政治的主張を書いたビラをはりつける行為が罰金刑に問われた事件において，「国民の文化的生活の向上を目途とする憲法の下においては，都市の美観風致を維持することは，公共の福祉を保持する所以であるから，この程度の規制は，公共の福祉のため，表現の自由に対し許された必要且つ合理的な制限と解することができる」とした（大阪市屋外広告物条例事件・最大判昭和 43・12・18 刑集 22 巻 13 号 1549 頁）。しかし，この条例は電柱類へのはり紙を全面的に禁止するものであり，人目に触れる簡易な表現手法を奪うという表現制約の程度を軽く見積もるべきではない。制約を正当化する理由の重要性・必要性を慎重に吟味すべきであり，「美観風致」の維持のために大阪市全体での禁止が本当に必要なのかの審査が必要とされたはずである。

　その後，街路樹に立て看板をくくりつけた行為が大分県屋外広告物条例違反に問われた事件において，最高裁はこの判決などを引いて簡単に処罰の合憲性を認めたが，伊藤正己裁判官が条例の合憲性への疑念を示す補足意見を著して注目を引いた。同意見は，人目に触れやすい場にビラやポスターを貼付するこ

との表現手段としての簡便・有効性を指摘し（その際，その場のパブリック・フォーラム性を指摘している。パブリック・フォーラムについては，p. 260 の**1**），禁止が広範囲にすぎるのではないかという疑問を呈した。これは，多数意見に欠けている視点の指摘として重要であるが，同意見は結局，本件規制が内容にかかわるものではないことを理由にして，違憲とまではいえないという結論に至っている。また，具体的事例への条例の適用も，街路樹の景観上の要保護性の強さやポスターがかなり大きかったことなどを挙げて，合憲とした（大分県屋外広告物条例事件・最判昭和 62・3・3 刑集 41 巻 2 号 15 頁）。

　軽犯罪法 1 条 33 号前段についても，最高裁は「たとい思想を外部に発表するための手段であっても，その手段が他人の財産権，管理権を不当に害するごときものは，もとより許されない」から，やはり「この程度の規制は，公共の福祉のため，表現の自由に対し許された必要かつ合理的な制限であ」るとして，その合憲性を認めている（最大判昭和 45・6・17 刑集 24 巻 6 号 280 頁）。判決は，法条文中の「みだりに」という要件について，「社会通念上正当な理由があると認められない場合」を意味すると解しており，その解釈において表現の自由の価値を盛り込む可能性は否定されていない。他人の「工作物」といっても様々であり，はり紙が財産的価値や使用上の便宜を害する程度が低い場合には，表現の自由への制約として必要な限度を超えるといえる場合もあると思われる。

(2)　演説・ビラ配布規制

(a)　道路交通法による規制　　道路交通法 77 条 1 項 4 号は，一定の「一般交通に著しい影響を及ぼすような行為」をするには警察署長の許可が必要だと定めており，許可を得なかった者や許可条件に反した者には刑罰が科せられる（道交 119 条 1 項 12 号の 4・13 号）。この規定が，許可を得ずに行われる路上での演説やビラ配りに適用されることがある。表現の自由保障の観点からは，多くの人々が行き交う道路の表現に適した場としての性格を無視すべきではなく，むしろ人々が集い意見を交換しあうことは，公共の場としての道路の本来の役割の 1 つと考えるべきである（後述するパブリック・フォーラム論〔⇒ p. 260 の**1**〕も，このような考えに立つものである）。この観点からして，道路上での表現活動に許可の必要な場合は限定的に解すべきであり，自動車の頻繁な往来を妨げる

などの事情のない通常の演説やビラ配りは，この規定に該当すると解するべきではない。また，もちろん，交通を大きく妨害する行為が突然なされることには交通秩序上問題が大きいが，表現行為がどの程度の反響を呼ぶか事前に予想することは困難であるから，通常の演説がたまたま大きな反響を呼び，結果的に多数の人が集まって交通の妨害が生じてしまったという場合も，処罰対象とすべきではない。

(b) **私人の土地を使用する表現活動**　これに対し，私人の所有する土地でビラを配布する行為は，刑法130条の住居侵入罪あるいは不退去罪に問われうる。私人の土地に勝手に入る権利は基本的には存在しないが，しかし私有地の用いられ方は様々であり，常に所有者や管理者の意見が優越するというわけではない。同条も構成要件を「正当な理由がない」場合に限っており，その場の性質によっては表現の自由保障を優先させるべきではないかということが問題となりうる。ある私鉄の駅構内にある一階階段付近で，管理者の退去要請を無視して演説したりビラを配ったりした者が住居不退去罪に問われた事件で，最高裁は軽犯罪法事件と同様の言い回しを用いて処罰を合憲とした。しかしこの判決には，「一般公衆が自由に出入りすることのできる場所においてビラを配布すること」の表現の自由にとっての重要性を指摘し，「形式的に刑罰法規に該当する行為というだけで，その規制を是認することは適当ではない」とする伊藤正己裁判官の補足意見がついている。伊藤意見は，このような場をパブリック・フォーラムと呼んだ上で，そこでの表現の自由保障への「可能な限り〔の〕配慮」を求めた。ただし，事案で問題となった階段付近はパブリック・フォーラム性が低いとして，刑法の適用を認めている（最判昭和59・12・18刑集38巻12号3026頁）。

また，戸別に住宅を回ってビラを配布する行為の際にも，少なくとも玄関先までは私有地に入ることが必要である。戸別の配布は，ある地域の人々にビラを読んでもらうために有効な手段であり，また配布するだけであれば所有者の権利侵害の程度は軽い。このような行為まで住居侵入として処罰することは，認められないであろう。しかし，集合住宅の場合，ビラを郵便受けなどに配布するためにも建物の共用スペースの中に入る必要がある場合が多い。そして，共用スペースを管理する管理人がいれば，その管理人から配布を止めるよう求

められることがありうる。その場合，ビラ配布行為を住居侵入罪で処罰してよいか。

　最高裁は，自衛隊宿舎の集合ポストおよび各戸の新聞受けに自衛隊のイラク派遣反対を訴えるビラを配布する行為が，住居侵入罪に問われた事件で，表現のための手段であっても「他人の権利を不当に害するようなものは許されない」とし，「本件では，表現そのものを処罰することの憲法適合性が問われているのではなく，表現の手段すなわちビラの配布のために『人の看守する邸宅』に管理権者の承諾なく立ち入ったことを処罰することの憲法適合性が問われている」と述べた上で，被告人らが立ち入った場所は「一般に人が自由に出入りすることのできる場所ではない」ことなどを考慮して処罰を合憲としている（最判平成20・4・11刑集62巻5号1217頁）。

　判決の「表現そのもの」と表現「手段」の区分は，手段であれば規制をより緩やかに認めてよく，本件のような集合住宅では管理権者の意思を優先させてよい，というための判示であろう。しかし，内容中立規制であっても，一概に表現制約の程度を低く見積もってよいわけではない。集合住宅へのビラ配布が管理人の意思で全くできなくなってしまうことは，その住宅に住んでいる人々に自分の意見を伝えたい人間からすると，大きな，しかも第三者から恣意的に課せられたといってよい障害である。また，共用スペースへの立ち入りは，戸別配布のために集合住宅という形態上必要な限りで行われるのであって，一時的なものであることが予定されている。物理的に開放されている共用スペースにおいて，この程度の立ち入りが「一般に」認められていないものか疑問であり（実際，問題となった自衛隊宿舎でも，多くの商業ビラの配布がなされていた），とりわけ表現活動のための一時的立ち入りを意のままに拒否する権限が管理人にあるとまではいえないだろう。さらに，管理人の立ち入り拒否の理由がビラの内容に基づくものであるなら，この処罰はむしろ内容に基づく規制ではないのかという疑念が強まる。

第4節　放送・インターネットにおける自由

1 放送の自由

(1)　番組編集準則の内容

　情報技術の発達に伴い，表現媒体として，伝統的な印刷・出版だけではなく電波・電気通信を使う様々の形態が登場している。21条は「一切の表現の自由」を保障しているから，どのような媒体によるものであっても表現活動には憲法上の保護は及ぶ。ただ，実際には，媒体の特性に応じた法的規制がなされることがあり，その合憲性が問題となる。

　最も議論されてきたのは，放送について放送法が定める内容規制である。放送法には2010（平成22）年に大きな改正が加えられ，現行の放送法は放送を「公衆によつて直接受信されることを目的とする電気通信……の送信」と定義する（放送2条1号）。改正前の放送法は，放送を無線通信に限っており，ケーブルテレビなどには別の法律が適用されていた。新法は，放送の定義を広げることで，それらを一括して放送法の適用対象としたのである。そして，放送法4条1項はすべての放送事業者に対し，番組編集にあたっては①公安および善良な風俗を害しないこと，②政治的に公平であること，③報道は事実を曲げないですること，④意見が対立している問題については，できるだけ多くの角度から論点を明らかにすること，という4つの準則を守るよう求めている。特に②と④は放送事業者の意見表明を制約する「公正原則」とも呼ばれ，憲法上の議論対象となっている。放送においては，各参加者が自分の立場を自由に言い合ってよいという建前はとられておらず，参加者それぞれが様々な意見を均衡させて発言するよう配慮しなければならないわけである。日本で政治的立場を明確にした放送事業者が存在しないのは，この法規定があるためである。放送事業者に対しては違法行為に対する総務大臣の業務停止命令（放送174条）や無線局としての運用停止命令（電波76条1項）といった不利益処分が法的に認められており，番組編集準則に対する違反はこれらの処分の根拠となりうると考えられている。ただし，学説上は，番組編集準則は事業者の自主的遵守を促

す倫理的規定としてのみ正当化でき，それへの違反を法的制裁の根拠とすることは憲法違反であるという異論も強い。

(2) 合憲性の評価

　この規制の正当化根拠としては，従来主に，周波数帯の稀少性と放送の強い影響力が挙げられてきた。前者は，無線放送が使用できる周波数帯には限界があり，印刷媒体のように言いたいことのある者は自由に議論に加わればよいというわけにはいかないので，免許を得た各事業者に公正な報道を求めることも許されるという論理である。しかしこの論理は，ケーブルテレビや衛星放送が発達し放送が多チャンネル化した今日においては，もはや妥当しないとの批判が強かったところである。さらに，改正後の放送法のような，すべての放送事業者への義務づけの根拠となりえないのは当然である。後者は，放送は動画や音声によって視聴者に即時に強い影響力を及ぼすものであるので，各放送事業者が均衡のとれた内容を伝える必要があるという論理である。しかし，これに対しても，放送に特別強い影響力があるとはいえないとの批判がなされている。インターネットなど新たなメディアも登場している状況で，有線も含む放送全体において，個々の事業者に公正さを求める必要性はなくなっているというべきだろう。ただし，いくつかの基幹的な地上波放送局が国民への情報伝達において他の放送よりもはるかに大きな役割を果たしているという状況がある限りは，それら放送局の報道内容への一定の規制は許される余地もあろう。

2 インターネット

(1) インターネット上の表現の許容性判断

　インターネットには，様々の利用形態がある。通常の電子メールは，むしろ通信の秘密で保護されるべき利用法である。これに対し，ある情報を不特定多数の者がダウンロードできる状態におくことは，表現活動と考えるべきであろう。インターネットの特徴は，これまで多数の人々の目に届くような情報伝達の手段をもたなかった一般の人々に，その手段を与えたことにある。しかも，インターネット上の表現活動は多くの場合匿名でなされるから，マスメディアが自己の名で流す情報が大部分を占めていた時代とは，流通する情報の形態が

大きく変化してきたといえよう。

　現在のところ，インターネット上での表現活動の内容を特に規制する法律はない。基本的には，制約の合憲性については従来のメディアと同様に考えていけばよい。ただし，インターネットの場合，マスメディアと同等の影響を社会に対して及ぼしうる表現者の層が飛躍的に拡大しているから，従来の法理をそのまま適用してよいのか問題となる場面は生じうる。その 1 つが，名誉毀損の免責要件である。インターネットの個人利用者の表現が名誉毀損罪に問われたある事件において，東京地裁は，インターネットにおいては論争当事者が対等の地位にあり反論が容易であること，情報の信頼性が一般に低いものと受けとめられていることなどから，免責のために相当の理由まで求めるべきではないと判示した（東京地判平成 20・2・29 判時 2009 号 151 頁）。これに対し最高裁は，インターネット上の情報の信頼性がおしなべて低いものとして受け取られているとは限らず，またインターネット上での名誉毀損の損害は時として深刻なものとなりえ，反論によって十分回復できる保証があるわけでもない，として，免責要件の緩和を認めなかった（最決平成 22・3・15 刑集 64 巻 2 号 1 頁）。

　しかし，マスメディアを念頭において構築されてきた「相当の理由」のレベルをインターネットで発信しようとする個人にそのまま求めることは，無理を強いるものではないか。また，実際のところ，大部分のインターネット利用者の表現はさほどの注目を集めているわけではなく，相手の社会的立場を低下させる度合いは反論で対処できる程度にとどまる場合が多いのではないか。少なくとも，真実と信じるに足る相当の理由があるかの具体的判断においては，インターネット上の発言であるという事情を考慮に入れることが望ましいと思われる。

　たしかに，インターネット上では匿名で粗暴な言論が多くなされている。しかし，それを国家が強制的に改善しようとすれば，インターネットでこそなされうる有益な情報の提供も抑制されることになる。また，国家権力の介入する余地を広く認めすぎ，その恣意的な行使を可能にしてしまうのではないかと危惧される（前掲最決平成 22・3・15 も，激しく非難しあっていた二者のうち，片方だけが罪に問われたものである）。

　インターネット上の表現は，キーワードさえ特定できれば検索エンジンを通

じてたどり着くことが容易であり，しかも一度ネット上に出回ると長期間アクセス可能でありつづけるという性質を有する。だが，例えば，当初は公益性が高く実名報道が許される事件であっても，長期間たてば公益性が薄れ，実名を挙げることがプライバシー侵害となる場合もある（⇒ 242 頁(4)(a)「逆転」事件判決参照）。このように，表現の許容性は時間とともに変化するという性質と，インターネットの「忘れない」性質の間には，緊張関係がある。それゆえ，ネット上の表現で不利益を受けている者から「忘れられる権利」が主張されるようになった。この権利は多くの場合，検索事業者に対し，もはや自己の権利を侵害している昔のネット上の記事を検索結果から削除するよう求める権利として主張される。

　児童買春行為で逮捕され罰金刑を受けた者が，3 年余経過した頃に，ある検索事業者に対し，自己の居住する県と自己の氏名で検索した結果からこの事件についてのウェブサイトの URL 等情報を削除する仮処分を求めた事件で，さいたま地裁は「忘れられる権利」という文言を用いて申立てを認め，注目された（さいたま地決平成 27・12・22 判時 2282 号 78 頁）。しかし，最高裁はそのような用語を用いず，プライバシー侵害が問題となる事案と理解したうえで，検索エンジンが「インターネット上の情報流通の基盤として大きな役割を果たしている」ことなどを考慮し，プライバシーに関する事実を「公表されない法的利益が優越することが明らかな場合」に，検索結果からの削除を求めることができるとし，当該事案での削除を認めなかった（最決平成 29・1・31 民集 71 巻 1 号 63 頁）。ある情報が検索結果に登場しなくなることの，実社会における「情報流通」にとっての影響力の大きさをふまえ，削除には慎重な姿勢を示した決定だといえる。

(2)　プロバイダの責任

　インターネットに接続するには，通常接続サービスを提供するプロバイダを経由する必要がある。また，インターネット上で誰もが書き込める掲示板類を設営している者も，表現の機会を提供（プロバイド）しているといえる。前者をアクセス・プロバイダ，後者をホスト・プロバイダと呼ぶことがある。これらの者は，他者に表現の機会を提供するが，従来の出版社のように表現者と密

接な関係を有しているわけではない。その表現内容には基本的に感知せず，サービスを提供しているのである。したがって，出版社が出版物の内容について負うのと同様の責任を負うと考えることはできない。他方，その内容に全く責任を負わないと考えることもできない。プロバイダが表現の場を提供しているのは事実であるし，またホスティングの場合，そこに書き込まれた内容はプロバイダしか削除できないことが多い。違法な言論をあえて放置しているということになると，自らの不法行為責任が問われてもやむをえない。

　プロバイダが，自らが提供したサービスを利用してなされた違法な表現行為に対していかなる責任を負うかについては，2001（平成 13）年に「特定電気通信役務提供者の損害賠償責任の制限及び発信者情報の開示に関する法律」（プロバイダ責任制限法）が制定されている。同法では，表現行為の被害者に対してプロバイダの責任が生じるのは，プロバイダが当該表現行為によって他人の権利が害されていると知っていたか，知ることができたと認めるに足りる相当の理由があるときに限定されている（特定電通賠責 3 条 1 項）。一般的な規定としては妥当なところであろうが，インターネットにおける表現の場が不当に狭められないよう，ここでの「相当の理由」をあまり広く認めるべきではあるまい。

第 5 節　取材の自由

1 取材の自由の憲法上の位置づけ

　上述したように（⇒ p. 212 の(3)），情報収集活動としての取材の自由が 21 条 1 項で保障されているかどうかが議論されてきた。最高裁は後述する博多駅事件（最大決昭和 44・11・26 刑集 23 巻 11 号 1490 頁）で，「報道機関の報道が正しい内容をもつためには，報道の自由とともに，報道のための取材の自由も，憲法 21 条の精神に照らし，十分尊重に値いする」と判示し，その後も取材の自由については一貫してこの定式化を示している。あいまいな位置づけであるが，報道の自由の十分な保護のために必要な限りで取材の自由も憲法上の保護を受けるという趣旨ではないか。学説上は，21 条は情報流通過程全体の自由を保障するものであり，取材の自由もその一環として憲法上保障されると考えるべ

きだとの主張もある。

　取材の自由は，国家によって取材活動を制約されない自由であって，取材相手に協力を強要できるわけではない。公職者に対しても，法的に義務づけられていること以上の対応を求めることはできないだろう。ただし，報道機関によって対応を変えることは，平等原則との関係で憲法問題となりうる。

② 国家秘密取材への制約

　取材の自由への直接的な規制として，国家秘密についての取材活動を制約する規定が挙げられる。国家公務員法111条は，秘密漏洩を含む一定の違法行為を公務員に対してそそのかす行為を処罰しており，国家秘密をめぐる取材活動はこの禁止に該当しうる。この問題をめぐる有名な事件として，次に挙げる外務省機密漏洩事件〈 判例 7-3 〉がある。

> 〈 判例 7-3 〉最決昭和53・5・31刑集32巻3号457頁〈外務省機密漏洩事件〉
> 【事実】毎日新聞東京本社政治部で外務省を担当する記者であった被告人Y₁は，親密な関係になった外務省事務官Y₂に沖縄返還交渉等の書類の持ち出しを依頼し，Y₂はこれに応じて，当該交渉についての秘密指定された日米間の会談記録の複写をY₁に渡した。Y₁はこれをある衆議院議員に渡し，衆議院でその内容が暴露された。捜査の結果，Y₂は国家公務員法100条1項が定める秘密保持義務に違反したとして罰則規定である国家公務員法109条12号により，Y₁はこの秘密漏洩をそそのかしたとして国家公務員法111条により，ともに起訴された。
> 　第一審判決は，Y₂を有罪としたが（Y₂についてはこれで確定），Y₁については，取材の自由を考慮すれば正当行為として違法性が阻却されると判断し，無罪とした。これに対し第二審判決はY₁を有罪とした。Y₁上告。
> 【決定要旨】上告棄却。決定は，問題となった文書は実質的にも秘密として保護するに値するし，Y₁の行為は国家公務員法が禁じるそそのかし行為にあたるとした上で，次のように述べた。
> 　「報道機関の国政に関する報道は，民主主義社会において，国民が国政に関与するにつき，重要な判断の資料を提供し，いわゆる国民の知る権利に奉仕するものであるから，報道の自由は，憲法21条が保障する表現の自由のうちでも特に重要なものであり，また，このような報道が正しい内容をもつためには，報道のための取材の自由もまた，憲法21条の精神に照らし，十分尊重に値するものといわなければならない（最大決昭和44・11・26刑集23巻11号1490

頁）。そして，報道機関の国政に関する取材行為は，国家秘密の探知という点で公務員の守秘義務と対立拮抗するものであり，時としては誘導・唆誘的性質を伴うものであるから，報道機関が取材の目的で公務員に対し秘密を漏示するようにそそのかしたからといって，そのことだけで，直ちに当該行為の違法性が推定されるものと解するのは相当ではなく，報道機関が公務員に対し根気強く執拗に説得ないし要請を続けることは，それが真に報道の目的からでたものであり，その手段・方法が法秩序全体の精神に照らし相当なものとして社会観念上是認されるものである限りは，実質的に違法性を欠き正当な業務行為というべきである。しかしながら，報道機関といえども，取材に関し他人の権利・自由を不当に侵害することのできる特権を有するものでないことはいうまでもなく，取材の手段・方法が贈賄，脅迫，強要等の一般の刑罰法令に触れる行為を伴う場合は勿論，その手段・方法が一般の刑罰法令に触れないものであっても，取材対象者の個人としての人格の尊厳を著しく蹂躙する等法秩序全体の精神に照らし社会観念上是認することのできない態様のものである場合にも，正当な取材活動の範囲を逸脱し違法性を帯びるものといわなければならない。」

　本件では，被告人（Y₁）は「かなり強引に同女〔Y₂〕と肉体関係をもち」，その関係を継続しながら秘密文書の持ち出しを依頼したこと，取材の必要がなくなった後には「同女に対する態度を急変して他人行儀とな」った上に，漏示者が容易に判明する文書を国会議員に交付していることが認められる。「そのような被告人の一連の行為を通じてみるに，被告人は，当初から秘密文書を入手するための手段として利用する意図で右 Y₂ と肉体関係を持ち，同女が右関係のため被告人の依頼を拒み難い心理状態に陥ったことに乗じて秘密文書を持ち出させたが，同女を利用する必要がなくなるや，同女との右関係を消滅させてその後は同女を顧みなくなったものであって，取材対象者である Y₂ の個人としての人格の尊厳を著しく蹂躙したものといわざるをえず，このような被告人の取材行為は，その手段・方法において法秩序全体の精神に照らし社会観念上，到底是認することのできない不相当なものであるから，正当な取材活動の範囲を逸脱しているものというべきである。」

　本決定において最高裁が，正攻法の取材活動に対しては秘密漏示そそのかし罪が適用できないことを明言したことの意義は大きい。ただ，違法でなくても「社会観念上是認することのできない態様」での取材は保護されないとの基準には，保護される範囲が狭すぎる，あるいは不明確にすぎるとの批判が可能であろう。また，成人同士がどのような人間関係を構築するかは基本的に当事者

に委ねられた問題であり，当該事案での Y_1 の行為が Y_2 の「人格の尊厳を著しく蹂躙する」ほどのものだったといえるかどうかにも，疑問を投げかけることはできよう。

2013（平成25）年に，安全保障に関する秘密の保護を強化する「特定秘密の保護に関する法律」（特定秘密保護法）が成立したが，同法は本決定を受けるかたちで，「専ら公益を図る目的を有し，かつ，法令違反又は著しく不当な方法によるものと認められない限り」取材行為を正当業務行為とする旨規定している（特定秘密保護22条2項）。

3 法廷の取材制限

憲法は裁判の対審および判決の原則公開を求めている（82条）が，同じく原則公開の国会（57条1項）とは異なり，裁判所の審理の写真やビデオによる撮影は実質的に認められていない。傍聴席でメモを取る行為も一般傍聴人には禁じられていた時期があった。この禁止措置を受けた者が国家賠償を求めたレペタ訴訟で，最高裁は，傍聴人がメモを取る行為も尊重に値するとしつつ，公正かつ円滑な訴訟の運営はそれよりもはるかに優越する法益であると判示している。ただし，同判決は，傍聴人のメモ行為が訴訟の運営を妨げることは通常はありえないとも述べ，問題となったメモ禁止は合理的根拠を欠いていたとした（しかし，国家賠償法上の違法性は否定した。レペタ訴訟・最大判平成元・3・8民集43巻2号89頁。クエスト憲法 I ⟨ 判例 7-5 ⟩ 参照）。

憲法が審理の原則公開を求めたのは，それが公正な裁判のために不可欠だと考えるからであろう。だとすれば，傍聴人を訴訟の公正さ確保と無関係な単なる見物人のように位置づける判決の態度は，不適切だといわざるをえない。訴訟の公正さ確保にとっての公開の場での批判的な吟味の重要性を考慮すれば，それを確保するために不可欠な傍聴人のメモ行為もより積極的に評価すべきだということになるはずである。ただし，審理の撮影・放送まで認めるべきかどうかについては，当事者のプライバシー確保の観点から慎重に考えざるをえない。

4 取材源秘匿権

　取材活動を行うためには，対象人物と信頼関係を構築し維持することが不可欠である。この観点から，報道した情報を誰から取材したか，その取材源を明かさないことは，取材記者にとって必須の倫理であるとされる。この秘密保持への信頼がないと，取材対象から情報提供を受けることの困難さが大きく増す。したがって，国家が記者に対し取材源の開示を求めることは，取材の自由行使を抑止する効果を有することになる。

　特に，記者が民事や刑事の裁判で証人として証言を求められる場合に，取材源についての証言を拒否できるのかが問題となる。民事訴訟法は，197 条 1 項 2 号で一定の職業にある者の証言拒否権を認めているが，その中に記者は含まれていない。ただし，同項 3 号は「技術又は職業の秘密に関する事項」についての証言拒否権を一般的に認めているので，取材源が記者にとって職業上の秘密と認められれば，法律上証言拒否権が認められることになる。最高裁は，「取材源の秘密は，取材の自由を確保するために必要なものとして，重要な社会的価値を有する」と述べ，取材源の秘密は原則として職業の秘密として証言拒否の対象となると判示した。ただし，拒否権が認められない例外として，取材方法が刑罰法令に触れる，取材源となった者が開示を承諾している，社会的意義や影響のある重大な民事事件の解決にその証言が必要不可欠であるといった場合を挙げている（NHK 記者取材源開示拒否事件・最決平成 18・10・3 民集 60 巻 8 号 2647 頁）。最後のカテゴリーは不明確性の高い基準であるといわざるをえない。

　これに対し，刑事訴訟法には概括的に証言拒否を認める条項はなく，証言拒否権が認められる列挙された職業にもやはり記者は含まれない（刑訴 149 条）。かつて最高裁は，この列挙を限定列挙であると解し，記者に取材源についての証言拒絶権を認めない解釈を示したが（石井記者事件・最大判昭和 27・8・6 刑集 6 巻 8 号 974 頁），これは取材の自由を憲法の精神に照らし「十分尊重」するとの判例が確立する前のものであり，今日でも維持されうるかどうか疑問である。少なくとも，刑事訴訟法 160 条や 161 条で証言拒否に制裁を課す要件となっている「正当な理由がな」いかどうかの判断にあたっては，取材の自由保障が考

慮に入れられるべきであろう。

5 取材物の提出強制

　捜査や裁判の証拠としての必要性から，取材過程を記録したフィルムやビデオ類の提出が求められることもある。取材は報道目的で行われており，対象者もそのつもりで応じている。その記録が裁判で，しかも自己に不利な証拠としても使われうるとなると，取材に際しての協力を得ることは困難となろう。このため，そのような提出命令に対しては，報道機関は法的手段で抵抗することが多い。

　取材物への刑事手続上の提出命令の許容性について最高裁がはじめて立場を示したのが，博多駅事件である。この事件では，デモ隊と警察官との衝突の際に警官側に特別公務員暴行陵虐罪などにあたる行為があったという付審判請求の審理の中で，裁判所がテレビ局にこの衝突の模様を撮影したフィルムの提出を命じたが，テレビ局側はこれを不服として最高裁まで争った。最高裁は，この事件で取材の自由が憲法の精神からして十分尊重に値するとの解釈をはじめて示したが，具体的に提出命令が許容されるかどうかは，公正な刑事裁判の実現という強い要請との比較衡量によって判断すべきとした。そして，当該フィルムが極めて重要な証拠であることや，フィルムが証拠として使用されることによって報道機関が被る不利益は「将来の取材の自由が妨げられるおそれがあるというにとどまる」ことなどから，提出命令は正当であるとした（博多駅事件・最大決昭和 44・11・26 刑集 23 巻 11 号 1490 頁）。

　その後最高裁は，取材過程を撮影したビデオテープへの，捜査段階での検察や警察からの請求に基づく差押許可状による差押処分を合法としている（日本テレビ事件・最決平成元・1・30 刑集 43 巻 1 号 19 頁，TBS 事件・最決平成 2・7・9 刑集 44 巻 5 号 421 頁）。これらの事件において，「適正迅速な捜査の遂行」も取材テープの提出を求める上で公正な裁判の実現と同様の価値を有するとされたことには，批判がある。裁判所による十分な審査を経ない，捜査段階での証拠判断で取材物の提出を認めることには，より慎重であるべきだろう。

第6節　集会の自由

1 集会の自由の意義とパブリック・フォーラム論

　集会とは，多数の人々が一定の場所に何らかの目的で集まることである。多数の人々が集団で行進するデモンストレーション（デモ）も，動く集会として保障される。集会は，一定の主張を共有する人々が集まって議論することで，自分たちの考えをより発展させるとともに，人々の注目を集め，自分たちの主張を外部に強く訴えようとしてなされることが多い。しかし，集会を行うにはある程度広い場所が必要であり，その利用関係において他の法益との衝突が生じやすい。また，国家権力からは長らく，多数人が集まることから治安が乱されるおそれがあるとの警戒の念にさらされてきた。

　集会の自由を実質的に保障するためには，道路や公園といった，人々が自由に行き来し集うことのできる場の集会への利用が原則として認められていることが必要である。また，国家や地方自治体が設立した集会場など一般の利用に供される施設も，集会に適した場として原則として自由な利用が保障されなければならない。このように，表現活動に適した公共の場（パブリック・フォーラム）での表現活動の自由はできるだけ保障されるべきだという説（パブリック・フォーラム論）は，アメリカの判例理論として発展したものであるが，日本でも有力に唱えられている。上述したように，伊藤正己裁判官はビラ配布やビラはり禁止の合憲性についての個別意見で，道路や広場のパブリック・フォーラム性を指摘していたが，一定の場所を必要とする度合いの高い集会については，パブリック・フォーラムでの自由を保障する必要性はより高いといえよう。基本的に，パブリック・フォーラムでの集会をその内容を理由にして禁止することはできず，内容中立的な根拠に基づく場合にも慎重な審査が求められる。

　ただし，パブリック・フォーラム論は，判例上明示的には個別意見に現れているにとどまる。最高裁はかつて，労働組合がメーデーの集会のために皇居前広場の使用申請をしたところ不許可処分を受けたことに対する取消訴訟の上告審において，参加予定者数50万人に上る当該集会を認めると同広場が著しい

損壊を受けることが予想されることや，本件不許可が表現の自由または団体行動権自体を制限することを目的としたものではないことなどを理由として，不許可処分の合法性を認めている（ただし，括弧内で「なお，念のため」としてなされた判断。皇居外苑使用不許可事件・最大判昭和 28・12・23 民集 7 巻 13 号 1561 頁）。これは，まだパブリック・フォーラム論が説かれるようになる前の事件であるが，今日の目からみれば，広場の表現活動のための場としての意義や，表現の自由への内容中立的な制約の問題性への意識が薄いという批判が可能であろう。

2 近時の判例における集会の自由保障

　これに対し，近年，最高裁は地方公共団体が設置する集会場などにおける集会の自由保障については，積極的な姿勢を示すに至っている。代表的な判例が，次に挙げる泉佐野市民会館事件 〈 判例 7-4 〉 である。

〈 判例 7-4 〉最判平成 7・3・7 民集 49 巻 3 号 687 頁　〈泉佐野市民会館事件〉
【事実】中核派を中心とする組織 X が，泉佐野市沖に建設予定であった新空港の建設反対のための集会を泉佐野市民会館で開催しようとして，同市（Y）に使用許可を申請したところ，泉佐野市民会館条例 7 条 1 号（「公の秩序をみだすおそれがある場合」）および 3 号（「その他会館の管理上支障があると認められる場合」）の定める不許可事由に該当するとして不許可処分を受けた。X は損害賠償を求めて Y を提訴したが，第一審，第二審とも X 敗訴。X が上告。
【判旨】「三　1　……地方自治法 244 条にいう普通地方公共団体の公の施設として，本件会館のように集会の用に供する施設が設けられている場合，住民は，その施設の設置目的に反しない限りその利用を原則的に認められることになるので，管理者が正当な理由なくその利用を拒否するときは，憲法の保障する集会の自由の不当な制限につながるおそれが生ずることになる。したがって，本件条例 7 条 1 号及び 3 号を解釈適用するに当たっては，本件会館の使用を拒否することによって憲法の保障する集会の自由を実質的に否定することにならないかどうかを検討すべきである。
　2　このような観点からすると，集会の用に供される公共施設の管理者は，当該公共施設の種類に応じ，また，その規模，構造，設備等を勘案し，公共施設としての使命を十分達成せしめるよう適正にその管理権を行使すべきであって，これらの点からみて利用を不相当とする事由が認められないにもかかわらずその利用を拒否し得るのは，利用の希望が競合する場合のほかは，施設をその集会のために利用させることによって，他の基本的人権が侵害され，公共の

福祉が損なわれる危険がある場合に限られるものというべきであり，このような場合には，その危険を回避し，防止するために，その施設における集会の開催が必要かつ合理的な範囲で制限を受けることがあるといわなければならない。そして，右の制限が必要かつ合理的なものとして肯認されるかどうかは，基本的には，基本的人権としての集会の自由の重要性と，当該集会が開かれることによって侵害されることのある他の基本的人権の内容や侵害の発生の危険性の程度等を較量して決せられるべきものである。本件条例 7 条による本件会館の使用の規制は，このような較量によって必要かつ合理的なものとして肯認される限りは，集会の自由を不当に侵害するものではなく，また，検閲に当たるものではなく，したがって，憲法 21 条に違反するものではない。……そして，このような較量をするに当たっては，集会の自由の制約は，基本的人権のうち精神的自由を制約するものであるから，経済的自由の制約における以上に厳格な基準の下にされなければならない（最大判昭和 50・4・30 民集 29 巻 4 号 572 頁参照）。

　3　本件条例 7 条 1 号は，『公の秩序をみだすおそれがある場合』を本件会館の使用を許可してはならない事由として規定しているが，同号は，広義の表現を採っているとはいえ，右のような趣旨からして，本件会館における集会の自由を保障することの重要性よりも，本件会館で集会が開かれることによって，人の生命，身体又は財産が侵害され，公共の安全が損なわれる危険を回避し，防止することの必要性が優越する場合をいうものと限定して解すべきであり，その危険性の程度としては，前記各大法廷判決の趣旨によれば，単に危険な事態を生ずる蓋然性があるというだけでは足りず，明らかな差し迫った危険の発生が具体的に予見されることが必要であると解するのが相当である（最大判昭和 29・11・24 刑集 8 巻 11 号 1866 頁参照）。そう解する限り，このような規制は，他の基本的人権に対する侵害を回避し，防止するために必要かつ合理的なものとして，憲法 21 条に違反するものではなく，また，地方自治法 244 条に違反するものでもないというべきである。

　そして，右事由の存在を肯認することができるのは，そのような事態の発生が許可権者の主観により予測されるだけではなく，客観的な事実に照らして具体的に明らかに予測される場合でなければならないことはいうまでもない。

　なお，右の理由で本件条例 7 条 1 号に該当する事由があるとされる場合には，当然に同条 3 号の『その他会館の管理上支障があると認められる場合』にも該当するものと解するのが相当である。

　四　以上を前提として，本件不許可処分の適否を検討する。

　1　……本件不許可処分のあった昭和 59 年 4 月 23 日の時点においては，本

件集会の実質上の主催者と目される中核派は，関西新空港建設工事の着手を控えて，これを激しい実力行使によって阻止する闘争方針を採っており，現に同年3月，4月には，東京，大阪において，空港関係機関に対して爆破事件を起こして負傷者を出すなどし，6月3日に予定される本件集会をこれらの事件に引き続く関西新空港建設反対運動の山場としていたものであって，さらに，対立する他のグループとの対立緊張も一層増大していた。このような状況の下においては，それ以前において……上告人らによる関西新空港建設反対のための集会が平穏に行われたこともあったことを考慮しても，右時点において本件集会が本件会館で開かれたならば，対立する他のグループがこれを阻止し，妨害するために本件会館に押しかけ，本件集会の主催者側も自らこれに積極的に対抗することにより，本件会館内又はその付近の路上等においてグループ間で暴力の行使を伴う衝突が起こるなどの事態が生じ，その結果，グループの構成員だけでなく，本件会館の職員，通行人，付近住民等の生命，身体又は財産が侵害されるという事態を生ずることが，客観的事実によって具体的に明らかに予見されたということができる。」

　「3　また，主催者が集会を平穏に行おうとしているのに，その集会の目的や主催者の思想，信条に反対する他のグループ等がこれを実力で阻止し，妨害しようとして紛争を起こすおそれがあることを理由に公の施設の利用を拒むことは，憲法21条の趣旨に反するところである。しかしながら，本件集会の実質上の主催者と目される中核派は，関西新空港建設反対運動の主導権をめぐって他のグループと過激な対立抗争を続けており，他のグループの集会を攻撃して妨害し，更には人身に危害を加える事件も引き起こしていたのであって，これに対し他のグループから報復，襲撃を受ける危険があったことは前示のとおりであり，これを被上告人が警察に依頼するなどしてあらかじめ防止することは不可能に近かったといわなければならず，平穏な集会を行おうとしている者に対して一方的に実力による妨害がされる場合と同一に論ずることはできないのである。

　4　……したがって，本件不許可処分が憲法21条，地方自治法244条に違反するということはできない。」

　この判決は，集会場の利用が原則としてどのような集会にも開かれている必要があることを，憲法上の集会の自由を用いて確認した点，二重の基準論の基本的考え方を明示的に承認している点，その具体的反映として，公の秩序を乱すおそれという理由での使用不許可を，学説がいうところの「明白かつ現在の危険」が認められる場合に限定する姿勢を示したことにおいて，非常に注目さ

れる。また，他のグループによる妨害行為を不許可の理由とすることを原則として認めなかったことも，地方における集会場使用がしばしばまさにこの理由で拒否されている現実に照らすと，非常に大きな意義をもつ。国家が国民の間の反対を理由にして一定の内容の集会を不利に扱うという，内容に基づく規制を許容することになってしまわないためにも，この配慮は重要である。別の事件の最高裁判決は，このような理由での不許可は「警察の警備等によってもなお混乱を防止することができないなど特別な事情がある場合」に限られると判示している（上尾市福祉会館事件・最判平成8・3・15民集50巻3号549頁）。ただし，泉佐野市民会館事件最高裁判決 ◀ **判例 7-4** ▶ が具体的使用申請について「明らかな差し迫った危険」を認めた判断には，異論も提起できよう。

　なお，ある暴走族追放条例が，何人に対しても「公共の場所」において許可を得ないで「公衆に不安又は恐怖を覚えさせるような」集会を行うことを禁じ，さらにそれが特異な服装で行われていたなどの場合には，市長が違反への罰則を伴う中止または退去命令を出せると定めていることの合憲性が争われた事件がある。最高裁は，当該規定は暴走族やそれと類似した集団のみを対象にしていると限定解釈した上で，その合憲性を認めた。ただし，「不安」や「恐怖」という漠然とした理由は集会を規制する根拠とならず，このような条文は違憲無効とすべきだとする反対意見がある（広島市暴走族追放条例事件・最判平成19・9・18刑集61巻6号601頁。合憲限定解釈につき，クエスト憲法Ⅰ p.347の**2**参照）。集会の内容から周りの人々が不安や恐怖を感じるとしても，それは集会を規制する理由としては認められない。規制するためには，周囲の安全への危険発生が具体的に差し迫っていることが必要である。当該条文がそのような考慮なく制定されたのだとしたら，限定解釈で生かすことには無理があるというべきだろう。

3 デモ行進に対する規制

(1)　道路交通法による規制

　道路も人々が集うのに適したパブリック・フォーラムであるから，そこでの表現活動は原則として認められなければならない。ただし，道路上での集会（多くはデモ行進）は，交通秩序に対して大きな影響を与えうるから，その限り

で規制されてもやむをえない。道路交通法77条1項4号は,「道路に人が集まり一般交通に著しい影響を及ぼすような行為」として公安委員会が定めた行為をしようとする者に,警察署長の許可を求めている。交通妨害のおそれがないときや,条件をつけることでそのおそれをなくせるとき,またはそのおそれはあっても公益上または社会慣習上やむをえないと認められるときには,許可が義務づけられる(道交77条2項)。最高裁は,これらの条項を,条件を付与しても「一般交通の用に供せられるべき道路の機能を著しく害する」ような集団行進以外の場合には,許可が義務づけられていると解釈した上で,その合憲性を認めた(最判昭和57・11・16刑集36巻11号908頁)。限定解釈を行っており,基本的に妥当であろう。

(2)　公安条例による規制

　デモ規制については,交通秩序との関係ではこの道路交通法の規制で足りるようにも思われるが,実際には多くの地方公共団体が,公共の安全を確保する観点から,条例で,集団行進などの実施に公安委員会の許可を義務づけている。道路交通に対する悪影響を防ぐという以上に,集団行動自体から公の秩序に対して危険が発生することを未然に防ごうとしているのである。条例の具体的な名称は様々であるが,一般に公安条例と呼ばれる。しかし,あらゆるデモ行進が治安上の危険となるわけではなく,このように包括的な規制を設けることの合憲性は激しく争われてきた。

　最高裁は,いくつかの自治体の公安条例について審理する機会をもったが,すべて合憲との判断を示している。ただし,初期の新潟県公安条例事件判決(最大判昭和29・11・24刑集8巻11号1866頁)は,デモ行進は「本来国民の自由とするところ」であるとしつつ,問題となった条例は特定の場所または方法についての制限にとどまり,また公共の安全に対し明らかな差し迫った危険を及ぼすことが予見される場合の制限にとどまるとの解釈の下に合憲との結論を導いた。「明らかな差し迫った危険」の要件は,泉佐野市民会館事件判決 ◀ 判例 7-4 ▶ にも引用されているように,公の秩序の観点からの集会の自由制約に対して厳格な審査を行う際の基準として,現在まで影響力を有している。

　しかし,東京都公安条例事件判決(最大判昭和35・7・20刑集14巻9号1243

頁）は，むしろ自由濫用防止が裁判所の任務であると強調し，集団行動に「時に昂奮，激昂の渦中に巻きこまれ，甚だしい場合には一瞬にして暴徒と化し，勢いの赴くところ実力によって法と秩序を蹂躙」する危険があることは，「群集心理の法則と現実の経験に徴して明らか」であるとして，公安条例による規制を正当化した。そして，一定の要件にあたらなければ許可が義務づけられていることなどを理由に，表現の自由に対する不当な制約ではない，とした。

　この異例といってよい判示は，安保闘争直後という時代性を抜きにしては理解できないが，公安条例の基本的存在理由を正面から認定するものともなっている。しかし，集団行動をする者は皆潜在的暴徒として扱われてもやむをえないというような立場が，今日維持できるとは到底思えない。

　さらに，徳島市公安条例事件判決（最大判昭和50・9・10刑集29巻8号489頁）は，同条例が集団行進に対して遵守を求める「交通秩序を維持すること」という要件につき，「殊更な交通秩序の阻害をもたらすような行為を避止すべきこと」の要請であると解釈でき，そのように解釈すれば合憲であると判示している（合憲限定解釈につき，クエスト憲法Ⅰ p.347 の**2**参照）。

第7節　結社の自由

1 結社の自由の内容

(1) 21条が自由を保障する結社

　結社は人々が一定の目的のために結成する団体であり，結社の自由は，そのような団体を結成することの自由（しない自由も含む），そしてそのような団体として活動することの自由を意味する。広く解すれば，株式会社など経済活動のための団体も結社ということになる。しかし，21条1項は表現の自由の一環として，あるいはそれと密接な関係を有する自由として結社の自由を規定しているから，ここで問題となるのは主として表現活動のために結成された結社であるということになる。ただし，例えば各種の経済団体も政治的活動を行うことは多く，特定の目的の結社を最初から保護範囲から排除すべきではない。

　一定の目的を共有する人々が団体を結成し活動することは，継続的な交流の

場を設けることで人々の結び付きを強め議論を発展させるし，その目的のための活動をより大規模に行うことを可能にする。また，個人的に表現活動を行うほどの覚悟のない人々にも，結社に参加してその活動に貢献するというかたちでの参加の途を開くことで，市民の社会参加の促進に貢献することになる。このように，結社の自由は表現の自由の現実的保障のために重要な役割を果たしている。

(2)　結社の自由と法人格，司法審査の範囲

憲法上の結社の自由は，国家が法人格を付与するか否かとは別問題だと考えられている。法人格は財産管理や取引の便宜を考慮して与えられるもので，それが認められないからといって国家が結社活動を抑圧しているというわけではない。日本では長らく，非営利法人への法人格付与についての一般法はなかったが，1998（平成 10）年に一定の非営利活動を行っている団体に法人格を与える「特定非営利活動促進法」（NPO 法）が，さらに 2006（平成 18）年に「一般社団法人及び一般財団法人に関する法律」も制定されて法整備が一応整った。しかし，それ以前はずっと違憲状態だったというわけではない。ただし，法人格が団体としての活動を非常に容易にすることは事実であるから，その付与が国家の広い裁量に委ねられていたのは憲法上望ましいことではなかったといえよう。

また，いったん与えられた法人格を剥奪しようとする場合には，それが団体の活動に悪影響をもたらすことが考慮に入れられなければならない。オウム真理教への宗教法人としての解散命令の合憲性が争われた事件で，最高裁は，「解散命令は，信者の宗教上の行為を禁止したり制限したりする法的効果を一切伴わない」といいつつ，財産上の問題からその活動に「何らかの支障を生じさせる」ことはあるとして，信教の自由の重要性を考慮すると解散命令の合憲性は「慎重に吟味しなければならない」と判示している（オウム真理教解散命令事件・最決平成 8・1・30 民集 50 巻 1 号 199 頁。p. 172 の **6** 参照）。

なお，結社の自由自体から，結社内部の紛争は自律的解決に委ねるべきであり，司法権を含む国家権力の介入は控えるべきだという一般的要請が導けるわけではない。結社内部の紛争であっても，個人の権利義務が争われる以上，法

を適用して適正な解決を図ることは司法権の任務である。ただし，結社の性格や争いの性質によっては，司法権が独自の判断で介入すべきではない場合がありうる。宗教団体や政党の内部紛争について特に問題となるが，この点についてはクエスト憲法 I p. 273 の **4** 参照。

2 破壊活動防止法による制約

　これに対し，団体としての活動自体を禁じる法制度の代表的なものとして，破壊活動防止法（破防法）による団体規制がある。破防法は，暴力主義的破壊活動（破防 4 条 1 項で定義）を行った団体が，将来もそのような活動を継続する明らかなおそれがあると認めるに足りる十分な理由がある場合には，公安審査委員会が当該団体に対し一定の活動を禁止し（破防 5 条），さらにそれでも足りないときには解散の指定を行うことができると定めている（破防 7 条）。解散指定が行われた場合には，構成員に，当該団体のためにするいかなる行為も禁止される（破防 8 条）。公安審査委員会のこれらの処分は，公安調査庁長官の請求に基づいてのみ行われる（破防 11 条）。地下鉄サリン事件などを引き起こしたオウム真理教について，実際に公安審査委員会に解散請求がなされたが，同委員会は法律上の要件を満たさないとして解散指定を認めなかった。

　破防法によるこの規制に対しては，「暴力主義的破壊活動」の範囲が広汎すぎる（政治的目的を有する一定犯罪の予備・陰謀や煽動まで含んでいる）とか，結社の存在そのものを否定する解散指定は裁判によってしか行えないのではないかという批判がなされている。なお，オウム真理教およびその後継団体に対しては，1999（平成 11）年に制定された「無差別大量殺人行為を行った団体の規制に関する法律」に基づく公安審査委員会の観察処分がつづけられており，構成員や財産について報告義務が課せられている。

3 政治資金規正法による規制

　政治資金規正法は，広く政治団体一般を規制対象として金銭の流れを規制している（政治団体の定義として，政資 3 条 1 項）。国家は団体が関与するあらゆる政治過程における金銭の流れの透明性と公正さを確保するための規制を行えるという考えに基づくのであろう。しかし，選挙に参加して国会での議席を目指

すというように国家権力と特別の関係にある政党はともかく，単に市民に対して政治上の主張を行っているだけの団体の活動にまで監視の目を向けるのは，過度に広汎な規制といわざるをえない。政治活動が自由であるということは，誰が誰から援助を受けてどのように金銭を使うかについて国家から干渉されないことの保障を含むはずであり，その保障を原理的に否定しているような法体系が合憲であるとは考えがたい。

　具体的な規制について少しだけみると，まず，政治資金規正法はあらゆる政治団体に選挙管理委員会または総務大臣への届出義務を課し，届出なしに寄附を受け支出をなすことを罰則つきで禁止している（政資 6 条・8 条・23 条）。届出義務への違反自体に刑罰が科せられるわけではないが，金銭なしでできる活動は事実上存在しない。しかし，いちいち国家権力に届け出なければ政治団体としての活動ができないという法制度が，憲法上の結社の自由保障に適合しているとはいえないだろう。自由に活動するとは，国家とは無関係に活動できるという意味を含んでいるはずである。また，何が政治活動で何がそうでないかの区別は難しいから，NPO などの市民団体が当局から一方的に政治団体とみなされ，届出義務違反で罰せられる危険もある。さらに，政治資金規正法は政治団体に詳細な会計報告を，毎年，違反への罰則つきで求めている（政資 12 条・25 条 1 項 1 号）。金銭の流れは，むろんその団体の活動内容について多くの情報を含むのであり，この義務は，あらゆる政治団体に対し，その活動内容を国家権力に対してあけっぴろげにすることを求めるものである。これもまた，憲法上正当化できない自由への制約である。さらに，このような煩瑣な手続をどんな小さな政治団体にも課すことは，その活動への大きな阻害要因となる。

　政治資金規正法は寄附についての実体的制限も多く含むが，例えば政治団体以外の団体からの寄附は，政党およびその政治資金団体に対するものしか認められていないといった制約（政資 21 条 1 項・2 項。同条 3 項でそのような寄附の勧誘・要求も禁止されているから，政治団体の活動への直接的制約ともなっている。違反への罰則規定として政資 26 条 1 号・2 号），外国人からの寄附の全面禁止（政資 22 条の 5，罰則規定として 26 条の 2 第 3 号），仮名・匿名寄附の禁止（ただし，集会会場での匿名の少額寄附については，例外規定あり。政資 22 条の 6，罰則規定として政資 26 条の 2 第 3 号・第 4 号）など，少なくともあらゆる政治団体への規制としては

合憲性が疑わしい条文が多い。政治資金規正法については，「ザル法」であるとしてその強化が叫ばれることが多いが，その「ザル」は直径の大きすぎるもので，本来規制対象として選び取るべきでないものまで規制しうるものとなっているといわざるをえない。

4　強制加入団体の問題

　法律が，一定の職業の者全員に特定の団体への加入を義務づける例がいくつかある。例えば弁護士法は，弁護士としての登録請求を各地域の弁護士会を経るものに限定し，登録された者は当然に当該弁護士会の会員となると定める（弁護8条・9条・36条）。同様の強制加入制度を定める法律として，税理士法（税理士18条・21条・49条の6），司法書士法（司書8条・9条・57条），公認会計士法（会計士17条・19条・46条の2）などがある。さらに，弁護士会には構成員に対する懲戒権が認められており，除名されればその地域で職業を行う資格を失うことになる（弁護56条・57条）。

　これらの職業に基づく特定団体への加入強制は，当該職業の専門技術性や公共性の維持確保の観点から，当該団体の活動が職業遂行上の事項に限られているならば合憲であるとの立場が有力である。しかし，職業上の事項しか扱わないとしても，何がその職業にとってふさわしいのかについての意見は分かれて当然である。ある職業に従事するすべての者を1つの団体に所属させようとする制度には，憲法上の問題が大きいといわざるをえない。強制加入団体の存在を前提とすれば，構成員の思想・信条の自由との関係で，その活動の範囲は限定されなければならない。この問題については，p. 155の(2)参照。

第8節　通信の秘密

1　通信の秘密の意義と内容

　21条2項後段は通信の秘密を保障している。通信とは，特定人間の情報のやり取りである。憲法は，情報を公開したい者にはその自由を認めるとともに，非公開でやり取りしたい者にはそのような形態での情報流通も保障しているわ

けである。通信の秘密にはプライバシー保護の意味が含まれているのは当然であるが，憲法がこれを21条に規定した趣旨は，公開・非公開を問わず当事者が望む情報流通の形態を保障しようというところにあると理解できよう。また，通信の秘密は，他者との自由な意見交換によって自己実現を図るために不可欠であり，また公開の表現活動を行う準備としての他者との意思疎通の自由を確保するためにも重要であり，表現の自由とも密接な関係を有している。

　通信の秘密で保障される通信手段も，技術の発達とともに多様化している。郵便だけでなく電話やファクシミリも含むのは当然であり，新しい手段である電子メールも対象となる。また，秘密は通信内容だけでなく，その存在に関する事項すべてに及ぶ。公権力がこれらの情報流通を監視し収集することは禁じられる。今日，郵便業や電気通信事業を営む者には，検閲の禁止（郵便7条，電通事3条）や，秘密を漏らすことの禁止（郵便8条，電通事4条）が規定されている。ただし，かつてと異なり，今日では両事業とも営んでいるのは民間業者であるから，これらは憲法の通信の秘密規定の確認条項というわけではなく，通信の秘密を実際に確保するため法律によって民間業者に課された義務であると解するべきであろう。郵便法は，一定の場合に事業者が差出人や受取人に郵便物の開示を求め，あるいは自ら開示することができると規定している（郵便31条・32条）。

2 通信の秘密の制限

　郵便の秘密への制約としては，刑事訴訟法が定める郵便物の押収（刑訴100条・222条），刑事収容施設の被収容者等が発受する信書の検査（「刑事収容施設及び被収容者等の処遇に関する法律」127条・135条・140条・144条・222条・270条）などがある。前者の押収については，被告人や被疑者が発受する郵便物については要件の規定がないなど，刑事訴訟法99条が定める「証拠物又は没収すべき物と思科するもの」という通常の差押要件よりも要件が緩やかになっており，憲法上問題があるとの指摘がある。中身が分からないまま押収せざるをえないのは確かだが，これではやはり広汎すぎると考えられる。後者の検査は，刑事施設の秩序維持等の観点からやむをえない面があるが，少なくとも発受の禁止は最低限にする必要がある（刑事収容施設の被収容者の人権保障につき，p. 36 の(2)

参照)。

　電気通信の秘密への制約としては，犯罪捜査の一環として，現に行われている通信内容を当事者に知られることなく傍受することが許されるか，議論されてきた。かつては実務上，刑事訴訟法の定める検証令状で実施されていたが，このような令状の使い方は許されないとの批判もあったところである。1999（平成11）年に，「犯罪捜査のための通信傍受に関する法律」(通信傍受法) が制定され，法律上の整備が行われた。同法3条は，一定の犯罪の捜査に必要な場合，裁判官の発する傍受令状によって通信傍受を行えると定める。ただし，令状は当然ながら事前に当事者には示されない (事後の通知および不服申立ては制度化されている。通信傍受30条・33条)。また，現に行われている通信の傍受であるため，捜査上必要な会話以外の内容も傍受される危険はぬぐえない。これらの事情から，今なお合憲性への疑問も提起されている (通信傍受と刑事手続につき，p. 323の **1** 参照)。

　インターネットにおいては，一般に公開されているウェブサイトなど，電気通信によってあるサーバーに送られた内容を，不特定多数の者がダウンロードして閲覧できるという，通信と表現が混在した状況が出現している。この場合でも，公開されている部分以外の通信については，通信の秘密が及ぶと解される。しかし，内容が公開される以上，そこから生じる各種の法的問題への対処が必要となり，その限りで通信の秘密が限定されることもやむをえない。「特定電気通信役務提供者の損害賠償責任の制限及び発信者情報の開示に関する法律」(プロバイダ責任制限法) は，このようなインターネット上の情報によって権利を侵害されたとする者は，その権利侵害が明らかであり，かつ情報開示について正当な理由がある場合には，発信者情報の開示をプロバイダに請求することができると定める (特定電通賠責5条1項。後述する2021年の改正によって条文は複雑になったが，基本的な要件は変わっていない)。通信の秘密を考慮して，かなり高い要件が定められている。また，プロバイダは，開示請求に応じないことによって請求者に生じた損害については，故意または重過失の場合にしか賠償責任を負わない (特定電通賠責6条4項)。「気違い」という文言を含む電子掲示板への書き込みによって権利を侵害されたと主張する者が発信者情報の開示を請求したが，プロバイダがこれを拒否した事案について，最高裁は，侮辱的

文言がこの一語にとどまる場合には，プロバイダが開示請求に応じなかったことについて重過失があったとはいえないと判示している（最判平成 22・4・13 民集 64 巻 3 号 758 頁）。

発信者情報開示にはこうして高い要件が定められており，プロバイダはほとんどの場合，裁判外での請求には応じない。そのため，匿名表現で被害を受けた者は，表現者を特定するためにプロバイダを訴える必要があり，しかも多くの場合関係する複数のプロバイダを訴えなければ特定に至らなかった。これに対し，匿名表現による誹謗中傷といった被害を受けた者の適正な救済という観点から，特に手続上の負担軽減が求められ，2021（令和 3）年に，裁判所に発信者情報開示命令を求める特別の非訟手続を定めるなどの法改正が行われた（特定電通賠責 8 条以下）。

このように，私人にとってはインターネット上の通信の秘密の壁は厚い。ところが，警察などの捜査の場合には，任意捜査の段階でプロバイダが通信情報を提供することがあるようである。しかし，通信の秘密保護の観点からは，少なくとも令状がなければその秘密を漏らすことは許されないと考えるべきであろう。

練 習 問 題

1　K 大学付近の道路上の電柱に，「腐敗した体制を打破する時は来た！　日本の革命を K 大学から開始するぞ！　諸君，○月○日午前 0 時をもって武装決起せよ！」というようなビラをはった者を，破壊活動防止法 40 条の煽動罪で処罰することの合憲性と，軽犯罪法 1 条 33 号で処罰することの合憲性につき，比較しつつ論じなさい。

2　A 市は公民館を設置し広く市民の集会に開放していたが，あるとき A 市に支部のある宗教団体 B が同公民館の使用を申請した。B は，すべて教育は B の認める神の教えに従って行われるべきであると主張し，信者に子どもを学校に通わせないよう求めていた。このことから，各地で，信者が子女を小中学校に就学させる義務（学教 17 条）を怠っているとして義務履行催促を受けるなど，社会問題化していた。B は多くの集会でその教育論を信者に説いていることから，A 市は，市の公民館で違法な活動が称揚されることを認めることはできないとの理由で，使用申請を認めなかった。この市の措置の合憲性について論じなさい。

3　不特定多数の者に閲覧されることを前提にしたインターネットでの表現活動のた

めの電気通信は，本来内密の情報伝達を想定していた「通信」とは大きく異なるものであるから，その秘密性を保護する必要性は低く，通信記録の開示請求は簡単に行えるようにしてよいとの主張をどのように評価すべきか。

第 8 章

経済活動の自由

　本章では経済活動の自由について取り扱う。

　第 1 節では総説を，第 2 節では，居住・移転の自由および外国移住・国籍離脱の自由を取り扱うが，これらの自由が経済活動の自由という趣旨ではなく，22 条に職業選択の自由とともに保障されていることによるあくまでも便宜的な取扱いである。

　経済活動の自由は，支配的な二重の基準論によれば劣位の自由ということになり，それ自体は間違いではないが，しかし，実際には，職業選択の自由についても財産権についても，それぞれ重要な法令違憲判決が 1 件ずつ存在する（表現の自由についての違憲判決は 1 件も存在しない）。それが何故かということ自体が，興味深い問題ではあるが，少なくとも，経済活動の自由についての憲法の学習の重要性は，二重の基準論が示唆しかねないほどには劣位のものではないことには留意されたい。

　職業選択の自由（第 3 節）については，審査基準論が，判例・学説で盛んに議論されている。図式的な理解に流れずに，判決文を丁寧にたどるよう注意してほしい。

　財産権（第 4 節）に関しては，公用収用・損失補償という憲法上の他の権利の保障にはみられない固有の問題がある（もっとも，固有であるにとどまるかどうかがそれ自体 1 つの論点となる）。行政法の学習との並行的な進行が有用であろう。

第 1 節　経済活動の自由総説

1 総　　説

　第 1 章にみたように，19 世紀末から 20 世紀初頭の危機・緊張は，まさに経済をめぐって生じたものであり，修正資本主義による対応は，経済活動の自由に対するそれまでとは異なる規制を容認することによって行われ，社会主義革命は，いわば経済活動の自由を全否定することによって危機に対応しようとしたものであった。

　社会主義体制はすでにおおむね滅んだが，日本国憲法は，社会主義体制との緊張関係の中でその歴史の多くを過ごし，かつ，憲法学説の中には，日本国憲法下で社会主義体制への移行を可能と考えるものもあったほどであるので，経済活動の自由や市場の機能・価値といったものに対し，最初から懐疑的なスタンスで臨むのが学説上は標準的な立場であるように思われる。経済的な価値が，精神的価値に対して手段的なものとして捉えられることも多いし，経済的自由は政府による規制があってはじめて存立可能になるものであるという発想も根強い。

　以上のような支配的見解には，それぞれもっともなところもあるが，市場を全面的に信頼するわけにはいかないとしても，市場が失敗したとして政府による規制を容認するときには，政府の失敗が起こる可能性もあるのであり，どちらの失敗がよりましかという考察が不可欠である。また，市場が人智を結集するという意味で他の手段にはない優れた特質を有することについても，指摘のあるところである。さらに，経済的価値が精神的価値にとって手段的であると完全に割り切れば，社会主義崩壊の経験から十分な教訓を得たとはいえまい。市場的秩序は，もちろん，国家的規制を無用とするものではないが，元来，自生的に生じてきたものであることにも，留意する必要があろう。

2 本書の構成と契約の自由

　日本国憲法では，1 項で「何人も，公共の福祉に反しない限り，居住，移転

及び職業選択の自由を有する」とし，2項で，「何人も，外国に移住し，又は国籍を離脱する自由を侵されない」とする22条と，財産権を保障する29条が，経済活動の自由を保障する。22条1項の居住，移転の自由と同条2項の自由は，経済活動の自由そのものではないことはすでに述べた。22条と29条が公共の福祉を再言していることの意義についても第1章で述べた（⇒p.9の(2)）。

　なお，アメリカ憲法的文脈でいえば，経済活動の自由といえば契約の自由であるが（20世紀初頭にその憲法的保障はデュー・プロセス条項を通じて隆盛を極め，大恐慌への対応をめぐって最高裁と大統領の対立は頂点に達した），日本国憲法は，契約の自由を明文で保障する規定をもたない。しかし，三菱樹脂事件判決　判例 1-5　は第1章に引用した箇所につづけて，「憲法は，思想，信条の自由や法の下の平等を保障すると同時に，他方，22条，29条等において，財産権の行使，営業その他広く経済活動の自由をも基本的人権として保障している。それゆえ，企業者は，かような経済活動の一環としてする契約締結の自由を有し……」と述べており，このような理解が一般的であろう。ただし，最近では，むしろ契約という制度を利用する自由として経済活動に限らない特殊性を有しているとして，13条の問題とする理解も示されている。

　日本国憲法の25条以下の規定，いわゆる生存権（25条），義務教育を無償とする規定（26条2項），「児童は，これを酷使してはならない」とする27条3項，「勤労者の団結する権利及び団体交渉その他の団体行動をする権利」を認める28条，そしてより直接的には，「賃金，就業時間，休息その他の勤労条件に関する基準は，法律でこれを定める」とする27条2項は，契約の自由が相当の制限を受けることを示している。

第2節　居住・移転の自由および外国移住・国籍離脱の自由

1 居住・移転の自由

(1) 経済活動の自由と居住・移転の自由

　「何人も，公共の福祉に反しない限り，居住，移転……の自由を有する」（22条1項）。この自由が，職業選択の自由とともに規定されているのは，封建体

制から近代市民社会への移行に伴って，土地・身分への拘束からの解放が必要
であったという事情を反映するものであろう。

(2) 内　　容

　居住・移転の自由とは，自己の好むところに居住し，または移転するにつき，
公権力によって妨害されないことである。一時的な旅行を含む。近時，無差別
大量殺人を行った宗教団体ないしはその後継組織の構成員に関し，住民基本台
帳法の定める転入届を地方公共団体が受理しないという紛争が多発している。
自由な秩序にとって自殺的ともいいうるこのような対応は，疑いの余地なく違
法であり，判例は，正当にも，このような対応を一切許容していない（オウム
信者転入届不受理訴訟・最判平成 15・6・26 判時 1831 号 94 頁）。転入届の不受理等
は，居住・移転の自由そのものの直接的な制約ではないかもしれないが，法律
上課されている届出義務を果たす行為の妨害であること，住民基本台帳上の住
所が正しく記載されないことは選挙権をはじめとする各種の権利の行使および
行政サービスの受給にとって重大な障害となることから，本条の問題と把握さ
れるべきであろう。

(3) 限　　界

　以上のとおり，居住・移転の自由を専ら経済活動の自由として理解すること
は誤っているのであるから，経済活動の自由について，政策的な制約が可能で
あるとしても，居住・移転の自由について同様に考えるべきではない。この自
由の制限例として，「感染症の予防及び感染症の患者に対する医療に関する法
律」による「入院」（感染症 19 条・20 条・46 条。新型コロナウイルス感染症の拡大
を受けた改正後の 80 条〔入院拒否等に過料 50 万円以下〕），交通の制限または遮断
（感染症 33 条），破産法による破産者に対する居住制限等（破 37 条～39 条），刑
事訴訟法による刑事被告人の住居制限（刑訴 95 条）が挙げられる。災害対策基
本法の警戒区域（災害基 63 条，罰則は災害基 116 条 2 号。なお，原子力災害対策特別
措置法 28 条 2 項はこれらを読み替えて適用する。2011〔平成 23〕年 4 月 22 日，東京電
力福島第一原子力発電所から半径 20 キロの範囲が，警戒区域に指定された。その後，
避難指示解除準備区域，居住制限区域，帰還困難区域への見直しが行われ，2013〔平成

25〕年5月28日午前0時をもって，警戒区域はすべて解除された。しかし，2020〔令和2〕年3月10日現在，双葉町，大熊町，富岡町，浪江町，南相馬市，葛尾村，飯舘村の一部には避難指示〔原子力災害対策特別措置法20条2項に基づいて，原子力災害対策本部長がする指示をうけてなされる，原子力災害対策特別措置法28条2項（原子力緊急事態解除宣言がなされていないため）によって読み替えて適用される災害対策基本法60条に基づく市町村長の避難の指示等〕が出されたままである），「武力攻撃事態等における国民の保護のための措置に関する法律」の警戒区域（国民保護114条，罰則は国民保護193条）もこの自由の制限であろう。

　なお，従前の憲法学説では必ずしも十分に意識されていなかったと思われるが，1996（平成8）年4月1日に廃止された「らい予防法」（昭和28年法律第214号）においてとられていた国が設置するらい療養所への都道府県知事による入所（同法6条3項。外出制限について同法15条，罰則は同法28条）も，この自由の制限であった。「らい予防法」に関するハンセン病国賠熊本訴訟（熊本地判平成13・5・11訟月48巻4号881頁）は，「居住・移転の自由は，経済的自由の一環をなすものであるとともに，奴隷的拘束等の禁止を定めた憲法18条よりも広い意味での人身の自由としての側面を持つ。のみならず，自己の選択するところに従い社会の様々な事物に触れ，人と接しコミュニケートすることは，人が人として生存する上で決定的重要性を有することであって，居住・移転の自由は，これに不可欠の前提というべきものである」との認識を示した上で，らい予防法について，「居住・移転の自由を包括的に制限するものである」とした（判決は，さらに，「単に居住・移転の自由の制限ということで正当には評価し尽くせず，より広く憲法13条に根拠を有する人格権そのものに対するものととらえるのが相当」とも述べる）。原告の請求を認容した本判決は，国側が控訴せず，確定している（⇒クエスト憲法Ⅰ p.341。なお，同書 p.304 の **5** も参照）。

2 外国移住・国籍離脱の自由

(1) 外国に移住する自由

(a) 総　説　「何人も，外国に移住……する自由を侵されない」（22条2項）。本来，居住・移転の自由の一内容であるが，国外について別途規定されたものである。

(b) **内　容**　外国が入国を認めることを前提に，外国に永続的に移住または一時的に旅行することを公権力によって妨げられないことである。当然，帰国したいときに帰国する自由を含まなければならない。海外旅行を含めて一時的な旅行を1項の問題とする説（最判昭和60・1・22民集39巻1号1頁の伊藤正己裁判官の補足意見）もあるが，一時的な旅行も，海外へのものは「移住」に含まれ，2項の問題とする立場（帆足計事件・最大判昭和33・9・10民集12巻13号1969頁および前掲最判昭和60・1・22）が一般的である。

(c) **限　界**　出国には旅券の所持と入国審査官による出国の確認が必要である（入管60条）ところ，「外務大臣において，著しく，かつ，直接に日本国の利益又は公安を害する行為を行うおそれがあると認めるに足りる相当の理由がある者」などについては，「一般旅券の発給又は渡航先の追加をしないことができる」（旅券13条7号）。判例は，簡単に合憲と認めるが（前掲帆足計事件），そもそも当該規定は不明確かつ過度に広汎で違憲ではないか。少なくとも，「害悪発生の相当の蓋然性が客観的に存する必要があり，このような蓋然性の存在しない場合に旅券発給拒否処分を行うときは，その適用において違憲」であろう（上記伊藤補足意見）。なお，前掲最判昭和60・1・22は，旅券法14条が要求する理由付記について，「旅券法13条1項5号〔当時〕に該当する」という概括的抽象的記述では不十分としたものである。

　一般国民が，旅券を持っていないことが通常であった時代には，上のように，旅券の発給拒否が問題となったが，今日では，問題状況が異なる。ISによって日本人が人質とされ，日本政府への要求がなされ，人質が殺害されたシリアへの渡航計画を立てたフリーカメラマンに対して，旅券法19条1項4号に基づいて旅券返納命令が出され，シリア等への渡航を制限した旅券が交付された事案について，東京高判平成29・9・6裁判所ウェブサイトは制限を合憲と判示し，最決平成30・3・15 LEX/DB25560455は簡単に上告を棄却している。生命も，また，人質によって政策が変更を迫られる不利益も重大であるが，安全を理由に，戦闘地域への報道関係者の渡航を制限することは，国民の「知る権利」との関係でも重大な帰結を及ぼす上，渡航先を制限した旅券の発給が，紛争地域でどの程度実効性をもつのか，疑問なしとしない。

(2)　国籍離脱の自由

「何人も……国籍を離脱する自由を侵されない」(22 条 2 項)。この自由は，無国籍になる自由を含むものではないと解されている (世界人権宣言 15 条，国籍 13 条参照)。

ちなみに，国籍法上，日本国籍の喪失は次の場合に起こる。①「自己の志望によつて外国の国籍を取得したとき」(国籍 11 条 1 項)，②「外国の国籍を有する日本国民」が「その外国の法令によりその国の国籍を選択したとき」(同条 2 項)，③「出生により外国の国籍を取得した日本国民で国外で生まれたもの」が，「戸籍法……の定めるところにより日本の国籍を留保する意思を表示しな」いとき (この場合「その出生の時にさかのぼつて日本の国籍を失う」)(国籍 12 条。これは元来移民の同化政策から生まれた規定のようであるが，その後，重国籍の防止のため等と説明されている。しかし，他の喪失事由と異なり，本人の意思とはおよそ無関係であることに留意が必要であろう。ただし，国籍法には国籍の再取得の制度〔17 条〕もあるにはある。なお，最判平成 27・3・10 民集 69 巻 2 号 265 頁は，国籍法 12 条を合憲とした)，④「外国の国籍を有する日本国民」が，「法務大臣に届け出」(国籍 13 条 1 項) た場合，「その届出の時」(同条 2 項)，⑤「外国の国籍を有する日本国民」が「外国及び日本の国籍を有することとなつた時が 20 歳に達する以前であるときは 22 歳に達するまでに，その時が 20 歳に達した後であるときはその時から 2 年以内に」(国籍 14 条 1 項)，「日本の国籍の選択」をせず，「国籍の選択をすべきことを催告」(国籍 15 条 1 項) されても，「催告を受けた日から 1 月以内に日本の国籍の選択をしな」いとき (同条 3 項)。この場合，「その期間が経過した時に日本の国籍を失う。ただし，その者が天災その他その責めに帰することができない事由によつてその期間内に日本の国籍の選択をすることができない場合において，その選択をすることができるに至つた時から 2 週間以内にこれをしたときは，この限りでない」(同項)。⑥日本国籍を選択し，かつ外国の国籍を放棄する旨の「宣言をした日本国民で外国の国籍を失つていないものが自己の志望によりその外国の公務員の職 (その国の国籍を有しない者であつても就任することができる職を除く。) に就任した場合」，「その就任が日本の国籍を選択した趣旨に著しく反すると認めるときは」，法務大臣は，その者に対し日本の国籍の喪失の宣告をすることができる (国籍 16 条)。

　なお，わが国では他の義務違反に対する制裁措置としての国籍剝奪という制度は設けられたことがない。

　国籍離脱の自由の保障は，日本国憲法のよって立つ個人主義的国家観の論理的帰結である。

第 3 節　職業選択の自由

1 総　説

　「何人も，公共の福祉に反しない限り……職業選択の自由を有する」（22 条 1 項）。「職業は，人が自己の生計を維持するためにする継続的活動であるとともに，分業社会においては，これを通じて社会の存続と発展に寄与する社会的機能分担の活動たる性質を有し，各人が自己のもつ個性を全うすべき場として，個人の人格的価値とも不可分の関連を有するものである。右規定が職業選択の自由を基本的人権の 1 つとして保障したゆえんも，現代社会における職業のもつ右のような性格と意義にあるものということができる」（薬事法判決・最大判昭和 50・4・30 民集 29 巻 4 号 572 頁 ◆ **判例 8-2** ◆）。したがって，すでに述べたように，職業選択の自由は，政策的制約にも服するが，制約の合憲性については，慎重に考える必要がある。

2 「職業選択の自由」の保障の性格と内容

　判例は，上の引用につづけて，次のように述べる。「このような職業の性格と意義に照らすときは，職業は，ひとりその選択，すなわち職業の開始，継続，廃止において自由であるばかりでなく，選択した職業の遂行自体，すなわちその職業活動の内容，態様においても，原則として自由であることが要請される」。したがって，22 条 1 項は，「狭義における職業選択の自由のみならず，職業活動の自由の保障をも包含している」。

　職業選択の自由の中核をなすのは，自己が主体的に営む職業を選択する自由である。したがって，当然ながらそこには，営利を目的とする自主的活動の自由である「営業の自由」が含まれる。ただ，以上のように解する限り，自己が

雇われる職業を選択する自由も含まれると解すべきであろう。また，観念的には，職業には，大学の研究職や新聞記者も含まれることになるが，それらはそれぞれ23条や21条の問題ということになる。例えば，福島県青少年健全育成条例事件（最判平成21・3・9刑集63巻3号27頁）は，DVDの販売機が条例にいう自動販売機にあたるかが問題となった事案で，後述の小売市場事件判決〈判例 8-1〉や薬事法判決〈判例 8-2〉を引用しつつ，岐阜県青少年保護育成条例事件（最判平成元・9・19刑集43巻8号785頁）に徴して22条違反がないことは明らかであるとする。しかし，岐阜県青少年保護育成条例事件では22条についての判断は示されておらず，上告理由に対応して以上のことが述べられてはいるものの，事件の本筋は21条などにあるとみるべきであろう。

　「営業の自由」については，以上と異なり，独占を排除する公序であるとする経済史学者の主張がある。しかし，この立場からは，独占排除のための経済活動の制限は，自由を制限するものではなく，自由を実現するものだと論じられることになろう。独占を排除するために経済的自由を規制する必要がありうることを否定する必要はないが，自由の制限を自由の制限でないように論じる論理は，憲法解釈論としては誤導的にすぎる。

③　「職業選択の自由」の限界

(1)　基本的考え方——いわゆる目的二分論

(a)　**目的二分論**　　職業選択の自由の制約については，その合憲性の判断について，目的二分論が判例上採用されているとされる。

> 〈判例 8-1〉**最大判昭和47・11・22刑集26巻9号586頁**　〈小売市場事件〉
> 【事実】小売商業調整特別措置法3条1項は，政令で指定する市の区域内の建物については，都道府県知事の許可を受けた者でなければ，小売市場（一の建物であって，十以上の小売商——その全部または一部が政令で定める物品を販売する場合に限る——の店舗の用に供されるものをいう）とするため，その建物の全部または一部をその店舗の用に供する小売商に貸し付け，または譲り渡してはならないと定めている。そして，同法5条は，同許可申請のあった場合の許可基準として，1号（当該小売市場が開設せられることにより，当該小売市場内の小売商と周辺の小売市場内の小売商との競争または当該小売市場内の小売商と周辺の小売商との競争が過度に行われることとなり，そのため中小小売商の経営が著しく

不安定となるおそれがある場合）ないし5号の不許可事由を列記し，同法22条1号は，本法3条1項の規定に違反した者につき罰則を設けている。Xは無許可で建物をその店舗の用に供する小売商人らに貸し付けたとして起訴された。

【判旨】「個人の経済活動に対する法的規制は，個人の自由な経済活動からもたらされる諸々の弊害が社会公共の安全と秩序の維持の見地から看過することができないような場合に，消極的に，かような弊害を除去ないし緩和するために必要かつ合理的な規制である限りにおいて許されるべきことはいうまでもない。のみならず，憲法の他の条項をあわせ考察すると，憲法は，全体として，福祉国家的理想のもとに，社会経済の均衡のとれた調和的発展を企図しており，その見地から，すべての国民にいわゆる生存権を保障し，その一環として，国民の勤労権を保障する等，経済的劣位に立つ者に対する適切な保護政策を要請していることは明らかである。このような点を総合的に考察すると，憲法は，国の責務として積極的な社会経済政策の実施を予定しているものということができ，個人の経済活動の自由に関する限り，個人の精神的自由等に関する場合と異なって，右社会経済政策の実施の一手段として，これに一定の合理的規制措置を講ずることは，もともと，憲法が予定し，かつ，許容するところと解するのが相当であり，国は，積極的に，国民経済の健全な発達と国民生活の安定を期し，もって社会経済全体の均衡のとれた調和的発展を図るために，立法により，個人の経済活動に対し，一定の規制措置を講ずることも，それが右目的達成のために必要かつ合理的な範囲にとどまる限り，許されるべきであって，決して，憲法の禁ずるところではないと解すべきである。もっとも，個人の経済活動に対する法的規制は，決して無制限に許されるべきものではなく，その規制の対象，手段，態様等においても，自ら一定の限界が存するものと解するのが相当である。

　ところで，社会経済の分野において，法的規制措置を講ずる必要があるかどうか，その必要があるとしても，どのような対象について，どのような手段・態様の規制措置が適切妥当であるかは，主として立法政策の問題として，立法府の裁量的判断にまつほかない。というのは，法的規制措置の必要の有無や法的規制措置の対象・手段・態様などを判断するにあたっては，その対象となる社会経済の実態についての正確な基礎資料が必要であり，具体的な法的規制措置が現実の社会経済にどのような影響を及ぼすか，その利害得失を洞察するとともに，広く社会経済政策全体との調和を考慮する等，相互に関連する諸条件についての適正な評価と判断が必要であって，このような評価と判断の機能は，まさに立法府の使命とするところであり，立法府こそがその機能を果たす適格を具えた国家機関であるというべきであるからである。したがって，右に述べ

たような個人の経済活動に対する法的規制措置については，立法府の政策的技術的な裁量に委ねるほかはなく，裁判所は，立法府の右裁量的判断を尊重するのを建前とし，ただ，立法府がその裁量権を逸脱し，当該法的規制措置が著しく不合理であることの明白である場合に限って，これを違憲として，その効力を否定することができるものと解するのが相当である。

　……本法所定の小売市場の許可規制は，国が社会経済の調和的発展を企図するという観点から中小企業保護政策の一方策としてとった措置ということができ，その目的において，一応の合理性を認めることができないわけではなく，また，その規制の手段・態様においても，それが著しく不合理であることが明白であるとは認められない。」

〈 判例 8-2 〉**最大判昭和 50・4・30 民集 29 巻 4 号 572 頁**　　　　〈薬事法判決〉
【事実】薬事法（当時）では，薬局などの設置の場所が配置の適正を欠くと認められる場合は許可されず（6 条 2 項），また，同配置の基準については，都道府県が，調剤の確保と医薬品の適正な供給ができるよう，人口，交通事情その他これらの点に影響を与える各般の事情を考慮して，これを条例で定めることとされた（同条 4 項）。同法条の委任に基づき，昭和 38 年広島県条例第 29 号「薬局等の配置の基準を定める条例」では，同配置基準として，既設の薬局などの設置場所からおおむね 100 メートルの距離が保たれていることを要するとし，同距離は相互の薬局などの所在する建築物のもよりの出入口間の水平距離による最短距離とすることとし，なお，これについては調剤の確保や医薬品の適正な供給に影響を与える人口や交通事情などを考慮すべきこととされた（3 条）。X は，Y（県知事）に医薬品の一般販売業の許可を申請したが，「薬事法第 26 条において準用する同法第 6 条第 2 項および薬局等の基準を定める条例第 3 条の薬局等の配置の基準に適合しない」との理由をもって，不許可の処分がなされたので取消訴訟を提起した。
【判旨】「職業は，前述のように，本質的に社会的な，しかも主として経済的な活動であって，その性質上，社会的相互関連性が大きいものであるから，職業の自由は，それ以外の憲法の保障する自由，殊にいわゆる精神的自由に比較して，公権力による規制の要請がつよく，憲法 22 条 1 項が『公共の福祉に反しない限り』という留保のもとに職業選択の自由を認めたのも，特にこの点を強調する趣旨に出たものと考えられる。このように，職業は，それ自身のうちになんらかの制約の必要性が内在する社会的活動であるが，その種類，性質，内容，社会的意義及び影響がきわめて多種多様であるため，その規制を要求する社会的理由ないし目的も，国民経済の円満な発展や社会公共の便宜の促進，経

済的弱者の保護等の社会政策及び経済政策上の積極的なものから，社会生活における安全の保障や秩序の維持等の消極的なものに至るまで千差万別で，その重要性も区々にわたるのである。そしてこれに対応して，現実に職業の自由に対して加えられる制限も，あるいは特定の職業につき私人による遂行を一切禁止してこれを国家又は公共団体の専業とし，あるいは一定の条件をみたした者にのみこれを認め，更に，場合によっては，進んでそれらの者に職業の継続，遂行の義務を課し，あるいは職業の開始，継続，廃止の自由を認めながらその遂行の方法又は態様について規制する等，それぞれの事情に応じて各種各様の形をとることとなるのである。それ故，これらの規制措置が憲法 22 条 1 項にいう公共の福祉のために要求されるものとして是認されるかどうかは，これを一律に論ずることができず，具体的な規制措置について，規制の目的，必要性，内容，これによって制限される職業の自由の性質，内容及び制限の程度を検討し，これらを比較考量したうえで慎重に決定されなければならない。この場合，右のような検討と考量をするのは，第一次的には立法府の権限と責務であり，裁判所としては，規制の目的が公共の福祉に合致するものと認められる以上，そのための規制措置の具体的内容及びその必要性と合理性については，立法府の判断がその合理的裁量の範囲にとどまるかぎり，立法政策上の問題としてその判断を尊重すべきものである。しかし，右の合理的裁量の範囲については，事の性質上おのずから広狭がありうるのであって，裁判所は，具体的な規制の目的，対象，方法等の性質と内容に照らして，これを決すべきものといわなければならない。」

「職業の許可制は，法定の条件をみたし，許可を与えられた者のみにその職業の遂行を許し，それ以外の者に対してはこれを禁止するものであって，右に述べたように職業の自由に対する公権力による制限の一態様である。このような許可制が設けられる理由は多種多様で，それが憲法上是認されるかどうかも一律の基準をもって論じがたいことはさきに述べたとおりであるが，一般に許可制は，単なる職業活動の内容及び態様に対する規制を超えて，狭義における職業の選択の自由そのものに制約を課するもので，職業の自由に対する強力な制限であるから，その合憲性を肯定しうるためには，原則として，重要な公共の利益のために必要かつ合理的な措置であることを要し，また，それが社会政策ないしは経済政策上の積極的な目的のための措置ではなく，自由な職業活動が社会公共に対してもたらす弊害を防止するための消極的，警察的措置である場合には，許可制に比べて職業の自由に対するよりゆるやかな制限である職業活動の内容及び態様に対する規制によっては右の目的を十分に達成することができないと認められることを要するもの，というべきである。そして，この要

件は，許可制そのものについてのみならず，その内容についても要求されるのであって，許可制の採用自体が是認される場合であっても，個々の許可条件については，更に個別的に右の要件に照らしてその適否を判断しなければならないのである。」

「適正配置規制は，主として国民の生命及び健康に対する危険の防止という消極的，警察的目的のための規制措置であり，そこで考えられている薬局等の過当競争及びその経営の不安定化の防止も，それ自体が目的ではなく，あくまでも不良医薬品の供給の防止のための手段であるにすぎないものと認められる。」

「現行法上国民の保健上有害な医薬品の供給を防止するために，薬事法は，医薬品の製造，貯蔵，販売の全過程を通じてその品質の保障及び保全上の種々の厳重な規制を設けているし，薬剤師法もまた，調剤について厳しい遵守規定を定めている。そしてこれらの規制違反に対しては，罰則及び許可又は免許の取消等の制裁が設けられているほか，不良医薬品の廃棄命令，施設の構造設備の改善命令，薬剤師の増員命令，管理者変更命令等の行政上の是正措置が定められ，更に行政機関の立入検査権による強制調査も認められ，このような行政上の検査機構として薬事監視員が設けられている。これらはいずれも，薬事関係各種業者の業務活動に対する規制として定められているものであり，刑罰及び行政上の制裁と行政的監督のもとでそれが励行，遵守されるかぎり，不良医薬品の供給の危険の防止という警察上の目的を十分に達成することができるはずである。……更に進んで違反の原因となる可能性のある事由をできるかぎり除去する予防的措置を講じることは，決して無意義ではなく，その必要性が全くないとはいえない。しかし，このような予防的措置として職業の自由に対する大きな制約である薬局の開設等の地域的制限が憲法上是認されるためには，単に右のような意味において国民の保健上の必要性がないとはいえないというだけでは足りず，このような制限を施さなければ右措置による職業の自由の制約と均衡を失しない程度において国民の保健に対する危険を生じさせるおそれのあることが，合理的に認められることを必要とするというべきである。」

「競争の激化―経営の不安定―法規違反という因果関係に立つ不良医薬品の供給の危険が，薬局等の段階において，相当程度の規模で発生する可能性があるとすることは，単なる観念上の想定にすぎず，確実な根拠に基づく合理的な判断とは認めがたいといわなければならない。」

「仮に右に述べたような危険発生の可能性を肯定するとしても，更にこれに対する行政上の監督体制の強化等の手段によって有効にこれを防止することが不可能かどうかという問題がある。……監視に限界があることは否定できない

　が，しかし，そのような限界があるとしても，例えば，薬局等の偏在によって
　競争が激化している一部地域に限って重点的に監視を強化することによってそ
　の実効性を高める方途もありえないではなく，また，被上告人が強調している
　医薬品の貯蔵その他の管理上の不備等は，不時の立入検査によって比較的容易
　に発見することができるような性質のものとみられること，更に医薬品の製造
　番号の抹消操作等による不正販売も，薬局等の段階で生じたものというよりは，
　むしろ，それ以前の段階からの加工によるのではないかと疑われること等を考
　え合わせると，供給業務に対する規制や監督の励行等によって防止しきれない
　ような，専ら薬局等の経営不安定に由来する不良医薬品の供給の危険が相当程
　度において存すると断じるのは，合理性を欠くというべきである。」

　　両判決によれば，「国民経済の円満な発展や社会公共の便宜の促進，経済的
弱者の保護等の社会政策及び経済政策上の」積極目的規制の場合は，目的に一
応の合理性が認められれば，手段は，著しく不合理であることが明白でない限
り，違憲とはされない（小売市場事件◆ 判例 8-1 ◆）のに対し，「社会生活におけ
る安全の保障や秩序の維持等の」消極目的規制の場合，「原則として，重要な
公共の利益のために必要かつ合理的な措置であることを要し」「許可制に比べ
て職業の自由に対するよりゆるやかな制限である職業活動の内容及び態様に対
する規制によっては右の目的を十分に達成することができないと認められるこ
とを要するもの，というべきである。そして，この要件は，許可制そのものに
ついてのみならず，その内容についても要求される」のである（薬事法判決
◆ 判例 8-2 ◆）。これが目的二分論とされるものであるが，注意を要するのは，
薬事法判決が，「原則として，重要な公共の利益のために必要かつ合理的な措
置であることを要」するとしているのは，消極目的規制であるがゆえではなく，
「単なる職業活動の内容及び態様に対する規制を超えて，狭義における職業の
選択の自由そのものに制約を課すもので，職業の自由に対する強力な制限
で」ある許可制であるからで，同判決の判示全体も，許可制に関するものであ
ることである。目的二分論を基本的に受容する学説も，選択と遂行を区別する
し，競争制限的規制と職業適格性にかかわる規制も区別されている（佐藤338
頁）。単純に目的だけで考えているわけではないのである。
　　薬事法判決は，以上のような枠組みを前提に，①適正配置規制の主目的を
「国民の生命及び健康に対する危険の防止という消極的，警察的」ものと認定

し，②適正配置規制のような予防的措置は，その「措置による職業の自由の制約と均衡を失しない程度において国民の保健に対する危険を生じさせるおそれのあることが，合理的に認められることを必要とする」ところ，③「競争の激化―経営の不安定―法規違反」という因果関係での危険の発生は「観念上の想定にすぎず」，④この危険は「供給業務に対する規制や監督の励行等」といった他の方法によっても防止できると判断したものである。

(b)　**批　判**　　以上の点に留意するとしても，目的二分論には種々の批判がある。例えば，①消極目的と積極目的とであれば消極目的の方が重要であるはずであるのに，そのための規制の方が厳しい審査を受けるのは本末転倒ではないか。あるいは，②消極目的と積極目的に二分することは本当に可能か，また，③判例の考え方をとるのであれば，立法者は常に積極目的を掲げて立法を行うのではないかといった批判である。わが国の場合，需給制限や距離制限が，単なる既存業者の保護になっている場合が多いように思われることが，批判の背景にある。

(c)　**正当化根拠**　　通説からは，①については，機能論的な思考による反論が可能であろう。つまり，国会と裁判所のどちらがその問題の判断に適しているかということである。消極目的規制は，古典的な不法行為や自然犯的な犯罪のように，因果の連鎖が辿りやすく，比例的な判断が行いやすい類型である。これに対し，積極目的規制には複雑な相互作用が問題となり，直線的には因果が辿りにくい問題が多い。②については，実際に難しいケースはあるであろうが，①について上のように考える場合，その中で場合を分けて考えていくしかない。③については，これもそのとおりで，わが国の判例による目的認定の手法については，詰められるべき点があろう。もっとも，この点については，立法者が正直に多元主義的な調整を行うのであれば審査は緩くてもよいが，国民の健康といった建前的なもっともらしい目的を掲げる場合には厳しく審査するのだという説明もある（長谷部256〜258頁）。

いずれにせよ，以上述べたことを基本的考え方としつつ，類型的に判例を検討することとしよう。

(2)　制約の諸類型

(a)　**総　説**　以下では，制約が厳しいと考えられるものから順に類型化を行う。ただし，これらの間での区別が相対的でありうること，ある職業についてどの制約方法をとることが望ましいと考えられるかが，時代とともに大きく変遷してきていることに留意されたい。

(b)　狭義の職業選択の自由の制限

(ⅰ)　反社会的職業　まず，そもそも「職業」であっても，その反社会性を理由に，一切許されないものがある。売春防止法が管理売春を処罰していることにつき売春防止法事件（最判昭和 36・7・14 刑集 15 巻 7 号 1097 頁）は「人の尊厳を保ち，性道徳を維持し，社会を健全ならしめるために必要」としている。

(ⅱ)　国家独占事業　国家の財政目的などの理由から，国の独占事業とされ，私人の営業を排する場合がある。この類型は，かつて類型的検討の筆頭に掲げられたりもしたが（佐藤〔青林〕559 頁），たばこ専売制（たばこ専売制事件・最大判昭和 39・7・15 刑集 18 巻 6 号 386 頁）は過去のものとなった。有料職業紹介事業の禁止・制限について（職業安定法事件・最大判昭和 25・6・21 刑集 4 巻 6 号 1049 頁）も，現在は，「港湾運送業務……に就く職業，建設業務（土木，建築その他工作物の建設，改造，保存，修理，変更，破壊若しくは解体の作業又はこれらの作業の準備の作業に係る業務をいう。）に就く職業その他有料の職業紹介事業においてその職業のあつせんを行うことが当該職業に就く労働者の保護に支障を及ぼすおそれがあるものとして厚生労働省令で定める職業」（職安 32 条の 11 第 1 項）が対象から除かれているにすぎない（もともとは，美術，音楽，演劇などについてのみ許されていた）。郵便事業の国家独占も過去のものとなった。

(ⅲ)　公益事業　電気・ガス・水道などの地域独占性ないし自然的独占性と生活必需性を有する公益事業については，私人は国家によってそれを営む権利を設定してもらってはじめてなしうるものとされ，独占性が法的に保障されることになるため，利用者保護のための料金規制がなされるといわれる。タクシー事業の免許制に関する白タク事件（最大判昭和 38・12・4 刑集 17 巻 12 号 2434 頁）がこの類型で説明されるが，タクシー事業に，電気・ガス・水道と同じ意味での「地域独占性ないし自然的独占性と生活必需性」があるのか疑問なしとしない。公道を利用するというだけではないか。前掲白タク事件は，目的二分

論以前の古い判決であるところ，タクシー事業については規制緩和・再規制が
進行中であることからも，現在の枠組みで再検討する必要がある。

　(ⅳ)　種々の許可制・免許制

　　(ア)　総　説　　小売市場事件判決〈判例 8-1〉と薬事法判決〈判例 8-2〉以
外にもここに属する類型の事案が多数ある。(1)に示した考え方を基本としつつ，
かなり古い判例もあるので，その点も考慮しつつ，整理しておく必要があろう。

　　(イ)　古物営業法など　　古物営業法による許可制について，古物営業法事
件（最大判昭和 28・3・18 刑集 7 巻 3 号 577 頁）は，「贓物の相当数が古物商に流
される現実の事態に鑑み，その流れを阻止し，又はその発見に努め，被害者の
保護を計ると共に犯罪の予防，鎮圧乃至検挙を容易にするために必要であり，
右は国民生活の安寧を図り，いわゆる『公共の福祉』を維持する所以であるか
らである」とする。質屋，風俗営業，飲食店などについても許可制がとられる。
風俗営業については，「風俗営業等の規制及び業務の適正化等に関する法律」
による「善良の風俗と清浄な風俗環境を保持」（1 条）するための徹底した規制
が行われている。

　なお，近時の下級審の事例として，京都府風俗案内所の規制に関する条例が，
学校等の敷地から 200 メートル以内の地域を営業禁止区域と定めていることが
争われた京都地判平成 26・2・25 判時 2275 号 27 頁では，風俗営業所の距離制
限（70 メートル）よりも大きいことから合理的関連性が認められないとして違
憲判断が下された。しかし最判平成 28・12・15 判時 2328 号 24 頁は，「青少年
の健全な育成」といった「公共の福祉に適合する」「目的達成のための手段と
して必要性，合理性がある」として合憲とした（小売市場事件〈判例 8-1〉が先
例とされている）。

　また，風営法 2 条 1 項 3 号（平成 27 年法律第 45 号による改正前のもの）の「ナ
イトクラブその他設備を設けて客にダンスをさせ，かつ，客に飲食をさせる営
業」についての無許可営業の処罰が問題になった事案において，大阪地判平成
26・4・25 裁判所ウェブサイトは，同号を，「歓楽的，享楽的な雰囲気を過度
に醸成し，わいせつな行為の発生を招くなどの性風俗秩序の乱れにつながるお
それが，単に抽象的なものにとどまらず，現実的に起こり得るものとして実質
的に認められる営業を指すもの」と解した上で無罪判決を下し（この判決には

堀越事件判決〔⇒ p. 41 の(b)〕の影響が認められる），控訴審大阪高判平成 27・1・21 LEX/DB25505605・Westlaw Japan：2015WLJPCA01216007 も，一審の手法を否定しつつ，同号のダンスを，「男女が組になり，かつ，身体を接触して踊るのが通常の形態とされているダンス」と解し，控訴を棄却した（最決平成 28・6・7 LEX/DB25543348・Westlaw Japan：2016WLJPCA06076008 は，憲法の解釈の誤りをいう上告趣意は，原判決が憲法の解釈を示したものとはいえないから，前提を欠くとして上告棄却）。この事案の後，上述の風営法改正により，ダンス自体に着目した規制は行わないこととされるとともに，飲食店における深夜の遊興の全面禁止が改められ，特定遊興飲食店営業（深夜に遊興と飲酒を伴うもの）について許可制が導入された。

　　㈦　公衆浴場　　公衆浴場法の開設許可の距離制限について，古くは最大判昭和 30・1・26 刑集 9 巻 1 号 89 頁（公衆浴場法事件①）が，「公衆浴場は，多数の国民の日常生活に必要欠くべからざる，多分に公共性を伴う厚生施設である。そして，若しその設立を業者の自由に委せて，何等その偏在及び濫立を防止する等その配置の適正を保つために必要な措置が講ぜられないときは，その偏在により，多数の国民が日常容易に公衆浴場を利用しようとする場合に不便を来たすおそれなきを保し難く，また，その濫立により，浴場経営に無用の競争を生じその経営を経済的に不合理ならしめ，ひいて浴場の衛生設備の低下等好ましからざる影響を来たすおそれなきを保し難い」ことを理由に，規制を合憲としていた。

　これは，消極目的の許可制との理解とも受け取れ，薬事法判決と抵触するようにも思われたが，子細にみると薬事法判決自身，「国民生活上不可欠な役務の提供の中には，当該役務のもつ高度の公共性にかんがみ，その適正な提供の確保のために，法令によって，提供すべき役務の内容及び対価等を厳格に規制するとともに，更に役務の提供自体を提供者に義務づける等のつよい規制を施す反面，これとの均衡上，役務提供者に対してある種の独占的地位を与え，その経営の安定をはかる措置がとられる場合があるけれども，薬事法その他の関係法令は，医薬品の供給の適正化措置として右のような強力な規制を施してはおらず，したがって，その反面において既存の薬局等にある程度の独占的地位を与える必要も理由もなく，本件適正配置規制にはこのような趣旨，目的はな

んら含まれていないと考えられるのである」と述べていたのであった。公衆浴場は，国民の生活上不可欠な役務であるとともに，料金を厳格に規制されており，以上は，公衆浴場法も念頭においた判示とも捉えることができよう。

その後，最判平成元・1・20 刑集 43 巻 1 号 1 頁（公衆浴場法事件②）は，小売市場判決に従って，積極規制であるとの理解の下に合憲判断をしているが，最判平成元・3・7 判時 1308 号 111 頁（公衆浴場法事件③）は，「適正配置規制の目的は，国民保健及び環境衛生の確保にあるとともに，公衆浴場が自家風呂を持たない国民にとって日常生活上必要不可欠な厚生施設であり，入浴料金が物価統制令により低額に統制されていること，利用者の範囲が地域的に限定されているため企業としての弾力性に乏しいこと，自家風呂の普及に伴い公衆浴場業の経営が困難になっていることなどにかんがみ，既存公衆浴場業者の経営の安定を図ることにより，自家風呂を持たない国民にとって必要不可欠な厚生施設である公衆浴場自体を確保しようとすることも，その目的としているものと解されるのであり，前記適正配置規制は右目的を達成するための必要かつ合理的な範囲内の手段と考えられる」として合憲としている。目的二分論についての機械的に維持しているわけではないという最高裁判所の微妙なニュアンスのようなものが感じられるところである。

　　㈘　たばこ　　たばこ小売業事件（最判平成 5・6・25 訟月 40 巻 5 号 1089 頁）は，たばこ小売販売業の適正配置規制につき小売市場事件に従って合憲としている。従前，たばこ小売人の指定について，身体障害者などに配慮がなされてきたことなどを考慮してのものであるが，規制の現実の機能の検討の必要があろう。

　　㈙　酒類販売の免許制　　酒税法による酒類小売業の免許制度（酒税 9 条）は，庫出税方式の下（つまり納税義務者は酒造業者であって，消費者でも小売業者でもない），「経営の基礎が薄弱であると認められる」（酒税 10 条 10 号）ものや，「酒税の保全上酒類の需給の均衡を維持する必要があるため」（同条 11 号）適当でない場合に免許を拒むことによって，酒税の確実な徴収と円滑な負担転嫁によって税収を確保するという奇想天外な制度である。

最判平成 4・12・15 民集 46 巻 9 号 2829 頁（酒税法事件①）は，上の酒税法 10 条 10 号の要件について，薬事法判決とサラリーマン税金訴訟判決（最大判

昭和 60・3・27 民集 39 巻 2 号 247 頁⇒ p. 77。「租税法の分野における所得の性質の違い等を理由とする取扱いの区別は，その立法目的が正当なものであり，かつ，当該立法において具体的に採用された区別の態様が右目的との関連で著しく不合理であることが明らかでない限り，その合理性を否定することができず，これを憲法 14 条 1 項の規定に違反するものということはできない」と述べていた）を引きつつ，「租税の適正かつ確実な賦課徴収を図るという国家の財政目的のための職業の許可制による規制については，その必要性と合理性についての立法府の判断が，右の政策的，技術的な裁量の範囲を逸脱するもので，著しく不合理なものでない限り，これを憲法 22 条 1 項の規定に違反するものということはできない」として合憲とした。「著しく不合理」というのは，両判決の間をとっているのであろう。この判決には，上に述べた機能論的な視点を明確にした園部逸夫裁判官の補足意見があるほか，坂上壽夫裁判官の反対意見がある。

　その後，最判平成 10・7・16 訟月 45 巻 4 号 807 頁（酒税法事件②）は本人にはいかんともしがたい酒税法 10 条 11 号の要件も同じ論法で合憲とし（ただし前掲最判平成 4・12・15 にあった酒類の致酔性に言及した部分はなくなっている），最判平成 14・6・4 判時 1788 号 160 頁（酒税法事件③）も無許可販売の処罰を合憲としている。

　ただし，現在では，11 号の適用についての取扱要領は規制緩和の進展に対応して改められ，その適用はほとんどありえないものとなっている。政治自身によって改正されうるものについて，どこまで裁判所が踏み込むべきなのか，政治的にもおよそ維持不能なほどに奇妙な制度であっても裁判所が遠慮する必要があったのか，考えさせられるところである。

　㈹　資格制　　職業が高度の専門性・公共性をもつ場合，資格を認定されたもののみがそれに従事できる。医師や弁護士のような場合である。歯科技工士事件（最大判昭和 34・7・8 刑集 13 巻 7 号 1132 頁）は，「印象採得，咬合採得，試適，嵌入」は，「総義歯の作り換えに伴う場合であっても」「患者の保健衛生上危害を生ずるのおそれがないわけではないから」「歯科医師でない歯科技工士は……右のような行為をしてはならない」ものであり，この制限は，「国民の保健衛生を保護するという公共の福祉のための当然の制限であ」るとした。医業類似行為事件（最大判昭和 35・1・27 刑集 14 巻 1 号 33 頁）も医業類似行為の

禁止を合憲としている。

　さらに，司法書士法事件（最判平成 12・2・8 刑集 54 巻 2 号 1 頁）は，法律に別段の定めがある場合を除き，司法書士および公共嘱託登記司法書士協会以外の者が，他人の嘱託を受けて，登記に関する手続について代理する業務および登記申請書類を作成する業務を行うことを禁止し，これに違反した者を処罰することにした司法書士法 19 条 1 項・25 条 1 項（平成 14 年法律第 33 号による改正前のもの。現行法では 73 条 1 項および 78 条 1 項に相当）について，「登記制度が国民の権利義務等社会生活上の利益に重大な影響を及ぼすものであることなどにかんがみ……公共の福祉に合致した合理的なもので憲法 22 条 1 項に違反するものでない」ことは，前掲歯科技工士事件と薬事法判決　判例 8-2　の趣旨に徴し明らかであるとした。資格制が上にみた距離制限や需給要件による制限とは異なる性質のものであること，薬事法判決が許可制に関するものであって資格制については必ずしも同様の厳格な審査が帰結されるものでないことは一応首肯しうるのであるが，現実には，資格制が需給制限的に運用される場合もあるのであって（司法試験について，試験を実施する前から合格者の人数についての議論がなされていることを想起せよ），一般にカテゴリカルに割り切って簡単な検討で済ませてよいものか，疑問なしとしない。

　なお，司法書士法 15 条 7 号・15 条の 2 第 1 項（平成 14 年法律第 33 号による改正前のもの。現行法では 53 条 6 号および 54 条 1 項に相当）は，司法書士会の会則に，「入会金その他の入会についての特別の負担」に関する規定を定めて法務大臣の認可を受けなければならないとしているが，これは，将来司法書士会に入会しようとする者のみに課される負担が，既存の会員の意思で決定されることによって，司法書士業への事実上の参入規制となることを防止するものである。最判平成 23・4・22 判時 2114 号 47 頁は，新規入会者に会館維持協力金として 20 万円の納付を義務づける司法書士会の会則につき，その履行が入会の要件となっていないとして，法務大臣の上記認可は不要としたが，「その負担が新たに入会しようとする者の入会を事実上制限するような効果を持つほど重大なものであるなどの特段の事情」がある場合は別論であるとしている。

　また，直接の憲法判断を含まないが，最決令和 2・9・16 刑集 74 巻 6 号 581 頁は，医師法 17 条にいう「医業」の内容となる医行為とは，医療及び保健指

導に属する行為のうち，医師が行うのでなければ保健衛生上危害を生ずるおそ
れのある行為をいうと解した上で，医師でない彫り師によるタトゥー施術行為
について，社会通念に照らして，医療および保健指導に属する行為であるとは
認め難いとして，処罰を否定した。

(c)　職業遂行の自由の制限

（ⅰ）　これまでの主要な事例　　これも多種多様な制限があるが，最高裁判決
のあるものについて紹介しておく。国内の養蚕絹業者の保護のため，繭糸価格
安定法が改正され，生糸の輸入を一元化した結果，国内生糸価格が高騰し，こ
れによって競争力を失ったネクタイ生地製造業者が立法行為に対する国家賠償
を請求した西陣ネクタイ訴訟（最判平成2・2・6訟月36巻12号2242頁）は，小
売市場事件判決◁判例 8-1▷と立法行為の国家賠償責任に関する事実上の旧判
例（⇒ p. 403 の(b)および p. 405 の(c)）である在宅投票制度廃止違憲訴訟（最判昭和
60・11・21民集39巻7号1512頁）を先例として請求を退けた。養蚕絹業者を保
護することが憲法上許されないことはないのであろうが，本件立法が生地製造
業者に与えた打撃は激甚かつ壊滅的なものである。本件制度は現在は廃止され
ている。

農業災害補償法15条1項・16条1項・91条・104条1項（平成29年法律第
74号による改正前のもの）が，水稲等の耕作の業務を営む者でその耕作面積が一
定の規模以上のものは農業共済組合の組合員となり当該組合との間で農作物共
済の共済関係が当然に成立するという当然加入制を採用したことにつき，農作
物共済強制加入制事件（最判平成17・4・26判時1898号54頁）は，小売市場事件
と国民健康保険強制加入制事件（最判昭和33・2・12民集12巻2号190頁）を先
例とし，米作をとりまく環境の変化にもかかわらず，「公共の福祉に合致する
目的のために必要かつ合理的な範囲にとどまる措置ということができ，立法府
の政策的，技術的な裁量の範囲を逸脱するもので著しく不合理であることが明
白であるとは認め難い」とした。農家それぞれの経営判断の問題でないとされ
るのは何故であろうか。

医療法と健康保険法によれば，地域医療計画の病床数等を超える病院を開設
しようとすると，病院開設中止の勧告（医療30条の7〔平成9年法律第125号によ
る改正前のもの〕）を受け（この勧告の段階で処分性を肯定するものとして病院開設勧

告事件・最判平成 17・7・15 民集 59 巻 6 号 1661 頁，最判平成 17・10・25 判時 1920 号 32 頁がある），にもかかわらず病院を開設すると（開設は許可されるのである），健康保険法（平成 10 年法律第 109 号による改正前のもの）43 条ノ 3 第 2 項にいう「其ノ他保険医療機関若ハ保険薬局トシテ著シク不適当ト認ムルモノナルトキ」にあたるとして保険医療機関の指定を拒否される。保険医療機関指定拒否事件（最判平成 17・9・8 訟月 52 巻 4 号 1194 頁）は小売市場事件を先例として合憲とした。「医療の分野においては，供給が需要を生む傾向があり，人口当たりの病床数が増加すると 1 人当たりの入院費も増大するという相関関係があるというのである。したがって，良質かつ適切な医療を効率的に提供するという観点から定められた医療計画に照らし過剰な数となる病床を有する病院を保険医療機関に指定すると，不必要又は過剰な医療費が発生し，医療保険の運営の効率化を阻害する事態を生じさせるおそれがあるということができる」というのであるが，"病院などつくるから国民が病気になるのだ" ということがまかりとおるのは，小売市場事件の緩やかな審査なればこそのものであろう。前掲最判平成 17・7・15 がいうように，「いわゆる国民皆保険制度が採用されている我が国においては，健康保険，国民健康保険等を利用しないで病院で受診する者はほとんどなく，保険医療機関の指定を受けずに診療行為を行う病院がほとんど存在しないことは公知の事実であるから，保険医療機関の指定を受けることができない場合には，実際上病院の開設自体を断念せざるを得ないことになる」というのにである。

　いわゆるインターネット薬局の規制として，平成 18 年法律第 69 号による改正後の薬事法の施行に伴い制定された薬事法施行規則等の一部を改正する省令（平成 21 年厚生労働省令第 10 号）により，一部の医薬品の販売等が対面によることが義務づけられる等したが，最判平成 25・1・11 民集 67 巻 1 号 1 頁は，「新薬事法成立の前後を通じてインターネットを通じた郵便等販売に対する需要は現実に相当程度存在していた上，郵便等販売を広範に制限することに反対する意見は一般の消費者のみならず専門家・有識者等の間にも少なからず見られ，また，政府部内においてすら，一般用医薬品の販売又は授与の方法として安全面で郵便等販売が対面販売より劣るとの知見は確立されておらず，薬剤師が配置されていない事実に直接起因する一般用医薬品の副作用等による事故も報告

されていないとの認識を前提に，消費者の利便性の見地からも，一般用医薬品の販売又は授与の方法を店舗における対面によるものに限定すべき理由には乏しいとの趣旨の見解が根強く存在していたものといえる。しかも，憲法22条1項による保障は，狭義における職業選択の自由のみならず職業活動の自由の保障をも包含しているものと解されるところ〔薬事法判決 判例 8-2 参照〕，旧薬事法の下では違法とされていなかった郵便等販売に対する新たな規制は，郵便等販売をその事業の柱としてきた者の職業活動の自由を相当程度制約するものであることが明らかである。これらの事情の下で，厚生労働大臣が制定した郵便等販売を規制する新施行規則の規定が，これを定める根拠となる新薬事法の趣旨に適合するもの（行政手続法38条1項）であり，その委任の範囲を逸脱したものではないというためには，立法過程における議論をもしんしゃくした上で，新薬事法36条の5及び36条の6を始めとする新薬事法中の諸規定を見て，そこから，郵便等販売を規制する内容の省令の制定を委任する授権の趣旨が，上記規制の範囲や程度等に応じて明確に読み取れることを要するものというべきである」とした上で，「新施行規則のうち，店舗販売業者に対し，一般用医薬品のうち第一類医薬品及び第二類医薬品について，①当該店舗において対面で販売させ又は授与させなければならない（159条の14第1項，2項本文〔平成26年厚生労働省令第8号による改正前のもの〕）ものとし，②当該店舗内の情報提供を行う場所において情報の提供を対面により行わせなければならない（159条の15第1項1号，159条の17第1項，2号〔平成26年厚生労働省令第8号による改正前のもの〕）ものとし，③郵便等販売をしてはならない（142条，15条の4第1項1号〔平成26年厚生労働省令第8号による改正前のもの〕）ものとした各規定は，いずれも上記各医薬品に係る郵便等販売を一律に禁止することとなる限度において，新薬事法の趣旨に適合するものではなく，新薬事法の委任の範囲を逸脱した違法なものとして無効というべきである」と判示した。委任の範囲を判断する際に，明示的に実体に言及しているのが注目される。

　その後，インターネット薬局は，処方箋医薬品と要指導医薬品（一般用医薬品のごく一部である）を除いて解禁された（平成25年法律第103号）。要指導医薬品の対面販売の義務付けについて，最判令和3・3・18民集75巻3号552頁は，薬事法違憲判決の一般論を引用し，「規制に必要性と合理性があるとした判断

が，立法府の合理的裁量の範囲を超えるものであるということはできない」とした。

(ii)　新型コロナウイルス感染症の感染拡大防止のための規制　　新型インフルエンザ等対策特別措置法（平成 24 年法律第 31 号）では，新型コロナウイルス感染症の感染拡大防止のための改正を経て，緊急事態措置として，「国民の生命及び健康を保護し，並びに国民生活及び国民経済の混乱を回避するため必要があると認めるとき」は，学校，社会福祉施設，興行場その他の政令で定める多数の者が利用する施設について，当該施設の使用の制限等の措置を講ずるよう要請することができ（新型インフル 45 条 2 項），特に必要があると認めるときには措置を講ずべきことを命ずることができることとなっている（同条 3 項）。要請や命令は公表でき（同条 5 項），命令違反者は 30 万円以下の過料に処される（新型インフル 79 条）。

これに至らないまん延防止等重点措置としては，「新型インフルエンザ等のまん延を防止するため必要があると認めるときは」，「営業時間の変更その他国民生活及び国民経済に甚大な影響を及ぼすおそれがある重点区域における新型インフルエンザ等のまん延を防止するために必要な措置」を講ずるよう要請ができ（新型インフル 31 条の 6 第 2 項），命令（同条 3 項），公表（同条 5 項），過料（新型インフル 80 条 1 号）の定めがある。

わが国における感染防止対策は，基本的に自粛要請によって行われているが，緊急事態宣言下の 2021（令和 3）年 3 月 18 日，東京都知事は，都下で飲食店 26 店舗を営業する会社に対して，20 時以降の使用制限を，特措法 45 条 3 項に基づいて命じた（なお，この緊急事態宣言は同月 21 日に解除され，その時点でまん延防止等重点措置にも移行していなかった）。これに対する損害賠償請求訴訟が東京地裁に係属中である。

上述の目的二分論によれば，これらの規制は，狭義の職業選択の自由の制限には至らないにしても，消極目的での規制であり，それなりに厳しい審査を受けることになる。他方で，新しい感染症についての情報は当初は十分ではないのが通常で，厳密に必要最小限度性が問われると，規制は違憲となってしまい，重大な公衆衛生上の事態を招きかねない。このため，学説上は予防原則の扱いを巡って様々に議論があるが，そのような哲学的な一般論に奔る前に，上述の

通り，この問題には，国会と裁判所のどちらが判断に適しているのかという問題でもあり，「事の性質」(薬事法違憲判決〈 判例 8-2 〉)に応じて，消極目的規制であっても一定程度裁判所が政治部門に敬譲することが正当化される余地があるのではなかろうか（なお，本章 Column 8-1 ，クエスト憲法Ⅰ第1章 Column 1-1 も参照）。

第4節　財　産　権

1 総　　説

「財産権は，これを侵してはならない」(29条1項)。「財産権の内容は，公共の福祉に適合するやうに，法律でこれを定める」(同条2項)。「私有財産は，正当な補償の下に，これを公共のために用ひることができる」(同条3項)。ここにいう財産権とは，物権，債権，無体財産権，公法上の権利などを含む，財産的価値を有するすべての権利のことである。財産権は，かつて神聖不可侵視されたが，今日では政策的制約を含め，社会的な制約に服することはすでに述べた（⇒p.7の*1*）。しかし，「財産の権利性を全く否認しつつ，人間の自由な実存が実現された実際例をみない」(佐藤344頁)ことにも留意しなくてはならない（⇒p.276の*1*）。

2 「財産権」の保障の性格と内容

29条2項について，法律によれば，財産権の内容はいかようにでも形成できるのであると考えれば，29条は結局，法律の範囲内における財産権保障ということになってしまう。そうでないとすれば，2項による内容形成には1項による憲法的な拘束があると考える必要がある。

では，その拘束は何か。従来の考え方の分類として，権利からのアプローチと，制度からのアプローチとがありうる。権利からのアプローチによれば，各人が現に有する財産権が保障される（A説）。これに対して，制度からのアプローチによれば，29条は制度的保障の規定である（B説）。

A説は，その財産権の範囲を限定しないか（A_1説），大きな財産と小さな財

産を区別して，後者に限定する（A₂ 説）かによって分かれうる（ここにいう「大きな財産」とは，「債権はもちろん，所有権であっても，他人の支配をともなうような財産のことであり，また一口に債権といっても，その中には潜在的債権，すなわち将来において債権となることを目的としている財産，換言すれば，その貨幣価値のみを目的としている財産……も含まれる」とされるものであり，「小さな財産」とは，「それを物質的に使用する財産，換言すれば，その使用価値のみを目的としている財産」のことである。高原賢治「社会国家における財産権」田中二郎編集代表『日本国憲法体系　第7巻　基本的人権 I 』〔有斐閣，1965 年〕251 頁，258 頁）。しかし，22 条の保障もあり，そのような限定を明示しない日本国憲法につき，A₂ 説のような限定をする理由はないし，解釈論レベルでそのような区別が可能とも思われない。

　B 説では，私有財産制の中核が，立法による侵害から守られていることになるが，この中核を，資本主義体制と理解する説（B₁ 説）と人が人間らしい価値ある生活を営む上で不可欠な物的手段の享有とする説（B₂ 説）に分かれる。しかし，A₂ 説について指摘したのと同様の理由で，B₂ 説には無理があろう。通説は B₁ 説である。この両説は，A₁ − B₁ 説というように併存可能である。

> ◁判例 8-3▷ **最大判昭和 62・4・22 民集 41 巻 3 号 408 頁**　　　〈森林法判決〉
> 【事実】森林法 186 条（当時）は，共有森林につき持分価額 2 分の 1 以下の共有者（持分価額の合計が 2 分の 1 以下の複数の共有者を含む。以下同じ）に民法256 条 1 項所定の分割請求権を否定している。X と Y は兄弟であって，1947（昭和 22）年 6 月 15 日から同年 10 月 22 日までの間に 3 回にわたって，XY の父亡 A から本件山林の贈与を受け，以来それぞれ右山林の 2 分の 1 の共有持分を有する共有者である。X は Y に対し，同山林を現物分割の方法で分割するように求めた。
> 【判旨】「一　憲法 29 条は，1 項において『財産権は，これを侵してはならない。』と規定し，2 項において『財産権の内容は，公共の福祉に適合するやうに，法律でこれを定める。』と規定し，私有財産制度を保障しているのみでなく，社会的経済的活動の基礎をなす国民の個々の財産権につきこれを基本的人権として保障するとともに，社会全体の利益を考慮して財産権に対し制約を加える必要性が増大するに至ったため，立法府は公共の福祉に適合する限り財産権について規制を加えることができる，としているのである。
> 　　二　財産権は，それ自体に内在する制約があるほか，右のとおり立法府が社会全体の利益を図るために加える規制により制約を受けるものであるが，この

規制は，財産権の種類，性質等が多種多様であり，また，財産権に対し規制を要求する社会的理由ないし目的も，社会公共の便宜の促進，経済的弱者の保護等の社会政策及び経済政策上の積極的なものから，社会生活における安全の保障や秩序の維持等の消極的なものに至るまで多岐にわたるため，種々様々でありうるのである。したがって，財産権に対して加えられる規制が憲法 29 条 2 項にいう公共の福祉に適合するものとして是認されるべきものであるかどうかは，規制の目的，必要性，内容，その規制によって制限される財産権の種類，性質及び制限の程度等を比較考量して決すべきものであるが，裁判所としては，立法府がした右比較考量に基づく判断を尊重すべきものであるから，立法の規制目的が前示のような社会的理由ないし目的に出たとはいえないものとして公共の福祉に合致しないことが明らかであるか，又は規制目的が公共の福祉に合致するものであっても規制手段が右目的を達成するための手段として必要性若しくは合理性に欠けていることが明らかであって，そのため立法府の判断が合理的裁量の範囲を超えるものとなる場合に限り，当該規制立法が憲法 29 条 2 項に違背するものとして，その効力を否定することができるものと解するのが相当である（最大判昭和 50・4・30 民集 29 巻 4 号 572 頁〔薬事法判決〕参照）。

　三　……共有物分割請求権は，各共有者に近代市民社会における原則的所有形態である単独所有への移行を可能ならしめ，右のような公益的目的をも果たすものとして発展した権利であり，共有の本質的属性として，持分権の処分の自由とともに，民法において認められるに至ったものである。

　したがって，当該共有物がその性質上分割することのできないものでない限り，分割請求権を共有者に否定することは，憲法上，財産権の制限に該当し，かかる制限を設ける立法は，憲法 29 条 2 項にいう公共の福祉に適合することを要するものと解すべきところ，共有森林はその性質上分割することのできないものに該当しないから，共有森林につき持分価額 2 分の 1 以下の共有者に分割請求権を否定している森林法 186 条は，公共の福祉に適合するものといえないときは，違憲の規定として，その効力を有しないものというべきである。

　四　1　森林法 186 条……の立法目的は，明治 40 年法 6 条のそれと異なったものとされたとはいえないが，森林法が 1 条として規定するに至った同法の目的をも考慮すると，結局，森林の細分化を防止することによって森林経営の安定を図り，ひいては森林の保続培養と森林の生産力の増進を図り，もって国民経済の発展に資することにあると解すべきである。

　同法 186 条の立法目的は，以上のように解される限り，公共の福祉に合致しないことが明らかであるとはいえない。

　2　したがって，森林法 186 条が共有森林につき持分価額 2 分の 1 以下の共

有者に分割請求権を否定していることが，同条の立法目的達成のための手段として合理性又は必要性に欠けることが明らかであるといえない限り，同条は憲法29条2項に違反するものとはいえない。以下，この点につき検討を加える。

（一）森林が共有となることによって，当然に，その共有者間に森林経営のための目的的団体が形成されることになるわけではなく，また，共有者が当該森林の経営につき相互に協力すべき権利義務を負うに至るものではないから，森林が共有であることと森林の共同経営とは直接関連するものとはいえない。したがって，共有森林の共有者間の権利義務についての規制は，森林経営の安定を直接的目的とする前示の森林法186条の立法目的と関連性が全くないとはいえないまでも，合理的関連性があるとはいえない。

森林法は，共有森林の保存，管理又は変更について，持分価額2分の1以下の共有者からの分割請求を許さないとの限度で民法第3章第3節共有の規定の適用を排除しているが，そのほかは右共有の規定に従うものとしていることが明らかであるところ，共有者間，ことに持分の価額が相等しい2名の共有者間において，共有物の管理又は変更等をめぐって意見の対立，紛争が生ずるに至ったときは，各共有者は，共有森林につき，同法252条但し書に基づき保存行為をなしうるにとどまり，管理又は変更の行為を適法にすることができないこととなり，ひいては当該森林の荒廃という事態を招来することとなる。同法256条1項は，かかる事態を解決するために設けられた規定であることは前示のとおりであるが，森林法186条が共有森林につき持分価額2分の1以下の共有者に民法の右規定の適用を排除した結果は，右のような事態の永続化を招くだけであって，当該森林の経営の安定化に資することにはならず，森林法186条の立法目的と同条が共有森林につき持分価額2分の1以下の共有者に分割請求権を否定したこととの間に合理的関連性のないことは，これを見ても明らかであるというべきである。

（二）(1)……共有森林につき持分価額2分の1以下の共有者からの民法256条1項に基づく分割請求の場合に限って，他の場合に比し，当該森林の細分化を防止することによって森林経営の安定を図らなければならない社会的必要性が強く存すると認めるべき根拠は，これを見出だすことができないにもかかわらず，森林法186条が分割を許さないとする森林の範囲及び期間のいずれについても限定を設けていないため，同条所定の分割の禁止は，必要な限度を超える極めて厳格なものとなっているといわざるをえない。

まず，森林の安定的経営のために必要な最小限度の森林面積は，当該森林の地域的位置，気候，植栽竹木の種類等によって差異はあっても，これを定めることが可能というべきであるから，当該共有森林を分割した場合に，分割後の

　各森林面積が必要最小限度の面積を下回るか否かを問うことなく，一律に現物
分割を認めないとすることは，同条の立法目的を達成する規制手段として合理
性に欠け，必要な限度を超えるものというべきである。
　　また，当該森林の伐採採用あるいは計画植林の完了時期等を何ら考慮すること
なく無期限に分割請求を禁止することも，同条の立法目的の点からは必要な限
度を超えた不必要な規制というべきである。
　　(2)……現物分割においても，当該共有物の性質等又は共有状態に応じた合理
的な分割をすることが可能であるから，共有森林につき現物分割をしても直ち
にその細分化を来すものとはいえないし，また，同条 2 項は，競売による代金
分割の方法をも規定しているのであり，この方法により一括競売がされるとき
は，当該共有森林の細分化という結果は生じないのである。したがって，森林
法 186 条が共有森林につき持分価額 2 分の 1 以下の共有者に一律に分割請求権
を否定しているのは，同条の立法目的を達成するについて必要な限度を超えた
不必要な規制というべきである。」

　森林法判決　判例 8-3 は，憲法 29 条は，「私有財産制度を保障しているの
みでなく，社会的経済的活動の基礎をなす国民の個々の財産権につきこれを基
本的人権として保障する」と述べている。その意味で，A_1 に「社会的経済的
活動の基礎をなす」という句がついているが，A_1 – B_1 説ということになる。

　ただ，森林法判決をきっかけとしてよく考えてみると，兄弟が森林を取得し
た時点で，その森林は森林法による制限を受けていたわけで，一度も現に有し
たことのない財産について，なぜ憲法の保障が及ぶのかという問題がある。換
言すれば，共有分割請求権に関する民法の規定について，どうしてその民法の
内容に憲法レベルの意味を与えることができたのかという問題である。

　この点，森林法判決は，「共有物分割請求権は，各共有者に近代市民社会に
おける原則的所有形態である単独所有への移行を可能ならしめ，右のような公
益的目的をも果たすものとして発展した権利であり，共有の本質的属性として，
持分権の処分の自由とともに，民法において認められるに至ったものである」
という理解をすることによっている。そうすると，民法典の内容そのものでは
ないが，民法典を中心とするであろう私法法規の中に示されている，財産権の
憲法的な原型があるということになる。

　以上のように説明すると，ではその原型とは，共有分割請求権以外にどのよ

うなものがあるのか，と問われることになろう。たしかに，そう問われると，その内容を，詳細に網羅的に示すことは，直ちには難しい。しかし，確認しておくべき重要なことは，単独所有に移行するための共有分割請求権に，以上のような意味で，憲法的な原型としての性格を認めるという立場を森林法判決は前提としているということである。

　なお，このように考えてくると，そのような原型の問題と，現に有する財産の保護の問題は，現に有する財産が原型に該当する場合には重なることになるが，現に有する財産が原型に該当しない場合は必ずしも重ならないのであって，別個の問題ということになる。後記 p. 309 の(b)で扱う事後法の問題は，原型の問題というよりは，現に有する財産の問題ということになろう。

　また，上に述べた権利からのアプローチが，このように2つの問題に区分されるとすると，原型の問題と，上に述べた制度からのアプローチとの関係についても整理しておく必要があろう。両者も，一応別個の問題である。もっとも，実際上は，原型の問題として，共有物分割請求権に，森林法判決が与えたような憲法的意味を与えている憲法典の下で，資本主義体制の否定が可能になるというようなことは，非常に考えにくいことのように思われる。

③ 「財産権」の限界

(1) 基本原則

　29条3項による制約については後に述べる（⇒p. 310 の④）。

　古くは，罹災都市借地借家臨時処理法事件（最大判昭和35・6・15民集14巻8号1376頁）が，「法律で財産上の権利につき使用，収益，処分の方法に制約を加えることがあっても，それが公共の福祉に適合するものとして基礎づけられている限り，当然になしうる」と述べていたところであるが，森林法判決 ⟨ 判例 8-3 ⟩ は，「財産権は，それ自体に内在する制約があるほか，右のとおり立法府が社会全体の利益を図るために加える規制により制約を受けるものであるが，この規制は，財産権の種類，性質等が多種多様であり，また，財産権に対し規制を要求する社会的理由ないし目的も，社会公共の便宜の促進，経済的弱者の保護等の社会政策及び経済政策上の積極的なものから，社会生活における安全の保障や秩序の維持等の消極的なものに至るまで多岐にわたるため，

種々様々でありうる」と述べた上で，「立法の規制目的が前示のような社会的
理由ないし目的に出たとはいえないものとして公共の福祉に合致しないことが
明らかであるか，又は規制目的が公共の福祉に合致するものであっても規制手
段が右目的を達成するための手段として必要性若しくは合理性に欠けている
ことが明らかであって，そのため立法府の判断が合理的裁量の範囲を超えるもの
となる場合に限り，当該規制立法が憲法29条2項に違背するものとして，そ
の効力を否定することができるものと解するのが相当である」と述べた。

　この森林法判決の判断基準については，薬事法判決〈判例 8-2〉を引用する
ものであることや，実際の判決の判断がかなり踏み込んだ厳しい印象を与える
ものになっていることもあってか，消極目的を認定し，比較的厳格な審査
（「厳格な合理性」審査）を行ったものとの理解（芦部244頁）もあった。しかし，
判決文をみる限り，むしろ積極目的に近いものが認定されているのではないか。
少なくとも，消極目的が認定されているというのは無理があろうと今日では解
されている。ただ，小売市場事件判決〈判例 8-1〉のような緩やかな審査がな
されたとみるのも難しい。本件で積極目的を認定して，小売市場事件判決の基
準を適用する立場は，大内恒夫・高島益郎両裁判官のように「意見」となるか
（この立場は本件のように持分価額がちょうど2分の1の共有者の分割請求の禁止のみ
を違憲としている），香川保一裁判官のように反対意見（全面合憲ということであ
る）となっている。

　その後の，インサイダーの可能性がある短期売買利益の返還請求権規定であ
る証券取引法（現・金融商品取引法）164条1項に関する証券取引法事件（最大
判平成14・2・13民集56巻2号331頁）が積極・消極の語を用いずに，「財産権は，
それ自体に内在する制約がある外，その性質上社会全体の利益を図るために立
法府によって加えられる規制により制約を受けるものである。財産権の種類，
性質等は多種多様であり，また，財産権に対する規制を必要とする社会的理由
ないし目的も，社会公共の便宜の促進，経済的弱者の保護等の社会政策及び経
済政策に基づくものから，社会生活における安全の保障や秩序の維持等を図る
ものまで多岐にわたるため，財産権に対する規制は，種々の態様のものがあり
得る。このことからすれば，財産権に対する規制が憲法29条2項にいう公共
の福祉に適合するものとして是認されるべきものであるかどうかは，規制の目

的，必要性，内容，その規制によって制限される財産権の種類，性質及び制限の程度等を比較考量して判断すべきものである」と述べていることからしても，結局，財産権に関しては，職業選択の自由についていわれるような目的二分論が判例上とられているということは，現時点では困難で，端的に，目的が公共の福祉に合致するかと，手段の必要性と合理性とを判断するという手法によっているとみるべきであろう。前掲証券取引法事件は，その後最高裁判所で財産権の規制の合憲性が問題となった事件で，先例として踏襲されている（区分所有権法事件・最判平成 21・4・23 判時 2045 号 116 頁など）。前掲証券取引法事件は，立法裁量に言及していないため，このことを重視する理解もある。ただ，最高裁の意図をそこまではっきり読み取ってよいものか，微妙なようにも思われる。

(2)　具 体 例

（a）**具 体 例**　奈良県ため池条例事件（最大判昭和 38・6・26 刑集 17 巻 5 号 521 頁）や，新東京国際空港の安全確保に関する緊急措置法（昭和 59 年法律第 87 号による改正前のもの）による使用禁止について「必要かつ合理的な制限」とした成田新法事件（最大判平成 4・7・1 民集 46 巻 5 号 437 頁 〈 判例 9-1 〉）は，類型的には内在的制約に属する。このほか各種法令に，種々の相隣的な規制がある。

借家法（最大判昭和 37・6・6 民集 16 巻 7 号 1265 頁。なお，同法は，借地借家法の制定に伴い 1991〔平成 3〕年に廃止）や農地法（最大判昭和 35・2・10 民集 14 巻 2 号 137 頁，最判平成 14・4・5 刑集 56 巻 4 号 95 頁）による規制は，政策的な制約であろう。小作料について定める農地法（平成 12 年法律第 143 号による改正前のもの）23 条 1 項については，市街化区域内における農地に対する固定資産税の宅地並み課税を理由に，小作料を値上げすることが許されないとした最大判平成 13・3・28 民集 55 巻 2 号 611 頁もある。

森林法判決 〈 判例 8-3 〉についてはすでにみた。

「船舶の所有者等の責任の制限に関する法律」第 2 章の規定が航海に関して生じた一定の債権について特に船舶所有者等の責任を制限することについて，船舶所有者責任制限法事件（最大決昭和 55・11・5 民集 34 巻 6 号 765 頁）は，「(1)船舶所有者の責任を制限する制度は，海運業が多額の資本を投下した船舶の運航という危険性の大きい企業であることにかんがみ，その適正な運営と発展の

ために必要であるとして，その態様はともかく，古くから各国において採用されてきたものである。(2)右第 2 章の規定は『海上航行船舶の所有者の責任の制限に関する国際条約』（昭和 51 年条約第 5 号）の規定に即して定められたものであり，国際的性格の強い海運業について，わが国だけが船舶所有者責任制限の制度を採用しないことは，実際上困難である。(3)わが国においても従前は商法に委付の制度が定められていたのであるが，本法は，これをいわゆる金額責任主義，すなわち船舶所有者の責任を，事故ごとに，債権を発生させた船舶の積量トン数に一定の金額を乗じて得た額に制限することができる制度に改めたものであり，しかも，損害が船舶所有者自身の故意又は過失によって発生した場合の債権，内航船による一定の人の損害に基づく債権，海難救助又は共同海損の分担に基づく債権等は制限債権とせず，また，本法施行に伴って改正された商法 690 条は，民法所定の使用者責任を加重し，船舶所有者にある程度の無過失責任を認めている」と指摘して，29 条 1 項・2 項に違反しないとしている（東京高判昭和 59・10・1 行集 35 巻 10 号 1595 頁はこの制限について損失補償は不要とする）。

　なお，地価高騰事件（大阪地判平成 7・10・17 行集 46 巻 10 = 11 号 942 頁）は，地価高騰下での租税回避策に対する対応として設けられた特例（相続開始前 3 年以内に取得等をした土地建物等については，被相続人の居住の用に供されていた土地建物等を除き，相続税法 22 条の相続開始時における時価主義の原則にかかわらず，同取得価額により相続税を課税する）を，バブル崩壊後に適用した結果，「相続によって取得した全資産をもってしても相続税額に足りない」ことになる事案について，特例を，「無制限に適用することについては憲法違反（財産権の侵害）の疑いが極めて強い」としつつ，適用を否定する解釈を示した。本判決後，特例を廃止し，税負担を低減する経過措置を設ける立法がなされた。

　必ずしも財産権が主要論点の事案ではないが，放送法 64 条 1 項が，日本放送協会の「放送を受信することのできる受信設備を設置した者は，協会とその放送の受信についての契約をしなければならない」と定めるが，これについて，最大判平成 29・12・6 民集 71 巻 10 号 1817 頁は，放送法に定められた日本放送協会の「目的にかなう適正・公平な受信料徴収のために必要な内容の受信契約の締結を強制する旨を定めたものとして，憲法 13 条，21 条，29 条に違反す

るものではない」としている。

　(b)　**事後法**　刑事法以外による財産権規制については，事後法の禁止は憲法上規定されていないところ，農地売払対価変更事件（最大判昭和53・7・12民集32巻5号946頁）は，「法律でいったん定められた財産権の内容を事後の法律で変更しても，それが公共の福祉に適合するようにされたものである限り，これをもって違憲の立法ということができないことは明らかである。そして，右の変更が公共の福祉に適合するようにされたものであるかどうかは，いったん定められた法律に基づく財産権の性質，その内容を変更する程度，及びこれを変更することによって保護される公益の性質などを総合的に勘案し，その変更が当該財産権に対する合理的な制約として容認されるべきものであるかどうかによって，判断すべきである」と述べた。もっとも，この事件で問題になっていたのは，農地法80条（当時）について，「国が買収によって取得し農林大臣が管理する農地について，自作農の創設等の目的に供しないことを相当とする事実が生じた場合には，当該農地の旧所有者は国に対して同条2項後段に定める買収の対価相当額をもってその農地の売払いを求める権利を取得する」と解釈（これ自体は，農地売払請求事件・最大判昭和46・1・20民集25巻1号1頁によるものである）した上で，この権利の「売払いの対価を，買収の対価相当額から当該土地の時価の七割に相当する額に変更した」ことであった。前掲農地売払請求事件の解釈に必然性がないこともあって，先例としての価値にはやや疑問を付したいところであった。しかし，財産権が上に述べたように広く捉えられていることもあって，年金の切下げなど今後の問題で，議論の対象になることが予測されたところ，最判平成23・9・22民集65巻6号2756頁および最判平成23・9・30判時2132号39頁は，前掲農地売払対価変更事件を先例として，租税法規（クエスト憲法Ⅰ p.182の**2**参照）について，適用を年度開始時点まで遡らせることを憲法84条に違反しないとした。

　ここでは，前掲森林法事件や前掲証券取引法事件とは異なり，一旦法律に基づいて取得された権利の制限が問題になっている。

　(c)　**条例による制限**　条例による制限が可能かという問題については，奈良県ため池条例事件（最大判昭和38・6・26刑集17巻5号521頁）および徳島市公安条例事件（最大判昭和50・9・10刑集29巻8号489頁）がある（クエスト憲法

Ⅰp. 387 の**3**）。

4　財産権の制限と損失補償

(1)　総　説

　私有財産は，「正当な補償」の下に，これを「公共のために用ひる」ことができる（29条3項）。このような制度は，およそ不可欠のものと考えられ，財産権が神聖不可侵とされた時代でも認められていた（フランス人権宣言17条，合衆国憲法修正5条）。

(2)　「公共のために用ひる」の意義

　直接公共の用に供するための特定の私有財産の収用ないし制限（公用収用ないし公用制限）の場合がこれにあたることは当然である。さらに，農地改革のように，被収用財産が結局他の個人に分配されその私的な用に供される場合であっても，これにあたるとするのが通説・判例である（農地改革に関する農地改革事件・最大判昭和28・12・23民集7巻13号1523頁，最判昭和29・1・22民集8巻1号225頁，食糧管理法事件・最大判昭和27・1・9刑集6巻1号4頁）。これは何も占領下の農地改革の事案に限ったことではなく，現在でも，例えば，公営住宅の建築を収用によって行うことは可能である（収用3条30号参照）。日米地位協定（「日本国とアメリカ合衆国との間の相互協力及び安全保障条約第6条に基づく施設及び区域並びに日本国における合衆国軍隊の地位に関する協定」）25条に定める合同委員会を通じて締結される日米両国間の協定によって合意された施設および区域を駐留軍の用に供する条約上のわが国の義務（日米安全保障条約〔「日本国とアメリカ合衆国との間の相互協力及び安全保障条約」〕6条，日米地位協定2条1項）を果たすための収用も，「日米安全保障条約及び日米地位協定が違憲無効であることが一見極めて明白でない以上，裁判所としては，これが合憲であることを前提として駐留軍用地特措法の憲法適合性についての審査をすべきである」ことから，公共のために用ひる場合にあたる（沖縄代理署名訴訟・最大判平成8・8・28民集50巻7号1952頁。砂川事件〔最大判昭和34・12・16刑集13巻13号3225頁〕を引用）。

　私有財産の収用が正当な補償の下に行われた場合においてその後に至り収用

目的が消滅した場合どうなるか。前掲農地売払請求事件は，その場合でも，「法律上当然に，これを被収用者に返還しなければならないものではない」とし，しかし，「被収用者にこれを回復する権利を保障する措置をとることが立法政策上当を得たものというべく，〔農地〕法80条の買収農地売払制度も右の趣旨で設けられたものと解すべきである」としている。

　以上とは異なる財産権の制限の場合に，補償を要する場合がありうるか。そのようなレベルに達する財産権制限は一律に許されないと考えるか，どのようなレベルの制限であっても以上にあたらない限りは補償は必要ないと考えれば，この問題は考える必要がない。しかし，何らかのかたちで補償が必要な場合があると考えるのが支配的な見解で，結局，その場合にどのように補償の要否を考えるのかということと（下記(3)），正当な補償の額を考えること（p.315の(5)）が重要ということになる。

(3)　補償の要否の判定基準

　(a)　特別の犠牲　　一言でいえば，基準は，「特別の犠牲」にあたるか否かである。ではそれをどう判断するのかといえば，結局，一部のものに課されている負担かという形式的な要素と，権利の制限の程度が強度のものかどうかという実質的な基準とをあわせて考えるほかない。

　(b)　典型的に補償が必要と考えられる場合　　まず，すでにみたように，直接公共の用に供するための特定財産の公用収用ないし公用制限は補償が必要である（土地収用法が一般法であり，その他消防法29条3項などがある）。

　(c)　政策的・内在的制約と補償の要否　　次に，以上にあたらなくても，一部の者にのみ負担を課し，または財産権の剥奪もしくは剥奪するような結果になる類のものであるときはどうか。上に述べた一般論が，積極的・政策目的での財産権制限の場合には当てはまるとされる。文化財保護法43条や45条のような場合がこれにあたるとされる。

　しかし，このような制限が，消極的・内在的制約目的でなされる場合については，補償は，憲法上は，不要であると解される。前掲奈良県ため池条例事件判決も，「当然受忍しなければならない責務」として補償を不要とする。

　この点については，有力な反対説があり，制限が本質的に強度のものであり，

かつその制限が権利者の責に帰すべき事由によるものではない場合には補償が必要であるとされ，旧結核予防法 31 条や相当の資本を投入してきた砂利採取業者が河川付近地制限令により採取行為が要許可事項とされたことによって蒙る損失につき，「一般的に当然に受忍すべきものとされる制限の範囲をこえ，特別の犠牲を課したもの」とする河川附近地制限令事件（最大判昭和 43・11・27 刑集 22 巻 12 号 1402 頁）が援用される（佐藤 352 頁〜353 頁）。しかしながら，この法律の規定は当然に憲法上の要求ではなかろうし（なお，結核予防法の後継法である「感染症の予防及び感染症の患者に対する医療に関する法律」は補償規定を欠いているが，これは後述の請求権直接発生説がとられていることによるものと思われるので，ここでの議論には関係ない），河川附近地制限令については，当該砂利採取行為は河川に有害なものではないとの説明がなされていることにも留意が必要であるように思われる。

> **Column 8-1**　新型コロナウイルス感染症の感染拡大防止のための財産権制限と補償
>
> しばしば，「自粛と補償はセットで」といわれるが，これは憲法上の要請であろうか。
>
> 本文でみたように，感染拡大の防止は消極目的のはずで，奈良県ため池条例事件を前提にする限り，補償は不要のはずである。もちろん，有力な反対説もあるが，その場合，堤とうが，およそ土地として利用できなくなるという本質的に強度な制約であることが前提のはずで，（収束まで 3 年くらいかかるかも知れないとはいえ）一時的になされる営業制限がそれに相当するとも思われない。
>
> また，形式的にみても，広く一般的に行われる営業制限である限りは，特別の犠牲として補償が憲法上必要になるとは考えなくてよいだろう。逆にいうと，様々な考慮から，対象や地域や業種を限って，営業を制限したり，特別に営業を許すということを考えると，その限度では，形式的にも特別の犠牲だということになりうるし，あるいは単に消極目的ではなく，政策的な制約で，やはり補償が必要ではないかとの議論を生む可能性がある。
>
> さらに，河川附近地制限令事件からいえば，立法者は，営業を制限する場合に，刑罰を科したとしても，補償の要否を予め考える必要はないことになる。あえて禁止を侵せば，憲法上必要な補償は別途得られる代わりに，処罰は免れないからである。
>
> もちろん，以上のように考えることは，判例法理を前提に，違憲にならないためには最低限どうしなくてはならないかということに過ぎない。公衆衛生上

の目的を円滑に達成するためには，憲法上必要ではない補償を実施することが，賢明ということもあろう。しかしそれはまさに国会・内閣が判断するべき事柄である。

　（本章「第 3 節　職業選択の自由」の項，クエスト憲法第 1 章　**Column 1-1** も参照）

　なお，市営と畜場の廃止に伴い，長年にわたって利用してきた住民に対して支払われた支援金につき住民訴訟が提起された事案について，最判平成 22・2・23 判時 2076 号 40 頁は，この支援金を損失補償として正当化することはできないと判断している。

　(d)　都市計画制限・区画整理・土地改良　　都市計画制限は 29 条に違反せず（最判昭和 33・4・9 民集 12 巻 5 号 717 頁），相当に長期にわたる場合であっても補償は不要とされる（最判平成 17・11・1 判時 1928 号 25 頁。ただし藤田宙靖裁判官の補足意見は，「木造 2 階建て以下等の容易に撤去できるものに限って建築を認める，という程度のものであるとしても，これが 60 年をも超える長きにわたって課せられている場合に，この期間をおよそ考慮することなく，単に建築制限の程度が上記のようなものであるということから損失補償の必要は無いとする考え方には，大いに疑問がある」としつつ，本件の具体的事情の下では特別の犠牲はないとする）。後述する最判昭和 48・10・18 民集 27 巻 9 号 1210 頁（土地収用法事件①）も都市計画制限が問題となっているケースで，実際の収用の時に完全補償が必要とされたものである。

　土地区画整理にあたって，実測地積と公簿地積にずれがあることが問題となる。最判昭和 55・7・10 民集 34 巻 4 号 596 頁は，「従前地の実測地積を基準として爾後の計画，処分を実施するのが合理的であることはいうまでもないが，土地区画整理事業が緊急を要する場合，施行区域が広範囲である場合などにおいて実測地積を基準とすることは，莫大な費用と労力を必要とし，また計画の実施を著しく渋滞せしめるから，原則として公簿地積により基準地積を定める方法もやむをえない措置であり，特に希望する者に限り，実測地積により得る途が開いてあれば，かかる方法による仮換地指定も憲法 29 条に違反するものではない」とした（最大判昭和 32・12・25 民集 11 巻 14 号 2423 頁，最判昭和 40・3・2 民集 19 巻 2 号 177 頁参照。本換地について最判昭和 62・2・26 判時 1242 号 41 頁）。

土地改良法による，「権利の交換分合は，前述のように農業経営の合理化，農業生産力の発展を目的とし，公共の福祉のために行われるのであるから，そのためには，必要に応じ耕作権のみならず所有権の交換分合をも行い得るものであって，同法を右のように解したからといって，同法が憲法29条3項に反するものということはできない」（農地交換分合計画事件・最大判昭和35・12・21民集14巻14号3157頁）。

(e) **戦争被害**　　戦争との関係で，29条3項が論じられる場合が多数ある。財産権論の射程を超えるところがあるようにも思われるのであるが，本書ではここで扱う。

まず，最大判昭和35・10・10民集14巻12号2441頁は，「連合国財産の返還等の件」による所有権の喪失について，「日本国憲法の枠外」とした。これと前掲奈良県ため池条例事件を先例として，最大判昭和43・11・27民集22巻12号2808頁は，平和条約14条(a)項2(1)が，各連合国は，日本国民の在外資産を「差し押え，留置し，清算し，その他何らかの方法で処分する権利を有する」と規定したことに伴い，在外財産に対するいわゆる異議権ないし外交保護権を行使しないことを約せしめられたことによる損失について，「このような戦争損害は，他の種々の戦争損害と同様，多かれ少なかれ，国民のひとしく堪え忍ばなければならないやむを得ない犠牲なのであって，その補償のごときは，さきに説示したように，憲法29条3項の全く予想しないところで，同条項の適用の余地のない問題といわなければならない」とした。平和条約19条(a)項による損害賠償請求権の放棄についても同様である（最判昭和44・7・4民集23巻8号1321頁。その他，台湾人元日本兵訴訟・最判平成4・4・28訟月38巻12号2579頁，シベリア抑留訴訟・最判平成9・3・13民集51巻3号1233頁，朝鮮人BC級戦犯訴訟・最判平成13・11・22訟月49巻8号2173頁も参照）。また，「いわゆる軍隊慰安婦関係の上告人らが被った損失は，憲法の施行前の行為によって生じたものであるから，憲法29条3項が適用されないことは明らかである」（東京韓国人「従軍慰安婦」等訴訟・最判平成16・11・29判時1879号58頁）。

(4)　**特別の犠牲？**

29条3項は，財産権に関するものであるが，公平の原則を表すものとして，

財産権以外，とりわけ生命・身体に適法に発生した損失について，何らかのかたちでの適用ができないかが問題になることがある。いわゆる予防接種禍の問題がそれである。予防接種禍東京訴訟第一審（東京地判昭和 59・5・18 訟月 30 巻 11 号 2011 頁）は，29 条 3 項の類推適用を認め，予防接種禍大阪訴訟第一審（大阪地判昭和 62・9・30 訟月 34 巻 9 号 1767 頁）は勿論解釈によって救済を認めた。学説上は，このほか，条理によるべきことを主張する立場や，13 条の問題であるとするものもある。しかし，この種の論理を認めることは，多かれ少なかれ，正当な補償さえ与えれば，生命や身体を公共のために用いることができることを意味することになりかねない。したがって，予防接種禍名古屋訴訟第一審（名古屋地判昭和 60・10・31 訟月 32 巻 8 号 1629 頁）のように類推適用を否定する立場もあった。

　この時期の予防接種禍の問題は，結局，予防接種禍東京訴訟控訴審（東京高判平成 4・12・18 高民集 45 巻 3 号 212 頁）を筆頭に，不法行為構成によって救済が図られた。これは，予防接種によって生命・身体に被害が発生した場合に，高度の問診義務を課すとともにその違反によって禁忌者に接種して死亡するなどした場合には，予見可能性・予見義務違反を推定し（インフルエンザ予防接種訴訟・最判昭和 51・9・30 民集 30 巻 8 号 816 頁）さらには後遺障害の発生から禁忌者に該当していたことも推定する（痘そう予防接種訴訟・最判平成 3・4・19 民集 45 巻 4 号 367 頁）判例の展開があったことによる。したがって，問診義務が果たされていた場合にどうなるのかという問題は残っている。自己決定権の考え方からいえば，そもそも強制ないしは勧奨接種が可能であったかという問題設定もできるであろうが，バイオテロや新興感染症の危険が指摘される中で，それだけでは済まない課題が今日に引き継がれている。と，このように本書ではこれまでも述べてきたが，新型コロナウイルス感染症に対する対応の中で，なんらかの意味で，ワクチン接種を「義務化」（違反に刑罰を科すということに限る必要はなかろう）するのであれば，改めてこの問題が問われることになろう。

⑸　「正当な補償」の意義

(a)　「正当な補償」の意義　　正当な補償の意義については，完全補償説と相当補償説の対立がある。

　判例は，農地改革事件（最大判昭和 28・12・23 民集 7 巻 13 号 1523 頁）において，「正当な補償とは，その当時の経済状態において成立することを考えられる価格に基き，合理的に算出された相当な額をいうのであって，必しも常にかかる価格と完全に一致することを要するものでないと解するを相当とする」と判示し，相当補償説の立場に立つことを明らかにした。極めて安価な補償について，当時としてはそれで完全補償だったという理解もあるが，やや無理があろう（もし完全補償だったというのであれば，「農地被買収者等に対する給付金の支給に関する法律」〔昭和 40 年法律第 121 号。平成 11 年法律第 87 号により廃止〕による給付金の支給は，何だったということになるのか）。しかしその後，土地収用法（昭和 42 年法律第 74 号による改正前のもの）の解釈として，「完全な補償，すなわち，収用の前後を通じて被収用者の財産価値を等しくならしめるような補償をなすべきであり，金銭をもって補償する場合には，被収用者が近傍において被収用地と同等の代替地等を取得することをうるに足りる金額の補償を要する」と判示する最判昭和 48・10・18 民集 27 巻 9 号 1210 頁（土地収用法事件①）が現れた。学説は，この段階では，前掲農地改革事件判決における井上登・岩松三郎両裁判官の意見が，「被占領中の司令官の指令による農地改革であり，憲法外において為されたものである」としていたことによりつつ，本来的には憲法の要求する正当な補償は完全補償とみる立場が支配的であった。しかし，昭和 42 年改正後の土地収用法に関する最判平成 14・6・11 民集 56 巻 5 号 958 頁（土地収用法事件②）は，前掲農地改革事件を先例とし，土地収用についても相当補償説によることを明らかにした。これは学説では驚きをもって受け止められている。公共性を理由に収用を認めることと，補償額を市場価格から割り引くことを認めることの間には，財産権保障の観点からみて，重大な懸隔がある。前掲最判平成 14・6・11 の事案は，土地価格が右肩上がりの時代に，公共事業に伴う土地価格上昇の問題をどう処理するかという観点から，補償金の額を，「近傍類地の取引価格等を考慮して算定した事業の認定の告示の時における相当な価格に，権利取得裁決の時までの物価の変動に応ずる修正率を乗じて得た額」とする制度に関するものであった。この事案について，相当補償説による必要があったのか，疑問である。さらに判決自身が，前掲最判昭和 48・10・18 と同じ言葉遣いで，「被収用者は，収用の前後を通じて被収用者の有する財

産価値を等しくさせるような補償を受けられる」としていることとの平仄も問題であろう。

なお，完全補償には，被収用財産の貨幣価値に加えて，移転費などの附帯的損失が含まれると解すべきであるが，さらに，ダム湖に村ごと沈むような場合に生活の基盤をどう考えるべきかという問題もある。

また，以上は，収用ないしは制限して他のものが用いる場合であるが，それ以外に補償を必要と考える場合，その額の算定は困難を極める。例えば，自然公園内にある財産権の制限について，相当因果関係説，地価低下分説，積極的損失説などがあるところ，自然公園法事件（東京地判昭和 61・3・17 行集 37 巻 3 号 294 頁）は積極的損失説を基調とし，加えて，従前からの利用方法を固定するだけであれば，補償を要しないとの考え方をとっている。

(b) **正当な補償の時期**　「補償が財産の供与より甚しく遅れた場合には，遅延による損害をも塡補する問題を生ずるであらうが……憲法は補償の同時履行までをも保障したものと解することはできない」（食糧管理法事件・最大判昭和 24・7・13 刑集 3 巻 8 号 1286 頁）。したがって，公共用地の取得に関する特別措置法（平成 11 年法律第 160 号による改正前のもの）7 条の規定による特定公共事業の緊急裁決においては，損失の補償に関する事項でまだ審理を尽くしていないものがある場合においても，権利取得裁決または明渡裁決がされ，概算見積りによる仮補償金が定められるものとされている（同法 21 条 1 項）が，これも合憲である（成田空港訴訟・最判平成 15・12・4 訟月 50 巻 10 号 2952 頁）。「日本国とアメリカ合衆国との間の相互協力及び安全保障条約第 6 条に基づく施設及び区域並びに日本国における合衆国軍隊の地位に関する協定の実施に伴う土地等の使用等に関する特別措置法」による暫定使用についても同様である（象のオリ訴訟・最判平成 15・11・27 民集 57 巻 10 号 1665 頁。なお本件では，沖縄県知事の代理署名拒否が発端となって，沖縄代理署名訴訟・最大判平成 8・8・28 民集 50 巻 7 号 1952 頁にもかかわらず，政府による無権原占有という異常事態が生じたが，無権原占有による賃料相当損害金についての損害賠償請求権は，収用委員会裁決額の供託によって消滅した，と判断されている）。

(6)　補償規定を欠く場合の問題

　損失補償については，「通常生ずべき損失を補償しなければならない」という規定が法律におかれることが多かったが，憲法上補償が必要であるのに，この種の規定が欠ける場合にはどう扱うべきか。考え方としては，補償なしに事業について定めている法律は違憲無効であるとするか，規定が欠けていても補償の請求は憲法に基づいて直接可能であるとするかであるが，河川附近地制限令事件（最大判昭和 43・11・27 刑集 22 巻 12 号 1402 頁）は後者をとった。憲法に基づいて具体的な救済を認める可能性を承認したという点では積極的意義を認めてよいと思われるが，具体的には刑事処罰を正当化する文脈においての判断であるし，また，2 つの考え方のいずれが妥当なのかは場合によるであろう。

練習問題

1　タクシーについての規制緩和が進んだ結果，事故が増加したとして，事故防止のために需給制限を再導入することは，どのように評価されるべきか。同じ規制を，タクシー労働者の保護のために導入するのであれば，憲法上の評価は異なることになるか。

2　年金の切下げは，憲法上どのように評価されるべきか。公的年金か・私的年金か，現役の将来の支給額の切下げか・年金受給者の既裁定年金の受給額の切下げか，年金額の高低によってその評価はどのように変化するであろうか。

　JR 共済年金，農業者年金，国会議員互助年金，地方議会議員年金（これらは公的年金である）について，既裁定年金を減額する立法措置がとられたとしたらどう評価されるか（実際にその例がある）。

　いわゆる「マクロ経済スライド」（現役人口の減少の程度と平均余命の伸び率とを勘案して自動的に年金額の改定を行う仕組み。導入済），による国民年金・厚生年金の切下げについてはどうか（札地判平成 31・4・26 裁判所ウェブサイト参照）。

　ある企業の基金型確定給付企業年金について，当該企業について更生手続開始決定がなされたことを受けて，受給者減額を内容とする基金規約の変更がなされ，これについて厚生労働大臣の認可（確定給付 16 条 2 項）がなされた。この規約変更には，①給付の額の減額について，受給権者等の 3 分の 2 以上の同意を得ること（確定給付企業年金法施行規則 6 条 1 項 2 号イ・13 条）と②受給権者等のうち希望する者に対しては，給付減額実施前の基準で計算した最低積立基準額を一時金として支給するなどの受給権確保措置を講じること（同規則 6 条 1 項 2 号ロ・13 条）が必要で

あるところ，①の同意および一時金清算をも放棄することへの同意を与える受給権者等の3分の2以上の同意書が得られていたが，同意書へのサインを拒んだ一部の受給権者から一時金清算を求める請求がなされ，その結果，基金からの現金の流出の危険が生じた。そのため，このままでは当該企業の再生が不可能になるとして，当該基金が一時金清算を拒否できることを内容とする特別措置法が制定された。この特別措置法は，憲法上どのように評価されるか（このような立法例はない）。この年金の給付水準が非常に高く，当該企業には再生のために多額の公的資金が注入されており，当該企業の事業は公益性の高い産業でスムーズな事業再生の必要性が高い場合，その評価はどうなるか（森戸英幸「事業再生と企業年金——受給者減額を中心に」ジュリスト1401号〔2010年〕43頁）。

第 **9** 章

人身の自由

第 1 節　奴隷的拘束・苦役からの自由
第 2 節　憲法 31 条の保障内容
第 3 節　刑事手続における諸権利
第 4 節　行政手続への憲法 31 条以下の適用可能性

　憲法は人身の自由を明記していない。しかし，人身の自由が他のすべての自由の物理的前提であることを考えれば，憲法はその保障を当然の前提としていると解すべきであろう。第 1 節でみるように，18 条が「奴隷的拘束」・「苦役」を禁止するのは，人身の自由を保障していることを前提として，その極度の制約を絶対的に禁止した規定であると解すべきように思われる。

　人身の自由に対して強度の制限をもたらすものとして，刑事罰を科すことが挙げられる。犯罪を処罰することは，国家の存在理由の 1 つであり不可欠であるが，自由刑は人身の自由を大きく制約するものであり，また，刑事罰を科す過程も人身の自由を大きく制約するのが通常である。それゆえ，憲法は第 3 章第 31 条以下で刑事手続に関係する諸権利を保障している。第 2 節では，刑事手続に関する諸規定の総則的位置づけを与えられている 31 条が何を保障していると解すべきかについて検討する。第 3 節では，33 条以下の諸規定の意味内容について検討する。

　31 条以下には，逮捕等の個別の処分や最終的な刑事罰について，その実質的内容を統制する規定もあるが，むしろ，そこに至るまでの過程を統制する規定が多い。例えば，35 条は，住居等について，その侵入等には「正当な理由」がなければならないという実体的保障とともに，司法が個別に発する令状がなければ侵入等してはならないという手続的保障を与えている。

　手続保障が求められるのは，決定の内容をより正しいものにするためであるが，それだけが理由ではない。たとえ結論としては同じ決定内容に至るとしても，手続をふまえることが必要であるのは，相手を人間として扱うという意味で個人の尊厳のためであり，また，決定過程への参加という意味で民主主義のためでもある。

　31 条以下は，「刑罰」（31 条）「現行犯」「犯罪」（33 条）など刑事罰に関連する語

を用いるものが多いこと，また，31条「刑罰を科せられない」が33条以下の総則的
規定であると理解されていることから，刑事手続を統制する規定であると理解されて
いる。しかし，適正手続が必要とされる理由をふまえると，それが必要であるのは刑
事手続に限られないだろう。また，刑事手続ではなくても，身体的拘束やプライバシ
ー侵害が行われる場合に，33条以下の保障を与える必要はないだろうか。第4節で
は，行政手続における31条以下の適用可能性について，検討する。

第1節　奴隷的拘束・苦役からの自由

　18条は，「何人も，いかなる奴隷的拘束も受けない。又，犯罪に因る処罰の
場合を除いては，その意に反する苦役に服させられない」と定める。

　18条前段は，身体の拘束のうち，「奴隷的」と評価すべきものを絶対的に禁
止していると解すべきであろう。「奴隷的」とは自由な人格者であることと両
立しない程度という趣旨であると解されている。奴隷的拘束は，国家によるも
のだけでなく，私人によるものであっても，絶対的に禁止される。

　18条後段の解釈についても，前段と同様に絶対的な禁止として考えるべき
だろう。すなわち，憲法は，身体的な労役のうち「苦役」と評価すべきものを
絶対的に禁止し，また，私人による「苦役」も禁止していると解すべきように
思われる。労役が「苦役」に当たるかどうかは，通常人が苦痛と感じるべきも
のであるかどうかによって判断するという考え方が有力である。

　これに対して，「苦役」に関しては，本人の意思に反して強制される労役と
いう意味で広義に理解する見解もある。この解釈は，後段を「苦役」の絶対的
禁止と解さない代わりに，身体的労役の強制をすべて18条の問題として検討
しようとするものであるように思われる。この解釈によれば，人身の自由に
18条という条文上の位置を与えることができる。ただ，人身の自由のような
最も基礎的な権利に関しては，憲法上の明文の根拠はなくても憲法はその保障
を当然の前提としていると考えてよいのではないだろうか。

　なお，最大判平成23・11・16刑集65巻8号1285頁は，裁判員としての職
務に従事し，または裁判員候補者として出頭することは，「『苦役』に当たらな
いことは明らか」であるとした。その理由は，裁判員制度は「参政権と同様の

権限を国民に付与するもの」であるから「『苦役』ということは必ずしも適切ではない」こと，辞退事由が定められていること，また，負担軽減のための経済的措置が講じられていることに求められている。

第2節　憲法 31 条の保障内容

31 条は「何人も，法律の定める手続によらなければ，その生命若しくは自由を奪はれ，又はその他の刑罰を科せられない」と規定しているが，この規定が何を保障しているのかについては見解が分かれている。

31 条は，アメリカ合衆国憲法修正 5 条（No person shall…… be deprived of life, liberty, or property, without due process of law……）および修正 14 条（…… nor shall any State deprive any person of life, liberty, or property, without due process of law……）の影響を受けているが，アメリカでは，修正 5 条・14 条は厳しい解釈対立の的でありつづけてきた。一方では，憲法典に列挙されていない権利をそこから導くことが試みられ，他方では，そのような試みは憲法を書き換えようとするものであり民主主義に反すると批判された。このようなアメリカにおける論争が，31 条理解の対立にも影響している。

ただ，31 条と修正 5 条・14 条との間には大きな違いもある。すなわち，31 条の文言が「法律の定める手続」であるのに対して，修正 5 条・14 条は "due process of law"（法の適正な手続）である。また，憲法がそれ以外の権利を詳細に定めているかという点でも日米に違いがあり，それゆえ，31 条，修正 5 条・14 条それぞれが期待されている役割も異なる。したがって，アメリカにおける論争が 31 条の解釈に直結するわけではない。

31 条の解釈に関して争いがあるのは，それが要求しているのが，文言から明らかな手続の法定に加えて，手続の適正，実体の法定，実体の適正のうちどこまでであるのかという点である。学説には，手続法定説，手続×（法定＋適正）説，（手続＋実体）×法定説，手続×（法定＋適正）＋実体法定説，（手続＋実体）×（法定＋適正）説がある。以下では，手続の法定，手続の適正，実体の法定，実体の適正のそれぞれについて，それを 31 条が保障すると解釈することにどのような長所・短所があるのかをみていこう。

1 手続の法定

31条が「法律の定める手続」としている以上，刑事手続を国会が法律で定める必要があることは明らかである。

31条が "due process of law" に相当する言葉ではなく「法律の定める手続」という言葉を用いたのは，意図的な選択であり，アメリカで修正14条が新しい権利の根拠規定として解釈されたことを消極的に評価したためであったと推測されている。

また，手続の法定というだけでも31条は十分に重要な規定である。法律で定めることが求められる手続とは，起訴後の裁判手続に限られず，捜査を含めて刑事責任追及に直接結び付く手続に広く及ぶと解される。その意味で，捜査における強制処分法定主義（刑訴197条1項但書）は31条の現れであると位置づけることができる。そして，憲法31条の解釈が，刑事訴訟法197条1項但書の解釈（「強制の処分」と任意処分との区別）に縛られる必要はないから，捜査の過程について何が法定されなければならないかは，何が国会がコントロールすべき重要な部分かという観点から憲法解釈の問題として検討する必要があるだろう。

捜査における電話傍受について，最決平成11・12・16刑集53巻9号1327頁は，「重大な犯罪に係る被疑事件について，被疑者が罪を犯したと疑うに足りる十分な理由があり，かつ，当該電話により被疑事実に関連する通話の行われる蓋然性があるとともに，電話傍受以外の方法によってはその罪に関する重要かつ必要な証拠を得ることが著しく困難であるなどの事情が存する場合において，電話傍受により侵害される利益の内容，程度を慎重に考慮した上で，なお電話傍受を行うことが犯罪の捜査上真にやむを得ないと認められるときには，法律の定める手続に従ってこれを行うことも憲法上許されると解するのが相当である」と述べている。すなわち，電話傍受が憲法上許されるためには「法律の定める手続に従って」行われることが必要であることを前提としていると思われる。しかも，上記引用とは別のところで，「電話傍受を直接の目的とした令状は存していなかった」ことを認めたが，しかし結論としては，検証許可状（刑訴218条）による電話傍受を許容した。すなわち，同決定は，裁判官が検証

許可状の検証すべき場所若しくは物の記載を「できる限り限定」できること，また，身体検査令状に適当と認める条件を附することができるという刑事訴訟法218条5項（現6項）に準じて，裁判官が検証許可状にも「電話傍受の実施に関し適当と認める条件，例えば，捜査機関以外の第三者を立ち会わせて，対象外と思料される通話内容の傍受を速やかに遮断する措置を採らせなければならない旨を検証の条件として付することができる」ことなどにかんがみて，「対象の特定に資する適切な記載がある検証許可状により電話傍受を実施することは，本件当時においても法律上許されていた」とした。

　しかし，最高裁が挙げた諸点は，刑事訴訟法上の検証の仕組みにより裁判所がチェックすることが可能であったということである。たとえそれを認めることができたとしても，そのことと，国会がその検証の仕組みを作ることによって電話傍受を認めたといえるかどうかということとは，区別するべきであろう。裁判所による個別的許可の必要性（令状主義）という問題と，国会による一般的・制度的な許可の必要性（手続の法定）という問題とは，区別して考えるべきである。そのような意味において，同決定は31条の観点からは疑問がある。電話傍受のような新たな捜査手法を開始する場合には，国会が法律で定めることが憲法上要求されると解するべきではないだろうか（なお，1999〔平成11〕年に「犯罪捜査のための通信傍受に関する法律」が制定されることによって，手続の法定という問題は解決された。もちろん，それ以外の問題，つまり，法が定めた内容が適正であるのかという問題は，令状主義との関係も含めて，別途検討する必要がある）。

　また，ロッキード事件丸紅ルート判決（最大判平成7・2・22刑集49巻2号1頁。クエスト憲法I　判例6-1 ）が，刑事免責による供述強制が認められるかについて，憲法は否定していないと解釈しつつ，「この制度〔＝刑事免責の制度〕は，前記のような合目的的な制度として機能する反面，犯罪に関係のある者の利害に直接関係し，刑事手続上重要な事項に影響を及ぼす制度であるところからすれば，これを採用するかどうかは，これを必要とする事情の有無，公正な刑事手続の観点からの当否，国民の法感情からみて公正感に合致するかどうかなどの事情を慎重に考慮して決定されるべきものであり，これを採用するのであれば，その対象範囲，手続要件，効果等を明文をもって規定すべきものと解される」と述べたのは，直接には証拠能力に関する判示ではあるが，捜査手続の法

定という観点から理解すべきであるように思われる。なお，2016（平成28）年に刑事免責制度を導入する刑事訴訟法の改正が行われた（刑訴157条の2・157条の3）。

　また，憲法31条は「法律の定める」としているが，憲法77条は「訴訟に関する手続」について最高裁に規則制定権限を与えている。国会の立法権と最高裁の規則制定権との競合関係をどのように考えるかについては，クエスト憲法Ⅰ p.309 の(3)参照。

2　手続の適正

　31条は，誰が手続を定めるかだけでなく，どのような手続を定めるかについても規定していると理解すべきであろうか。

　最高裁はこれを肯定する。第三者所有物没収事件（最大判昭和37・11・28刑集16巻11号1593頁）で，最高裁は，刑事被告人に対し附加刑として科される没収は，対象物の所有者が被告人以外の第三者である場合でも，その所有権を剥奪して国庫に帰属させる効果が及ぶとした上で，「所有物を没収せられる第三者についても，告知，弁護〔弁解〕，防禦の機会を与えることが必要であって，これなくして第三者の所有物を没収することは，適正な法律手続によらないで，財産権を侵害する制裁を科するに外ならない」と判断し，結論として，当該没収は「憲法31条，29条に違反するものと断ぜざるをえない」とした。31条が「適正な法律手続」を要求していることを前提としていると解される。また，最判昭和53・9・7刑集32巻6号1672頁は，「憲法31条が法の適正な手続を保障している」と明言し，そのことを1つの根拠として，「証拠物の押収等の手続に，憲法35条及びこれを受けた刑訴法218条1項等の所期する令状主義の精神を没却するような重大な違法があり，これを証拠として許容することが，将来における違法な捜査の抑制の見地からして相当でないと認められる場合においては，その証拠能力は否定される」という帰結を導いている。

　学説の多数も，31条は手続の適正を保障していると解し，また，33条以下の個々の手続保障に対する総則的規定と位置づけている。33条以下の個別の手続規定に反しない場合でも，なお31条からの吟味が必要である。

　これに対して，31条を手続の法定に限定する見解は，憲法起草者の意図に

加え，実質論としても，告知・聴聞の権利など31条の要請として主張されている手続内容は他の憲法条項から導くことができること，また，手続保障について立法や判例による発展的な内容形成を期待するためにも憲法事項とするべきではないのではないかということを挙げている。

3 実体の法定

31条の保障は，手続の法定に加えて実体の法定も要求していると解すべきであろうか。すなわち，ある行為に刑罰を科すためには，その行為の実行時に，その行為が犯罪であり，一定の刑罰が科されることが，法律によって定められていなければならないという保障（罪刑法定主義）を含んでいると理解すべきであろうか。

明治憲法23条は「日本臣民ハ法律ニ依ルニ非スシテ……処罰ヲ受クルコトナシ」と明記していたが，現行憲法には正面からの規定がない。そこで，罪刑法定主義の保障を31条に求めようという解釈が提起されている。

これに対して，31条はあくまで「手続」の保障であるのだから，実体の法定を導くことはできないという考え方もある。ただ，31条実体法定否定説も，憲法が罪刑法定主義を保障していないと解しているわけではなく，39条前段前半（遡及処罰の禁止），73条6号但書（法律の委任なく政令で罰則を定めることの禁止）から当然に保障されているものとして導くことができると説いている。

31条実体法定肯定説は，罪刑法定主義のような重要な原則を黙示的な位置づけにとどめるのは不十分であると反論する。他方，否定説は，39条前段前半・73条6号但書から当然に前提されているという解釈と，「手続」に実体を読み込んで31条により保障されているという解釈とで，いずれが罪刑法定主義に憲法上の確固とした位置づけを与えているといえるだろうかと再反論している。

最高裁は，条例による刑罰の制定が争われた事件においてであるが，「憲法31条はかならずしも刑罰がすべて法律そのもので定められなければならないとするものでなく，法律の授権によってそれ以下の法令によって定めることもできると解すべきで，このことは憲法73条6号但書によっても明らかである。ただ，法律の授権が不特定な一般的の白紙委任的なものであってはならないこ

とは，いうまでもない」（大阪市売春取締条例事件・最大判昭和 37・5・30 刑集 16 巻
5 号 577 頁）と述べている。31 条が罪刑法定主義を規定しているという解釈を
前提としているといえよう（なお，条例による罰則の制定については，クエスト憲
法Ⅰ p. 390 の(ⅲ)参照）。

4 実体の適正

　31 条は，実体の適正についても保障していると解すべきであろうか。

　合衆国憲法の due process 条項については，実体の適正をも保障していると
して，憲法に明記されていない権利の根拠規定と位置づける解釈も有力である。
また，手続の法定・適正に加え，31 条が実体の法定も保障していると解釈す
るなら，実体の適正も保障していると解釈するのが素直だろう。

　ただ，31 条が実体の適正の保障を含むと解しても，アメリカ合衆国憲法に
比べると日本国憲法の権利のカタログは詳細であり，また，憲法が明記してい
ない権利の根拠としても 13 条があるので，そのような解釈が実質的な意味を
もつ場面は考えにくいとも批判される。31 条が独自に保障する実体的内容と
して，刑罰規定の明確性や罪刑の均衡等が挙げられることもあるが，刑罰規定
の明確性は罪刑法定主義から導くことができ，罪刑の均衡は憲法 36 条から導
くべきことができる，とも指摘されている。

　この点に関する最高裁の解釈ははっきりしないが，徳島市公安条例事件（最
大判昭和 50・9・10 刑集 29 巻 8 号 489 頁。p. 215 の(2)参照）で，「ある刑罰法規があ
いまい不明確のゆえに憲法 31 条に違反する」可能性があることは認めている。
なお，あいまい不明確であるかどうかは，「通常の判断能力を有する一般人の
理解において，具体的場合に当該行為がその適用を受けるものかどうかの判断
を可能ならしめるような基準が読みとれるかどうか」という基準によって判断
するとしている（表現の自由に関する明確性の理論につき，p. 214 の2参照）。

第3節　刑事手続における諸権利

1 身体的拘束に対する手続的権利

33条は,「何人も,現行犯として逮捕される場合を除いては,権限を有する司法官憲が発し,且つ理由となつてゐる犯罪を明示する令状によらなければ,逮捕されない」,34条は,「何人も,理由を直ちに告げられ,且つ,直ちに弁護人に依頼する権利を与へられなければ,抑留又は拘禁されない。又,何人も,正当な理由がなければ,拘禁されず,要求があれば,その理由は,直ちに本人及びその弁護人の出席する公開の法廷で示されなければならない」と定めてゐる。

このように33条・34条は,「逮捕」「抑留」「拘禁」に際して国家がふまなければならない手続を定めている。つまり,身体的拘束に関する手続保障を定める規定である。

では,どのような保障が与えられているのか。「逮捕」には令状主義が,「抑留」「拘禁」には理由告知・弁護人依頼権が,「拘禁」にはさらに理由開示手続が定められていて,しかも「逮捕」「抑留」「拘禁」という言葉が定義されずに使われているのでややこしいが,整理すれば,事前の令状主義(33条),事後の理由告知・弁護人依頼権・理由開示手続(34条)という保障が与えられていると解される。

> **Column 9-1　「逮捕」「抑留」「拘禁」**
>
> 「逮捕」「抑留」「拘禁」と異なる言葉が使われているが,「逮捕」とは身体の拘束の着手,「抑留」「拘禁」とは拘束の継続を意味するとして,また,「抑留」と「拘禁」との違いは拘束期間の長短の違いであるとして,説明されることが多い。
>
> ただ,これらは望ましい結論を導くために帰納的に付与された意味であると理解すべきだろう。つまり,33条と34条の関係について,33条は身体的拘束についての事前手続について,34条は事後手続についての規定であると解するために,上記の「逮捕」/「抑留」「拘禁」の区別が導かれたのであろうと思われる。また,刑事訴訟法が理由開示手続を勾留について定めていること,理

由開示手続は拘束が一定期間を超える場合に必要であると考えればよいという判断から，「抑留」／「拘禁」の区別が導かれているように思われる（これは，刑事訴訟法の判断に，憲法解釈を合わせようとしたのではないだろうか）。

　しかし，このような語釈にはかなり無理があるだろう。「抑留」「拘禁」に関していえば，言葉それ自体には期間の長短のような含意はなく，憲法も38条では「抑留」「拘禁」という言葉を期間の長短と関係なく使っている。34条が「拘禁」についてのみ「正当な理由」を規定していることも，説明しづらい（期間の長短を問わず「正当な理由」が要求されるのは当然であるが，長期の拘束には短期に拘束する理由以上の理由が必要であることから，特に規定したものであろうなどと説明されている）。

　「逮捕」「抑留」「拘禁」について，以上のようなかなり無理な解釈をせず，単に身体的拘束を言い換えているだけであると考えても，同様の帰結を導くことは可能であるように思われる。令状が事前に必要であることの根拠は，33条の「よらなければ」に求めた方が無理がないであろう。刑事訴訟法が理由開示手続を勾留について定めていることに関しても，「抑留」＝刑事訴訟法上の逮捕，「拘禁」＝勾留と割り振らなくとも，逮捕・勾留を一連の身体拘束と捉えて，「直ちに」理由開示の機会が与えられているといえるかどうかによって合憲性を判断するべきであるだろう。

(1)　令状主義

　33条は，身体の拘束について事前に司法官憲が令状を発することを求めている。

　その趣旨は，権力分立の観点から司法に事前審査させるというところにあると解すべきであろう。つまり，「司法官憲」は司法府に限ると解さなければならない。「司法官憲」という言葉自体は検察官や司法警察職員のような行政官を排除しないが，それらを含むと解釈すると33条は身体の拘束について行政府内部の行為形式を定めただけになってしまい，適切ではない。刑事訴訟法も令状の発給権限を司法府に限っている（刑事訴訟法199条は，裁判官に限定している）。

　司法が令状を発する際に審査する内容は，33条が令状に「理由となつてゐる犯罪を明示する」ことを要求しているところから，憲法上，個別具体的にその罪をその者が犯したと考えられる理由があるかという点にあると考えられる

が，加えて，逮捕の必要性の審査も求められていると解すべきであろう（刑訴
199条参照）。

　33条が「現行犯として逮捕される場合」を例外としているのは，現行犯の
場合は，拘束されようとする者と具体的な犯罪との結び付きが明白で，裁判官
が上記の点を審査する必要がないからであると解されよう。

　憲法33条との関連で議論されるものとして，緊急逮捕制度がある。刑事訴
訟法210条は，一定の重大な「罪を犯したことを疑うに足りる充分な理由があ
る場合で，急速を要し，裁判官の逮捕状を求めることができない」ときに，事
前の令状なしに，理由を告げるだけで逮捕することを認めている。そして，緊
急逮捕を行ったときは，事後に直ちに裁判官の逮捕状を取得することを義務づ
けている。緊急逮捕制度が憲法33条に反しないかについて，最大判昭和30・
12・14刑集9巻13号2760頁は全員一致で合憲判断を下しているが，多数意
見は理由づけに乏しいものであった。合憲である理由について一致できなかっ
たことが推測されるが，次の2つの補足意見が付されていた。斎藤悠輔裁判官
の補足意見は，33条の例外規定（「現行犯として逮捕される場合を除いては」）は
「アメリカ憲法修正第4条（The right of the people to be secure in their persons,
houses, papers, and effects, against *unreasonable* searches and seizures, shall not be
violated, and no Warrants shall issue, but upon probable cause, supported by Oath
or affirmation, and particularly describing the place to be searched, and the persons
or things to be seized.〔斜体付加〕）と同じく，合理的な捜索，逮捕，押収等を
令状を必要とする保障から除外する趣旨」であるとする。また，小谷勝重・池
田克裁判官の補足意見は，①刑事訴訟法210条の「罪を犯したことを疑うに足
りる充分な理由」とは「当該捜査機関の主観的判断では足らず，客観的妥当性
のある充分な理由の存する場合であるから，現行犯の場合に準じて考えられる
明白な根拠をもち，裁判官の判断を待たないでも過誤を生ずるおそれがないも
の」と制限的に解釈できること，また，②逮捕は留置するまでの継続的性質を
もつ行為であり，「被疑者を拘束してから直ちに裁判官の逮捕状を求めて逮捕
状が発せられたときは，なお且つ逮捕状による逮捕と認めることを妨げない」
こと，という2つの理由づけを与えている。

　しかし，33条の趣旨が「罪を犯したことを疑うに足りる充分な理由」の存

否を司法が事前に審査することとし，そして，司法が審査をする必要がない場合に例外を認めているのだとすると，単に合理的であるというだけで司法の関与に例外を認める斎藤補足意見は，33 条の意義を切り下げてしまうものだろう。また，緊急逮捕を「裁判官の判断を待たないでも過誤を生ずるおそれがないもの」に限定しようとする小谷・池田補足意見の理由づけ①は，何がそのような場合にあたるのかについて，現行犯の場合はそれにあたるという類型的判断を憲法が行っているのに対して，緊急逮捕の場合は，法律上も判例上もどのような類型がそれにあたるのかの判断がなされておらず，あくまで捜査機関が判断することになる点で，問題があるように思われる。緊急逮捕制度の実際上の必要性はよく説かれるところであるが，その合憲性は，小谷・池田補足意見の理由づけ②，つまり，具体的場合にどこまで事前審査と同視できるかに依存しているように思われ，制度として正当化することは非常に困難であろう。

(2)　弁護人依頼権

34 条前段は，身体拘束後，「理由を直ちに告げられ，且つ，直ちに弁護人に依頼する権利を与へられ」ることを保障している。

刑事訴訟法は，捜査機関は身体の拘束後「直ちに犯罪事実の要旨及び弁護人を選任することができる旨」を告知することを義務づけている（刑訴 203 条・204 条）。

弁護人依頼権が保障されているのは，身体的拘束という窮境に追い込まれた者が自らその身を守ることができるとは到底考えられないからである。それゆえ，単に形式的に弁護人を選任することができるというだけでは不十分であって，実質的に弁護人から援助を受けられることが必要である。刑事訴訟法 39 条が，身体の拘束を受けている被告人または被疑者は弁護士と「立会人なくして接見し，又は書類若しくは物の授受をすることができる」旨を定めて，接見交通権を保障しているが，これは憲法 34 条の保障を実質化するためのものと考えることができる。この点は最大判平成 11・3・24 民集 53 巻 3 号 514 頁で最高裁が明確に述べていて，「〔34 条の弁護人依頼権は，〕身体の拘束を受けている被疑者が，拘束の原因となっている嫌疑を晴らしたり，人身の自由を回復するための手段を講じたりするなど自己の自由と権利を守るため弁護人から援助

を受けられるようにすることを目的とするものである。したがって，右規定は，単に被疑者が弁護人を選任することを官憲が妨害してはならないというにとどまるものではなく，被疑者に対し，弁護人を選任した上で，弁護人に相談し，その助言を受けるなど弁護人から援助を受ける機会を持つことを実質的に保障しているものと解すべきである」とした。

なお，憲法 37 条 3 項は，被告人に対して，弁護人依頼権を保障している。こちらは，身体的拘束の有無を問わないものであり，刑事裁判における対等性の確保というフェアネスの観点から保障されたものと考えるべきだろう。

37 条 3 項には国選弁護制度が規定されており，34 条にはないことから，起訴前の国選弁護制度は憲法上保障されていないと解されてきた。しかし，弁護人の必要性という観点からはそのような区別に合理性があるのかは問われつづけてきたところであり，遂に 2006（平成 18）年から一定の被疑者に対して国選弁護人を附することを可能にする被疑者国選弁護制度が設けられた（刑訴 37 条の 2 以下）。

(3)　理由開示手続

34 条後段は，拘禁の理由を本人およびその弁護人の出席する公開の法廷で示すように要求する手続を保障している。

刑事訴訟法は，身体拘束が一定期間（最大で 72 時間）を超えて継続する場合には，原則としてその前に検察官が裁判官に対して勾留請求を行うか，公訴を提起することを義務づけている（刑訴 204 条・205 条など）。そして，勾留された被疑者・被告人等は裁判所に対して公開法定での勾留理由開示を請求できる（刑訴 82 条）。勾留理由開示が請求されると，裁判長は勾留の理由を告げなければならない。それに対して，被疑者・被告人等は意見を述べることができる（刑訴 84 条・207 条）。ただし，裁判所は意見陳述に対して応答する義務はない。

憲法 34 条後段に関しては，英米法の人身保護令状（writ of habeas corpus）の手続が影響した規定であり，身体的拘束を受けた場合に裁判所に理由の有無・当否を審査してもらうことができ，裁判所が理由なしと判断するときは釈放されるという制度を求めているという見解も有力である。このように解すると勾留理由開示手続は，裁判所が理由の当否を審査しない点で不十分である。

　日本でも人身保護法が定められ，「法律上正当な手続によらない」身体の自由の拘束について，裁判所にその救済を求めることができることとなっているが，最高裁判所が定めた人身保護規則 4 条が，「請求は，拘束又は拘束に関する裁判若しくは処分がその権限なしにされ又は法令の定める方式若しくは手続に著しく違反していることが顕著である場合に限り，これをすることができる。但し，他に救済の目的を達するのに適当な方法があるときは，その方法によつて相当の期間内に救済の目的が達せられないことが明白でなければ，これをすることができない」と定めていることもあって，十分に活用されているとはいえない。

2 プライバシー侵害に対する令状主義

　35 条は，1 項で，「何人も，その住居，書類及び所持品について，侵入，捜索及び押収を受けることのない権利は，第 33 条の場合を除いては，正当な理由に基いて発せられ，且つ捜索する場所及び押収する物を明示する令状がなければ，侵されない」，2 項で，「捜索又は押収は，権限を有する司法官憲が発する各別の令状により，これを行ふ」と規定している。33 条の令状主義が身体の拘束に対するものであるのに対して，35 条の令状主義はプライバシー侵害に対するものである。「住居」はプライバシーの私的生活としての側面を，「書類」は情報としての側面を表象するものであり，必ずしも「住居，書類及び所持品」という言葉の意味に拘泥するべきではないように思われる（「侵入，捜索及び押収」についても同様に解される）。最高裁も，憲法 35 条の「保障対象には，『住居，書類及び所持品』に限らずこれらに準ずる私的領域に『侵入』されることのない権利が含まれるものと解するのが相当である」と述べて，GPS 捜査（車両に使用者らの承諾なく秘かに GPS 端末を取り付けて位置情報を検索し把握する刑事手続上の捜査）について令状が必要であるとした（最大判平成 29・3・15 刑集 71 巻 3 号 13 頁）。35 条は，プライバシーが侵害されようとするたびごとに個別に（「捜索する場所及び押収する物を明示」「各別の令状」），司法府が「正当な理由」を審査するシステムを採用したのである。

　35 条は，令状主義の例外を「第 33 条の場合を除いては」と定めているが，「第 33 条の場合を除いては」の意義については解釈が対立している。刑事訴訟

法 220 条が現行犯逮捕の場合だけでなく逮捕一般について令状差押え等の例外を定めていること，また，旧・国税犯則取締法 3 条が，「間接国税ニ関シ現ニ犯則ヲ行ヒ又ハ現ニ犯則ヲ行ヒ終リタル際ニ発覚シタル事件」について逮捕を要件とせずに「臨検，捜索又ハ差押」を認めていたこと（現行・国税通則法 135 条も同様）等をめぐって，争いがある。

　まず，①「第 33 条の場合」を 33 条が令状主義の例外として挙げている場合と理解して，「第 33 条の場合を除いては」とは「現行犯として逮捕される場合を除いては」を意味するという解釈がある。この解釈によれば，刑事訴訟法 220 条や国税犯則取締法 3 条は憲法違反ということになるだろう。次に，②「第 33 条の場合」を 33 条全体を受けていると理解し，かつ，33 条を逮捕の規定であると捉えて，「第 33 条の場合を除いては」とは「逮捕される場合を除いては」を意味するという解釈がある。この解釈によれば刑事訴訟法 220 条は合憲となるだろうが，国税犯則取締法 3 条は憲法違反となる。そして，③「第 33 条の場合を除いては」とは「不逮捕の保障の存しない場合を除いては」を意味するという解釈がある。これは，最高裁が国税犯則取締法 3 条を合憲と判断した最大判昭和 30・4・27 刑集 9 巻 5 号 924 頁で採用した解釈である。③は，「第 33 条の場合」を 33 条全体を受けていると理解し，かつ，33 条を逮捕の要件に関する規定であると捉えて，「第 33 条の場合」を「逮捕されうる場合」と理解するという趣旨であろう。

　①と②の違いは，令状逮捕の場合を例外と認めるかどうかにある（刑事訴訟法 220 条は，現行犯逮捕・令状逮捕に加えて，緊急逮捕を含めている。②をとった場合も，緊急逮捕を含めることまで許されるかは，緊急逮捕の憲法 33 条適合性の問題である。なお，最大判昭和 36・6・7 刑集 15 巻 6 号 915 頁参照）。②と③の違いは，実際に逮捕することを例外の条件とするかどうかにある。

　いずれの解釈が正しいかは，35 条がどのような趣旨で例外を定めたのかという観点から検討されるべきだろう。そうすると，①の解釈が説得的であるためには，現行犯逮捕の場合にのみ当てはまる，35 条の令状審査を不要とする理由が考えられなければならない。しかし，令状逮捕にはなく現行犯逮捕にはある特徴で，プライバシー侵害に令状審査を不要とする説得的な理由を見いだすことは難しいのではないだろうか。次に，②の解釈をとるためには，逮捕一

般に当てはまる，令状審査の例外を認めるべき理由が考えられなければならない。ⓐ逮捕の場合には，逮捕が許容された以上，逮捕に必要な侵入等（被疑者の捜索のための侵入など）も含めて許容されている，あるいは，ⓑ逮捕の場合には，侵入等の「正当な理由」が明白であり，裁判所が審査する必要がない（侵入等の目的は証拠の収集・保全であるが，逮捕の現場には証拠が存在する蓋然性が高い，逮捕時に被逮捕者等により証拠が破壊される蓋然性が高いなど），などという説明が試みられている。ただ，ⓐに対しては，逮捕が許容されれば例えば無関係の第三者の居宅に侵入することも逮捕に必要であれば許されると解してよいのか，ⓑに対しては，その前提（逮捕の現場に証拠がある蓋然性が高いなど）は正しいのか，また，捜査機関によって恣意的に逮捕現場が選択される危険はないのか，などの疑問が提起されている。いずれにせよ，逮捕に伴って令状なしに許容される侵入等は限定的に考えることが必要であろう（刑事訴訟法220条は限定解釈されなければならない）。③は，その趣旨を推測するならば，身体の拘束が許容される場合は，プライバシー侵害も許容されると解していることになるのではないかと思われる。しかし，35条が33条から区別して規定されているのは，身体的自由とは区別される利益としてプライバシーを保護する趣旨であると解すべきではないだろうか。③の解釈は35条が独立に規定された意味を小さくしてしまうように思われる。なお，①の解釈をとる者の中には，逮捕一般に例外を認める理由があると考えつつ，現行犯逮捕の場合以外は念のため令状を要求するという考え方もあるかもしれない。しかし，実質的に審査の必要がないのであればわざわざ審査することに意味があるのか疑問であるし，また，逮捕状と一緒に捜索差押令状を申請する実務を生むだけで，しかも取得された捜索差押令状が一人歩きする危険もあるように思われる。

3 残虐な刑罰の禁止

36条は，「公務員による……残虐な刑罰は，絶対にこれを禁ずる」と定める。

死刑が残虐な刑罰に該当するかに関しては，「生命は尊貴である。一人の生命は，全地球よりも重い」で始まる初期の著名な判決がある（最大判昭和23・3・12刑集2巻3号191頁）。最高裁は，13条が生命に対する権利についても公共の福祉による制約を課していること，また，31条が生命を奪う刑罰を想定

していることから，憲法は「刑罰として死刑の存置を想定し，これを是認した
ものと解すべきである」とした。ただ，「死刑といえども，他の刑罰の場合に
おけると同様に，その執行の方法等がその時代と環境とにおいて人道上の見地
から一般に残虐性を有するものと認められる場合には，勿論これを残虐な刑罰
といわねばならぬ」とされている。

　36条は，罪刑均衡原則も保障しているという解釈が有力である。

4　迅速な裁判を受ける権利

　37条1項は，「すべて刑事事件においては，被告人は，公平な裁判所の迅速
な公開裁判を受ける権利を有する」と規定する（裁判の公開については，クエス
ト憲法Ⅰ p. 297 の第3節参照）。

　裁判の迅速性が憲法上保障されている理由は，刑事裁判の長期化が証拠資料
の滅失をもたらすなど，被告人の防御に支障を生じさせ，また，真実に即した
裁判を期待できなくするからであり，また，長期間にわたって被告人という地
位におかれることが著しい社会的不利益を与えるからである。

　迅速な裁判を受ける権利が何を保障しているかについて，最高裁の初期の判
例には，「いま，本件の裁判が迅速を欠き憲法の条規に違反したものと仮定し
て，その結果はどうなるであろうか。裁判の遅延が担当裁判官の責に帰すべき
事由による場合には，その裁判官は，司法行政上その他の責を問われることの
あるべきことは当然であろう。しかし，裁判に迅速を欠いた違法があるからと
いつて，第二審判決を破棄すべきものとすれば，差戻す外はない。しかし，
そうしたならば，裁判の進行は更に一層阻害されて，憲法の保障はいよいよ裏
切られる矛盾を生ずるであろう。それ故裁判が迅速を欠き憲法第37条第1項
に違反したとしても，それは判決に影響を及ぼさないことが明らかであるから，
上告の理由とすることができないものと解さなければならない」（最大判昭和
23・12・22刑集2巻14号1853頁）と述べて，迅速を欠いた裁判の具体的な救済
まで保障するものではないという趣旨に読めるものがあった。

　これに対して，いわゆる高田事件に関する最大判昭和47・12・20刑集26巻
10号631頁は，「憲法37条1項の保障する迅速な裁判をうける権利は，憲法
の保障する基本的な人権の1つであり，右条項は，単に迅速な裁判を一般的に

保障するために必要な立法上および司法行政上の措置をとるべきことを要請するにとどまらず，さらに個々の刑事事件について，現実に右の保障に明らかに反し，審理の著しい遅延の結果，迅速な裁判をうける被告人の権利が害せられたと認められる異常な事態が生じた場合には，これに対処すべき具体的規定がなくても，もはや当該被告人に対する手続の続行を許さず，その審理を打ち切るという非常救済手段がとられるべきことをも認めている趣旨の規定であると解する」と述べて，個々の刑事裁判に対する具体的な保障であること，また，迅速な裁判を受ける権利を侵害する裁判に対しては「非常救済手段」をも認められることを明らかにした。そして，当該事件については，「刑事事件が裁判所に係属している間に迅速な裁判の保障条項に反する事態が生じた場合において，その審理を打ち切る方法については現行法上よるべき具体的な明文の規定はないのであるが，前記のような審理経過をたどつた本件においては，これ以上実体的審理を進めることは適当でないから，判決で免訴の言渡をするのが相当である」とした。

5 証人審問権・証人喚問権

　37条2項は，「刑事被告人は，すべての証人に対して審問する機会を充分に与へられ，又，公費で自己のために強制的手続により証人を求める権利を有する」と規定する。

　37条2項前段の権利は，証人審問権と呼ばれている。証人審問権はなぜ保障されているのだろうか。「証人」に関する権利であるという点から，供述証拠に関わる権利であると位置づけるべきであろう。すなわち，ある事実（例えば，Aが人を殺した）をその事実を内容とする供述（Aが人を殺したとBが証言した）によって証明しようとすることについては，供述をする者（B）の知覚，記憶，表現（誠実性），叙述の各段階で誤りが生じる可能性がある。そこで，37条2項前段は，供述によって不利益を被る被告人に反対尋問の機会を与えることによって，供述内容の信用性を確保しようとするものであると理解することができる。また，証人審問権の保障は，被告人にとっては，自らに対して不利益が課されようとする場合に反論する機会が与えられるという点で手続的正義の実現という意義をもつであろう。また，事実を認定する裁判所にとっては，

供述者が反対尋問にどのように応えるかを直接に観察することによって，供述の信用性をより正しく判断することを可能にするであろう。

　このように権利の性質を理解すると，37条2項は「すべての証人」とするが，それを文字通りに理解して，公判期日において証人として喚問された者と理解するのは適切な解釈ではないだろう。証人審問権は，供述証拠の信用性に関わるのであるから，「すべての証人」は供述内容の真実性を証明するために公判廷に提出されるすべての供述証拠の供述者を指すと解すべきである。証人としての資格以外で公判廷で供述を行う者（鑑定人・参考人など）を含むほか，さらに，書面（Aが人を殺したとBが供述したことを記録した書面）や口頭（Aが人を殺したとBが言うのを聞いたとCが証言した）で提出された供述証拠の供述者（B）を含むと解すべきである。すなわち，逆にいえば，37条2項は，公判廷において被告人が審問する機会のない供述を証拠とすることを原則として否定していると解される。つまり，いわゆる伝聞法則（刑訴320条）は，証人審問権の保障から導かれるところであると考えられる。

　この点で，刑事訴訟法321条以下の伝聞法則の例外については，証人審問権保障の観点から検討することが必要である。例えば，刑事訴訟法321条1項2号前段が，「検察官の面前における供述を録取した書面」（検察官面前調書）について，供述不能だけで伝聞法則の例外を認めるという点で裁判官面前調書と同様の取扱いをしていることについては，違憲論も強い。

　以上のような証人審問権理解に対して，最高裁は，初期の判例で，「憲法第37条第2項に，刑事被告人はすべての証人に対し審問の機会を充分に与えられると規定しているのは，裁判所の職権により，又は訴訟当事者の請求により喚問した証人につき，反対訊問の機会を充分に与えなければならないと言うのであつて，被告人に反対訊問の機会を与えない証人其他の者（被告人を除く。）の供述を録取した書類は，絶対に証拠とすることは許されないと言う意味をふくむものではない」と述べたことがある（最大判昭和24・5・18刑集3巻6号789頁）。証人審問権の対象である「すべての証人」を，「裁判所の職権により，又は訴訟当事者の請求により喚問した証人」に限定しているようにも読め，証人審問権と伝聞法則と切り離してしまっているという批判が為されている。ただ，本判決の射程に関しては議論もあり（「絶対に証拠とすることは許されない」とい

う，伝聞法則に例外を認めない解釈を否定したにすぎない），また，現時点での最高裁の理解は別途考える必要がある（最判平成 7・6・20 刑集 49 巻 6 号 741 頁参照。「憲法 37 条 2 項が被告人に証人審問権を保障している趣旨」を 1 つの手掛かりとしつつ，検察官面前調書の証拠能力を制限する可能性を認めた）。

　証人審問権のいう「審問」の内容が争われた事件として，最判平成 17・4・14 刑集 59 巻 3 号 259 頁がある。2000（平成 12）年の刑事訴訟法改正により，証人が被告人から見られていることによって圧迫を受け精神の平穏を著しく害されるおそれがある場合に，被告人と証人との間に遮へい措置をとった上で証人尋問を行うことが認められうることになった（刑訴 157 条の 5）。また，性犯罪被害者等が公法廷において証言することによる精神的圧迫・苦痛を回避するために，証人を法定外の別室に在席させ，法廷と別室とを映像と音声で結んだ上で証人尋問を行うビデオリンク方式も導入された（刑訴 157 条の 6）。遮蔽措置とビデオリンク方式が併せて実施された上で証人尋問が行われた事件において，遮へい措置，ビデオリンク方式，また，それらの併用が「審問する機会を充分に与」えたといえるかが争われたが，最高裁は，遮へい措置については，「被告人は，証人の姿を見ることはできないけれども，供述を聞くことはでき，自ら尋問することもでき，さらに，この措置は，弁護人が出頭している場合に限り採ることができるのであって，弁護人による証人の供述態度等の観察は妨げられない」ことを理由として，制度の趣旨にかんがみ，証人審問権は侵害されていないとした。また，ビデオリンク方式については，「被告人は，映像と音声の送受信を通じてであれ，証人の姿を見ながら供述を聞き，自ら尋問することができる」ことを理由として，証人審問権を侵害しないとした。さらに，遮へい措置とビデオリンク方式が同時にとられた場合についても，「映像と音声の送受信を通じてであれ，被告人は，証人の供述を聞くことはでき，自ら尋問することもでき，弁護人による証人の供述態度等の観察は妨げられない」ことを理由として，憲法 37 条 2 項には違反しないとした。

　37 条 2 項後段「公費で自己のために強制的手続により証人を求める権利」は，証人喚問権と呼ばれている。証人審問権がもっぱら被告人にとって不利益な証人に関する権利であるのに対して，証人喚問権は，被告人にとって有利な証人に関する権利であると位置づけられ，そのような証人を被告人が「公費

で」「強制的手続により」喚問するように求めることを認めたものであると解されている。

6 自白の強制からの自由

38条は，1項で，「何人も，自己に不利益な供述を強要されない」，2項で「強制，拷問若しくは脅迫による自白又は不当に長く抑留若しくは拘禁された後の自白は，これを証拠とすることができない」，3項で「何人も，自己に不利益な唯一の証拠が本人の自白である場合には，有罪とされ，又は刑罰を科せられない」と定める。また，36条は，「公務員による拷問……は，絶対にこれを禁ずる」と定めている。

自白は，「証拠の王」と呼ばれるように犯罪を推認させるという点で決定的な重要性をもつと考えられやすく，それゆえに捜査機関は自白の獲得を目標としがちであり，その結果，強制等の違法・不当な手段に走ってしまうおそれがある。また，客観的な事実の問題としても，強制された自白が実際は誤りであることも少なくなく，多くの冤罪の原因となってきたところである。そして，そもそも，自ら供述して不利益を受けるかどうかは自分で決めるべきであると考えられ，したがって，自白を強制することによって，供述して不利益を受けるか供述を拒否して制裁を受けるかという立場に個人を追い込むことは，内心・プライバシーの保護や，個人の尊厳に反する。

このような考慮に基づいて，憲法は，自白の強要からの自由を保障し（38条1項），不任意の自白の証拠能力を否定し（同条2項），さらに，任意の自白であっても，その証明力を制限した（同条3項）。拷問の絶対的禁止（36条）も，自白の強要を禁止することが1つの目的である。

38条1項は，自己負罪拒否特権と呼ばれ，合衆国憲法修正5条に由来する。修正5条は，「自己に不利益な証人となることを強要されない」と規定し，もともとは自らが被告となる刑事裁判において法的な証言義務を課せられない保障を定めたものであったが，現在ではその保障内容は拡張して理解されている。日本国憲法38条1項は「何人も，自己に不利益な供述を強要されない」とだけ定めていて，文言上も広い意味内容をもちうる規定になっている。

ただ，同条2項・3項から1項も刑事手続に関する規定であると理解するの

が多数であり，自己に「不利益」な供述とは，「自己が刑事上の責任を問われる虞ある事項」についての供述と理解されている（最大判昭和 32・2・20 刑集 11 巻 2 号 802 頁）。

「強要」されないについては，その由来から，法律上の不利益を課されないという意味で理解されている。

7 遡及処罰の禁止，一事不再理，二重の危険の禁止，二重処罰の禁止

39 条は「何人も，実行の時に適法であつた行為又は既に無罪とされた行為については，刑事上の責任を問はれない。又，同一の犯罪について，重ねて刑事上の責任を問はれない」と定める。

前段前半「何人も，実行の時に適法であつた行為……については，刑事上の責任を問はれない」が遡及処罰の禁止を定めていることは，明らかである。前段前半が，憲法が罪刑法定主義を定めていることの手掛かりの 1 つであることは，前述した。

実体法の遡及適用が憲法 39 条に反することに争いはないが，手続法の不利益変更を遡及することが 39 条に反しないかについては解釈が分かれている。この点，2010（平成 22）年刑事訴訟法改正は，公訴時効について廃止または期間を延長したが，その附則 3 条 2 項で「同法の施行前に犯した人を死亡させた罪であって禁錮以上の刑に当たるもので，この法律の施行の際その公訴の時効が完成していないもの」についても改正法が適用されると定めていた。最判平成 27・12・3 刑集 69 巻 8 号 815 頁は，公訴時効の廃止・期間の延長が「行為時点における違法性の評価や責任の重さを遡って変更するものではない」こと，そして，「被疑者・被告人となり得る者につき既に生じていた法律上の地位を著しく不安定にするようなものでもない」ことを理由として，憲法 39 条・31 条に違反しないと判断した。

39 条前段後半「何人も，……既に無罪とされた行為については，刑事上の責任を問はれない」，および，後段「同一の犯罪について，重ねて刑事上の責任を問はれない」については，何を保障しているのかについて解釈上の対立がある。

　解釈上の対立は，大きくは，一事不再理として理解する考え方と，二重の危険禁止として理解する考え方とに分けられている。

　一事不再理とする考え方は，裁判の効力として説明しようとするものである。

　二重の危険禁止とする考え方は，39条後段の英訳が "nor shall he be placed in double jeopardy" となっていることから，アメリカ合衆国憲法修正5条（nor shall any person be subject for the same offence to be twice put in jeopardy of life or limb）の影響を受けた規定であると説明しようとするものである。二重の危険とは，被告人の負担という観点から，1つの犯罪について刑罰が科されるという可能性の下に裁判にかけられるという危険を2回以上繰り返さないことを保障するものである。

　最大判昭和25・9・27刑集4巻9号1805頁は，「元来一事不再理の原則は，何人も同じ犯行について，二度以上罪の有無に関する裁判を受ける危険に曝さるべきものではないという，根本思想に基くことは言うをまたぬ」とした。憲法39条後段が二重の危険原則を含むことを前提していると解される（ただ，アメリカにおける理解とは異なり，危険を「同一の事件においては，訴訟手続の開始から終末に至るまでの1つの継続的状態」であると観念したので，検察官による不利益上訴は被告人を二重の危険にさらすものではないとした）。

　一事不再理と説明するにせよ，二重の危険と説明するにせよ，それらの解釈の難点の1つは，39条の規定の仕方にある。すなわち，1つの原則を，39条前段後半と39条後段という2つの文章に分けて規定し，しかもそのうちの1つが1つの文章の半分であるというのは，相当に不自然な規定の仕方である。

　この点については，39条の制定経緯から，憲法立案者のそもそもの理解が稚拙であったという指摘もなされている。ただ，解釈として，39条前段後半と後段との違いを明確に区分けすることは可能であろうか。

　この点について，前段は，確定した裁判の効力（一事不再理）として，それを被告人の不利益に変更することの禁止，後段は，同一の犯罪行為について，いったん処罰した後，重ねて処罰することの禁止（二重処罰の禁止）とする解釈も示されている。

　当初この解釈を提唱した者は，前段を実体法上の，後段を訴訟法上の原理であると説明した。論者は確定裁判の効力の本質を当該事件に具体化された実体

法として説明する見解をとっていたから，前段前半の事後法の禁止とともに，「刑事上の責任を問はれない」というのは実体法的に刑事責任を問われないことを意味していると説明できた。また，裁判が訴因についての判断でありながらその効果が公訴事実の範囲で及ぶことも，39 条後段に基づく訴訟法上の効果であると説明できた。ただ，この解釈に対しては，現在では，確定裁判の拘束力は訴訟制度的に説明されることが通常となっているということを指摘できる。その意味では，39 条をこのように解釈する必要性は小さい。

　また，そもそも，一事不再理か二重の危険禁止かは，説明の観点は違うとしても，前掲最大判昭和 25・9・27 のように，危険を「訴訟手続の開始から終末に至るまでの 1 つの継続的状態」と理解する限りは，実際にはそれほど大きな違いはないように思われる。逆にいえば，危険をどのように理解するか，判決の制度的効力をどのように理解するかこそが，重要な問いであったろう（危険理解に関しては，アメリカとの違いを陪審制の存在に求める考え方が有力であったことから考えると，裁判員制度が導入された現在においては再検討すべき理由がある）。

　なお，39 条後段から実体的な二重処罰の禁止を読み取る理解もあり，そこから，ある行為に刑罰とそれ以外の不利益処分との併科を定めることが憲法 39 条に違反するのではないかが問われることがある。最大判昭和 33・4・30 民集 12 巻 6 号 938 頁は，法人税法が逋脱犯に対する刑罰を定めるとともに追徴税も定めていた事案について，追徴税が「申告納税を怠つたものに対し制裁的意義を有することは否定し得ないところである」としつつ，その要件，目的，賦課手続などを考慮した上で，結論としては，「追徴税を課せらるべき納税義務違反者の行為を犯罪とし，これに対する刑罰として，これを課する趣旨でないこと明らかである」とした。この判例は，不利益処分が実質的に刑罰と等しい場合には，刑罰と不利益処分の併科は憲法 39 条に違反することを前提していると理解することも可能である。また，独禁法上の課徴金については，それが憲法 39 条に違反しない理由として，不当な経済的利得の剥奪にすぎず制裁ではないという説明がしばしばなされてきた。

　しかし，最判平成 10・10・13 判時 1662 号 83 頁は，罰金刑が確定し，かつ国から不当利得の返還を求める民事訴訟が提起されていた事案において，独禁法上の課徴金の納付を命じることについて，上記昭和 33 年判決を引用するだ

けで簡単に憲法 39 条違反の主張を退けている。また，この判決の後の 2005
（平成 17）年の独禁法改正は，課徴金の大幅な引き上げなど，不当な経済的利
得の剥奪という説明は困難であると指摘されている。

　この点に関して，39 条後段から実体法上の二重処罰の禁止を読み取るべき
ではないという主張も有力である。すなわち，同一の行為に対して自由刑と財
産刑を併科するなどは問題なく認められてきたのだから，刑罰とその他の不利
益処分を課すことがそれ自体として許されないと考える必要はない。刑罰とそ
の他の制裁との併科について議論されてきたことの実質は，手続的な負担の問
題であるか，または，特定の行為に対する制裁が過大であるという問題である
と考えられる。この見解は，39 条後段は手続的に理解すればよく，制裁の過
重については罪刑均衡原則・比例原則（36 条・31 条・13 条）の問題として論じ
るべきであると説いている。

第 4 節　行政手続への憲法 31 条以下の適用可能性

　一般に，31 条以下は刑事手続を統制する規定であると理解されている。し
かし，31 条以下は刑事手続以外の手続とは関係がないと解釈すべきであろう
か。行政手続との関係で，これらの規定をどのように解するかが論じられてい
る。

　例えば 31 条は手続の適正を要求しているという解釈がある。現在では，行
政手続にも適正が要求されるというのは常識であるが，その根拠を 31 条に求
めることができるだろうか（⇒ **1**）。

　また，33 条以下の個別的な手続保障は行政手続に及ぼすべきであろうか。

　2・**3**では，判例上しばしば問題になる 35 条・38 条 1 項の行政手続への適
用可能性について検討する。刑事裁判が真実に基づいて行われなければならな
いように，行政活動も真実に基づいて行われる必要がある。また，行政は事実
に即応して積極的に行動することが求められることもある。そのため，法は，
行政に対して情報を収集する権限を与えたり，あるいは，私人に対して情報を
提供する義務を課したりすることがある。35 条や 38 条 1 項の適用可能性が争
われるのは，このような場面が多い。

1 行政手続の適正

　行政手続の適正保障の根拠を，憲法に求めることができるだろうか，求めるとすればいかなる条項に求めるべきであろうか。

　主要な見解としては，①31 条が刑事手続の適正も保障しているという理解を前提に，刑事手続適正の保障が行政手続にも適用（または，準用，類推適用）されるという見解，②13 条から「適正な手続的処遇を受ける権利」を導く見解，③手続的法治国原理に求める見解がある。

　①をとれば，行政手続の適正が保障されるとして，具体的にどのような手続が求められるか考える場合に，刑事手続の内容を基本とし，そこから必要な修正を加えて適正な行政手続を考えるという思考方法へと道筋を付けやすいだろう。

　しかし，行政活動の内容が非常に多様であることを考えるなら，①はそもそも魅力的な思考方法ではないかもしれない。なぜなら，あらゆる行政手続における適正手続の理想が刑事手続であるとは考えられないからである。また，一般論としては 31 条の行政手続への適用可能性が認められたとしても，具体的な適用場面においては刑事作用と行政作用との違いを理由に 31 条は適用されないという結論になってしまっては意味がないだろう。

　①に対して，②や③の見解は，刑事手続とは切り離して，具体的な行政手続ごとにふさわしい手続保障のあり方を考えていく思考と結び付きやすい。②は，手続保障に対して権利という位置づけを与えることができ，③は，手続保障を，行政活動に対する実体的統制（法治主義）という基本原則の延長線上に位置づけることができる。

　最高裁は，成田新法事件（最大判平成 4・7・1 民集 46 巻 5 号 437 頁 **判例 9-1** ）で，運輸大臣が命じる工作物の供用禁止が適正手続の保障に反し 31 条に違反するという主張に対して，「〔当該手続が〕刑事手続ではないとの理由のみで，そのすべてが当然に同条〔=31 条〕による保障の枠外にあると判断することは相当ではない」と述べた。最高裁は 31 条が手続の適正の保障を含むと解しており（⇒ p. 325 の *2* ），そのことを前提に，31 条から行政手続への適正手続保障を導くことを肯定する趣旨であると考えられる。

　ただ，最高裁は，供用禁止命令に際して「事前の告知，弁解，防御の機会」を与える必要があるかという具体的な論点に関しては，「同条〔＝31条〕による保障が及ぶと解すべき場合であっても，一般に，行政手続は，刑事手続とその性質においておのずから差異があり，また，行政目的に応じて多種多様であるから，行政処分の相手方に事前の告知，弁解，防御の機会を与えるかどうかは，行政処分により制限を受ける権利利益の内容，性質，制限の程度，行政処分により達成しようとする公益の内容，程度，緊急性等を総合較量して決定されるべきものであって，常に必ずそのような機会を与えることを必要とするものではないと解するのが相当である」と述べるにとどめ，具体的事案の結論としては不要であるとした。このような多数意見の判示からは，行政手続に対してどのような手続保障が必要であるのかが具体的には明らかではない。これに対して，園部逸夫裁判官の意見は，「行政庁の処分のうち，少なくとも，不利益処分（名宛人を特定して，これに義務を課し，又はその権利利益を制限する処分）については，法律上，原則として，弁明，聴聞等何らかの適正な事前手続の規定を置くことが，必要である」と説き，また，可部恒雄裁判官の意見も，「私人の所有権に対する重大な制限が行政処分によって課せられた事案」には31条の保障が及ぶとし，「かかる処分が一切の事前手続を経ずして課せられることは，原則として憲法の許容せざるところ」と説いて，それぞれ適正手続保障が求める内容を示している。

◆判例 9-1　　**最大判平成 4・7・1民集 46 巻 5 号 437 頁**　　〈成田新法事件〉

【事実】 1966（昭和41）年に新東京国際空港（現在の成田国際空港）の建設が閣議決定されたが，激しい反対運動が起こり，その工事は予定より大幅に遅れた。ようやく1977（昭和52）年に翌年3月30日を新空港の供用開始日とすることが告示されたが，その直前の1978（昭和53）年3月26日に反対派による管制塔乱入事件が起き，供用開始日は5月20日に延期されることとなった。国会は，この事件を受け，5月13日に「新東京国際空港の安全確保に関する緊急措置法」（以下，「本法」。現在の「成田国際空港の安全確保に関する緊急措置法」）を制定した。

　本法3条1項は，空港およびその周辺の規制区域内の建築物等に対する使用禁止命令を，次のように定めていた。

　　第3条1項　運輸大臣は，規制区域内に所在する建築物その他の工作物に

ついて，その工作物が次の各号に掲げる用に供され，又は供されるおそれがあると認めるときは，当該工作物の所有者，管理者又は占有者に対して，期限を付して，当該工作物をその用に供することを禁止することを命ずることができる。

　　一　多数の暴力主義的破壊活動者の集合の用
　　二　暴力主義的破壊活動等に使用され，又は使用されるおそれがあると
　　　　認められる爆発物，火炎びん等の物の製造又は保管の場所の用
　　三　新東京国際空港又はその周辺における航空機の航行に対する暴力主
　　　　義的破壊活動者による妨害の用

「暴力主義的破壊活動者」とは，「暴力主義的破壊活動等を行い，又は行うおそれがあると認められる者」をいう（本法2条2項）。また，使用禁止命令の履行を確保するために，運輸大臣は職員を立ち入らせ，質問させることができた（本法3条3項）。さらに，使用禁止命令に反しているときは，運輸大臣は，工作物の封鎖や除去という手段をとることも認められていた（本法3条6項・8項）。

　使用禁止命令を受けた工作物を所有し管理していたX（三里塚芝山連合空港反対同盟）は，当該処分が憲法等に違反することを理由とする取消訴訟などを提起した。

【判旨】集会の自由（憲法21条1項）を侵害するという主張について。

　「現代民主主義社会においては，集会は，国民が様々な意見や情報等に接することにより自己の思想や人格を形成，発展させ，また，相互に意見や情報等を伝達，交流する場として必要であり，さらに，対外的に意見を表明するための有効な手段であるから，憲法21条1項の保障する集会の自由は，民主主義社会における重要な基本的人権の1つとして特に尊重されなければならないものである。

　しかしながら，集会の自由といえどもあらゆる場合に無制限に保障されなければならないものではなく，公共の福祉による必要かつ合理的な制限を受けることがあるのはいうまでもない。そして，このような自由に対する制限が必要かつ合理的なものとして是認されるかどうかは，制限が必要とされる程度と，制限される自由の内容及び性質，これに加えられる具体的制限の態様及び程度等を較量して決めるのが相当である」

　「〔本法3条1項1号〕に基づく工作物使用禁止命令により当該工作物を多数の暴力主義的破壊活動者の集合の用に供することが禁止される結果，多数の暴力主義的破壊活動者の集会も禁止されることになり，ここに憲法21条1項との関係が問題となるのである。」

「工作物使用禁止命令により保護される利益は，新空港若しくは航空保安施設等の設置，管理の安全の確保並びに新空港及びその周辺における航空機の航行の安全の確保であり，それに伴い新空港を利用する乗客等の生命，身体の安全の確保も図られるのであって，これらの安全の確保は，国家的，社会経済的，公益的，人道的見地から極めて強く要請されるところのものである。他方，右工作物使用禁止命令により制限される利益は，多数の暴力主義的破壊活動者が当該工作物を集合の用に供する利益にすぎない。しかも，前記本法制定の経緯に照らせば，暴力主義的破壊活動等を防止し，前記新空港の設置，管理等の安全を確保することには高度かつ緊急の必要性があるというべきであるから，以上を総合して較量すれば，規制区域内において暴力主義的破壊活動者による工作物の使用を禁止する措置を採り得るとすることは，公共の福祉による必要かつ合理的なものであるといわなければならない。また，本法2条2項にいう『暴力主義的破壊活動等を行い，又は行うおそれがあると認められる者』とは，本法1条に規定する目的や本法3条1項の規定の仕方，さらには，同項の使用禁止命令を前提として，同条6項の封鎖等の措置や同条8項の除去の措置が規定されていることなどに照らし，『暴力主義的破壊活動を現に行っている者又はこれを行う蓋然性の高い者』の意味に解すべきである。そして，本法3条1項にいう『その工作物が次の各号に掲げる用に供され，又は供されるおそれがあると認めるとき』とは，『その工作物が次の各号に掲げる用に現に供され，又は供される蓋然性が高いと認めるとき』の意味に解すべきである。したがって，同項1号が過度に広範な規制を行うものとはいえず，その規定する要件も不明確なものであるとはいえない。」

適正手続（憲法31条）違反の主張について。

「憲法31条の定める法定手続の保障は，直接には刑事手続に関するものであるが，行政手続については，それが刑事手続ではないとの理由のみで，そのすべてが当然に同条による保障の枠外にあると判断することは相当ではない。

しかしながら，同条による保障が及ぶと解すべき場合であっても，一般に，行政手続は，刑事手続とその性質においておのずから差異があり，また，行政目的に応じて多種多様であるから，行政処分の相手方に事前の告知，弁解，防御の機会を与えるかどうかは，行政処分により制限を受ける権利利益の内容，性質，制限の程度，行政処分により達成しようとする公益の内容，程度，緊急性等を総合較量して決定されるべきものであって，常に必ずそのような機会を与えることを必要とするものではないと解するのが相当である。

本法3条1項に基づく工作物使用禁止命令により制限される権利利益の内容，性質は，前記のとおり当該工作物の三態様における使用であり，右命令により

達成しようとする公益の内容，程度，緊急性等は，前記のとおり，新空港の設置，管理等の安全という国家的，社会経済的，公益的，人道的見地からその確保が極めて強く要請されているものであって，高度かつ緊急の必要性を有するものであることなどを総合較量すれば，右命令をするに当たり，その相手方に対し事前に告知，弁解，防御の機会を与える旨の規定がなくても，本法3条1項が憲法31条の法意に反するものということはできない。また，本法3条1項1，2号の規定する要件が不明確なものであるといえないことは，前記のとおりである。」

令状主義（憲法35条）違反の主張について。

「憲法35条の規定は，本来，主として刑事手続における強制につき，それが司法権による事前の抑制の下に置かれるべきことを保障した趣旨のものであるが，当該手続が刑事責任追及を目的とするものではないとの理由のみで，その手続における一切の強制が当然に右規定による保障の枠外にあると判断することは相当ではない（最高裁昭和44年（あ）第734号同47年11月22日大法廷判決・刑集26巻9号554頁〔川崎民商事件〕）。しかしながら，行政手続は，刑事手続とその性質においておのずから差異があり，また，行政目的に応じて多種多様であるから，行政手続における強制の一種である立入りにすべて裁判官の令状を要すると解するのは相当ではなく，当該立入りが，公共の福祉の維持という行政目的を達成するため欠くべからざるものであるかどうか，刑事責任追及のための資料収集に直接結び付くものであるかどうか，また，強制の程度，態様が直接的なものであるかどうかなどを総合判断して，裁判官の令状の要否を決めるべきである。

本法3条3項は，運輸大臣は，同条1項の禁止命令をした場合において必要があると認めるときは，その職員をして当該工作物に立ち入らせ，又は関係者に質問させることができる旨を規定し，その際に裁判官の令状を要する旨を規定していない。しかし，右立入り等は，同条1項に基づく使用禁止命令が既に発せられている工作物についてその命令の履行を確保するために必要な限度においてのみ認められるものであり，その立入りの必要性は高いこと，右立入りには職員の身分証明書の携帯及び提示が要求されていること（同条4項），右立入り等の権限は犯罪捜査のために認められたものと解釈してはならないと規定され（同条5項），刑事責任追及のための資料収集に直接結び付くものではないこと，強制の程度，態様が直接的物理的なものではないこと（9条2項）を総合判断すれば，本法3条1，3項は，憲法35条の法意に反するものとはいえない。」

2 35 条と行政手続

　35 条は，文言上は刑事手続に限定されているわけではないが，その規定の位置や制定経緯から，刑事手続に関する規定であると理解されている。

　では，刑事手続以外の手続に 35 条の保障は及ばないのだろうか。

　最高裁は，川崎民商事件（最大判昭和 47・11・22 刑集 26 巻 9 号 554 頁）で，「当該手続が刑事責任追及を目的とするものでないとの理由のみで，その手続における一切の強制が当然に右規定〔＝ 35 条 1 項〕による保障の枠外にあると判断することは相当ではない」と述べて，刑事手続以外への 35 条の適用可能性を認めた。

　しかし，所得税法 63 条（当時）が定める質問検査権（収税官吏に「帳簿書類その他の物件」の検査を認め，検査を拒否等した者に対して刑罰を科していた〔所得税法 70 条 10 号（当時）〕。現行法では，国税通則法 74 条の 2 第 1 項第 1 号・128 条 2 号に相当する）については，裁判官の発する令状を要件としないとしても，35 条に違反しないとした。最高裁は，その理由について，①「性質上，刑事責任の追及を目的とする手続」ではないこと，②「実質上，刑事責任追及のための資料の取得収集に直接結びつく作用を一般的に有するもの」とは認められないこと，③強制の態様について，「検査の相手方の自由な意思をいちじるしく拘束して，実質上，直接的物理的な強制と同視すべき程度にまで達しているものとは，いまだ認めがた」く，「その目的，必要性にかんがみれば……実効性確保の手段として，あながち不均衡，不合理なものとはいえない」こと，という点を挙げて「総合して判断」したと述べている。①は刑事手続ではないことの確認である。また，③のうち「目的，必要性」にかんがみて「不均衡，不合理」でないことという要件は当然に要求されることであり，「不均衡，不合理」であっても令状制度を整備すれば許されるという趣旨ではないだろう。そうすると，前掲川崎民商事件判決から 35 条の令状主義が及ぼされる場合としては，②「実質上，刑事責任追及のための資料の取得収集に直接結びつく作用を一般的に有する」場合，③強制の態様が「実質上，直接的物理的な強制と同視すべき程度にまで達している」場合を一応挙げることができよう。

　成田新法事件 〈 判例 9-1 〉 では，新東京国際空港の安全確保に関する緊急措

置法が運輸大臣に対して裁判官の令状なしでその職員を使用禁止命令が発せられた工作物に立ち入らせることができる権限を認めていたことが35条に違反しないかが争われたが，最高裁は，「当該立入りが，公共の福祉の維持という行政目的を達成するため欠くべからざるものであるかどうか，刑事責任追及のための資料収集に直接結び付くものであるかどうか，また，強制の程度，態様が直接的なものであるかどうかなどを総合判断して，裁判官の令状の要否を決めるべきである」という一般論を述べた上で，当該事案については35条違反ではないとしている。②③の場合に令状が必要であるという原則的判断は維持されていると理解することもできよう。

3 38条1項と行政手続

　38条1項も刑事手続に関する規定であると理解されている。38条1項の文言自体からそのことが明らかであるわけではないが，規定の位置や制定経緯，また，38条2項・3項が刑事手続に関する規定であることが明らかであることから，そのように理解されている。

　では，刑事手続以外の手続に38条1項の保障は及ばないのだろうか。

　最高裁は，前掲川崎民商事件で，「憲法38条1項の法意が，何人も自己の刑事上の責任を問われるおそれのある事項について供述を強要されないことを保障したものであると解すべきことは，当裁判所大法廷の判例（昭和27年(あ)第838号同32年2月20日判決・刑集11巻2号802頁）とするところであるが，右規定による保障は，純然たる刑事手続においてばかりではなく，それ以外の手続においても，実質上，刑事責任追及のための資料の取得収集に直接結びつく作用を一般的に有する手続には，ひとしく及ぶ」と述べた。そして，所得税法63条・70条10号・12号（当時）が納税義務者等に対する質問権を認め，質問に対して拒否等した者に刑罰を科していること（現行法では，国税通則法74条の2第1項第1号・128条2号）について，「もっぱら所得税の公平確実な賦課徴収を目的とする手続であつて，刑事責任の追及を目的とする手続」ではなく，また，「実質上，刑事責任追及のための資料の取得収集に直接結びつく作用を一般的に有する手続」にもあたらないこと，および，「公益上の必要性と合理性」があることを確認して，「規定そのものが憲法38条1項にいう『自

己に不利益な供述』を強要するものとすることはでき」ないと判断した。

　最高裁が，「実質上，刑事責任追及のための資料の取得収集に直接結びつく作用を一般的に有する手続」に該当すると判断したものとして，旧・国税犯則取締法の調査手続がある（最判昭和 59・3・27 刑集 38 巻 5 号 2037 頁）。「その手続〔＝国税犯則取締法の調査手続〕自体が捜査手続と類似し，これと共通するところがあるばかりでなく，右調査の対象となる犯則事件は，間接国税以外の国税については同法 12 条ノ 2 又は同法 17 条各所定の告発により被疑事件となつて刑事手続に移行し，告発前の右調査手続において得られた質問顛末書等の資料も，右被疑事件についての捜査及び訴追の証拠資料として利用されることが予定されている」ところから，「実質上刑事責任追及のための資料の取得収集に直接結びつく作用を一般的に有する」ものというべきである，とした。

　川崎民商事件の一般的説示を読むと，38 条 1 項は「純然たる刑事手続」と「実質上，刑事責任追及のための資料の取得収集に直接結びつく作用を一般的に有する手続」に関わるだけのようにも読めるが，注意すべきは，最高裁判例には，それらの手続にあたらない場合でも 38 条 1 項該当性を論じている判例があることである。それらの手続に当たらないというだけで合憲判断が導かれているわけではない。

　例えば，最大判昭和 37・5・2 刑集 16 巻 5 号 495 頁がある。道路交通取締法 24 条 1 項（当時）は，交通事故に際し操縦者等に「命令の定めるところにより，被害者の救護その他必要な措置」を講じることを義務づけその違反に対して罰則を定めていた。また，同法施行令 67 条は，操縦者等に「〔必要な措置を終えた後〕警察官が現場にいないときは，直ちに事故の内容及び〔その〕講じた措置を当該事故の発生地を管轄する警察署の警察官に報告し」なければならないと定めていた。無免許運転等により交通事故を起こした者が報告しなかったために，救護・報告義務違反にも問われたという事案について，最高裁は，施行令の当該規定は，「警察署をして，速に，交通事故の発生を知り，被害者の救護，交通秩序の回復につき適切な措置を執らしめ，以つて道路における危険とこれによる被害の増大とを防止し，交通の安全を図る等のため必要かつ合理的な規定」であるとした上で，施行令が報告義務を課している「事故の内容」を解釈して，「その発生した日時，場所，死傷者の数及び負傷の程度並に物の損壊及

びその程度等，交通事故の態様に関する事項を指すものと解すべきである。したがつて，右操縦者，乗務員その他の従業者は，警察官が交通事故に対する前叙の処理をなすにつき必要な限度においてのみ，右報告義務を負担するのであつて，それ以上，所論の如くに，刑事責任を問われる虞のある事故の原因その他の事項までも右報告義務ある事項中に含まれるものとは，解せられない」とした。その上で，「いわゆる黙秘権を規定した憲法 38 条 1 項の法意は，何人も自己が刑事上の責任を問われる虞ある事項について供述を強要されないことを保障したもの」とする先例を援用し，報告を命ずることが憲法 38 条 1 項に違反しないと結論している。道路交通取締法施行令の報告義務が「自己が刑事上の責任を問われる虞ある事項」の報告を強制するものであれば憲法 38 条 1 項に違反するということを前提に，報告義務の内容を限定的に解釈して，合憲判断を導いているといえるだろう。なお，最高裁の「事故の内容」解釈は 1960（昭和 35）年に制定されていた道路交通法 72 条に従ったものである。

　また，最判平成 16・4・13 刑集 58 巻 4 号 247 頁は，医師法が「医師は，死体又は妊娠 4 月以上の死産児を検案して異状があると認めたときは，24 時間以内に所轄警察署に届け出なければならない」（医師 21 条）と定めているところ，医療過誤により死亡した入院患者の死体を検案した医師らが 24 時間以内に届け出なかった事案である。自己がその死因等につき診療行為における業務上過失致死等の罪責を問われるおそれがある場合にも届出義務を負うとすることは憲法 38 条 1 項に違反するという主張に対して，最高裁は，「本件届出義務は，警察官が犯罪捜査の端緒を得ることを容易にするほか，場合によっては，警察官が緊急に被害の拡大防止措置を講ずるなどして社会防衛を図ることを可能にするという役割をも担った行政手続上の義務と解される」とした上で，「本件届出義務の公益上の必要性は高い」こと，本件届出義務は「届出人と死体とのかかわり等，犯罪行為を構成する事項の供述までも強制されるものではない」こと，「医師免許は，人の生命を直接左右する診療行為を行う資格を付与するとともに，それに伴う社会的責務を課するものである」ことを述べた上で，「このような本件届出義務の性質，内容・程度及び医師という資格の特質と，本件届出義務に関する前記のような公益上の高度の必要性に照らすと，医師が，同義務の履行により，捜査機関に対し自己の犯罪が発覚する端緒を与え

ることにもなり得るなどの点で，一定の不利益を負う可能性があっても，それは，医師免許に付随する合理的根拠のある負担として許容されるものというべきである」とした。

　38 条 1 項は刑事手続に関する規定であると解されているが，その意味は，刑事責任を追及する手続において「強要されない」と理解することもできるし，また，刑事責任を追及されるという意味で「自己に不利益な供述」と理解することもできるだろう。このように供述場面の刑事性と供述内容の刑事性の 2 つの意味を区別し，さらに，川崎民商判決は，前者の意味での 38 条 1 項該当性を問題として，「規定そのものが憲法 38 条 1 項にいう『自己に不利益な供述』を強要するものとすることはでき」ない（傍点著者）と判断したものと位置づけることができるならば，規定そのものは憲法 38 条 1 項の前者の意味に違反しないとしても，その規定の適用において「自己が刑事上の責任を問われる虞ある事項」（最大判昭和 32・2・20 刑集 11 巻 2 号 802 頁）についての供述を強要される場合には，憲法 38 条 1 項の後者の意味において，適用違憲の可能性が残されていると解されるだろう。

練 習 問 題

1　広域にわたって車やバイクが盗まれる事件を捜査していた A 県警は，X がそれに関与しているらしいという情報を得たが，なかなかその確証を得られないでいた。そこで，A 県警は，X が乗っている車が公共の駐車場に止められているときに，X の車に GPS（人工衛星からの電波が当該地点に達するまでの時間のずれを使ってその地点の経度と緯度を正確に特定するシステム。Global Positioning System〔全地球測位システム〕の略）発信器を設置した。それにより，X の行動経路を細かく正確に把握できるようになり，その結果，X の逮捕，そして，芋づる式に窃盗団全体の逮捕へとつなげることができた。

　　GPS を使った捜査を行うことにつき，憲法 31 条（手続の法定）との関係，憲法 35 条（令状主義）との関係について，検討しなさい（参照，最大判平成 29・3・15 刑集 71 巻 3 号 13 頁）。

2　2000（平成 12）年より「犯罪捜査のための通信傍受に関する法律」（通信傍受法）が施行されている。憲法 35 条は「捜索する場所及び押収する物を明示する令状」を要求しているが，通信傍受法が定める傍受令状はこの要件を満たしているといえるだろうか（通信傍受法 6 条参照）。また，通信傍受法 15 条は「検察官又は司法警

察員は，傍受の実施をしている間に，傍受令状に被疑事実として記載されている犯罪以外の犯罪であって，別表第1若しくは別表第2に掲げるもの又は死刑若しくは無期若しくは短期1年以上の懲役若しくは禁錮に当たるものを実行したこと，実行していること又は実行することを内容とするものと明らかに認められる通信が行われたときは，当該通信の傍受をすることができる」と定めて，一定の範囲で無令状の通信傍受を認めているが（なお，通信傍受27条1項6号参照），憲法35条との関係でどのように捉えられるだろうか。

3 　出入国管理及び難民認定法によれば，入国警備官は，退去強制事由（入管24条）に「該当すると思料する外国人があるとき」は違反調査をし（入管27条），退去強制事由に該当すると「疑うに足りる相当の理由があるとき」はその者を収容することができる（入管39条）。収容にあたっては，入国警備官は，その所属する入国者収容所または地方入国管理局の主任審査官（入国審査官のうち，法務大臣が指定する上級者）に請求して収容令書の発付を受けなければならない。収容された外国人は，入国審査官に引き渡され，強制退去事由に該当するかの審査を受けることになる。

　ここでは，事前に司法が発する令状に基づかない身体的拘束が認められているが，憲法33条に違反していないであろうか。また，もし司法が発する令状を必要としないと考えるならば，実質的に考えて，それは当該手続が33条の予定する刑事手続とどのような点で異なるから，そのように考えられるのだろうか。

　他方で，司法が発する令状は必要とされていないが，入国審査官が発付する収容令書を必要としている。このような手続はなぜ求められているのだろうか。このように手続保障を緩和しても憲法に違反しないだろうか。また，逆に，しばしば入国審査官の中立性について問題が指摘されるが，憲法はより中立的な収容令書発付手続を要求していると考えるべきであろうか。

第10章

社 会 権

　　現代型憲法の特色の1つは，国民の生存配慮の責務を国家目標とする点にある。その嚆矢となったのは，1919年のワイマール憲法であり，「経済生活の秩序は，すべての者に人間たるに値する生活を保障する目的をもつ正義の原則に適合しなければならない」（151条1項前段）と規定する。

　　日本国憲法の制定過程に深く関与した GHQ 民政局のメンバーが，「市場の失敗」に対する政府の計画主義的介入を推し進めた F・ルーズベルト大統領の「ニューディール」支持派であったこともあり，日本国憲法は，経済的自由権（22条・29条）を保障し，国民各人の生存確保の責任を自助努力に委ねることを原則としつつも，経済的・社会的弱者の実質的な自由・平等を保障するための権利条項を設けた。生存権，教育を受ける権利，勤労権および労働基本権に関する規定である（25条〜28条）。民法学者の我妻栄は，1947（昭和22）年に発表した論文において，25条から28条の規定する権利は，国民の生存配慮のために，積極的な国家の作為が要求される点において，近代型憲法の柱であった消極的自由権とは異なる性格が見いだされるとし，これらを「生存権的基本権」と名づけた（我妻栄『民法研究Ⅷ』〔有斐閣，1970年〕70頁）。このような捉え方は，「国家からの自由から，国家による自由へ」，「強い個人から，弱く傷つきやすい個人へ」といったスローガンで表現される現代型憲法を産み出した時代の精神，すなわち社会連帯の思想と，リアルに共鳴していた。憲法学においてもまた，25条から28条までを，権利の性格において共通するグループとして1つに括り，「社会権」と呼ぶ用語法が一般的となる。

　　けれども，法的にみる限り，日本国憲法のこれら4条文の保障に共通するのは，「資本主義社会における経済的・社会的弱者保護」を「目的」とする権利規定である，という点にとどまる。これら権利の性格は雑多であり，これを，権利実現のために国

家にはどのような「作為」が要求されるかという側面からみるならば，例えば，私的自治の原則下で，当事者間の自由に委ねられてきた労働契約締結の自由を，労働者保護の観点から規制する場合（例えば，長時間労働の禁止）と，一定水準以下の貧困者に対して生活保護費を給付する場合とでは，国家に要求される「作為」の性格は全く異なる。前者の場合，その作為は，「規制権限の発動」である――それゆえ，この「規制」の合憲性を争う者は，契約自由の「侵害」という防御権を主張することとなる――のに対して，後者の場合，要求される作為は，「給付」請求権を具体化するための「制度の創設」である。また，争議権保障のように，労働組合の正当な争議行為により使用者が財産上の損害を被ったとしても国家は刑罰権を発動しないという「不作為」を要求される場合もある。「社会権」という１つの権利グループを語る場合，その中には，対＝国家，対＝私人との関係で多様な現れ方をする諸権利が含まれていることに注意しなければならない。

　以下，第１節では生存権（25条），第２節では教育を受ける権利（26条），第３節・第４節では勤労権および労働基本権（27条・28条）を扱う。

第1節　生 存 権

▋1 25条の構造

　25条１項は，「すべて国民は，健康で文化的な最低限度の生活を営む権利を有する」とし，同条２項は，「国は，すべての生活部面について，社会福祉，社会保障及び公衆衛生の向上及び増進に努めなければならない」と規定する。25条の保障する権利は生存権と呼ばれ，社会権の代表的なものとされている。国民の生存配慮について政府の負うべき責務を，「健康で文化的な最低限度」という基準を示した上で，国民の権利の側から規定した点において特色がある。

　１項と２項の関係については，２つの説がある。

(1) 一 体 説

　一体説によれば，１項と２項は，別個独立の事柄を規定しているのではない。２項は，１項の「権利」に対応する政府の「義務」を定めたもので，両者は不可分の関係にある。後掲の堀木訴訟最高裁判決（最大判昭和57・7・7民集36巻7号1235頁〈 判例 10-1 〉）のとる立場である。

(2)　分 離 説

　他方で，分離説によれば，1 項は，「健康で文化的な最低限度の生活」の保障を目的とした権利規定であり，2 項は，より広く社会保障法制の整備を努力目標として掲げた規定である。堀木訴訟で国側が主張し，その控訴審判決の採用した立場である。それによれば，1 項を「救貧施策」，2 項を「防貧施策」に関する規定と捉えた上で，「2 項により国の行う施策は，個々的に取りあげてみた場合には，国民の生活水準の相対的な向上に寄与するものであれば足り，特定の施策がそれのみによって健康で文化的な最低限度という絶対的な生活水準を確保するに足りるものである必要はなく，要は，すべての施策を一体としてみた場合に，健康で文化的な最低限度の生活が保障される仕組みになっていれば，憲法第 25 条の要請は満たされている」とされる（堀木訴訟・大阪高判昭和 50・11・10 行集 26 巻 10 = 11 号 1268 頁）。そこから，2 項の「防貧施策」については，広汎な立法裁量が正当化される。

(3)　両説の検討

　分離説に対して，学説の多くは，堀木訴訟控訴審判決が「1 項 = 救貧施策 = 公的扶助」と捉えた上で説を展開している点を捉え，その場合，それ以外のすべての 25 条関連立法について緩やかな違憲審査が正当化されかねないとして批判してきた。控訴審判決が，「救貧」と「防貧」とを機械的に二分し，1 項の「権利」保障を公的扶助に限定している点は，たしかに適切さを欠く。というのは，例えば「防貧」施策の 1 つである年金制度の不備を「権利」侵害として争うことは定義的に排除されるべきではなく，「救貧」および「防貧」のための諸施策が一体となって，生存権を充足すると考えるべきだからだ。

　けれども，一体説をとるからといって，「防貧」施策に対して，より厳格な審査が直ちに保障されることにはならない。現に最高裁は，一体説をとった上で，生存権具体化立法の合憲性は，個々の法令が，それ単独で「健康で文化的な最低限度の生活を営む権利」を充足するかどうかではなく，公的扶助を含めた社会保障上の施策が全体として機能して，その水準に達しているかを問えば足りる，とするかのような考え方をとっている。堀木訴訟では，障害福祉年金と児童扶養手当との併給禁止の合憲性が争われたが，最高裁は，併給禁止によ

り差別を生ずることがあるとしても，「身体障害者，母子に対する諸施策及び生活保護制度の存在などに照らして総合的に判断する」ことを正当として，併給禁止の合理性を肯定する理由の1つとしている（<u>判例 10-1</u>）。逆にいえば，生存権の侵害を争う者は，社会保障法制の全体としての不備を捉えて違憲論を組み立てなければならないこととなる。このような意味における一体説が，広汎な立法裁量を正当化する立場につながっていく。

2　生存権の法的性格

　生存権を実現するためには，社会保障法制の整備という国家による制度の設営が不可欠である。25条は，それをどの程度まで統制する規範的な力をもっているだろうか。これを国民各人の側からみるならば，25条を根拠として，政府に対して何をどう自己の利益のために裁判上請求できるのか。これが，生存権の法的性格として論じられてきた問題である。

(1)　学　　説
　学説は，25条の法的性格を否定する説（プログラム規定説）と肯定する説に大別される。肯定説は，さらに2つに分かれ，抽象的権利説と具体的権利説がある。

(a)　プログラム規定説
この説によれば，25条は，国家目標（「プログラム」）を定めた規定であり，法的意味をもたない。25条は，国民に対して裁判上行使しうる給付請求権を保障していないのみならず，国家の法的義務（客観的法規範）を定めたものでもない。したがって，国家の行為・不行為はいかなる意味においても25条に反して違憲と評価されることはない。プログラム規定説の主な根拠としては，次の2つが挙げられている。

　①資本主義経済体制の下では，各人の生存の維持は自助努力を原則とすること。

　②生存権の具体化立法のためには財源の裏打ちが必要だが，予算の配分は，国会の権限であること（財政立憲主義）。

　もともと違憲審査制を採用していないワイマール憲法151条1項の解釈として提唱された説だが，日本国憲法施行後，にわかに有力となり，その後の社会

権論議の下地を形成した。

(b)　**抽象的権利説**　　現在の学説の多数は，抽象的権利説をとる。その内容は，一般に次のように説明されている。「生存権の内容は抽象的で不明確であるから，憲法25条を直接の根拠にして生活扶助を請求する権利を導き出すことは難しい。生存権は，それを具体化する法律によってはじめて具体的な権利となる」。「25条は，国に立法・予算を通じて生存権を実現すべき法的義務を課していることになる。この考えを推し進めれば，25条の生存権が生活保護法のような施行立法によって具体化されている場合には，憲法と生活保護法とを一体として捉え，生存権の具体的権利性を論ずることも許されるであろう」(芦部279頁)。

(i)　**具体的権利性の否定とその根拠**　　抽象的権利説も，25条が国民各人に対して裁判上直接行使しうる給付請求権（具体的権利）を付与したものではないとする点においては，プログラム規定説と一致している。その根拠として，(a)で言及した2つの根拠と重畳的に，生存権の内容が，裁判的救済にとって，次の意味において抽象的・不明確であることが挙げられてきた。

①「健康で文化的な最低限度の生活」という概念は，時代や社会通念によって変化する不確定性を免れず，その具体化には，国の政策的・専門技術的判断を必要とする。

②仮に，特定の時代・社会において「健康で文化的な最低限度の生活」の意味を客観的に確定することができるとしても，その水準を下回る貧困状態におかれた国民を救済するために国がとることのできる方法は一義的でなく，通常，複数の選択肢がある（例えば，生活扶助を金銭給付とするか，現物給付とするか）という意味においても，生存権の内容は不確定である。「健康で文化的な最低限度の生活」を下回る者がおり，その救済義務のあることが肯定されても，救済方法が一義的でない場合，後者についてなお国の立法裁量が認められるべき余地があるからである。この点，典型的な自由権の場合，その救済方法が，侵害の排除に限定されていることと大きく異なる。

(ii)　**法的権利性を肯定する意味**　　具体的権利性を否定するにもかかわらず，抽象的権利説が，25条の法的性格をあえて肯定するのは，25条の中には一定の規範内容がストックされており，それが，生存権具体化立法の制定を契機と

してフロー化され，当該法令の中に流れ込む，とイメージするからである。具体化立法の制定を契機とする理由は，それによって，給付請求権の要件・効果が法律レベルで設定されるので，それを手掛かりとして，25条の規範内容を解釈的に取り込むことが可能となるからだ。

(ア) **法律・命令等の解釈基準** したがって，抽象的権利説によれば，生存権具体化立法の内容がなお不十分な場合，25条は，法令等の解釈基準として作用し，それを通して，裁判所は，立法・行政裁量をある程度まで統制することができる。

(イ) **生存権具体化立法の憲法規範化** また，この説によれば，25条とその具体化立法は「一体」となる。この説明が何を言おうとしているのかは実は明確でないのだが，そこから，解釈論上の含意を引き出すならば，次のような議論も不可能でない。すなわち，「生存権を具体化した法律に基づく国民の権利・利益は，憲法に由来するものであるから，そのような法律上の権利・利益は，あたかも憲法的効力を獲得する。したがって，正当な理由なく当該権利・利益を剥奪・制限する措置は，25条の趣旨・精神に反し，違憲となる。」ここから，ひとたび法律によって具体化された給付水準を廃止・後退させることを禁止する原則を導く学説もある。制度後退禁止原則と呼ばれる（⇒ p. 367 の(2)）。

(c) **具体的権利説** 抽象的権利説にとっても，プログラム規定説と同様，生存権は法律待ちの権利である。そこで，生存権を具体化する法律が存在しない場合を想定し，その場合の救済方法を論ずる説がある。具体的権利説である。具体的権利というからには，25条を根拠として，「健康で文化的な最低限度の生活」を下回る状態にある国民は，裁判所に対し直接給付を請求できそうな印象を与えるが，この説は，そこまで主張しない。25条を根拠として，立法の不作為の違憲確認を請求することができる，とするのにとどまる。この説に対しては，仮に生存権の内容の不確定性が克服されるとしても，誰がいかなる場合に請求の適格を有すると考えるべきかといった訴訟法上の問題があり，少数説にとどまる。現に，生活保護法をはじめとし社会保障法制が整備されている現状において，法律の不存在の場合を想定して行う議論の実益は，あまりない。

(2) 判　　例

　判例は，25 条を直接根拠とする給付請求を退けながらも，25 条が裁判規範となること，すなわち，行政裁量や立法裁量の行使・不行使が，25 条に照らして違憲と評価されることがありえることを認めている。その限りにおいて，抽象的権利説と軌を一にするといえる（ Column 10-1 ）。

　(a) 朝日訴訟　　朝日訴訟（最大判昭和 42・5・24 民集 21 巻 5 号 1043 頁）では，生活保護法の下で厚生大臣（現在は，厚生労働大臣）の定めた生活扶助基準（生活保護 8 条 1 項）が，「健康で文化的な最低限度の生活」を保障するに足りないとして，その違法性・違憲性が争われた。上告人が訴訟係属中に死亡したため，最高裁は，生活保護法上の保護受給権は一身専属的なものであり，相続の対象とならないとする解釈を前提に訴訟承継を認めず，訴訟終了としたが，「なお，念のために」とし，次のように判示した。

　① 25 条 1 項は，「すべての国民が健康で文化的な最低限度の生活を営み得るように国政を運営すべきことを国の責務として宣言したにとどまり，直接個々の国民に対して具体的権利を賦与したものではない。」［具体的権利性の否定］

　②「健康で文化的な最低限度の生活なるものは，抽象的な相対的概念であり，その具体的内容は，文化の発達，国民経済の進展に伴って向上するのはもとより，多数の不確定的要素を綜合考量してはじめて決定できるものである。」［不確定説］

　③「したがって，何が健康で文化的な最低限度の生活であるかの認定判断は，いちおう，厚生大臣の合目的的な裁量に委されており，その判断は，当不当の問題として政府の政治責任が問われることはあっても，直ちに違法の問題を生ずることはない。ただ，現実の生活条件を無視して著しく低い基準を設定する等憲法および生活保護法の趣旨・目的に反し，法律によって与えられた裁量権の限界をこえた場合または裁量権を濫用した場合には，違法な行為として司法審査の対象となることをまぬかれない。」［裁量統制の基準］

　行政裁量の行使が「憲法および生活保護法の趣旨・目的」に反して違法となる余地を認める以上，純粋なプログラム規定説は退けられていることとなるが，その統制の程度は，非常に緩やかであり，「国の財政状態，国民の一般的生活水準，都市と農村における生活の格差，低所得者の生活程度とこの層に属する

者の全人口において占める割合，生活保護を受けている者の生活が保護を受けていない多数貧困者の生活より優遇されているのは不当であるとの一部の国民感情および予算配分の事情」といった「生活外的要素」を考慮することまで正当化するものだ（判旨③）。こうした緩やかな裁量統制の基準が採用された理由は，憲法 25 条 1 項の規範内容が不確定なものと解されているからである（判旨②）。学説の中には，本件第一審判決（東京地判昭和 35・10・19 行集 11 巻 10 号2921 頁）を支持し，「健康で文化的な最低限度の生活」は，特定の時代・社会においては客観的に確定可能とし，「生活外的要素」を考慮要素から除外すべきとする説（確定説）も有力である。裁量統制の観点から論ずる場合，(1)でみた権利性格論よりも，「健康で文化的な最低限度の生活」の内容はどの程度まで客観的に確定可能か，という論点の方が実際上は決定的であろう。

(b) **堀木訴訟**　25 条による立法裁量の裁判的統制が正面から争われたのが，堀木訴訟〈判例 10-1〉である。

〈判例 10-1〉 **最大判昭和 57・7・7 民集 36 巻 7 号 1235 頁**　　　〈堀木訴訟〉

【事実】重度の視力障害者として，国民年金法上の障害福祉年金を受給していた X は，離別した内縁の夫との間の子を養育していた。X は，児童扶養手当法上の児童扶養手当の受給資格認定を請求したが，知事 Y は，同法 4 条 3 項（昭和 48 年法律第 93 号改正前）が，「手当は，母に対する手当にあたつては当該母が，……次の各号のいずれかに該当するときは，支給しない」とし，同項3 号が，「公的年金給付を受けることができるとき」とする併給調整条項を設けていることを根拠に，X の請求を却下した。X は，同条項が，憲法 13 条・14 条・25 条に反し，無効であるとし，却下処分の取消訴訟を提起した。

　第一審（神戸地判昭和 47・9・20 行集 23 巻 8 = 9 号 711 頁）は，原告が置かれた具体的な生活状況をふまえた実質的な審査を行い，併給調整条項が 14 条に反するとし，本件却下処分を取り消した。第二審（大阪高判昭和 50・11・10 行集 26 巻 10 = 11 号 1268 頁）は，25 条 1 項は救貧施策を，2 項は防貧施策を定めており，防貧施策については，「すべての生活部面についての社会福祉，社会保障及び公衆衛生の向上及び増進を図る諸施策の有機的な総合によって，国民に対し健康で文化的な最低限度の生活保障が行われることを予定」しており，「同項に基づいて国が行う個々の社会保障施策については，各々どのような目的を付し，どのような役割機能を分担させるかは立法政策の問題として，立法府の裁量に委ねられている」とする，いわゆる 1 項 2 項分離説を展開した。そ

の上で，障害福祉年金や児童扶養手当は後者の「防貧施策」にあたるので，その制度設計における国の立法裁量に委ねられるとして，Xの請求を棄却。X上告。

【判旨】上告棄却。

①25条にいう「『健康で文化的な最低限度の生活』なるものは，きわめて抽象的・相対的な概念であって，その具体的内容は，その時々における文化の発達の程度，経済的・社会的条件，一般的な国民生活の状況等との相関関係において判断決定されるべきものであるとともに，右規定を現実の立法として具体化するに当たっては，国の財政事情を無視することができず，また，多方面にわたる複雑多様な，しかも高度の専門技術的な考察とそれに基づいた政策的判断を必要とするものである。」［不確定説］

②「したがって，憲法25条の規定の趣旨にこたえて具体的にどのような立法措置を講ずるかの選択決定は，立法府の広い裁量にゆだねられており，それが著しく合理性を欠き明らかに裁量の逸脱・濫用と見ざるをえないような場合を除き，裁判所が審査判断するのに適しない事柄であるといわなければならない。」［審査基準］

③「児童扶養手当は，もともと国民年金法61条所定の母子福祉年金を補完する制度として設けられたものと見るのを相当とするのであり，児童の養育者に対する養育に伴う支出についての保障であることが明らかな児童手当法所定の児童手当とはその性格を異にし，受給者に対する所得保障である点において……障害福祉年金と基本的に同一の性格を有するもの，と見るのがむしろ自然である。そして，一般に，社会保障法制上，同一人に同一の性格を有する二以上の公的年金が支給されることとなるべき，いわゆる複数事故において，そのそれぞれの事故それ自体としては支給原因である稼得能力の喪失又は低下をもたらすものであっても，事故が二以上重なったからといって稼得能力の喪失又は低下の程度が必ずしも事故の数に比例して増加するといえないことは明らかである。このような場合について，社会保障給付の全般的公平を図るため公的年金相互間における併給調整を行うかどうかは……立法府の裁量の範囲に属する事柄と見るべきである。」［当てはめ］

④「本件併給調整条項の適用により，Xのように障害福祉年金を受けることができる地位にある者とそのような地位にない者との間に児童扶養手当の受給に関して差別を生ずることになるとしても，さきに説示したところに加えて原判決の指摘した諸点，とりわけ身体障害者，母子に対する諸施策及び生活保護制度の存在などに照らして総合的に判断すると，右差別がなんら合理的理由のない不当なものであるとはいえないとした原審の判断は，正当として是認す

‖ ることができる。」[14 条違反の主張に対する判断] ‖

　判例は，不確定説を前提とした上で（判旨①），生存権を具体化する制度の設営に関する広い立法裁量を導出し，その統制基準として，非常に緩やかな審査基準を適用した（判旨②。それゆえ，国側の主張をほぼ丸ごと採用した判旨③が可能となる）。25 条が立法裁量を統制する客観的法規範となることを認めた点については学説の評価するところだが，裁量を広範に認めすぎており，25 条の具体化立法の違憲を争う途を事実上封じかねないとして批判されている。

　堀木訴訟 ◆判例 10-1◆ では，生存権の侵害に加えて，平等原則（14 条 1 項）違反が主張された。25 条と 14 条 1 項との関係につき，学説には 2 つの考え方がある。第 1 の考え方によれば，25 条の具体化に広汎な立法裁量が働くことを前提とする限り，14 条違反の主張についても，区別の合理性は緩やかに審査せざるをえないとするものだ。対して，第 2 の考え方は，生存権が「生きる権利そのもの」であることを理由に厳格な合理性の基準を適用し，具体的な生活実態等に即した実質的審査を求めるものである。有力学説のとる立場だが，判例は，採用していない（判旨④）。

　(c)　**学生無年金訴訟**　同じく，生存権具体化立法における立法裁量の統制が争点となったものに，学生無年金訴訟がある。1989（平成元）年改正前の国民年金法は，20 歳以上 60 歳未満の者を強制加入とする一方で，20 歳以上の学生を任意加入とし，強制加入とされた 20 歳以上の社会人には免除措置等を設けていたが，任意加入の学生には同様の措置を設けていなかった。また，被保険者資格のない 20 歳未満の者が障害を負った場合には，障害基礎年金が支給されるので，20 歳以上の学生で任意加入していない者のみが障害無年金となる。そこで，大学在学中に障害を負ったが任意加入しておらず，障害基礎年金の支給を認められなかった者らが，当該区別の 25 条および 14 条違反を争った事案である。判例は，堀木訴訟（◆判例 10-1◆）の判断枠組みを踏襲し，いずれの主張も退けた（学生無年金訴訟・最判平成 19・9・28 民集 61 巻 6 号 2345 頁）。

3 裁量統制の試み──社会権的側面以外について

　このように，判例は，生存権具体化立法の違憲判断の基準として 25 条や 14

条が働くことを認める一方で，社会保障制度を設営する立法府や行政府の裁量
を広く承認しており，これを正面突破することは難しい。そこで，学説は，国
家に対して給付を請求するという社会権的側面とは異なる側面に着目し，25
条論の活路を見いだそうとしてきた。

(1)　自由権的側面

(a)　**学　説**　これまでみてきたように，生存権の中核は，国家に対して給
付を積極的に請求する社会権的側面にある。しかし，多くの学説によれば，生
存権には，国家に対する妨害排除を請求できる側面があるという（生存権の自
由権的側面）。

　生存権の自由権的側面として論じられてきた問題の典型場面は，例えば，自
助努力によってなんとか「健康で文化的な最低限度の生活」を維持している国
民に対して，高額の税が賦課されたり，社会保険料を徴収したりするような場
合などである。その場合，国民は，25 条を根拠として，国家の作為による
「健康で文化的な最低限度の生活」の「侵害」排除を裁判所に対して請求する
ことができるとされてきた。

(b)　**判　例**　自由権的側面について関心を集めた事案として，総評サラリ
ーマン税金訴訟（最判平成元・2・7訟月 35 巻 6 号 1029 頁）がある。給与所得者の
所得税の課税最低限が低額にすぎ，最低生活費まで課税対象としていることに
よって「健康で文化的な最低限度の生活」を侵害しているとして，25 条違反
を争った裁判であるが，判例は，ここでも堀木訴訟 判例 10-1 を踏襲し，違
憲の主張を退けた。言い換えれば，自由権的側面の侵害を主張する場合でも，
「健康で文化的で最低限度の生活」とは何かが決定的であり，それが確定的で
ないとされている限り，国家の作為による生存権の侵害を裁判所が認定するこ
とは，給付請求（社会権的側面）の場合と同程度に困難となる。

　また，判例は，国民健康保険条例が，恒常的に生活が困窮している状態にあ
る者を保険料の減免の対象としていないことについても，25 条に反しないと
している（旭川市国民健康保険条例違憲訴訟・最大判平成 18・3・1 民集 60 巻 2 号 587
頁）。

(2)　制度後退禁止原則

(a)　**学　説**　　学説の中には，生存権具体化立法によっていったん定められた給付水準が，その後の法令改正によって廃止され，切り下げられる場合を念頭において，その改正等に関する裁量統制を試みるものがある。制度後退禁止原則の下で扱われてきた問題である。

制度後退禁止原則とは，「憲法の趣旨・精神を具体化するために，国が，ひとたび法律レベルで制度を創設した場合，当該制度を廃止し，またはその内容を縮減・後退させる措置を行うことは，原則として違憲である」とするものだ。このような原則がおよそ一般的に成立するとは考えがたいが，生存権については，①25条2項の社会保障等の施策について「向上及び増進に努めなければならない」とする文言上の根拠に加え，②抽象的権利説をとる場合，その論理構造から制度後退禁止原則が導出されること，を理由に有力に主張されている（代表的なものとして，棟居快行「生存権と『制度後退禁止原則』をめぐって」佐藤幸治先生古稀記念論文集『国民主権と法の支配（下巻）』〔成文堂，2008年〕369頁。p. 361の(イ)）。

けれども，①の文言上の論拠に対しては，25条は，「健康で文化的な最低限度」という水準維持を命ずるものであり，制度後退をそれとして禁止するものではないという反論がある。また，②に関して，生活保護法が憲法25条と「一体」となり，それゆえ，ひとたび具体化された給付水準の後退を違憲とする論拠については，何ゆえ，下位法である例えば生活保護法（の下で定められた保護基準）が，上位法である憲法25条の規範内容を後追い的に補充し，確定する規範的な力をもちうるのか疑問が呈されている（なお，このような疑問は，制度後退禁止原則という考え方の提唱者自身によって当初から指摘されていた。内野正幸『憲法解釈の論理と体系』〔日本評論社，1991年〕154頁〜156頁。ただし，内野は，2項の文言から制度後退禁止原則の趣旨を読み取ることができるとする）。

もっとも，具体的制度の下で給付が現に行われ，もしくは給付を受けることが合理的に期待できる場合，給付を受けることのできる地位を奪い，または，その水準を切り下げるなどの措置を行う場合の立法裁量の範囲は，白紙から制度を創設する場合より縮減する，と考えることは，必ずしも不合理ではない。給付水準の切り下げ等の「不利益変更」につき，国側に相応の正当化または配

慮を要請する立場であり，制度後退禁止原則を憲法原則として認めるか否かから，独立に成立する考え方だ。

(b)　**判　例**　生活保護基準が改定され，老齢加算が廃止されたことに伴い，生活保護費が減額変更されたため，変更決定の取消しを求める訴訟が提起された。生活保護法 56 条は，「被保護者は，正当な理由がなければ，既に決定された保護を，不利益に変更されることがない」と規定しているが，処分の根拠法規である保護基準それ自体の改定が「正当な理由」にあたるか否かが，争点となった。下級審の中には，「保護基準の改定（不利益変更）そのものに『正当な理由』がない限り，これに基づく保護の不利益変更は同条に反」する（福岡高判平成 22・6・14 判時 2085 号 76 頁）と判示するものもみられたが，最高裁は，保護基準自体が減額改定されることに基づき，保護の内容が減額される本件のような場合については，同条の規律するところではないとした。

保護基準の改定それ自体についてはどうか。判例は，厚生労働大臣の「専門技術的かつ政策的な見地からの裁量権」を認めつつも，その判断過程を審査し，その「判断の過程及び手続」は，専門委員会によってなされた，「統計等の客観的な数値との合理的関連性や専門的知見との整合性に欠けるところはない」意見に沿って行われたものであり，そこに「過誤，欠落があると解すべき事情はうかがわれない」とし，また，改定による期待的利益の喪失に対しどう配慮すべきかについては，激変緩和措置の要否等を含め，同じく裁量権の範囲内としている（老齢加算廃止訴訟・最判平成 24・2・28 民集 66 巻 3 号 1240 頁。上の福岡高判の上告審判決として，最判平成 24・4・2 民集 66 巻 6 号 2367 頁）。

(3)　市民的自由の侵害

(a)　**学　説**　生活保護法 8 条 1 項は，「保護は，厚生労働大臣の定める基準により測定した要保護者の需要を基とし，そのうち，その者の金銭又は物品で満たすことのできない不足分を補う程度において行うものとする」としている。補足性の原則と呼ばれるが，この原則を厳格に運用すると，保護を申請する者は，徹底的な資産調査（生活保護 28 条）を受け，プライバシーを丸裸にされるだけでなく，エアコンや自動車等の贅沢品を換金し，生活費への充当を求められたり（生活保護 60 条），使用禁止の指示（生活保護 62 条）を受けたりする

ことがある。有力学説が，社会保障制度とその運用には，「プライバシーの権利（自己情報コントロール権），自己決定権，私生活の不可侵，人身の自由などの問題を孕んでいるものがあり，不当な侵害にわたらないよう慎重な配慮が要求される」（佐藤404頁）とするのは，そのためだ。

　生存権の具体化に際して政府の有する裁量権は，市民的自由の保障によって枠づけられている。生存権が「権利」であるということの基底的な意味は，福祉受給と引き換えに，市民としての地位を切り下げられないということを意味する。1885年以前のイギリス救貧法制におけるように，公的扶助受給者に対して選挙権を停止するといった措置は，生存権が「権利」であることと相いれない。普通選挙の原則に反するこのような条件を福祉受給の条件とすることが違憲なことは当然として，保護と受給者の市民自由の両立は，今なお重要な課題となっている。

　(b) 判 例　こうした文脈の中で読むべき事案として，福岡学資保険訴訟がある。この裁判は，生活保護費を原資として，貯蓄（学資保険への加入）を行っていたことが判明したため，貯蓄を収入認定され，生活保護費を減額する保護変更決定処分を受けた原告が，その取消し等を求めたものだ。判例は，「〔生活保護法〕4条1項，8条1項の各規定も，要保護者の保有するすべての資産等を最低限度の生活のために使い切った上でなければ保護が許されないとするものではない」とした上で，「生活保護法の趣旨目的にかなった目的と態様で保護金品等を原資としてされた貯蓄等は，収入認定の対象とすべき資産には当たらない」とした（福岡学資保険訴訟・最判平成16・3・16民集58巻3号647頁）。判例は，本件処分が生活保護法の解釈適用を誤ったもので違法とするにとどまり，憲法論を展開していないが，本件のような目的・態様の貯蓄まで資産認定することを生活保護法が要請しているとすれば，憲法13条の自己決定権もしくは親の教育の自由の侵害となるという判断を前提として行われた憲法適合的解釈とみる余地もある。

> **Column 10-1　憲法25条の客観法的効力**
> 　生存権の法的性格をめぐる最近の議論の中で注目に値するのが，25条の主観的権利としての側面と客観法的効力の側面の区別に着目する説である（高橋338頁，詳しくは，同「生存権の法的性格論を読み直す」明治大学法科大学院論集

12 号 1 頁)。

　憲法条文は国家を名宛人とする法規範であるから，まずは，国家を客観法的に拘束する。これが客観法的効力であり，それに反する国家行為は，違憲と判断される。憲法上の権利規定の多くは，客観法的側面に加え，主観的権利としての側面をもつ。それゆえ，客観法違反の国家行為によって，主観的権利を侵害された者については，それを裁判上争う適格が認められ，権利侵害に対する救済が図られなければならない。もっとも，憲法条文の中でも，統治機構に関する規定は，客観法に対応する主観的権利を原則として欠いており，また，権利章典の中に規定されていても，政教分離規定のように客観法に対応する主観的権利を欠くと解されているものもある。

　高橋説によれば，最高裁は，この区別に立脚した上で，25 条の客観法的効力については，食糧管理法違反事件（最大判昭和 23・9・29 刑集 2 巻 10 号 1235 頁）以来，生存権訴訟において一貫してこれを認めてきた。堀木訴訟最高裁判決 ◆ 判例 10-1 ▶ は，25 条が立法作用を拘束する客観法的効力をもつことを端的に肯定したものであり，「客観法としては裁判規範性を認めながら，客観法が国家を義務づけた内容の解釈として，立法裁量論を採用した」（前掲論文 24 頁）ものである。他方で，最高裁は，25 条は，直接個々の国民に対して具体的権利を与えたものではない，とする判旨を繰り返してきた。25 条の客観法的効力を肯定しながらも，客観法に対応する主観的権利は与えられていない，というのが最高裁の理解だとされる。

　このような整理をふまえるならば，これまで，生存権の法的性格として論じられてきた事柄は，25 条の，主観的権利としての側面に関するものであり，したがって，堀木訴訟最高裁判決が，25 条について立法裁量を拘束するという意味での裁判規範性を認めたことを理由として，最高裁が抽象的権利説を採用したものと読むことは，厳密には正確でないこととなる。

第 2 節　教育を受ける権利

1 26 条の意義と法的性格

(1) 意　義

　26 条 1 項は，「すべて国民は，法律の定めるところにより，その能力に応じて，ひとしく教育を受ける権利を有する」と規定する。文言上は大人を含む

「すべて国民」がこの権利の享有主体とされているが，「すべて国民は，法律の定めるところにより，その保護する子女に普通教育を受けさせる義務を負ふ」と規定する 2 項前段と一体としてみる限り，26 条は，専ら公教育制度の枠組みを前提とした上で，学齢期の子どもが学校教育を受ける権利を保障したものである。

(a)　**生存権説**　　教育を受ける権利については，当初は，その条文構造上の位置からして，生存権（25 条）の文化的側面を規定するものとして捉えられていた。教育の機会均等は，平等原則（14 条 1 項）によって形式的に保障されているが，貧困等の経済的事情で，普通教育，すなわち，国民すべてに共通に必要とされる一般的・基礎的な教育を受けることのできない学齢期の子どもに対して，教育の機会均等を実質的に保障したものが 26 条であるという理解である。生存権説と呼ばれる。学説の中には，教育を受ける権利の生存権的性格を強調し，26 条をもって，労働者である人民が現代の科学技術の水準の下で雇用を得るために必要な職能教育・職業教育を要請するものとしたものもある。しかし，この解釈に対しては，教育を専ら労働力の再生産のための条件として捉える片面的な見解であるという批判が向けられた。

(b)　**学習権説**　　こうした批判を受けて，学説は，教育が，「個人が人格を形成し，社会において有意義な生活を送るために不可欠の前提をなす」（芦部 273 頁）ことから，26 条は，子どもが，教育を受けて学習し，人間的に発達・成長していく権利を保障したものと解するに至る。学習権（発達成長権）説と呼ばれる。最高裁もまた，26 条の「背後」にある「観念」として学習権の存在を認めている（旭川学テ事件〈 **判例 10-2** 〉）。

(2)　法 的 性 格

26 条の意義をどのように解するにせよ，その社会権的側面として，国が，教育制度を設営し，教育条件を整備する義務を負うべきことは，学説が一致して認めるところだ。この義務を具体化するための法形式として「法律の定め」によることが要請されている。明治憲法下において，教育に関する事項が行政命令（勅令）で定めることとされていたのを改めたものだ。学説の中には，これを文言上の根拠として，26 条をプログラム規定と解するものもあるが，多

くの学説は，26 条をもって教育に関する事項を定める法令の解釈指針となる
抽象的権利を規定したものと解している。

　26 条は，教育制度の設営に関する国の立法裁量を，次の 2 点において明文
で枠づけている。

　(a)　**「能力に応じて，ひとしく」**　　26 条 1 項は，「能力に応じて，ひとし
く」教育を受ける権利を保障する。教育の機会均等（14 条 1 項，教基 4 条 1 項）
を前提とした上で，各人の能力の違いに応じて異なった内容の教育をすること
を許容する趣旨と一般に解されてきた。障害児教育に関し，学校教育法が，
「病弱，発育不完全その他やむを得ない事由のため，就学困難と認められる者」
の保護者に対して，就学義務の免除・猶予の制度を設け（学教 18 条），また，
従来，政府が盲学校や養護学校等を設置し，特別な教育を行ってきたことは，
このような観点から正当化されてきた。対して，近時の学説の中には，より積
極的に教育の実質的平等化の要請を読み込むものがあり，その場合，例えば教
育基本法が「国及び地方公共団体は，障害のある者が，その障害の状態に応じ，
十分な教育を受けられるよう，教育上必要な支援を講じなければならない」
（教基 4 条 2 項）と規定するのは，憲法の要請を確認したことになろう。いずれ
にせよ，障害児に対して単に障害を理由とする他に合理的理由なくして普通学
校・学級への入学を拒否する場合，平等原則（14 条 1 項）違反の判断を介して，
学校長の裁量的判断の踰越・濫用が問われる（尼崎高校筋ジストロフィー少年入
学訴訟・神戸地判平成 4・3・13 行集 43 巻 3 号 309 頁）。

　2014（平成 26）年の障害者権利条約の批准に向けて，2011（平成 23）年障害
者基本法が改正された。従来は，就学先の決定につき，特定の基準に該当する
子どもは，原則，特別支援教育（学教 72 条以下）を受けることとされていたが，
改正法によれば，地域社会における共生という基本原則（障害基 1 条・3 条）を
ふまえ，児童・生徒及び保護者の意向に応じて，可能な限り，障害者が障害者
でない者と共に教育を受けられるよう配慮しなければならない（障害基 16 条 1
項・2 項）。また，同条約の批准に伴い，2013（平成 25）年，「障害を理由とする
差別の解消の推進に関する法律」（障害者差別解消法）が制定され，障害者から
「現に社会的障壁の除去を必要としている旨の意思の表明」がある場合，公立
学校等には，「必要かつ合理的な配慮」が義務づけられた（障害差別解消 7 条 2

項）。

　(b)　**義務教育と，その無償制**　　26 条 2 項前段は，子どもの教育を受ける権利を実効的なものとするため，子どもの親などの保護者に対して「普通教育を受けさせる義務」を課している（義務教育）。現行法は，9 年の普通教育を義務づけており（学教 16 条），保護者がこの義務に違反するときは罰則がある（学教 144 条）。

　義務教育には，国が教育制度の整備を通して，親個人の能力では十分に提供できないレベルの教育を子どもに対して施すことにより，親の教育の自由や養育権の行使を実質的にサポートする側面があるが，原理的にみる限り，すべての子どもに対して平等な教育機会を提供するために，親の教育の自由を制限するものであることは否定できない。例えば，生物の授業で学習するダーウィンの進化論は聖書の教えに反するとして，子どもを公教育制度から離脱させる権利を，キリスト教原理主義者の親は主張するかもしれない。義務教育は，親の教育の自由と緊張関係にある。実は，親の教育の自由と公教育制度との緊張関係は，1875 年にはじまるフランス第三共和制にまで遡るオーソドックスな憲法問題であり，そこでは，王権と密接に結び付き，社会の隅々に既得権益の網の目を張り巡らせることにより，旧体制を支えていたカトリック教会の設営する教会学校に子どもを通わせようとする親の教育の自由を制限し，共和国の担い手たる市民をいかに育成するかが，共和派政権の教育面での課題であった。

　保護者等に対してこのような「義務」を課した上で，26 条 2 項後段は，「義務教育は，これを無償とする」と規定する。「無償」範囲については，①教育の対価を無償とする授業料無償説，②文具費や給食費を含め無償とする就学費用無償説，③無償範囲の決定を立法裁量に委ねる法律委任説の 3 つの説が提唱されていたが，最高裁は，下級審のとった③説を退け，①説を採用した（教科書代金負担請求訴訟・最大判昭和 39・2・26 民集 18 巻 2 号 343 頁）。授業料の無償に限って，26 条 2 項後段に具体的権利性を認めたものだ。

② 教育内容決定権の所在

　26 条が学習権を保障しているとして，学齢期の子どもが学校教育において学習すべき内容を決定する「権利または権限」（その意味については，p. 378 の(1)

で説明する）を有する者は誰か。教育内容決定権（教育権）の所在として論じられてきた。

(1)　学　　説

大きく対立する 2 つの学説が提唱され，第一次家永教科書訴訟（⇒ p. 219, p. 378）を契機として激しく争われた。

(a)　国民教育権説　　国民教育権説によれば，教育は，本来的に私事であり（「私事としての教育」），教育内容の決定は，「教育の自由」を有する親たちから信託を受けた教師を中心として，「国民全体」が行うものとされる。抽象的な存在である「国民」それ自体は，教育内容を決定することができないので，この説は，実際上は，現場の教師団に教育内容の決定を委ねることとなるという意味において，初等・中等教育における「教師の教育の自由」を肯定する。その条文根拠としては，①学問の自由（23 条）を挙げる説，②学習権を充足させるという観点から，26 条は，教育を提供する側の権利または権限をも保障しているとする説がある。その裏返しとして，国は，教育内容を決定する権限をもたず，国は公教育に不可欠な外的条件整備をなしうるだけである。教育内容に関する決定は，それが，「大綱的基準」の範囲を超える場合，教育に対する「不当な支配」（平成 18 年改正前教育基本法 10 条）にあたる。教科書検定制度の合憲性が争われた第二次家永教科書訴訟の第一審判決は，この説を支持した（東京地判昭和 45・7・17 行集 21 巻 7 号別冊 1 頁）。

(b)　国家教育権説　　対して国家教育権説によれば，国民主権原理を採用し，代表民主制を採用する日本国憲法の下では，教育内容を決定する権限を有するのは，他の公共的事務と同様に，有権者に対して政治責任を負う国会・政府であり，法律を根拠とする教育内容への関与は，それが教基法の目的に反しない限り「不当な支配」にあたらない。第一次家永教科書訴訟の第一審判決の支持する立場である（東京地判昭和 49・7・16 訟月 20 巻 11 号 6 頁）。この説による場合，現場の教師や教科書執筆者らには，比喩的にいうならば，政府の決定を子どもたちに伝達するメッセンジャー的役割が強調されることとなる。教師の「教育の自由」は原則として否定され，教師は，政府の定める学習指導要領に従って教育を行うべき法的義務を負う。

(2) 判　　例

　教育内容決定権の所在につき，最高裁が正面から論ずることとなるのは，旭川学テ事件〈 判例 10-2 〉においてであり，上のいずれの見解も「極端かつ一方的」であるとして退けている。教育権を，子どもの学習権を充足させるべき責務として捉えた上で，親・教師・国の間で配分するものであり，基本的な考え方として学説の支持するところとなった。

〈 判例 10-2 〉最大判昭和51・5・21刑集30巻5号615頁　　〈旭川学テ事件〉

【事実】本件は，文部大臣（当時）の制定する「学習指導要領」の教育現場での到達度を調査するために実施された全国一斉学力テストに対して，国家が，「学習指導要領」を通して現場の教師の「教育の自由」を拘束するものであり，教育に対する「不当な支配」（平成18年改正前教基10条）にあたるとして，教員組合が組織的に反発したことに端を発する事件である。北海道教職員組合ほかの労働組合役員であるXらは，旭川市立A中学校で実施予定の全国一斉学力調査を阻止するため，徒党を組んで校舎内に侵入し，学校長による退去要請に応ぜず，同校長を拘束し，暴行を加えたため，公務執行妨害罪，建造物侵入罪，暴行罪等の罪で起訴された。

　第一審，第二審は，政府にできるのは，教育内容に関する「大綱的基準」の設定であり，「大綱的基準」の設定を超える介入は，「不当な支配」にあたり，違法であるとし，本件学力調査は，適法な公務執行とはいえないとし，公務執行妨害罪については無罪とした。Xと国側がともに上告。

【判旨】一部破棄自判。

　①26条の規定の「背後」には，「国民各自が，一個の人間として，また，一市民として，成長，発達し，自己の人格を完成，実現するために必要な学習をする固有の権利を有すること，特に，みずから学習することのできない子どもは，その学習要求を充足するための教育を自己に施すことを大人一般に対して要求する権利を有するとの観念が存在していると考えられる。換言すれば，子どもの教育は，教育を施す者の支配的権能ではなく，何よりもまず，子どもの学習をする権利に対応し，その充足をはかりうる立場にある者の責務に属するものとしてとらえられているのである。」「しかしながら，このように，子どもの教育が，専ら子どもの利益のために，教育を与える者の責務として行われるべきものであるということからは，このような教育の内容及び方法を，誰がいかにして決定すべく，また，決定することができるかという問題に対する一定の結論は，当然には導き出されない。」

　②「学問の自由を保障した憲法23条により，学校において現実に子どもの

教育の任にあたる教師は，教授の自由を有し，公権力による支配，介入を受けないで自由に子どもの教育内容を決定することができるとする見解も，採用することができない。確かに，憲法の保障する学問の自由は，単に学問研究の自由ばかりでなく，その結果を教授する自由をも含むと解されるし，更にまた，専ら自由な学問的探求と勉学を旨とする大学教育に比してむしろ知識の伝達と能力の開発を主とする普通教育の場においても，例えば教師が公権力によって特定の意見のみを教授することを強制されないという意味において，また，子どもの教育が教師と子どもとの間の直接の人格的接触を通じ，その個性に応じて行われなければならないという本質的要請に照らし，教授の具体的内容及び方法につきある程度自由な裁量が認められなければならないという意味においては，一定の範囲における教授の自由が保障されるべきことを肯定できないではない。しかし，大学教育の場合には，学生が一応教授内容を批判する能力を備えていると考えられるのに対し，普通教育においては，児童生徒にこのような能力がなく，教師が児童生徒に対して強い影響力，支配力を有することを考え，また，普通教育においては，子どもの側に学校や教師を選択する余地が乏しく，教育の機会均等をはかる上からも全国的に一定の水準を確保すべき強い要請があること等に思いをいたすときは，普通教育における教師に完全な教授の自由を認めることは，とうてい許されないところといわなければならない。」

③「親は，子どもに対する自然的関係により，子どもの将来に対して最も深い関心をもち，かつ，配慮をすべき立場にある者として，子どもの教育に対する一定の支配権，すなわち子女の教育の自由を有すると認められるが，このような親の教育の自由は，主として家庭教育等学校外における教育や学校選択の自由にあらわれるものと考えられるし，また，私学教育における自由や前述した教師の教授の自由も，それぞれ限られた一定の範囲においてこれを肯定するのが相当であるけれども，それ以外の領域においては，一般に社会公共的な問題について国民全体の意思を組織的に決定，実現すべき立場にある国は，国政の一部として広く適切な教育政策を樹立，実施すべく，また，しうる者として，憲法上は，あるいは子ども自身の利益の擁護のため，あるいは子どもの成長に対する社会公共の利益と関心にこたえるため，必要かつ相当と認められる範囲において，教育内容についてもこれを決定する権能を有するものと解さざるをえず，これを否定すべき理由ないし根拠は，どこにもみいだせないのである。」もとより，教育内容に対する「国家的介入についてはできるだけ抑制的であることが要請されるし」，「子どもが自由かつ独立の人格として成長することを妨げるような国家的介入，例えば，誤った知識や一方的な観念を子どもに植えつけるような内容の教育を施すことを強制するようなことは，憲法 26 条，13 条

　の規定上からも許されないと解することができるけれども、これらのことは、前述のような子どもの教育内容に対する国の正当な理由に基づく合理的な決定権能を否定する理由となるものではない」。

　④「国の教育行政機関が法律の授権に基づいて義務教育に属する普通教育の内容及び方法について遵守すべき基準を設定する場合」には、「教育における機会均等の確保と全国的な一定の水準の維持という目的のために必要かつ合理的と認められる大綱的なそれにとどめられるべきものと解しなければならない」。本件学習指導要領は、「全体としてはなお全国的な大綱的基準としての性格をもつものと認められるし、また、その内容においても、教師に対し一方的な一定の理論ないしは観念を生徒に教え込むことを強制するような点は全く含まれていないのである。」それゆえ、上記学習指導要領は、「法的見地からは、上記目的のために必要かつ合理的な基準の設定として是認することができるものと解するのが、相当である。」

　判例は、「家庭教育」や「学校選択」の自由などの「親の教育の自由」を、一種の自然権的な自由として認め、かつ、「教師の教育（教授）の自由」についても、一定の範囲で承認する。しかし、後者の「自由」の内容は、教育が教師とひとりひとりの児童生徒との人格的交わりを不可欠とすることから当然に要請される一種の教育裁量権として捉えられた教授の自由であり、その裁量権の行使には、児童生徒の批判能力の欠如と教育の機会均等から一定の枠がはめられている（判旨②）。また、このような意味での親や教師の「教育の自由」を妨げない限り、国の教育内容決定権は、「必要かつ相当」な範囲で肯定されている（判旨③、ポポロ事件最高裁判決が大学教員に認めた「教授の自由」との異同については、p. 202）。

　その後、最高裁は、学習指導要領が「大綱的基準」にとどまるものであることを前提に法規としての性格を認め、学習指導要領違反および教科書使用義務（学教34条・62条）違反等を理由としてなされた高等学校の教諭に対する懲戒免職処分を適法とした（伝習館高校事件・最判平成2・1・18民集44巻1号1頁）。社会主義思想を鼓舞し、生徒の約半数が授業放棄しても放置するなど、「教育の具体的内容及び方法につき高等学校の教師に認められるべき裁量」の範囲を逸脱すると判断したものだ。

　教育権論争の主戦場となった教科書検定制度の合憲性については、最高裁は、

旭川学テ事件判決〈判例 10-2〉を引用し，教科書検定は「教育内容に及ぶもの」とし，①児童・生徒の十分な批判能力の欠如，②教育の機会均等，③教育内容が，児童・生徒の心身の発達段階に応じたものであるべきことを理由として，憲法 26 条違反，平成 18 年改正前教育基本法 10 条違反の主張を退けた。検定の合否は，文部大臣（現在は，文科大臣）の合理的な裁量に委ねられているが，検定を実際に担当しその結果を文部大臣に答申する権限を有する教科用図書検定調査審議会の判断過程に，検定対象となる「原稿の記述内容又は欠陥の指摘の根拠となるべき検定当時の学説状況，教育状況についての認識や，旧検定基準に違反するとの評価等に看過し難い過誤があって，文部大臣の判断がこれに依拠してされたと認められる場合」には，裁量権の範囲を逸脱し，国家賠償法上違法となる（第一次家永教科書訴訟・最判平成 5・3・16 民集 47 巻 5 号 3483 頁）。

③ 教師の「教育の自由」

　教育権の所在と関連して，初等・中等教育を担う教師の「教育の自由」の法的性格やその根拠が論じられてきた。判例上は旭川学テ事件〈判例 10-2〉によって解決済みの論点ではあるが，教育権の本質的な理解にかかわる論点なので，整理しておく。

(1) 学　　説

学説は 3 つに大別される。

(a) 権利説　第 1 の説によれば，教師の「教育の自由」は，教師の「教育人権」である。先にみた国民教育権説の論者によって採用されてきた。この説によれば，初等・中等教育もまた教師の「教育学の実践」であるという側面に照らし，典型的には大学教授に保障されている教授の自由（23 条）との質的連続性が強調され，初等・中等教育における教師の「教育の自由」も学問の自由（23 条）によって根拠づけられる（前掲第二次家永教科書訴訟第一審判決）。けれども，学問の実践が 23 条の保護範囲に含まれるとするならば，経営学の実践である企業経営や法律学の実践である弁護士業等も 23 条の保護範囲に含まれることとなりかねない。また，対＝子どもとの関係で，教師が事実上の権力主体であることは看過されるべきではない。伝習館高校事件において顕在化したよ

うに，教室では，子どもが，教師個人の思想を押し付けられる「囚われの聴衆」（⇒ p. 147）となるおそれにも注意しておくべきだろう。

(b)　権限説　第2の説によれば，公教育における教師の「教育の自由」なるものは存在せず，教育とは，教師の「権利」ではなく，教育職員に対して，国や学校法人等の学校設置者により付与された「権限」である（奥平康弘「教育を受ける権利」芦部・憲法Ⅲ 417頁）。このように解したとしても，「権限」の範囲や内容を，学校設置者が全く自由に決定できることにはならない。旭川学テ事件最高裁判決も認めているように，国が，「教師に対し一方的な一定の理論ないしは観念を生徒に教え込むこと」を強制するような場合，教師は，子どもの利益のために，それを拒否することを認められるべきであるが，このような主張を根拠づけるために，憲法明文の根拠をもたない教師の「教育の自由」に訴える必要はない。教師は，政府の「不当な支配」（教基16条1項）の排除を請求するために，ひとりの国民として保障されている「市民的自由」を援用することで足りるからだ。入学式での「君が代」ピアノ伴奏や起立・斉唱等を命ずる職務命令に対しては，良心の自由（19条）の侵害を（⇒ pp. 150〜155），また，生徒会の求めに応じて生徒会誌に論文を寄稿したところ学校長によってそれが削除された場合（最判平成16・7・15判時1875号48頁）には，表現の自由（21条）の侵害を主張すればよい。

(c)　二元説　第3の説は，教師の教育には，「権限」としての側面と「権利」としての側面があるとする。二元説と呼んでおく。

この説によれば，教師の「教育の自由」とは，対＝子どもとの関係では「職務権限」の行使を意味するが，他方で，対＝国家との関係では，教師は，「教育の自由」を「権利」として主張することが認められるべきである。けれども，それは，教師の「市民的自由」ではなく，教育に対する政府の「不当な支配」を排除し，子どもの学習権を充足させるために認められた「権利」として理解すべきである。教育専門職である教師につき認められた職能上の特権とでもいうべきものであり，その限りにおいて，教師の「教育の自由」には，教育を受ける権利（26条）の保護が及ぶ。これを，憲法訴訟論上の枠組みを用いて説明するなら，教師の「教育の自由」とは，職務命令を拒否し，何らかの不利益処分を受けた（または，そのおそれのある）教師が，子どもの学習権（26条）侵害

という第三者の憲法上の権利侵害を理由として，自己に対する処分の違法性を裁判上争うための理論的な構えということになる。

(2)　学説相互の関係

このようにみてくると，権利説と二元説とは理論的に両立困難だが，権限説と二元説とは相互に排他的でないことが分かる。「君が代」ピアノ伴奏や起立・斉唱を拒否したことを理由とする懲戒処分の違法を争う場合，19条とあわせて26条の侵害を主張することができる。また，教科書使用義務に反し自主作成教材を使用したことを理由とする懲戒処分を争う場合のように，「市民的自由」の侵害を主張することが難しい場合には，26条の主張が前面に押し出されることとなる。

第3節　勤　労　権

1 勤労権の意義と法的性格

(1)　社会権としての勤労権

27条1項は，「すべて国民は，勤労の権利を有し，義務を負ふ」と規定する。本条の「勤労の権利（勤労権）」については，社会権の一種と解されており，資本主義経済体制を前提とした上で，①私企業への就職の機会が得られるような法制度を整備するよう政府に対して要請し，また，②就労機会を求めて得られない国民に対しては，雇用保険制度を整備するなどの適切な措置を講ずることを要求できる権利として説明されてきた。ワイマール憲法163条2項の「すべてのドイツ国民には，経済的労働によりその生活の糧を得る可能性が与えられるべきである。適当な労働の機会が与えられない者に対しては，必要な生活費が配慮される。詳細は，特別のライヒ法律で定められる」とする趣旨を日本国憲法27条1項に読み込もうとしたものである。学説の中には，「配慮」を客観法的に要請するワイマール憲法の趣旨を超え，就労意思があるにもかかわらず職のない者に対して生活費の支払を受ける「権利」の保障まで27条1項に読み込むものも見受けられる。

　勤労権の法的性格については，学説は，プログラム規定説または抽象的権利説をとるものがほとんどで，27 条 1 項から，直接，政府に対して雇用の機会の給付を請求できるという意味での具体的権利説を導き出すものはない。職業選択の自由や営業の自由（22 条）を保障する資本主義経済体制下で，政府は，労働市場を完全にコントロールすることはできないからだ。

(2)　勤労権の自由権的側面

　勤労権については，公権力によって，勤労の自由を侵害されないという自由権的側面が当然あるとされてきた。憲法制定議会において，政府は，勤労権は自由権であり，国家が国民の勤労を妨げてはいけない意味であると説明している。しかし，公権力が，勤労の自由を侵害する場合は，22 条の職業活動の自由の侵害となる（⇒ p. 283 の **3**）。勤労権保障の固有の意義は，(1)の社会権的側面にある。

(3)　勤労権の私人間効力

　27 条 1 項は，政府による雇用の確保とは別に，民間の雇用労働者に対して，「不当に解雇されない権利」を保障しているとする説が，労働法学において有力に主張されている。27 条 1 項の，私人間への直接効力を肯定するものとされる。もっとも，その趣旨は明確でなく，解雇権濫用の認定にあたって，27 条 1 項が他の法令とともに援用されうること（東京高判昭和 43・4・24 労民 19 巻 2 号 571 頁）から，私人間にも直接効力が及ぶことを肯定すべき，とするもののようである。対して，最高裁は，社会的に正当な事由がある場合に限り解雇を適法とする解雇制限法理を判示している（最判昭和 50・4・25 民集 29 巻 4 号 456 頁）。その法理は，「解雇は，客観的に合理的な理由を欠き，社会通念上相当であると認められない場合は，その権利を濫用したものとして，無効とする」と規定する労働契約法 16 条に反映されている。

(4)　勤労の義務

　他方で，27 条 1 項は，勤労の「義務」を定めるが，国民の権利・自由を制限し，義務を課すためには，原則として法律の定めが必要であり，憲法上の義

務規定を根拠に直接具体的な義務を課すことはできない。ただし，一般に，本条項の義務規定には，勤労能力を有しながら勤労の意思のない者に対しては福祉的給付も与えられないとする趣旨が伴うものとされ，例えば生活保護費の支給要件として，各人の資産活用を前提とする（生活保護 4 条 1 項）といった措置が正当化される（⇒ p. 368 の(a)）。もっとも，こうした措置は，原則として立法政策上の是非が問われる問題にすぎず，憲法上の義務規定の有無は決定的でない。

② 勤労条件の法定

27 条 2 項は，「賃金，就業時間，休息その他の勤労条件に関する基準は，法律でこれを定める」と規定する。勤労条件法定主義という。労働者の利益のために，労働条件の最低基準を法律によって設定することを目的とする。労働条件は，当事者間で決定されるべき事柄であるが，労働力に対する需要と供給のバランスの欠如から，労働者は，劣悪な労働条件を強いられてきた。そのような経緯をふまえて，契約自由の原則を憲法レベルで修正したものである。

27 条 2 項を受けて，労働基準法・労働安全衛生法・最低賃金法等の労働者保護法が制定されている。なかでも，労働基準法は「この法律で定める基準に達しない労働条件を定める労働契約は，その部分については無効とする」（労基 13 条）と規定し，また，使用者が労働基準法に違反した場合に罰則を定める。

③ 児童の酷使の禁止

27 条 3 項は，「児童は，これを酷使してはならない」と規定する。通説は，児童の酷使の禁止は，2 項の勤労条件法定主義によって実際上は保障されるとした上で，労働者保護が，低い報酬で炭鉱などの劣悪な環境で酷使された児童らの保護からはじまった（イギリス）という沿革上の理由から，別個の条項を起こしたものと説明している。けれども，2 項が，労働者保護のための法律の制定を国会の責務としたものであるのに対し，3 項は，①児童労働保護のための法制度の整備を国の責務とするだけでなく，②私人たる使用者を直接名宛人として児童の酷使の禁止を命じたものであるという点で，両者は性格を異にする。この違いを重視し，3 項をもって，18 条の「奴隷的拘束からの自由」や

「その意に反する苦役からの自由」と共通する権利規定として捉え，私人との関係でも，直接適用されるべき具体的権利（児童の酷使されない権利）を保障したものと解する説もある。

また，3項を受けて，労働基準法第6章は，年少者保護の規定を設けている。それによれば，「使用者は，児童が満15歳に達した日以後の最初の3月31日が終了するまで，これを使用してはならない」（労基56条1項）とされるほか，児童保護の観点から，特別な労働基準が定められている。

第4節　労働基本権

1 労働基本権の意義と法的性格

(1)　労働基本権の意義

28条は，「勤労者の団結する権利及び団体交渉その他の団体行動をする権利は，これを保障する」と規定する。労働者の①団結権，②団体交渉権，③争議権（団体行動権）であり，労働基本権もしくは労働三権と呼ばれる。労働条件の決定過程において使用者の意思に従属せざるをえない労働者が，団結し，圧力をかけることにより，使用者と対等の交渉力を確保し，より有利な労働条件を獲得するための権利である。

本条にいう「勤労者」とは，労働組合法にいう「労働者」がそれにあたり，「職業の種類を問わず，賃金，給料その他これに準ずる収入によつて生活する者」（労組3条）を指す。したがって，農漁業や小売商工業等の自営業を営む者は「勤労者」に該当しないが，公務員もまた「勤労者」に該当する。判例も一貫してこれを肯定している（全逓東京中郵事件・最大判昭和41・10・26刑集20巻8号901頁，全農林警職法事件・最大判昭和48・4・25刑集27巻4号547頁 ⟨ **判例 10-3** ⟩）。

(2)　労働基本権の法的性格

労働基本権は，労働者の生存権の保障を基本理念とするものであり，生存権や教育を受ける権利と並んで社会権グループに含まれるものとされてきた。しかし，労働基本権については，国家に対する給付請求権を中核とする生存権と

は異なり，複合的性格をもつことが，異論なく認められてきた。

(a) **自由権的側面**　欧米近代においては，労働者が団結し，使用者に対して圧力をかけることは違法視された。社会のすみずみに根を張っていた封建社会の既得権構造を破棄し，「契約自由の原則」や，「公序としての営業の自由（＝独占禁止）」を実現した近代社会においては，経営者が共謀して商品の価格を吊り上げることが違法とされたのと同様に，労働者の団体が，団結力を背景に賃上げ等を要求することも違法視され，刑事罪（英米では，共謀罪）の対象とされた。それゆえ，労働基本権の保障とは，第 1 に，労働者の団体，つまりは労働組合による正当な争議行為を処罰してはならないという自由権的側面に現れる。労働組合法 1 条 2 項の刑事免責は，これを確認的に規定したものだ。

(b) **私人間効力**　第 2 に，労働基本権は，対＝使用者との関係で保障された権利であり，私人間に直接適用されると解されてきた。したがって，労働基本権を制限する契約は私法上無効である。また，正当な争議行為によって生じた財産上の損害につき，使用者は，債務不履行責任や不法行為責任を請求することができない。労働組合法 8 条の民事免責は，これを確認的に規定したものだ。また，労働組合法 7 条 1 号の「労働者が労働組合の組合員であること，労働組合に加入し，若しくはこれを結成しようとしたこと若しくは労働組合の正当な行為をしたことの故をもつて，その労働者を解雇し，その他これに対して不利益な取扱いをすること」を不当労働行為として禁止する規定についても，憲法 28 条の私人間効力として説明する学説もある。

(c) **社会権的側面**　第 3 に，国に対しては，労働基本権の私人間での保障を確実なものとするため積極的な措置をとることが要請される。社会権的側面である。労働組合法が定める不当労働行為の制度は，そのための措置の代表例であり，国が，労働委員会という行政機関を設け，使用者による労働基本権の侵害行為から労働者を行政的に救済する制度である。

2 労働基本権の内容と限界

(1) 団 結 権

(a) **団結権**　団結権とは，労働者が，労働条件の維持改善を図ることを目的とする団体，すなわち，労働組合（労組 2 条）を結成し，これに加入する権

利のことをいう。ところで，憲法21条の結社の自由は，労働組合を結成・加入する自由の保障を当然含んでいる。したがって，28条が，加えて労働者の団結権を保障したことには，結社の自由一般の保障には還元されない特別の意義があるとされてきた。使用者と対等な交渉力を確保するために，労働者個人の「団結しない自由（消極的結社の自由）」を制限し，労働組合への加入強制（組織強制）を合法化する点においてである。

(b)　団結権の限界

(i)　組織強制　　組織強制の方法として，日本で広く用いられてきたのが，ユニオン・ショップ制であり，使用者は雇用時において非組合員である者も雇用することができるが，労働者は，雇用後一定期間内に組合に加入しなければならず，加入しない場合または組合から脱退・除名された場合は，使用者は，その労働者を解雇しなければならないことを，労使間の協定で定めるものだ。労働組合の組織の拡大強化を図ることを目的とする制度である。労働者個人の消極的結社の自由との関係で，組織強制の限界が問われる。ユニオン・ショップ協定を27条の勤労権の侵害とする説が少数ながら唱えられたものの，「労働者は団結することによって自由となる」という命題（労働の従属性テーゼ）が自明視されたため，学説はほぼ一致して，28条を根拠に協定の法的効力を肯定してきた。労働組合法7条1号ただし書の規定もまた，協定の効力，すなわち，労働者個人に対して組合員となることの受忍を義務づけることの合憲性を前提としている。対して，最近の学説においては，労働者個人の自己決定権（13条）を重視し，28条の団結権規定は，個々の労働者の「組合脱退の自由」などの「市民的自由を否定する効果をもつとは考えがたい」とする説（奥平康弘『憲法Ⅲ』〔有斐閣，1993年〕277頁）も有力である。協定の具体的内容が，団結権と市民的自由の合理的調整の枠を超えて，市民的自由の「否定」と解すべき程度にまで至るときには，協定の効力を無効とするものと解される。

判例は，協定の効力を限定するアプローチを採用し，協定のうち，協定の相手方である「締結組合以外の他の労働組合に加入している者及び締結組合から脱退し又は除名されたが，他の労働組合に加入し又は新たな労働組合を結成した者について使用者の解雇義務を定める部分」は，「民法90条の規定により，これを無効と解すべきである（憲法28条参照）」と判示している。労働者には

「自らの団結権を行使するため労働組合を選択する自由があり」，また，「〔協定締結組合〕の団結権と同様，同協定を締結していない他の労働組合の団結権も等しく尊重されるべき」とする理由によるものである（三井倉庫港運事件・最判平成元・12・14 民集 43 巻 12 号 2051 頁）。

　(ⅱ)　内部統制権　　団結権の保障は，労働組合が組合としての意思を自律的に形成・決定する自由をその規範内容とする。労働組合の自律的決定に対して，公権力が介入することは，この自由の侵害となるが，他方で組合の決定とそれに基づく統制権の行使に反対する組合員個人が，統制権の行使を，思想・良心の自由（19 条）等の市民的自由の侵害として争う場合，団結権の限界が問われる。

　判例は，労働組合の「統制権は，一般の組織的団体のそれと異なり，労働組合の団結権を確保するために必要であり，かつ，合理的な範囲内においては，労働者の団結権保障の一環として，憲法 28 条の精神に由来するものということができる」と述べる。この事案は，労働組合が，市議会議員選挙の統一候補を決定したのに対して，それに反し立候補しようとした組合員に対して立候補を断念するよう説得し，説得に応じないと，組合員としての資格を 1 年間停止する旨を公示したことなどにより，組合執行部役員らが公職選挙法 225 条 3 号違反の罪に問われたものだ。判例は，組合の内部統制権を，上でみたように，憲法 28 条の「精神」から導きながらも，「立候補の自由」の制限が，労働組合の正当な活動と相いれないことを強調し，「勧告または説得の域を超え，立候補を取りやめることを要求し，これに従わないことを理由に」「統制違反者として処分するがごときは，組合の統制権の限界を超える」とした（三井美唄労組事件・最大判昭和 43・12・4 刑集 22 巻 13 号 1425 頁）。

　その後，判例は，労働組合からの脱退が，労働者にとって「事実上大きな制約を受けていること」にかんがみ，労働組合の統制権の範囲を，「具体的な組合活動の内容・性質，これについて組合員に求められる協力の内容・程度・態様等を比較考量し，多数決原理に基づく組合活動の実効性と組合員個人の基本的利益の調和という観点から，組合の統制力とその反面としての組合員の協力義務の範囲に合理的な限定を加えることが必要である」との見解を示すに至る。その上で，労働組合の多数決によって，その「政治的活動に対してこれと異な

る政治的思想，見解，判断等をもつ個々の組合員の協力を義務づけることは，原則として許されない」とし，「労働組合が組織として支持政党又はいわゆる統一候補を決定し，その選挙運動を推進すること自体は自由である」が，「組合員に対してこれへの協力を強制することは許されない」とし，総選挙に際し，特定の立候補者支援のためにその所属政党に寄附するための政治意識昂揚資金としての臨時組合費等の納付義務を否定している（国労広島地本事件・最判昭和50・11・28民集29巻10号1698頁。p. 155の(2)参照）。

　このようにみてくると，判例の立場は，28条を根拠とし労働組合に対して，他の団体一般とは異なる特別な統制権を認めたもの（労働法学においては団結権説と呼ばれる）ではない。団体一般は，21条の結社の自由により，その内部運営の自律権（その1つとして統制権）を保障されているという枠組みを前提に，労働組合の目的・性格，制限される権利・利益の性質，制限の程度・態様等をふまえて，個別・具体的に統制権の限界を問うものであり，そのようなアプローチは支持されてよい。

(2)　団体交渉権

　団体交渉権とは，労働組合が主体となって，労働条件について使用者側と交渉する権利をいう。団体交渉の結果合意に達した事項は，労働協約として両者を拘束する（労基2条2項）。また，使用者が正当な理由なく，団体交渉を拒否することは不当労働行為として禁止されている（労組7条2号）。使用者の応諾義務を労使間の公序として設定したものであるが，そこから，使用者に対して団体交渉に応諾すべきことを裁判上請求しうる具体的権利を導くことができるか否かについては，肯定説と否定説とがあり，下級審の立場も分かれている（肯定説：東京地決昭和43・8・29判時528号84頁，否定説：東京地決昭和49・12・9労民25巻6号582頁）。

(3)　争　議　権

(a)　争議権　　28条の「その他の団体行動をする権利」を争議権という。争議行為の代表的なものとして，ストライキ（同盟罷業），サボタージュ（怠業），ピケッティング，職場占拠等がある。

（b）　**争議権の限界**　　正当な争議行為は，刑事・民事の免責の対象となる。争議行為の目的および手段・態様の観点から正当性が問われる。

（ⅰ）　**目的の正当性**　　この点で問題となるのが，労働条件の維持・改善など，労働者の経済的地位の向上とは直接関係しない政治的な抗議を目的として行われる「政治スト」の正当性である。学説においては，「政治スト」を，労働者の経済的地位の向上と直接関連する法律や政策の制定・改廃を求める「経済的政治スト」と，そうでない「純粋政治スト」とに分け，前者については，目的の正当性を肯定する立場が有力である。

判例は，争議行為が政治的目的のために行われた場合には正当性の限界を超える旨を判示し（全逓東京中郵事件・最大判昭和41・10・26刑集20巻8号901頁），「安保反対スト」や「警職法改正反対スト」，「全国一斉学力テスト反対スト」などの正当性を否定している（全司法仙台事件・最大判昭和44・4・2刑集23巻5号685頁，全農林警職法事件・最大判昭和48・4・25刑集27巻4号547頁〈 **判例 10-3** 〉，岩教組学テ事件・最大判昭和51・5・21刑集30巻5号1178頁）。

（ⅱ）　**手段・態様の正当性**　　暴力の行使，他人の生命・身体への加害を伴う争議は，正当な争議といえない（労組1条2項）。ただし，ピケッティングに付随して，暴力の行使に至らないが，「平和的説得」の域を超えた「実力」を用いて，ピケ破りを阻止することは正当か否か議論がある（羽幌炭鉱事件・最大判昭和33・5・28刑集12巻8号1694頁）。また，判例によれば，生産管理（労働組合が使用者の意思を制圧し，工場施設等を自己の管理下におき，使用者の指揮・命令を排して自ら企業経営を行うこと）は，私有財産制度の基幹を揺るがすような行為として正当な争議行為にあたらない（山田鋼業事件・最大判昭和25・11・15刑集4巻11号2257頁）。

③ 公務員の労働基本権

公務員もまた28条の「勤労者」に該当するが，公務員の労働基本権は大幅に制限されてきた。戦後，日本占領統治にあたったGHQは，当初は，労働組合保護政策をとっていたが，当局の予想を超えて公務員労働運動が過激化すると，政策を転換し，政令201号を制定し，国家公務員・地方公務員に対して一律全面的に，団体交渉権と争議権を否定した。占領終了後も，公務員の労働基

本権に対する制限は，国家公務員法・地方公務員法・公共企業体等労働関係法によって基本的に維持され，その後，国営企業等の民営化や独立行政法人制度の創設を経て，現在では，以下のようになっている。

①警察職員・海上保安庁または刑事施設において勤務する職員，消防職員，自衛官（特別職の国家公務員である防衛省職員を含む）には，団結権・団体交渉権・争議権のすべてが否定されている（国公108条の2第5項，地公52条5項，自衛64条等）。

②国および地方の一般職公務員で①以外の職員には，団結権・団体交渉権は認められるが，争議行為は禁止されている。ただし，その結成する団体は，労働組合とは法的に区別される「職員団体」であり，団体交渉権は認められるものの，労働協約締結権を含まない（国公108条の2第1項〜3項，108条の5第1項・2項，98条2項・3項，111条の2第1号，地公52条1項〜3項，55条1項・2項，37条1項・2項，62条の2等）。

なお，特別職の国家公務員のうち，裁判所職員および国会職員については，一般職公務員と同じ扱いが特別法によってそれぞれ規定されている。

③行政執行法人職員および特定地方独立法人職員，地方公営企業職員には，争議行為は禁止されているが，団結権・団体交渉権は認められている。ただし，民間の労働組合とは異なり，ユニオン・ショップ制のような加入強制は認められておらず，団体交渉の対象から管理・運営事項は除外されている（「行政執行法人の労働関係に関する法律」4条1項・8条・17条1項，「地方公営企業等の労働関係に関する法律」5条・7条・11条1項等）。

学説の多くは，公務員の職務の公共性にかんがみ，これらの制限を一律違憲とすることに躊躇しつつも，その制限の必要性・合理性については，労働基本権が，労働者の生存権確保に直結することから，厳格に審査すべきとしてきた。

④ 公務員の争議権制限に関する判例法理の変遷

公務員の労働基本権の制限の中でも，特に激しく争われてきたのは，争議行為の禁止の合憲性である。公務員法制は，職種を問わずすべての公務員の争議行為を禁止しているが，禁止違反については懲戒処分を定めるのみで，直接的に刑事罰を規定していない。他方で，一般職の公務員については，争議行為を

「あおり，そそのかす」等の行為を行った者については，刑事罰が定められている。

この問題について最高裁の判例法理のあり方は，大きく 3 つの時期で異なる。

(1)　第 1 期

初期の判例は，公務員の争議権の一律全面的な制限を，公共の福祉や全体の奉仕者（15 条 2 項）を根拠とし，合憲としていた。その代表例は，政令 201 号により争議権を剝奪された公務員労組が，それに反発して争議行為を行った政令 201 号事件最高裁判決である（最大判昭和 28・4・8 刑集 7 巻 4 号 775 頁）。

(2)　第 2 期

(a)　**全逓中郵事件**　このような全面合憲説からの転換となったのが，全逓東京中郵事件である。東京中央郵便局内で勤務時間に食い込む職場集会を企画し，職場からの離脱を説得した全逓信労働組合の役員らが，郵便法 79 条 1 項の郵便物不取扱罪の教唆にあたるとして起訴された事件である。最高裁は，労働基本権も「国民生活全体の利益の保障という見地からの制約を当然の内在的制約として内包」していることを前提に，「制約が合憲とされる」要件として，①制約が，「合理性の認められる必要最小限度」にとどまること，②制約は，職務の性質が「公共性の強いもの」で，その「停廃が国民生活全体の利益を害し，国民生活に重大な障害をもたらすおそれのあるものについて，これを避けるために必要やむを得ない場合について考慮される」こと，③刑事制裁は，「必要やむを得ない場合」に限られるべきこと，④制約に見合う代償措置があることを挙げた。その上で，刑事制裁の対象となる争議行為は，①「政治的目的」で行う場合，②「暴力を伴う場合」③「国民生活に重大な障害をもたらす場合」に限定し，上告人らを有罪とした原審を破棄差戻した（最大判昭和 41・10・26 刑集 20 巻 8 号 901 頁）。正当な争議行為には，公務員の行うものであっても，労働組合法 1 条 2 項の刑事免責の適用を認めたものであり，憲法 28 条の争議権保障をふまえた合憲限定解釈である。

(b)　**都教組事件**　このような手法を推し進めたのが，都教組事件の最高裁判決である。都教育長が，教育委員会に対して勤務評定規則案を提案する旨を

明らかにしたことを受け，都教職員組合の役員であるXらが，組合員らに対して，一斉休暇届を出すように指令を発したことが，地方公務員法61条4号（現在は62条の2）の禁止する，争議行為の「あおり」行為等にあたるとして起訴された事件である。最高裁は，公務員の争議権を一律全面に禁止することは憲法28条に反するという判断を前提に合憲限定解釈を行い，公務員の「あおり」行為等を処罰するには，違法性の強い争議行為を，違法性の強い態様で，あおり，そそのかす等の場合に限られると判示し，被告人らを無罪とした（最大判昭和44・4・2刑集23巻5号305頁）。これによって，通常の争議行為に「通常随伴して行なわれる」ような「あおり」行為等は，処罰の対象から除外されることとなる。「二重のしぼり」論と呼ばれる。判決は，地方公務員が争議行為を行うことを，事実上，刑事罰から解放したものと受け取られた。

　「二重のしぼり」論は，裁判所職員による争議行為の「あおり」行為等についても採用された。ただし，この事件の場合には，①安保反対闘争という「政治スト」であり，かつ，②全司法労組の幹部と他の公務員労組の幹部とが共謀したものであって，違法性の強い争議行為×争議行為に通常随伴しない「あおり」行為があったとし，有罪とした（全司法仙台事件・最大判昭和44・4・2刑集23巻5号685頁）。

(3)　第3期

(a)　**全農林警職法事件**　最高裁は，全農林警職法事件〈判例 10-3〉をきっかけに，再び，公務員の争議行為の一律全面禁止を合憲とする立場を採用する。ただし，その理由づけは，第1期の公共の福祉論，全体の奉仕者論とは異なり，詳細なものだ。

〈判例 10-3〉最大判昭和48・4・25刑集27巻4号547頁
〈全農林警職法事件〉
【事実】警察官職務執行法を改正する法律案が，野党の反対を押し切り，国会に提出されたことを受け，農林省（当時）の職員で組織する全農林労働組合は，反対運動を展開した。Xらは，同組合の幹部であり，傘下の同組合各県本部等にあてて指令を発し，勤務時間内2時間を目標として実施される「刑職法改悪反対」職場大会に参加するよう，慫慂したため，国家公務員法98条5項

（現行法 98 条 2 項）・110 条 1 項 17 号の罪（争議行為の「あおり，そそのかし」
罪〔現行法 111 条の 2 第 1 号〕）で起訴された。第一審（東京地判昭和 38・4・19
判時 338 号 8 頁）は，「二重のしぼり」論を用い，X らの行為は，通常の争議
行為に随伴するものとして強度の違法性を帯びないとして，無罪とした。これ
に対して，第二審（東京高判昭和 43・9・30 高刑集 21 巻 5 号 365 頁）は，争議
行為の遂行をあおる等の行為は，争議行為の原動力となるもので，その反社会
性・反規範性において争議の実行行為そのものより違法性が強いという観点か
ら，限定解釈の必要性を認めず，第一審判決を破棄，有罪とした。X ら上告。

【判旨】 上告棄却。

①憲法 28 条の労働基本権は，「勤労者の経済的地位の向上のための手段とし
て認められたものであって，それ自体が目的とされる絶対的なものではないか
ら，おのずから勤労者を含めた国民全体の共同利益の見地からする制約を免れ
ないものであり，このことは，憲法 13 条の規定の趣旨に徴しても疑いのない
ところである」。

②「公務員は，私企業の労働者と異なり，国民の信託に基づいて国政を担当
する政府により任命されるものであるが，憲法 15 条の示すとおり，実質的に
は，その使用者は国民全体であり，公務員の労務提供義務は国民全体に対して
負うものである。もとよりこのことだけの理由から公務員に対して団結権をは
じめその他一切の労働基本権を否定することは許されないのであるが，公務員
の地位の特殊性と職務の公共性にかんがみるときは，これを根拠として公務員
の労働基本権に対し必要やむをえない限度の制限を加えることは，十分合理的
な理由があるというべきである。」 [公務員の地位の特殊性と職務の公共性]

③「次に公務員の勤務条件の決定については，私企業における勤労者と異な
るものがあることを看過することはできない。」「公務員の場合は，その給与の
財源は国の財政とも関連して主として税収によって賄われ，私企業における労
働者の利潤の分配要求のごときものとは全く異なり，その勤務条件はすべて政
治的，財政的，社会的その他諸般の合理的な配慮により適当に決定されなけれ
ばならず，しかもその決定は民主国家のルールに従い，立法府において論議の
うえなされるべきもので，同盟罷業等争議行為の圧力による強制を容認する余
地は全く存しないのである。これを法制に即して見るに，公務員については，
憲法自体がその 73 条 4 号において『法律の定める基準に従い，官吏に関する
事務を掌理すること』は内閣の事務であると定め，その給与は法律により定め
られる給与準則に基づいてなされることを要し，これに基づかずにはいかなる
金銭または有価物も支給することはできないとされており（国公法 63 条 1 項
〔現行法 63 条〕参照），このように公務員の給与をはじめ，その他の勤務条件

は，私企業の場合のごとく労使間の自由な交渉に基づく合意によって定められるものではなく，原則として，国民の代表者により構成される国会の制定した法律，予算によって定められることとなっているのである。その場合，使用者としての政府にいかなる範囲の決定権を委任するかは，まさに国家みずからが立法をもって定めるべき労働政策の問題である。したがって，これら公務員の勤務条件の決定に関し，政府が国会から適法な委任を受けていない事項について……争議行為が行なわれるならば，使用者としての政府によっては解決できない立法問題に逢着せざるをえないこととなり，ひいては民主的に行なわれるべき公務員の勤務条件決定の手続過程を歪曲することともなって，憲法の基本原則である議会制民主主義（憲法41条，83条等参照）に背馳し，国会の議決権を侵す虞れすらなしとしないのである。」［勤務条件法定主義］

④「また，一般の私企業においては，その提供する製品または役務に対する需給につき，市場からの圧力を受けざるをえない関係上，争議行為に対しても，いわゆる市場の抑制力が働くことを必然とするのに反し，公務員の場合には，そのような市場の機能が作用する余地がないため，公務員の争議行為は場合によっては一方的に強力な圧力となり，この面からも公務員の勤務条件決定の手続をゆがめることとなるのである。」［市場の抑制力の欠如］

⑤しかしながら，「公務員についても憲法によってその労働基本権が保障される以上，この保障と国民全体の共同利益の擁護との間に均衡が保たれることを必要とすることは，憲法の趣意であると解されるのであるから，その労働基本権を制限するにあたっては，これに代わる相応の措置が講じられなければならない。」「その争議行為等が，勤労者をも含めた国民全体の共同利益の保障という見地から制約を受ける公務員に対しても，その生存権保障の趣旨から，法は，これらの制約に見合う代償措置として身分，任免，服務，給与その他に関する勤務条件についての周到詳密な規定を設け，さらに中央人事行政機関として準司法機関的性格をもつ人事院を設けている。ことに公務員は，法律によって定められる給与準則に基づいて給与を受け，その給与準則には俸給表のほか法定の事項が規定される等，いわゆる法定された勤務条件を享有しているのであって，人事院は，公務員の給与，勤務時間その他の勤務条件について，いわゆる情勢適応の原則により，国会および内閣に対し勧告または報告を義務づけられている。」「このように，公務員は，労働基本権に対する制限の代償として，制度上整備された生存権擁護のための関連措置による保障を受けているのである。」［代償措置］

⑥以上に説明したとおり，国家公務員法98条5項の争議行為の禁止は，憲法28条に違反しない。また，公務員に対して争議行為を「あおり，そそのか

す」行為は，違法な争議行為の「原動力または支柱」となるものであるから，単純参加者とくらべて社会的責任が重く，したがって，「あおり」行為等を行ったものを，公務員たると否とを問わず，処罰する国家公務員法110条1項17号は，憲法18条・28条に反しない。

　（石田和外ら7裁判官の補足意見，岸盛一・天野武一裁判官の追加補足意見，岩田誠裁判官の意見，田中二郎ら5裁判官の意見，および色川幸太郎裁判官の反対意見がある。）

　なお，多数意見は，第2期の判例の採用する合憲限定解釈である「二重のしぼり」論については，「不明確な限定解釈」とし，「かえって犯罪構成要件の保障的機能を失わせることとな」るとした。これに対して，田中ら5裁判官の意見は，本件は，明らかな「政治スト」であり，前掲全司法仙台事件判決の立場でも可罰的な事例なので判例変更の必要はないとしている。これに対して，石田ら7裁判官の補足意見は，前掲全司法仙台事件判決は，「政治スト」であることのみを理由に可罰性を認めたものではなく，田中ら5裁判官意見も「二重のしぼり」論を変更するものだとして反論している。

　(b)　全農林警職法事件以降　全農林警職法事件〈 判例 10-3 〉において示された法理は，地方公務員に対しても及ぼされることとなる（岩教組学テ事件・最大判昭和51・5・21刑集30巻5号1178頁）。全農林警職法事件において合憲判断の1つの理由とされた代償措置である人事院制度が地方公務員には設けられていないが，「これと類似の性格」をもつ人事委員会制度が設けられており，「必ずしも常に人事院の場合ほど効果的な機能を実際に発揮しうるものと認められるかどうか」につき問題がないではないとしながらも，「労働基本権の制約に見合う代償措置としての一般的要件を満たしている」とした。

　引き続き，最高裁は，郵便職員の争議行為を禁止する公共企業体等労働関係法17条の規定を合憲とし，その刑事免責を否定した（全逓名古屋中郵事件・最大判昭和52・5・4刑集31巻3号182頁）。これにより，第2期の判例は，すべて覆された。

　第3期の判例については，学説は批判的で，①勤務条件法定主義や，その背景的原理として援用される議会制民主主義は，公務員が団体行動を通して自らの要望を表明することの禁止まで正当化するものではない，②人事院勧告に法

的拘束力はなく，そもそも代償措置たりうるのか（なお，人事院勧告が凍結されたことに対する抗議ストについても，最高裁は，代償措置が本来の機能を果たしていなかったとはいえないとし，組合役員らに対する懲戒処分を適法とする〔最判平成 12・3・17 判時 1710 号 168 頁〕），③国鉄や郵便事業の民営化にみられるように，国民生活に重大な影響を与える公務員のサービスとそれ以外の民間のサービスの区分は相対的であり，「国会があるサービスを公務員によって提供されるべきサービスであると決定した以上，そのサービスについては労働基本権が制約されてもやむをえないとするのは，国会の自由な裁量によって憲法 28 条の要請を回避しうることを意味する」（長谷部 304 頁～305 頁）などの批判がある。

練習問題

1　国民年金法が改正され，年金の支給開始年齢が70歳に引き上げられることとなった。激変緩和措置（経過措置）として，改正法施行時に60歳以上の者については，従来どおり，65歳から支給が開始されることとなっている。Xらは，改正法施行時に55歳～59歳の者らであり，これまで欠かさず保険料を納付してきている。Xらは，国民年金法の改正を裁判上争いたいと考えている。憲法上どのような主張ができるか。

2　生活保護法19条1項は，生活保護の実施機関について規定し，都道府県知事，市長および福祉事務所を管理する町村長は，次に掲げる者に対して，この法律の定めるところにより，保護を決定し，かつ，実施しなければならないとし，

　　　1号　その管理に属する福祉事務所の所管区域内に居住地を有する要保護者
　　　2号　居住地がないか，または明らかでない要保護者であって，その管理に属する福祉事務所の所管区域内に現在地を有するもの

と規定している。生活保護費の約40％は市町村が負担することから，2号の「現在地」保護の原則に対しては，財政上の負担を強いられる自治体の不満が強く，法律が改正され，2号が削除されたとする。改正法の合憲性を論ぜよ。

3　親が，「教育の自由」を根拠として，学齢期の児童・生徒を，学校教育法における「学校」に通学させることを拒否することは，正当な理由のある場合，可能か，憲法的に検討せよ。なお，親は，家庭教師を雇い，子どもに対して教育を施すことの方が，よりよく子どもの「学習権」を充足することができると考え，そのための準備もしている。また，その場合，親は，授業料相当分の金銭給付を国に対して請求することができると解すべきか否か。

4　「定年制は，年齢による差別であり，憲法 14 条の平等原則に反し，ひいては，27
　条の勤労権の侵害である」という主張について，検討せよ。

第11章

参 政 権

　本章では，国民が政治に参加する権利である参政権を扱う。基本的に代表民主制を
とる日本国憲法の政治制度の下においては，その中心は選挙権ということになる。選
挙権は当然，国民主権の観点から非常に重要な権利であるが，単なる私的な行為の自
由ではなく公権力に参画する権利であるという特殊性を有する。そのため，権利の性
格について活発な論争がなされてきた。また，主に「選挙の公正」の確保を理由とす
る様々の制約も課されており，その合憲性が問題となる。

　第 1 節では，参政権の概念および 15 条 1 項が定める公務員の選定・罷免権につい
て解説する。その後，第 2 節で選挙権，第 3 節で被選挙権を取り上げる。選挙権につ
いては，その法的性質について検討した上で，憲法が定める選挙の諸原則を解説する。
さらに，選挙運動の自由に対する諸制約の合憲性も詳しく検討する。被選挙権につい
ては，その憲法上の位置づけや，現行法上の制約の合憲性について考える。

第 1 節　総　　説

1 参政権とは

　参政権とは，文字通りに理解すれば，政治に参加する権利のことである。表
現の自由などの精神的自由権の行使も，民意形成に影響を与えようとして行わ
れることが多く，広い意味での政治参加の一形態であるといえる。だからこそ，

当該自由権は民主政にとって不可欠であり厚く保護されなければならないという二重の基準論が通説として主張されているのである。ただし，この自由権の行使は当然ながら，政治的決定そのものではなく，政治に影響を与えようとするものではあっても，その影響力は不確実なものにとどまる。参政権とは，このような自由権の行使とは異なり，一定の法的効果を伴って政治の仕組みに参加する国民の権利を指す。典型的には，選挙に参加して投票する権利（選挙権）がある。16条が定める請願権（⇒第12章第1節）も国家機構に対し自分達の意見・要望を伝え一定の措置を求める権利であって，当然政治参加の一形態である。が，請願に対してどのように対処するかが請願を受けた側の対処に委ねられている以上，一定の法的効果を伴う政治への参加権ということはできない。

　国民に政治的に活動する自由が与えられているとしても，どのような法的効果を伴う制度に参加できるのかは，実定憲法およびその枠内で定められる法律によって決まってくる。国政が唯一国民によって正当化されるとしても（国民主権），そこから国民が直接どの程度の事柄までを決定すべきかが定まるわけではない。日本国憲法は基本的に代表民主制をとっており，国民の制度的な政治参加の機会は，国会両議院の選挙，地方公共団体の議会・長の選挙が主なものである（43条1項・93条2項）。憲法はこれ以外には，最高裁判所裁判官の国民審査（79条2項～4項），一の地方公共団体にのみ適用される特別法についての住民投票（95条），憲法改正国民投票（96条1項）を定めている。さらに地方自治法は議会の解散請求や議員・長の解職請求などを定め，一定以上の署名が集まった請求についての住民投票を規定している（自治76条～85条）。

② 15条が定める公務員の選定・罷免権

(1)　15条の意義

　15条1項は，「公務員を選定し，及びこれを罷免することは，国民固有の権利である」と定める。しかし，すべての公務員が直接選挙で選ばれるわけではないのは当然であるから，この条項は，国政を担当する公務員の権威の正統性が国民に由来することを定めたもの，つまりは国民主権の正当性の契機（クエスト憲法 I p.78 の(4)参照）の言い換えと理解される。これに関し，日本と同じく議院内閣制をとるドイツでは，公務員の選任が国民→議会→内閣→行政各部

内の上級庁→下級庁という民主的正統性の鎖の延長上でなされなければならないということが，国民主権原理の要請として原則的に求められるとされている。職務上の独立性を有する行政機関の人事も，この鎖から外れた者が決定してはならないということになる。ただし，ドイツでもこのような鎖でどこまでも正統性がつながっていくという考えに対しては，あまりに形式的すぎ，現実の行政へのコントロールに資さないとの批判もあるところである。日本の学説上は，15条1項が，特に憲法が定めていない各種行政組織の公務員をどのように選定すべきかについて何らかの法的要請を含んでいるとは，考えられていない。

(2) 公務員「罷免」権規定について

　同条同項は，公務員「罷免」権についても定めている。しかし，憲法が定める罷免制度は，最高裁判所裁判官の国民審査（79条2項・3項）のみである。国民が選挙で選ぶ国会議員の罷免制度が規定されていないことは，一般的には，国民に国会議員を任期途中で罷免する権利を否定したものと理解されている。つまり，そのような一般にリコールと呼ばれる制度を法律でつくったら違憲となるということである。その理由としては，憲法は国会議員の任期を定める（45条・46条）他，例外的に任期途中でその地位を失う場合につき慎重に規定しており（資格争訟や懲罰での地位喪失に出席議員の3分の2以上の多数を求める。55条・58条2項。クエスト憲法I p.213の(1)，p.214の(4)参照)，その他の罷免を許さない趣旨と解されること，実質的には国会議員は「全国民を代表する」（43条1項）のであって選出された選挙区の利益を代表するのではなく，この地位の独立性を選出母体からも守る必要があること，が挙げられる。これに対し，国政がそのときどきの現実の国民の意思に基づいて行われるべきことを国民主権の一内容として求める人民主権論の立場からは，まさに15条1項の存在（および命令的委任禁止条項の不存在）を条文上の根拠として，リコール制度導入の合憲性が主張される。しかし，日本国憲法のとる代表民主制の全体構造はさほど特殊なものとは考えられず，比較法的にみて特異な国会議員に対するリコール制度を憲法が認めているとは，やはり解釈しがたいだろう。

　なお，地方自治法が定める任期途中での議員・長の罷免制度は，憲法上問題視されていない。これは，憲法が定める「地方自治の本旨」（92条）の一内容

としての住民自治が，国政レベルよりも直接民主制と親和的な原理だと考えられているためであろう。ただし，以下本章では選挙権と被選挙権のみ扱う。

第 2 節 選 挙 権

1 選挙権の法的性格

(1) 二元説と権利一元説

憲法が定める参政権のうち最も重要なものが選挙権である。「国民の代表者である議員を選挙によって選定する国民の権利は，国民の国政への参加の機会を保障する基本的権利として，議会制民主主義の根幹を成す」（在外日本国民選挙権訴訟・最大判平成 17・9・14 民集 59 巻 7 号 2087 頁〈 判例 11-1 〉）。憲法は，国政レベルでは国会両議院の議員（43 条），地方自治体レベルでは議員，長その他法律の定める吏員（93 条 2 項。ただし現行法上は，選挙により選出されるのは議員と長だけである）が選挙で選ばれることを要請している。

選挙権の法的性格は，盛んに議論されてきた。これは，各個人に認められた基本的人権でありながら，その行使により単に個人の主張・利益が実現されるのではなく，国家権力が構成されるという，この権利の特殊性によるところが大きい。現在の学説は，二元説と権利一元説に大きく分かれる。

二元説は通説的見解であり，選挙権は国民各人が代表者選定に参加する権利であると同時に，有権者団の一員として国家機関の構成員決定に携わるという公務としての性格も有していると考える。そして，18 歳未満の者や受刑者などに現行法上選挙権が与えられていないこと（公選 9 条・11 条）は，その公務としての性格から正当化されるという（芦部 271 頁，樋口ほか 334 頁～336 頁 [中村睦男]）。これに対し権利一元説は，人民主権論を前提にしつつ，選挙権は主権者人民の主権行使への参加権に他ならないとする。この立場は現在の選挙に関する法制度に多くの批判を加えることになるが，例えば，意思決定能力を有するすべての市民に選挙権が認められなければならないと主張し，現行法上の選挙権への制約は広汎にすぎると批判する（辻村みよ子『「権利」としての選挙権』〔勁草書房，1989 年〕179 頁～195 頁）。

(2) 学説の評価

権利一元説は，選挙においては各市民の個人的権利行使が総体として主権行使となるというのであるが，私的意思の集積が即公権力を構成するという図式が，おそらく人を最もとまどわせるのであろう。その意味では，権利一元説はやはり人民主権論を基礎におかなければとりえない理論である。国家権力は実在の人民に帰属するという要請を法的に貫徹しようとするなら，選挙権を全くの権利として理解するのは当然の帰結となる。しかし，日本国憲法は基本的に公権力と私人を対置する立憲主義を採用しており，公権力は現実の誰かに帰属するものではないと考えられる。そうだとすると，私人から公権力を構成する
蝶番となる選挙が複合的性格を有するのは，この法的構造上むしろ必然的だということになる。また，両説ともに選挙権の権利性は承認しているのであり，二元説をとれば必然的に広い制約が正当化されるというわけではない。二元説は，議員を選定するという公務への参加資格が国民各々に権利として付与されているというのであり，しかもこの権利の重要性を十分承認するのであるから，やはり権利制約はこの公務の性質に照らして必要な場合に限られると考えるべきである（野中俊彦「選挙権論・再考」『選挙法の研究』〔信山社出版，2001年〕30頁）。

どちらの説をとるかによって結論に違いが生じる問題として，棄権の自由が挙げられることが多い。権利一元説をとれば棄権は単なる権利不行使であって自由に認められなければならないのに対し，二元説であれば，理論的には，その公務性を根拠に選挙への参加を強制することも可能となるといわれる。しかし，選挙という公務が参加強制を許す性格のものかどうかが問題である。憲法は，秘密投票や選挙人不問責の保障（15条4項）を通じ，選挙において投票者の自由な意思が現わされるよう，慎重に配慮している。当然意図的に無効票を投じてもかまわない。投票したくない者を制裁で脅して投票させることは，このような自由意思保障に全く反する措置であり，憲法が想定する選挙という制度のあり方に合致するとは考えがたい。だとすれば，憲法解釈においては，やはりこの問題でも両説の違いは大きくない。

2　憲法の定める選挙の諸原則

　選挙の諸原則については，選挙制度の観点からクエスト憲法Ⅰで概観している（202頁以下）。ここでは，憲法上の選挙権保障の観点から問題となる諸原則について，判例の解説を含めて説明することにする。

(1)　普 通 選 挙

(a)　普通選挙の概念と歴史　　15条3項は，「公務員の選挙については，成年者による普通選挙を保障する」と定める。普通選挙とは，狭義では一定の財産所有や納税を選挙権の要件とする選挙（制限選挙）の対立概念で，選挙権にこのような財産的要件を課さない選挙をいう（女性を除く選挙も「普通選挙」と呼ばれたのはこのためである）。ただし今日では，身分や性別，人種などといった，年齢以外の要件での区別を行わない選挙という広い意味でも用いられる。44条但書は，国会議員の選挙人資格につき「人種，信条，性別，社会的身分，門地，教育，財産又は収入によつて差別してはならない」と定め，この広義の普通選挙を保障する趣旨を明確にしている。

　欧米諸国で19世紀に議会制が確立しても，日々の生活に追われて自己の利益しか考えられない者は政治に参加する資格はないとの考えから，選挙権が一定の財産所有者に限られる時代が長く続いた。また，女性には選挙権が与えられず，アメリカでは南北戦争まで黒人奴隷が選挙から排除されていた（黒人は奴隷解放後も様々の手段で選挙権の行使を妨害された）。これに対し，労働者などの利益を選挙を通じて国政に反映させようと選挙権の拡大を求める運動が盛んに行われた結果，19世紀後半以後徐々に男子普通選挙が普及していった。これは，政治は「教養と財産」のある人々に任されるべきものではなく，現実に存在する民意を反映して行われるべきであるという，重大な政治観の転換を意味するものであった。しかし，女性にまで選挙権が与えられるのは，多くの国で20世紀になってからである。

　日本でも，衆議院議員選挙の選挙権は当初より一定額以上の男子納税者に限られていた。この要件は何回か緩和され，1925（大正14）年にようやく25歳以上の男子による普通選挙が実現した。第二次世界大戦後最初の総選挙から，

女子を含む 20 歳以上の国民すべてに選挙権が与えられるようになった。日本国憲法下で女性の参政権を奪えないことはいうまでもないが，15 条 3 項が「成年者」による普通選挙を保障している以上，選挙権の下限年齢を民法が定める成年年齢（民法 4 条で 20 歳）より上に設定することも許されない。日本では長年成年年齢と選挙権年齢が一致してきたが，成年年齢引き下げは実現しないまま，選挙権年齢が，2015（平成 27）年の公職選挙法改正で 18 歳に引き下げられた。その後，成年年齢を 18 歳とする民法 4 条の改正により，2022（令和 4）年 4 月から両者は再び一致することになった。

　公職選挙法 11 条 1 項は選挙権を有しない者を列挙しているが，2013（平成 25）年の改正で削除されるまで，その 1 号に成年被後見人が挙げられていた。しかし，東京地判平成 25・3・14 判時 2178 号 3 頁は，後述する在外日本国民選挙権訴訟 ⟨判例 11-1⟩ での選挙権制約に対する最高裁の厳しい姿勢を受け継ぎ，この規定を違憲と判断した。同判決は，後見開始の判断は財産管理の能力に注目してなされるのであって，成年被後見人が選挙権を行使する能力を欠くとはいえず，また成年被後見人に選挙権を認めると，高い頻度で不公正な投票が行われると推認することもできない，などの理由を挙げている。この判決を受けて，公職選挙法が改正され，成年被後見人にも選挙権が与えられるようになった。

　公職選挙法 11 条 1 項については，さらに受刑者（2 号）や仮釈放中の者（3 号）に選挙権が認められていないことの合憲性も問題とされている。前者について，下級審の判断は分かれている（違憲とするものとして大阪高判平成 25・9・27 判時 2234 号 29 頁，合憲とするものとして広島高判平成 29・12・20 裁判所ウェブサイト。後者は上告されたが，最高裁は理由を示さず原審判決を維持した〔最決平成 31・2・26 LEX/DB25562936〕）。

　なお，現行法は，国政選挙も地方選挙も選挙権を日本国民に限っている。外国人に選挙権を認めないことの合憲性については，p. 28 の(2)を参照。

　(b)　在外国民の選挙権　　外国に居住する日本国民は，公職選挙法上選挙人名簿に登録されない（公選 21 条）というかたちで，ずっと選挙権の行使を認められてこなかった。この問題は従来普通選挙との関連で議論されてきたわけではないが，日本国民でありながら選挙権を行使できないという構図において共

通するところがあるため，ここで取り上げることにする。

　情報流通技術の発達により海外でも日本の政治について詳しく知ることが可能となっており，在外国民にも国政選挙への参加が認められるべきだとの声が高まり，1998（平成10）年の公職選挙法改正によって在外投票制度が設けられた。ただ，当分の間両議院ともに比例代表選挙の部分についてのみ実施されることとされた。このような在外国民への選挙権制約に対し最高裁は2005（平成17）年に，厳しい判断を示した（ 判例 11-1 ）。

◁ 判例 11-1 ▷ **最大判平成 17・9・14 民集 59 巻 7 号 2087 頁**

（クエスト憲法Ⅰ ◁ 判例 8-3 ▷）　　　　　　　　　　〈在外日本国民選挙権訴訟〉

【事実】上記の法改正前の 1996（平成 8）年に行われた衆議院議員選挙には，在外国民は参加できなかった。これを不服とする原告らは，同年の選挙で投票できなかったことによる損害の賠償と，公職選挙法の違法確認，および予備的に原告らが衆議院の小選挙区選挙と参議院の選挙区選挙で選挙権を行使する権利を有することの確認を求めた。第一審，第二審とも国家賠償請求を認めず，また確認請求は不適法とした。上告。

【判旨】破棄自判。「自ら選挙の公正を害する行為をした者等の選挙権について一定の制限をすることは別として，国民の選挙権又はその行使を制限することは原則として許されず，国民の選挙権又はその行使を制限するためには，そのような制限をすることがやむを得ないと認められる事由がなければならないというべきである。そして，そのような制限をすることなしには選挙の公正を確保しつつ選挙権の行使を認めることが事実上不能ないし著しく困難であると認められる場合でない限り，上記のやむを得ない事由があるとはいえ」ない。

　内閣は既に 1984（昭和 59）年に在外選挙制度の創設を内容とする公職選挙法改正案を国会に提出していたが，同案は成立しなかった。「世界各地に散在する多数の在外国民に選挙権の行使を認めるに当たり，公正な選挙の実施や候補者に関する情報の適正な伝達等に関して解決されるべき問題があったとしても，既に昭和 59 年の時点で，選挙の執行について責任を負う内閣がその解決が可能であることを前提に上記の法律案を国会に提出していることを考慮すると，同法律案が廃案となった後，国会が，10 年以上の長きにわたって在外選挙制度を何ら創設しないまま放置し，本件選挙において在外国民が投票をすることを認めなかったことについては，やむを得ない事由があったとは到底いうことができない」。

　1998（平成 10）年改正後の法律も在外投票の実施を比例代表選挙に限ってい

> るが，「本件改正後に在外選挙が繰り返し実施されてきていること，通信手段
> が地球規模で目覚ましい発達を遂げていることなどによれば，在外国民に候補
> 者個人に関する情報を適正に伝達することが著しく困難であるとはいえなくな
> ったものというべきである」。「遅くとも，本判決言渡し後に初めて行われる衆
> 議院議員の総選挙又は参議院議員の通常選挙の時点においては，衆議院小選挙
> 区選出議員の選挙及び参議院選挙区選出議員の選挙について在外国民に投票を
> することを認めないことについて，やむを得ない事由があるということはで
> き」ない。

　最高裁は結論的に，原告らが次回選挙において投票することができる地位に
あることを確認し，かつ 1996（平成 8）年の選挙で投票できなかったことは立
法府の著しい不作為によるとして，精神的損害への国家賠償も認めた。立法行
為の違法性判断枠組みが後記在宅投票制度廃止違憲訴訟でのそれよりもいく分
緩和されたと読み取れる点も，注目されている（クエスト憲法Ⅰ p. 335 の(e)参照）。
この判決後の法改正で，国政選挙全体について在外投票が可能となった。

　(c)　**事実上投票が困難な者の選挙権**　　公職選挙法は，原則として，投票は
選挙人が自ら投票所に出向いて行うよう求めている（公選 44 条 1 項）。したが
って，心身に障害があって投票所に出かけることができない人々にとっては，
選挙人名簿に登録されていても，実際に投票するのは困難である。戦後当初の
公職選挙法はこのような人々のために在宅投票制度を設けていたが，制度が悪
用され選挙違反が多発したことを理由として 1952（昭和 27）年に廃止された。
身体に障害があり外出することが困難な者が，選挙権を行使できなかったこと
による損害への賠償を請求した事件において，最高裁は，国会議員は立法行為
について原則として政治的責任を負うにとどまり，国家賠償法上違法と評価さ
れるのは「容易に想定し難いような例外的な場合」に限るとして，原告の訴え
を認めなかった（在宅投票制度廃止違憲訴訟・最判昭和 60・11・21 民集 39 巻 7 号
1512 頁）。在宅投票制度を設けないこと自体の違憲性は直接には判断されなか
ったことになる。その後，重度の身体障害者には在宅投票が認められるように
なった（公選 49 条 2 項）。ただ，最高裁は，精神的原因によって投票所に出向
くことが困難な者への対処が存在しないことが争われた事件で，やはり国会議
員の立法行為の違法性は例外的にのみ認められるとした上で，これを否定して

いる（最判平成 18・7・13 訟月 53 巻 5 号 1622 頁）。

(2) 平 等 選 挙

　平等選挙は，各人の選挙権の価値は平等でなければならないという原則である。形式的には普通選挙が認められても，各人の投票がすべて平等の価値をもつものとして扱われなければ，実質的に選挙権の平等が確保されないからである。最高裁は，衆議院の議員定数不均衡を違憲とした画期的判決（最大判昭和51・4・14 民集 30 巻 3 号 223 頁）で，「選挙権の平等は……各選挙人の投票の価値，すなわち各投票が選挙の結果に及ぼす影響力においても平等であることを要求」すると明言している。不平等選挙の歴史的な例としては，プロイセンの三級選挙制が知られている（まず納税額の合計が税収総額の 3 分の 1 となるまで，納税額の多い方から有権者を 1 つのグループとし，次に税収総額の 3 分の 2 となるまでやはり納税額順に数え上げ，残りの者を 1 つのグループとする。各グループが同数の選挙人を選び，その選挙人が議員を選ぶ。当然，第 1 の高額納税者グループは他のグループより少人数で同数の選挙人を選べることになるから，投票価値は不平等に分配されていることになる）。

　今日平等選挙との関係で特に争われているのは，選挙区間での投票価値の不平等である。この問題につき詳しくは，「投票価値の平等」で扱う（⇒第 3 章第4 節）。

(3) 秘 密 投 票

(a) 秘密投票の意義　15 条 4 項は投票の秘密と選挙人の無問責を定めている。投票の秘密は，選挙人が自由な意思で投票内容を決めることができるために求められるものである。ただし，有権者の意思表明の自由を確保するために，誰に投票したかを秘密にすることまで必要なのかどうかについては，歴史的には争われてきた。国民に対して政治的責任を負う国会議員の投票行動は，当然顕名でなされる。国民が自己の投票について法的責任を問われることは選挙の自由と相いれないとしても，自己の判断についての政治的責任を投票内容の公開によって他の有権者に示すよう求めることは，必ずしも意思形成の自由を制約するものとはいえないのではないか。むしろ各人に熟慮に基づく政治的

判断を求めるためには，誰が誰に投票したかを公表する制度の方が望ましいと も考えうる（このような主張の一例として，ジョン・スチュワート・ミル〔水田洋訳〕 『代議制統治論』〔岩波文庫，1997 年，原著は 1861 年刊行〕第 10 章を参照）。

　ただし，このような主張が歴史的に実現されなかったのは，特に選挙権が拡 大され様々の国家的・社会的圧力にさらされやすい有権者が増大したことによ り，そのような人々の自由な意思に基づく投票を保障するには，法的に投票の 秘密を確保する必要があるとの見解が説得力をもってきたからであろう。投票 は，単なる議論における意思表明ではなく，法的効果を伴う制度の一環たる行 為である。公権力の担当者を選ぶという選挙の性質からして，選挙に利害関係 をもつ者が自己に有利な結果を得るため投票者に働きかけようとする誘因は非 常に強い。このような誘因によって発生する選挙人への有形無形の圧力に対し， それを公開の場ではねのけ自己の自由な意思を貫くようにと選挙人各々に求め ることは，過大な要求となる。秘密投票によって各選挙人には政治的責任をも 問わないという制度は，それが無責任な投票行動を招く危険があるとしても， やはり今日不可欠であるといえる。

　(b)　**秘密投票をめぐる法的問題**　　現在日本の投票は，原則として候補者や 政党の名を自書することによって行われる（公選 46 条）。しかし，この自書式 投票は，筆跡によって投票者が確定される危険をはらんでいる。立候補者名簿 に印をつける方式をとる国が多い中，このような制度を維持しつづける必要が あるのかは問題である。自書式がとられる大きな理由は，現行法上立候補の届 出日となる選挙の公示または告示日が投票日と接近しており（つまり選挙運動期 間が非常に短く），立候補者（政党）名簿の印刷が間に合わないためである。選 挙運動期間の短さという選挙運動の自由との関連での重大な憲法問題が，ここ にも影響しているということになる（公職選挙法 46 条の 2 で，地方自治体の選挙 においては，候補者リストから 1 人に○をつける記号式投票を採用することも認められ ているが，このような事情から採用例は少ない）。2001（平成 13）年に，地方自治体 の選挙については，コンピュータを用いた電磁的記録による投票を可能とする 特例法が制定された。ただし，投票の秘密が守られるのか，票が公正に集計さ れるのかといった点について，投票機の技術的信頼性にまだ疑問が残っている 段階であり，あまり普及していない。

　秘密投票との関係では，本来選挙権を有しない者が投票してしまった場合であっても，当選の効力に関する不服申立てや訴訟において，その者が誰に投票したかを取り調べることは許されないとされている（最判昭和23・6・1民集2巻7号125頁）。しかし，選挙犯罪の捜査においては，犯罪事実の立証のため，投票済み投票用紙の差押えがなされることがある。投票用紙の指紋などから被疑者の投票が特定されれば，誰に投票したかも判明してしまう。いったん差し押さえられれば，警察によって被疑者以外の者との指紋照合がなされる危険もある。この差押えの合憲性についての最高裁の立場ははっきりしない。下級審では，選挙の公正を確保することも重要な公益であるとして，一定の場合には差押えを認めるべきだという判決例もある。が，捜査当局に投票内容を知られるかもしれないとのおそれが広まることは，秘密投票の根幹を揺るがす事態である。少なくとも捜査上の高度の必要性を要求し，「投票の秘密を侵害するような捜査方法を採ることが許されるのは極めて例外的な場合に限られる」（最判平成9・3・28訟月44巻5号647頁での福田博裁判官補足意見。多数意見は，投票済み投票用紙差押えの合憲性に直接触れず事案を処理した）との立場をとるべきであろう。

3　選挙運動の自由

(1)　選挙運動の自由の意義

　今日では，専制的な国家でも，選挙を行って国民の圧倒的な支持を示すことで，政治的指導者が自らの正統性を誇示しようとすることが多い。しかし，一般にこのような「選挙」は，民意を正当に反映するものとは考えられていない。国民が投票し，得た票数の多少によって当選者を決める行為ということを基準にする限りでは，民主主義国家と専制国家の「選挙」を区別することはできない。民主主義国家と専制国家の「選挙」に意味の違いをもたらしているのは，投票行為に先行する民意形成過程に自由が認められているか否かである。このように，選挙に関する表現活動の自由が認められているか否かは，選挙が真に国民による公職者の選定行為といえるかどうかを左右する重大な問題である。

　民主主義国家においても，当然ながら選挙は公職者にとって最大級の関心事

であるから，選挙に向かう民意形成過程を法律によって自己の陣営に有利に規律しようとする誘因は非常に強い。そして，いったんこの民意形成過程が歪められれば，その過程を経た議員らが権力を握ることになるから，その不公正を民主主義プロセスを通して是正するのは非常に困難となる。その意味で，選挙に関する表現活動に対する規制は，数ある表現制約の中でも，本来最も警戒すべき類型だといってもよい。しかし，日本では公職選挙法が選挙運動に対する極めて広汎な制約を定めており，最高裁は一貫してそれらの合憲性を認めている。この制約の合憲性は，大きな憲法上の争点となってきた。法的規制は選挙運動のあらゆる場面に及んでいるが，本書では，最高裁で争われたいくつかの問題のみを取り上げておくことにする。なお，憲法改正国民投票の際の国民投票運動への制約については，クエスト憲法Ⅰ p. 35 の(c)参照。

(2)　事前運動の禁止

　まず，公職選挙法 129 条は，そもそも候補者の届出日，つまり当該選挙の期日の公示日または告示日から，当該選挙期日の前日までの間しか「選挙運動」を認めていない。これが，事前運動の禁止として問題となっている規制である（違反に対する罰則規定として，公選 239 条 1 項 1 号）。衆議院解散のニュースが常に，「選挙戦が事実上スタートしました」というのは，たとえ解散後に全国津々浦々で立候補予定者が演説活動を始めようとも，衆議院議員総選挙の公示日までは，合法的「選挙運動」は日本のどこでも行われていないはずだからである。しかも日本では，選挙期日の公示日ないし告示日は，選挙期日と非常に近接している。衆議院の総選挙で 12 日前（公選 31 条 4 項），参院の通常選挙で 17 日前（公選 32 条 3 項）であり，地方選挙ではもっと短い。最短の町村議会議員および町村長選挙は 5 日前の告示が求められているだけである（公選 34 条 6 項 5 号。法規定上は，「少なくとも……日前」の公示ないし告示が求められているが，実際にこれより前になされることはないといってよい）。アメリカでは大統領選挙の 1 年以上前から正真正銘の選挙戦が行われるのと比較すると，日本の「選挙」の独特さがよくわかる。

　公職選挙法は「選挙運動」の定義規定をおいていないが，判例はこれを特定の選挙の特定候補（予定）者の当選を目的として「直接または間接に必要かつ

有利な周旋，勧誘若くは誘導その他諸般の行為をなすこと」だと理解し，不明確とはいえないとしている（最決昭和38・10・22刑集17巻9号1755頁）。しかし，「事実上」の選挙戦を行っている政治家たちの行為が，この判例のいう「選挙運動」にあたらないというのは困難であり，厳格にいえば，日本ではあらゆる政治家が公職選挙法の事前運動禁止違反という違法行為を行っており，犯罪者でない国会議員は1人もいないということになろう。このように，事前運動禁止は明らかに過度に広汎な制約であるが，最高裁は，「常時選挙運動を行なうことを許容する」と，「不当，無用な競争」によって「選挙の公正を害するにいたるおそれがある」ことや，「徒らに経費や労力がかさみ，経済力の差による不公正が生ずる結果となり，ひいては選挙の腐敗をも招来するおそれがある」ことから，これを合憲と判断している（最大判昭和44・4・23刑集23巻4号235頁）。およそ規制がなかったら弊害が生じるおそれがあるという理由で，具体的な厳しい自由制約に合理性があると判断するのは，緩やかな合憲性審査の典型的手法である。

(3) 戸別訪問の禁止

　運動形態の規制として，最も激しい議論の対象となってきたのが，戸別訪問の全面禁止規定である（公選138条。違反への罰則規定として239条1項3号）。選挙区内の各戸を訪問して特定候補者への投票を呼びかける行為は，多くの国で主要な選挙運動形態となっているが，日本ではそれが一切禁止されている。本規定違反での起訴による刑事訴訟においては，その違憲性が何度も主張され，下級審では違憲判決が出されたこともあったが，最高裁は一貫してその合憲性を認めてきた。

　比較的詳しい判示をなした最判昭和56・6・15刑集35巻4号205頁は，戸別訪問の禁止は「意見表明そのものの制約を目的とするものではなく，意見表明の手段方法のもたらす弊害」を防止して選挙の自由と公正を確保するための規制であるという，猿払事件上告審判決 ◁ 判例 1-4 ▷ と同様の二分論を採用した上で，やはり同判決と同様，規制目的の正当性，目的と手段の合理的関連性，禁止によって失われる利益と得られる利益の衡量という3つの審査を行って合憲との結論を導いている。最後の利益衡量の場面では，戸別訪問禁止が「単に

手段方法の禁止に伴う限度での間接的，付随的な制約にすぎない」ことが，改めて失われる利益の少なさを強調するために使われる一方，得られる利益として「選挙の自由と公正の確保」という文句のつけようのない抽象的理念が挙げられ，その巨大さが強調されている。最高裁が戸別訪問の弊害として挙げているのは，それが買収の温床になりやすいこと，選挙人の生活の平穏を害すること，候補者が多額の出費を余儀なくされること，投票が情実に流されやすくなること，などである。

　既述のように（⇒p. 227 の(3)），最高裁の「意見表明そのものの制約」と「手段方法のもたらす弊害」防止のための制約という二分論は，学説の主張する内容規制と内容中立的規制の二分論とは似て非なるものであり，あらゆる表現規制を「手段方法」規制として軽くあしらうことを許容する危険を有している。戸別訪問禁止についてみても，問題は防止すべきとされる弊害が表現活動の内容に起因するものか，内容とは独立の外形的行為に起因するものかのはずであり，前者であれば，それは内容に基づく規制として厳格な審査に服さなければならない。最高裁の挙げる具体的「弊害」のうち，選挙人の生活の平穏以外の事項は，選挙運動という内容から生じる（と立法者が判断する）ものというべきではないか。そのような弊害が本当に生じる危険がどの程度あるのか，慎重な審査が必要なはずである（そもそも，情実に流されて投票することが「弊害」といえるのかは疑わしい。各有権者がどんな理由で投票するかは自由であり，一定の理由を国家が「望ましくない」と判断することは許されないはずである）。また，選挙人の生活の平穏の保持は，戸別訪問の全面禁止を正当化するだけの理由とはならないだろう。

　なお，この判決と同じ年の最判昭和 56・7・21 刑集 35 巻 5 号 568 頁は，先例を引くだけで戸別訪問禁止を合憲とするものであったが，従来の理由づけの不十分さを指摘する伊藤正己裁判官の補足意見が注目を集めた。しかし伊藤意見は，選挙運動は「あらゆる言論が必要最少限度の制約のもとに自由に競いあう場ではなく，各候補者は選挙の公正を確保するために定められたルールに従って運動するものと考えるべきである」と述べ，「このルールの内容をどのようなものとするかについては立法政策に委ねられている範囲が広く，それに対しては必要最少限度の制約のみが許容されるという合憲のための厳格な基準は

適用されない」として合憲判断に与したのである。このような立場に対しては，選挙運動は表現活動の一類型にすぎず，それが立法者の定めるルールに従う一種のゲームであるという理解に憲法上の根拠はないのではないかという根本的疑問がある。伊藤意見は憲法47条を挙げるが，同条から立法者の裁量の広さは直ちには導けないだろう。

(4)　文書図画，放送による運動の規制，報道規制

　公職選挙法は，文書図画の掲示や頒布につき，その大きさや枚数などについて詳細な規律を行い（公選142条〜146条），また新聞広告や政見放送についても法定のものしか認めない厳しい姿勢をとっている（公選149条・150条）。公職選挙法148条1項は選挙に関する報道・評論の自由を認めるが，それにも「表現の自由を濫用して選挙の公正を害してはならない」という極めてあいまいな制約が，違反への罰則付き（公選235条の2第1号）で定められている（放送についても公選151条の3および235条の4第1号参照）。さらに公職選挙法148条3項は，報道・評論の自由の認められる新聞紙または雑誌につき，一定以上の頻度での発行などの要件を満たすことを要求している。ある地方選挙について報道・評論した新聞紙がこの要件を満たしていないとして，罰則規定である公職選挙法235条の2第2号に基づき起訴された事件につき，最高裁は，処罰対象となるのは「特定の候補者の得票について有利又は不利に働くおそれがある報道・評論」に限られ，しかも「真に公正な報道・評論を掲載したものであれば，その行為の違法性が阻却される」という限定的解釈を示している（最判昭和54・12・20刑集33巻7号1074頁）。選挙に関する報道・評論の自由の重要性からして，限定的な解釈が望ましいのは当然だが，そもそも抽象的な「選挙の公正」を乱さないよう報道機関に求めること自体が許されるのか，はなはだ疑問である。

　また，公職選挙法148条の2第3項は，特定候補者を当選（落選）させる目的で「経営上の特殊の地位を利用して」選挙に関する報道や評論をすることを禁じている（違反への罰則として公選235条の2第3号）。しかし，金銭の授受もなく虚偽でもない報道を罰することが正当化できるとは，到底考えられない。

　2013（平成25）年の公職選挙法改正まで，インターネットによる選挙運動は，

文書図画の頒布として法律上認められていないという理由で禁止されてきた。しかし，公職選挙法の規定はインターネットを想定していないものであるから，このような解釈の妥当性につき疑問もあった。2013年の改正により，インターネットを利用した選挙運動がようやく可能となった。ただし，電子メールについては候補者や政党しか使用することができず，さらに，あらかじめ送信されることに同意した者に対してしか送信できないことになっている（公選142条の3・142条の4）。なりすましや迷惑メールによる弊害を防止するためとされるが，それで一般市民による選挙運動への簡易な参加の手段を奪うことを正当化できるか，疑わしい。

(5) 政党所属候補者とそれ以外の候補者の選挙運動における差別

選挙運動については，その他，衆議院に小選挙区比例代表並立制が導入されたとき以降，小選挙区選挙において候補者自身だけでなく候補者届出政党も選挙運動を展開できるようになったことが，政党所属候補者に対しその他の候補者を差別するものだという批判がなされている。文書などによる選挙運動でも，政党所属候補者は，政党の運動によっていわば上乗せして自分の名前を売り込めるのだが，特に問題となるのは，候補者届出政党はテレビで政見を放送でき，その中で各候補者を紹介できるのに対し，政党に所属しない小選挙区候補者には政見放送が一切認められないという規定である（公選150条1項）。候補者届出政党となるためには一定の要件が課されているため（公選86条1項），そのような政党に所属できない候補者はこの不利を甘受するしかない。最高裁は，「選挙運動をいかなる者にいかなる態様で認めるかは，選挙制度の仕組みの一部を成すものとして，国会がその裁量により決定することができるものというべきである」として選挙運動規律についての国会の裁量を広く認める姿勢を示した上で，現状の「選挙運動に関する規定における候補者間の差異が合理性を有するとは到底考えられない程度に達しているとまでは断定し難い」として，その合憲性を是認している（最大判平成11・11・10民集53巻8号1704頁）。選挙運動についての立法者の裁量を，選挙区割りにおけるそれと同様のものとして認めるような判示には，先に触れた伊藤意見に類似した思考を見て取ることができるが，やはり根本的な疑問を提起すべきであろう。

　そもそも，現行条文からこのような問題が発生するのは，政見放送を法定の場合にしか認めていないからである。公職選挙法の選挙運動についての規定は，原則禁止で明示されていることのみ許されると理解されている。だから，新たに条文を加えてインターネットによる選挙運動を解禁すべきだという議論が必要になった。選挙運動についてこのような奇妙な議論をしている国は，かなり珍しいのではないか。選挙運動規制については，具体的条文内容以前の問題として，自由が原則で例外として禁止を明示するという，憲法上当然の姿に改革すべきであろう。

第3節　被　選　挙　権

1 被選挙権の憲法上の位置づけ

　憲法は被選挙権については明記していないが，民主主義の観点からは，選挙によって公職につこうと欲する者には，できるだけ広く立候補の可能性を開いておくことが求められるといえるだろう。公職選挙法10条は，被選挙権の下限年齢につき25歳または30歳（参議院議員および都道府県知事）と規定しており，選挙権の下限よりも高い年齢としているが，実際に政治を担う公職者にこの程度の年齢を要求することは，一般に認められているようである。市議会選挙においてある労働組合が組織として支持候補を決定していたにもかかわらず別の組合員が立候補したので，当該労組がその組合員に制裁を加えたことが，公職選挙法225条3号の選挙の自由妨害罪に問われた事件において，最高裁は，「立候補の自由は，選挙権の自由な行使と表裏の関係にあり，自由かつ公正な選挙を維持するうえで，きわめて重要である」との理解から，立候補の自由は憲法15条1項で保障されていると判示している。そして，組合の決定に反したからといって立候補者を処分することは，組合の統制権の限界を超えるものとして違法である，と判断した（三井美唄労組事件・最大判昭和43・12・4刑集22巻13号1425頁）。

2 立候補の自由に対する諸制約の合憲性

(1) 供託金制度

　もっとも，憲法は選挙の仕組みとして，立候補した者のみが投票の対象となる立候補制を採用しているわけではなく，例えば国民誰もが国政選挙での被選挙権を有するという制度をとることも可能である。もちろん立候補制をとること自体は，選挙制度設計における国会の裁量的判断として是認できるであろう。しかし，現在の法制度が立候補を必要以上に困難にしていないかどうかは憲法上の問題となりうる。特に，候補者に供託金を求める制度には疑問を提起できる。公職選挙法 92 条は，選挙への立候補に際して供託金を求めており，選挙での得票が一定割合に至らなかった候補者からは，この供託金が没収される（公選 93 条・94 条）。この供託制度は，売名などの不当な目的での立候補を抑制するためのものであるが，供託金を納められるだけの財力があるかどうかは当選の可能性とは関係ないのだから，そもそも制度としての合理性が疑わしい。売名行為を抑制するためであれば，立候補にあたって有権者の一定数の署名を求めるといった，実際に諸外国でとられている対処の方が整合的であろう。また，供託制度自体は許容できるとの立場をとるとしても，供託金額が高すぎれば「貧乏人は立候補するな」ということになるし，没収される得票割合が高すぎれば，事実上，かなり当選確率があると考えられる者しか立候補できなくなる。現在，衆議院の小選挙区選挙や参議院の選挙区選挙では，供託金の額は300 万円であり，前者では有効得票総数の 10 分の 1 に満たない得票しか得られなかった場合に没収される。後者では，有効得票総数をその選挙区の定数で割った数の 8 分の 1 未満の得票の場合に没収される。しかし，300 万円用意できない者は国政選挙に立候補させない，という制度は，立候補の自由を不当に制約するものというべきではないか。

　この問題につき，東京地判令和元・5・24 判タ 1473 号 194 頁は，供託金制度が「立候補の自由に対する事実上の制約」となっていることを認めつつも，衆議院小選挙区選挙の供託金について，選挙制度の仕組みを定める国会の裁量の範囲内であると判示した（控訴審〔東京高判令和元・12・11 LEX/DB25564528・Westlaw Japan：2019WLJPCA12116005〕でも維持）。

(2)　選挙犯罪による連座制

　被選挙権については，その他，選挙犯罪に関する立候補禁止措置の合憲性も問題となる。最高裁はすでに最大判昭和 30・2・9 刑集 9 巻 2 号 217 頁で，選挙犯罪者に対する選挙権・被選挙権の停止（公選 252 条）の合憲性を認めていた。しかし，現在の公職選挙法は，候補者本人ではなく，その選挙運動にかかわり一定の地位を有する者が選挙犯罪を犯した場合にも，候補者の当選を無効とするとともに，5 年間同一選挙区からの立候補を禁止する規定をおいている（公選 251 条の 2・251 条の 3）。この「連座制」についても，最高裁は合憲と判断している。判決は，候補者に自陣営の者が選挙犯罪を犯さぬよう「選挙浄化」の義務を課し，それを怠った者を制裁することも，公明，適正な選挙の実現のために許されると述べている（最判平成 9・3・13 民集 51 巻 3 号 1453 頁）。しかし，候補者に過度の義務を課すことは，選挙運動の自由と緊張関係に立つ。他者の罪によって，違法行為を行っていない候補者の立候補の自由が制約されるという制度は，異例のものといわざるをえない。連座制規定については，その対象となる選挙運動関与者の範囲について，かなり慎重な解釈適用が求められるというべきである。

(3)　公務員の立候補制限

　公職選挙法 89 条は，国務大臣や議員などのいわゆる政治家でない一般職の公務員の選挙への立候補を，一部の例外を除いて禁止している。もし公務員がこれを破って立候補したときには，公務員を辞職したものとみなされる（公選90 条）。つまり，公務員には職にとどまりながら立候補することが認められていない。

　もちろん，議員と一般職公務員との兼職禁止は認められるし，権力分立の観点からは望ましいともいえよう。しかし，そのためには，当選した場合に公務員の職を辞することを求めればよいのであって，公務員が選挙に立候補すること自体まで禁止する必要はない。また，公務員のまま立候補すれば公務員が選挙運動をすることになり，その点でも，公務員の政治活動を認めていない現行法の改正が必要になる。公務員の政治活動をほとんど一切認めていない現行法の立場からは，選挙運動を認めるなどもってのほかだということになるのかも

しれないが，このような現行法の表現の自由制約の合憲性こそ，疑わしい（⇒ p.37 の(4)）。選挙運動を認めるといっても，職務権限を利用するような形態を禁止すべきなのは当然であるし，さらに選挙運動期間中は休職扱いにして公務の中立性への信頼を確保するなどの対処も可能であろう。

　公務員に対し，当選するかどうか分からない立候補の時点で辞職することを求めることは，将来の生活への不安から立候補を強く抑制する効果をもつ。私企業に勤務する労働者には，勤務しながら被選挙権を行使することが法的に認められている（労働基準法 7 条の定める「公民としての権利」）。一定の職業の者の立候補のみを法的に認めないことは，その者の被選挙権への行きすぎた制約であると同時に，選挙の公正の確保の観点からも問題なのではないか。

> **Column 11-1　多選制限の合憲性**
>
> 　アメリカ合衆国大統領が 2 期 8 年までしか務められないことは有名である。アメリカでは大統領は 2 期で退くという慣行が初代大統領ワシントン以来維持されてきたが，第二次世界大戦時に F・ルーズベルト大統領がはじめて 3 選，4 選を果たしたことから，戦後憲法改正で任期制限が明文化されることとなった（合衆国憲法修正 22 条）。では，法律で多選を制限することは合憲か。アメリカでは議員についても多選制限の合憲性が論じられているが，日本での実際の議論は，地方公共団体の首長の多選制限の合憲性をめぐって行われている。知事や市町村長の中には，何度も連続で当選し，非常に長期間その地位を占めつづけている例があり，特に地方分権が進み首長の権限が増すにつれて，そのような多選への問題意識が高まってきたのである。
>
> 　首長の多選制限は合憲だとする論者の主張は，以下のようなものである。首長は地方行政の独任制の長として大きな権限をもっている。したがって，同一人物が何度も選出されると，その人物への個人的な権力集中を招き，地方行政へのコントロールを困難にする危険がある。また，長期間その職にいる者と新人候補者との間には知名度などの点で不均衡が大きく，選挙における競争性が実質的に損なわれるおそれが大きい。このような弊害を防ぐために，多選は法的に制限すべきであり，それは被選挙権への制約としても許されるというのである。連続当選して長期間その地位にいる首長が贈収賄事件を起こしたりすると，このような意見が強まる。
>
> 　一方，各回の選挙がきちんと行われている以上，同一人物が何度も選ばれること自体はなんら問題ではなく，その人物に立候補させないことはむしろ住民の選択の幅を狭めるのであって，多選制限を理由として被選挙権を制約するこ

とは違憲であるという主張も根強くなされている。

　首長については，権力への実効的コントロール確保の観点から，同一人物があまりに長期間その地位にとどまることを防止するための被選挙権制約は，許容できるのではないか。ただ，国会や地方議会の議員については，各人の権限は大きなものではないので，多選制限を正当化することは困難であろう。現在日本では，多選が法的に制限されている選挙はない。

練 習 問 題

1　本文で述べたように，最高裁は在外日本国民選挙権訴訟〈**判例 11-1**〉で，選挙権制限の合憲性を厳格に審査する態度を明確にしている。公職選挙法 11 条は受刑者（1 項 2 号）など選挙権を有しないとされる者を列挙しているが，これらの人々に選挙権を与えないことが，この判例の立場からしても合憲といえるだろうか。また，現在も在外国民には最高裁判所裁判官についての国民審査の投票権行使が認められていないが，これは合憲だろうか（東京高判令和 2・6・25 判時 2460 号 37 頁は，憲法違反との判断を示している）。

2　選挙運動については，本文で述べた事項以外にも，18 歳未満の者の選挙運動の禁止（公選 137 条の 2），署名運動の禁止（公選 138 条の 2），人気投票の公表の禁止（公選 138 条の 3）などといった様々な制約が課されている。これらの合憲性について考えてみなさい。

第*12*章

国務請求権

　憲法は，前章までに述べてきた権利の他にも，一定の国家の行為を請求する権利という意味で国務請求権としてまとめることができるいくつかの権利を保障している。もちろん，各権利が求める国家の行為は様々であるし，それを「請求」するということの意味合いも異なっているので，この分類はかなり便宜的なものである。本章では，まず 16 条が定める請願権について説明した後，裁判を受ける権利（32 条），国家賠償請求権（17 条），刑事補償請求権（40 条）を順次取り上げる。なお，裁判を受ける権利については，論ずべき内容の多くはすでにクエスト憲法 I 第 7 章「裁判所と司法権」で述べられているので，本章での説明は簡単なものにとどめる。

第 1 節　請　願　権

1 請願権の意義と効果

　国家機構に対し一定の行為をなすよう求める請願は，歴史的には大きな政治的意味を有してきた。今日ではその政治的重要性は薄れてはいるが，署名を集めて国会や地方議会に請願するという活動は，政治運動の有力な形態でありつづけている。請願権は国家機関に対して直接民意を伝えようとする権利であるので，参政権的性格をもつことは確かである。が，国家機関がその請願に従う

義務はなく，請願から法的な効果が発生するわけではない。請願法5条は，適法な請願につき，「これを受理し誠実に処理しなければならない」と定めており，憲法が要請しているのもここまでの対応であろうと考えられる。各請願を具体的にどのように取り扱うかは各官庁の判断に委ねられているが，国会法は各議院に対する請願の処理方法について規定している（国会80条～82条）。

憲法16条は，請願できる内容としていくつかを列挙した上で「その他の事項」も含めており，特に限定をつけていない。明治憲法下で存在した旧請願令は，憲法と旧皇室典範の改正や裁判に関する事項についての請願を認めていなかった。現行憲法下では，このような制限は許されない。裁判に関する事項についても，請願をなすこと自体を禁じることはできないし，それが裁判官の独立を侵すともいえない。

ただし，請願はそれについて権限を有する機関に対してなす必要はある。請願法3条1項は，請願はその事項を所管する官公署に提出することを義務づけているが，これは当然許される規律であろう。同条2項は，所管官公署が明らかでない場合には内閣に請願できると規定し，また請願法4条は，請願先を誤った場合の処置について定める。実際には，多くの請願は国会や地方議会に対してなされるが，これは議会が国民から直接選ばれた議員で構成され，民意をできるだけ反映すべき機関だと考えられていることによる他，それが政治全般について扱う包括的権限を有するからでもある。ただし，国会の裁判所との関係における権限の限界からして，現になされている裁判について一定の措置を求めるような請願を国会に対してなすことを認めてよいかには，疑問もあろう。

② 請願権行使への制約について

請願権は，憲法が定める人権として，1人でも行使できるものである（もちろん，そのような場合，政治的意義は低いものにとどまるであろうが）。選挙権と違い，内容的拘束力をもつものではないため，法人や外国人による行使も許される。なお，国会各議院や地方議会に対する請願については，議員の紹介を必要とする旨の規定がある（国会79条，自治124条）が，議員との個人的つながりがなければ請願できないという仕組みは，端的に違憲というべきであろう。

憲法は「平穏に請願する権利」という表現を使っており，暴力を用いたり暴

力による威嚇を行ったりする請願を認めてはいない。一部の国民が自己の意見を採用するよう暴力を用いて国家機関に迫ることが許されないのは、当然であろう。請願法が請願を文書でするよう求めている（請願2条）のは、集団で役所に押しかけるような手法を認めないものであるが、正当な規律であるといえよう。

なお、近年、特定の政策について住民多数が署名した要望書の提出を受けた地方公共団体が、その署名簿を第三者に開示したり、署名者に対して個別に意思の確認をしたりする行為が、プライバシー権や請願権を侵害しないかどうか、争われる事件が起きている。請願は、請願者と公権力との間で行われる行為であり、署名者は、請願の相手方となる国や地方の機関には自己の名前などが知られることは承知していると考えられる。しかし、署名者に第三者への開示の危険まで覚悟するよう求めることは、公権力に対して自分たちの要望を訴える本権利の行使を、有形無形の圧力への危惧から思いとどまらせてしまう危険が大きい。このような開示の違法性が問題となった名古屋高判平成20・5・13判自314号14頁は、署名者の個人情報はその政治的信条にかかわるから「要保護性の高いもの」であるとし、また開示が住民の運動にもたらしうる萎縮効果の危険にも言及して、プライバシー侵害による不法行為の成立を認めている（プライバシー権につき、第2章第2節参照）。

また、地方公共団体が署名した住民に個別に質問調査を行った事案について、第一審の岐阜地判平成22・11・10判時2100号119頁は、署名の真正さが疑われる事情のあった当該事案では、署名者の意思確認のための調査自体は許されるとしつつ、質問事項にこの調査目的を超え署名者に不当な圧力を加えるものがあったとして、請願権などの侵害を認めた。これに対し控訴審の名古屋高判平成24・4・27判時2178号23頁は、そもそも質問調査の目的自体が自治体による対立意見の抑圧という不当なものであると認定し、やはり請願権などの侵害を認めている（最決平成24・10・9 LEX/DB25482875で上告が棄却され確定）。請願には、一定人数以上の署名を集めた場合に地方自治法が直接請求に認めるような法的効果は、一切ないのであるから、個別の署名者の意向を確認する必要性は通常非常に弱いはずである。そんな中であえて個別の確認調査をするというのは、公権力の当該請願内容への消極姿勢を示すものにほかならず、署名者

に与える影響は無視できない。やはり原則としては，署名者への個別の意見確認は許されないと解すべきであろう。

第 2 節　裁判を受ける権利

1 裁判を受ける権利の内容

　32 条は裁判所において裁判を受ける権利を保障している。個人の権利が侵害された場合に，裁判所に訴えてその救済を求める権利は，国家の暴力独占と自力救済の禁止原則と表裏をなすものとして，近代国家の国民にとって非常に重要な権利である。私人間の権利侵害の場合の民事訴訟に加えて，行政庁による権利侵害に対する行政訴訟も，裁判を受ける権利保障の要請として認められなければならない。この権利が求めているのは，単に形式的に裁判を受けるというだけでなく，権利義務関係の存否について公正に判断できるような適正手続を備えた裁判を受けることである。第 6 章司法の諸条文は，そのような裁判を保証できるような裁判所組織とその権限行使の態様について規定するものだといってもよい（裁判所と司法権に関し，クエスト憲法 I 第 7 章参照）。

　もちろん，裁判を受ける権利は，原告だけでなく被告あるいは被告人にとっても重要である。特に刑事事件における被告人にとり，公正な裁判を受ける権利が死活的に重要であることはいうまでもない。ただし，刑事被告人については，37 条 1 項が「公平な裁判所の迅速な公開裁判を受ける権利を有する」とより厳格な要求を規定しており，被告人の裁判を受ける権利はこの条文の解釈問題として扱われる。この関係では，近年導入された裁判員制度が，被告人の権利を侵害していないかどうかが問題となった。詳しくはクエスト憲法 I p. 293 の(b)を参照のこと。

　なお，形式的に裁判を受ける権利が保障されていても，実際に訴訟で争うことに多大の時間的・金銭的コストがかかるのであれば，よほどのことがない限り裁判で権利救済を求めることは割に合わないことになる。裁判を受ける権利の実質的保障という観点からは，自らの権利が侵害されたと考える人に対し，十分な法的扶助が安価で与えられる必要がある。現在，総合法律支援法に基づ

き設立された日本司法支援センター（法テラス）が，民事法律扶助の業務も行っており，その拡充が望まれる。

2 裁判の公開

　公正な裁判を保障するために重要なのは，裁判の公開である。憲法は82条1項で裁判の対審および判決を公開法廷で行うよう求めている。ただし現実には，多くの種類の非訟事件が，実体的権利義務を確定しないため憲法の要請する公開法廷による必要がないとの理由で，非公開で審理されている。これについては，権利義務関係に大きな影響を及ぼす事案を非訟として非公開で処理してよいのかという疑問が提起されている。詳しくは，クエスト憲法Ⅰ p.299の 3 を参照のこと。

第3節　国家賠償請求権

1 国家賠償請求権規定の意義

　17条は，公務員の不法行為による損害について，国または公共団体に対し賠償を求める権利を保障している。国家賠償請求権は，今日国家賠償法によって保障されており，同法解釈をめぐっては多くの議論があるものの，憲法問題として注目されることはほとんどない（ただし，後述の郵便法違憲判決〔 判例 12-1 〕に注意する必要はある）。しかし，国家の行為に対する損害賠償請求が，立憲主義諸国家においても長らく認められてこなかった（「国家無答責の原則」）という歴史的経緯を考えると，この権利を憲法が明示したことには重大な意義があった。明治憲法下でも，国家の行為に対する損害賠償請求は認められておらず，ただ判例上非権力的作用については民法の適用が認められるに至ったにとどまる。もし17条がなければ，このような法状態を継続することが憲法上許されるかどうかについて，ひとしきり議論が必要だったはずである。

　17条は，具体的な請求権内容の規律を法律に委ねており，生存権などの場合と同じく，それが具体的権利まで定めているといえるのかが問題となる。つまり，国家賠償法が制定されなかったとしても，憲法に基づいて直接国に対し

423

て損害賠償を請求することができるのかどうか，である。不法行為責任を発生
させる具体的要件についてはやはり法律の定めが必要であるとすれば，17 条
から直ちに具体的権利まで導けるとはいえないが，この分野では一般法として
そもそも民法が存在するという事情がある。文言上も，17 条は「不法行為」
という術語を用いており，この概念を使用する民法の存在を前提にしていると
考えることができよう。公権力による不法行為への民法の適用を積極的に排除
する規定があるわけではなく，17 条のいう「法律」に民法を含めることがで
きるとすれば，国家賠償についての法律がなくても，実際には具体的権利を定
めているのと同様の効果をもつということも可能であろう。その場合，国は民
法 715 条の使用者責任を負うということになろう。むろん，現実に国家賠償法
が制定されている以上，このような解釈論を立てる実益はほとんどない。

② 国家賠償請求権限定規定の合憲性

(1) 国家賠償法と憲法

　国家賠償法 1 条 1 項は，「公権力の行使に当る公務員が，その職務を行うに
ついて，故意又は過失によつて違法に他人に損害を加えたとき」には，その公
務員の属する国または公共団体が賠償責任を負う，と定める。この規定は，一
般的には，本来の責任主体である公務員の賠償責任を国・公共団体が代位して
負担するという代位責任説に立脚するものと解されている。これに対し，公務
員の行為から生じる損害について賠償責任を負うのは本来国・公共団体自身で
あるという自己責任説も主張されている。憲法 17 条の解釈としてどちらかの
説をとる必要がある，というわけではない。なお，この規定は，行為を行った
公務員個人の賠償責任を否定する趣旨だと解釈されている（最判昭和 30・4・19
民集 9 巻 5 号 534 頁など）。公務員個人に対しては，国家賠償法 1 条 2 項が，故
意または重過失があった場合の国・公共団体からの求償権を定めており，個人
的責任はこの場合に限ると解されているのである。これは憲法上許容できる法
律解釈であろうが，公務員個人の賠償責任を認めることも憲法に反しないこと
はいうまでもない。

　国家賠償法の規定について合憲性が問題となりうる点として，憲法 17 条が
国家賠償請求権を「何人」に対しても保障しているにもかかわらず，国家賠償

法 6 条が，同法の外国人への適用に相互保証主義の留保をつけていることがある。つまり，その外国人の母国も日本人に対して国家賠償請求権を認めている場合にのみ，日本国への賠償請求を認めるということである。外国人の権利行使に対するこのような制約は，許されるであろうか。外国人の人権享有主体性についての通説・判例である性質説（⇒ p. 28 の(2)）からすると，国家賠償請求権の権利としての性質が問題となる。この権利は本来的自由権とは異なり，個人が当然に有する自然権とはいえず，妥当する外国人の範囲について立法者の判断余地が存在するという考えから，一般にこの相互保証主義は合憲と解されている。しかし，国家賠償は国家による権利侵害に対する重要な救済手段の 1 つであり，それなしでは実体的権利保障の意義も大きく損なわれる。賠償請求という救済の段階は，権利侵害を受けた者すべてに開かれているべきであり，まさに権利の性質からも「何人」に対しても保障すべきであろう。

(2)　法律による国家賠償請求権制限の合憲性

　その他の国家賠償法の具体的定めが憲法に抵触するとは考えられていない。ただ，他の法律によって国家賠償法の適用が限定されている事例がある。このような，法律による国家賠償請求権限定の 1 つである郵便法中の規定につき，最高裁は違憲と判断した。

> ◀判例 12-1▶ **最大判平成 14・9・11 民集 56 巻 7 号 1439 頁　〈郵便法違憲判決〉**
> 【事実】X の求めに応じ裁判所が発した A に対する債権差押命令が，特別送達郵便物として同債権（銀行預金）の債務者である B 銀行 C 支店に郵送されたが，郵便局職員がそれを直接 C 支店に届けず，郵便局内の同支店の私書箱に投函するにとどめたため，命令の同支店への到達が遅れ，A による預金の引き出しによって差押えの目的を達成できなかった。特別送達とは，民事訴訟法 99条が定める郵便による送達の方法であり，書留郵便物の一種として扱われる（現行郵便法 44 条 3 項・49 条）。
> 　民事訴訟法 103 条 1 項は，送達は相手の住所や営業所などで行うと定めており，X は，私書箱への投函はこの規定に違反すると主張し，国に対して損害賠償を請求した（郵政民営化以前の事案である）。当時の郵便法は，郵便について損害賠償ができる者を差出人と受取人に限定しており，しかも書留郵便物についても郵便物の亡失またはき損についてしか損害賠償責任を負わないと規定

していた。第一審，第二審とも，これらの規定を合憲として X の請求を棄却した。X 上告。

【判旨】破棄差戻し。「公務員の不法行為による国又は公共団体の損害賠償責任を免除し，又は制限する法律の規定が同条〔17 条〕に適合するものとして是認されるものであるかどうかは，当該行為の態様，これによって侵害される法的利益の種類及び侵害の程度，免責又は責任制限の範囲及び程度等に応じ，当該規定の目的の正当性並びにその目的達成の手段として免責又は責任制限を認めることの合理性及び必要性を総合的に考慮して判断すべきである。」

「郵便官署は，限られた人員と費用の制約の中で，日々大量に取り扱う郵便物を，送達距離の長短，交通手段の地域差にかかわらず，円滑迅速に，しかも，なるべく安い料金で，あまねく，公平に処理することが要請されているのである。仮に，その処理の過程で郵便物に生じ得る事故について，すべて民法や国家賠償法の定める原則に従って損害賠償をしなければならないとすれば，それによる金銭負担が多額となる可能性があるだけでなく，千差万別の事故態様，損害について，損害が生じたと主張する者らに個々に対応し，債務不履行又は不法行為に該当する事実や損害額を確定するために，多くの労力と費用を要することにもなるから，その結果，料金の値上げにつながり，上記目的の達成が害されるおそれがある。」したがって，損害賠償限定の目的は正当である。

「記録をすることが定められている書留郵便物について，郵便業務従事者の故意又は重大な過失による不法行為に基づき損害が生ずるようなことは，通常の職務規範に従って業務執行がされている限り，ごく例外的な場合にとどまるはずであって，このような事態は，書留の制度に対する信頼を著しく損なうものといわなければならない。そうすると，このような例外的な場合にまで国の損害賠償責任を免除し，又は制限しなければ法〔郵便法〕1 条に定める目的を達成することができないとは到底考えられず，郵便業務従事者の故意又は重大な過失による不法行為についてまで免責又は責任制限を認める規定に合理性があるとは認め難い。」

「特別送達郵便物は，書留郵便物全体のうちのごく一部にとどまることがうかがえる上に，書留料金に加えた特別の料金が必要とされている。また，裁判関係の書類についていえば，特別送達郵便物の差出人は送達事務取扱者である裁判所書記官であり（同法〔民事訴訟法〕98 条 2 項），その適正かつ確実な送達に直接の利害関係を有する訴訟当事者等は自らかかわることのできる他の送付の手段を全く有していないという特殊性がある。さらに，特別送達の対象となる書類については，裁判所書記官（同法 100 条），執行官（同法 99 条 1 項），廷吏（裁判所法 63 条 3 項）等が送達を実施することもあるが，その際に

過誤が生じ，関係者に損害が生じた場合，それが送達を実施した公務員の軽過失によって生じたものであっても，被害者は，国に対し，国家賠償法1条1項に基づく損害賠償を請求し得ることになる。

　これら特別送達郵便物の特殊性に照らすと，法〔当時の郵便法〕68条，73条に規定する免責又は責任制限を設けることの根拠である法1条に定める目的自体は前記のとおり正当であるが，特別送達郵便物については，郵便業務従事者の軽過失による不法行為から生じた損害の賠償責任を肯定したからといって，直ちに，その目的の達成が害されるということはできず，上記各条に規定する免責又は責任制限に合理性，必要性があるということは困難であり，そのような免責又は責任制限の規定を設けたことは，憲法17条が立法府に付与した裁量の範囲を逸脱したものであるといわなければならない。」

　本判決は，国家賠償請求権制約の合憲性は総合的考慮で判断するというかなり立法者に有利な枠組みを示しつつも，書留郵便については故意または重過失の場合の免責について，特別送達郵便についてはさらに軽過失の場合の免責も，違憲とした。したがって，同判決は実際には，責任限定の正当性を，問題となる郵便の性質に応じて細かく検討していくべきだという姿勢を示しているといえる。ただし，事案解決には必ずしも必要ない，一般の書留郵便についての賠償責任限定の合憲性についても詳しい判断を示したことについては，憲法判断の手法として妥当といえるか議論もある。本判決を受けて郵便法は改正されたが，その後の郵政民営化によって，現在では賠償責任主体は国ではなくなっている。

(3)　立法権や司法権の行為と国家賠償

　なお，国家賠償法は賠償対象となる行為の主体たる公務員の範囲を特に制限していない。ただし，判例上，国会議員の立法行為や立法不作為について賠償責任が認められる要件は，限定されている（クエスト憲法Ⅰ p.335の(d)(e)参照）。在外日本国民選挙権訴訟の最高裁判決は，「立法の内容又は立法不作為が国民に憲法上保障されている権利を違法に侵害するものであることが明白な場合や，国民に憲法上保障されている権利行使の機会を確保するために所要の立法措置を執ることが必要不可欠であり，それが明白であるにもかかわらず，国会が正当な理由なく長期にわたってこれを怠る場合など」に「例外的に」，国会議員の

立法行為や立法不作為について国家賠償法上の違法性が認められるとする（最大判平成 17・9・14 民集 59 巻 7 号 2087 頁〔**判例 11-1**〕，クエスト憲法 I〔**判例 8-3**〕）。

　また，検察官や裁判官の行為も，結果として有罪無罪などの法的判断が誤っていたというだけでは，損害賠償の対象とはならない。検察官の起訴について判例は，「起訴時あるいは公訴追行時における各種の証拠資料を総合勘案して合理的な判断過程により有罪と認められる嫌疑があれば」，たとえその後無罪判決が確定しても国家賠償法上違法とはならないとしている（最判昭和 53・10・20 民集 32 巻 7 号 1367 頁）。裁判官のする裁判については，たとえそれが瑕疵のあるものであったとしても，「当該裁判官が違法又は不当な目的をもって裁判をしたなど，裁判官がその付与された権限の趣旨に明らかに背いてこれを行使したものと認めうるような特別の事情がある」場合にのみ国家賠償法上の違法性が認められる（最判昭和 57・3・12 民集 36 巻 3 号 329 頁）。

　もちろん具体的な限定の程度については議論がありうるものの，不法行為の成立要件について職務の特殊性に応じた相違は存在してもやむをえないであろう。国会議員ももちろん憲法を遵守する義務を負うが，一方で憲法解釈を含む立法活動にあたっては広い政治的判断権を有していると解すべきであり，その行為自体を違法と評価するには慎重さが求められる。また，裁判官の裁判については，その独立性を確保することや判決の既判力が事実上掘り崩されるのを防ぐことが，国家賠償の成立要件を限定する理由となろう。

第 4 節　刑事補償請求権

1 刑事補償請求権の内容

　40 条は，「抑留又は拘禁された後，無罪の裁判を受けた」者に補償請求権を保障している。憲法は刑事手続について，不当な人権侵害が生じないよう様々の規定をおいているが，それでも逮捕や勾留を受けた者が結果として無罪であったという事例が生じることは避けられない。本条は，そのような場合には，国家の故意・過失を問わずに，身柄の拘束に対する補償請求を認めようとするものである。本条を具体化する法律として，刑事補償法が制定されている。刑

事補償法4条1項・2項は，補償額について，1日1,000円以上12,500円以下の金額で裁判所が「一切の事情」を考慮して定めると規定している。なお，この刑事補償は，対象となる身柄拘束についての損害賠償請求権の行使を妨げるものではない（刑補5条1項）。

　刑事訴訟法が予定する身柄拘束には逮捕や勾留などがあるが，憲法40条が述べる「抑留又は拘禁」とは，それら刑事手続上の身柄拘束全般を意味するものと解される。「無罪の裁判」が無罪の確定判決を意味することには争いはないが，憲法が求めているのがこの場合の損失補償のみなのかどうかは議論の対象となる。「無罪の裁判」という表現からして，被疑者が逮捕・勾留後不起訴になった場合を含めることは困難であり，判例もこの場合には40条の問題は生じないとしている（最大決昭和31・12・24刑集10巻12号1692頁）。ただし，法務省の訓令である「被疑者補償規程」2条は，このような場合であって「その者が罪を犯さなかつたと認めるに足りる十分な事由があるとき」には，抑留または拘禁に対する補償をなすことを定めている。

　では，免訴または公訴棄却で裁判が終了した場合はどうか。憲法40条が，結果として身柄拘束に理由がなかったと認められるときに，公権力の責任を問わずに補償を行おうという趣旨の規定であるとすると，形式的に無罪判決でないからといって補償を行わないことは条文の趣旨にそぐわないように思われる。刑事補償法25条1項は，「もし免訴又は公訴棄却の裁判をすべき事由がなかつたならば無罪の裁判を受けるべきものと認められる充分な事由があるとき」には補償請求権の発生を認めており，憲法の趣旨に沿った対処だといえよう。

２ 刑事補償請求権への制約

　刑事補償法3条1号は，「本人が，捜査又は審判を誤まらせる目的で，虚偽の自白をし，又は他の有罪の証拠を作為することにより」抑留や拘禁に至ったと認められる場合には，裁判所は補償を認めないことができる，と規定する。身柄拘束につき本人に責任がある場合にまで補償をなす必要はないとの考えから，憲法の適用を限定するものである。抽象的な限定としては合憲性を承認することはできようが，結局は無罪となることによって捜査当局にいわば恥をかかせようとして，自らに不利益な証拠を偽造して提供する，というような被疑

者・被告人が実際にいるとは想像しづらい。厳しい捜査から「虚偽の自白」が事実上強制されたとの批判が今なおしばしばなされる状況であり，不利益な証拠を被疑者・被告人が捜査を誤らせるために作出したと認定することには，非常な慎重さが求められているといえよう。

　なお，刑事補償法には，外国人への適用につき，国家賠償法のような相互保証主義の留保はなく，日本で抑留または拘禁された後無罪の裁判を受けた者は，文字通り「何人」でも補償を請求できる。

練習問題

　本文で述べたように，国会議員の立法行為や裁判官の裁判に対する国家賠償請求が認められる要件は，判例上限定的に解されている。では，これらの場合に損害賠償が認められる要件を，故意重過失の場合に限る，あるいは故意のある場合に限るという法律が制定されたとしたら，それは合憲であろうか。

事 項 索 引

432

判 例 索 引

* 〔百選Ⅰ-○〕は長谷部恭男＝石川健治＝宍戸常寿編『憲法判例百選Ⅰ〔第7版〕』，〔百選Ⅱ-○〕
は同編『憲法判例百選Ⅱ〔第7版〕』を示す。○の数字は各巻の項目番号を示す。

憲法Ⅱ　人権〔第3版〕
Constitutional Law（Fundamental Human Rights），3rd ed.

2013 年 12 月 20 日	初　版第 1 刷発行
2017 年　5 月 10 日	第 2 版第 1 刷発行
2022 年　4 月 10 日	第 3 版第 1 刷発行
2023 年　9 月 30 日	第 3 版第 3 刷発行

著　者	毛　利　　　透
	小　泉　良　幸
	淺　野　博　宣
	松　本　哲　治
発 行 者	江　草　貞　治
発 行 所	株式会社　有　斐　閣

郵便番号 101-0051
東京都千代田区神田神保町 2-17
http://www.yuhikaku.co.jp/

印刷・製本　共同印刷工業株式会社
© 2022, T. Mohri, Y. Koizumi, H. Asano, T. Matsumoto.
Printed in Japan
落丁・乱丁本はお取替えいたします
★定価はカバーに表示してあります。

ISBN 978-4-641-17951-6